utb 5530

Eine Arbeitsgemeinschaft der Verlage

Brill | Schöningh – Fink · Paderborn
Brill | Vandenhoeck & Ruprecht · Göttingen – Böhlau · Wien · Köln
Verlag Barbara Budrich · Opladen · Toronto
facultas · Wien
Haupt Verlag · Bern
Verlag Julius Klinkhardt · Bad Heilbrunn
Mohr Siebeck · Tübingen
Narr Francke Attempto Verlag – expert verlag · Tübingen
Psychiatrie Verlag · Köln
Ernst Reinhardt Verlag · München
transcript Verlag · Bielefeld
Verlag Eugen Ulmer · Stuttgart
UVK Verlag · München
Waxmann · Münster · New York
wbv Publikation · Bielefeld
Wochenschau Verlag · Frankfurt am Main

Markus Pohlmann ist Professor für Organisationssoziologie mit den Schwerpunkten Management und Wirtschaftskriminalität am Max-Weber-Institut für Soziologie der Ruprecht-Karls-Universität Heidelberg.

Markus Pohlmann

Einführung in die Qualitative Sozialforschung

UVK Verlag · München

Umschlagabbildung: iStockphoto, wellphoto

Bibliografische Information der Deutschen Nationalbibliothek
Die Deutsche Nationalbibliothek verzeichnet diese Publikation in der Deutschen Nationalbibliografie; detaillierte bibliografische Daten sind im Internet über http://dnb.dnb.de abrufbar.

DOI: https://doi.org/10.36198/9783838555300

© UVK Verlag 2022
– ein Unternehmen der Narr Francke Attempto Verlag GmbH + Co. KG
Dischingerweg 5 · D-72070 Tübingen

Das Werk einschließlich aller seiner Teile ist urheberrechtlich geschützt. Jede Verwertung außerhalb der engen Grenzen des Urheberrechtsgesetzes ist ohne Zustimmung des Verlages unzulässig und strafbar. Das gilt insbesondere für Vervielfältigungen, Übersetzungen, Mikroverfilmungen und die Einspeicherung und Verarbeitung in elektronischen Systemen.

Alle Informationen in diesem Buch wurden mit großer Sorgfalt erstellt. Fehler können dennoch nicht völlig ausgeschlossen werden. Weder Verlag noch Autor:innen oder Herausgeber:innen übernehmen deshalb eine Gewährleistung für die Korrektheit des Inhaltes und haften nicht für fehlerhafte Angaben und deren Folgen. Diese Publikation enthält gegebenenfalls Links zu externen Inhalten Dritter, auf die weder Verlag noch Autor:innen oder Herausgeber:innen Einfluss haben. Für die Inhalte der verlinkten Seiten sind stets die jeweiligen Anbieter oder Betreibenden der Seiten verantwortlich.

Internet: www.narr.de
eMail: info@narr.de

Einbandgestaltung: Atelier Reichert, Stuttgart
CPI books GmbH, Leck

utb-Nr. 5530
ISBN 978-3-8252-5530-5 (Print)
ISBN 978-3-8385-5530-0 (ePDF)
ISBN 978-3-8463-5530-5 (ePub)

Für Carola †

Inhalt

1	Einleitung: Einladung zur qualitativen Sozialforschung	13
	1.1 Vorgehensweise und Aufbau des Buches	16
	1.2 Theoretische Ansätze und Kompetenzerwerb	18
	Quellen	21
2	Erkenntnistheoretische Grundlagen der qualitativen Sozialforschung	23
	2.1 Einleitung: Interpretieren und Konstruieren	23
	2.2 Wahrnehmungspsychologie	25
	2.3 Ein kurzer Blick in die Philosophie	28
	2.4 Die Kognitionspsychologie von Jean Piaget	29
	2.5 Ein Ausflug in die Neurophysiologie	31
	2.6 Sozialpsychologie	36
	2.7 Soziologie	38
	2.8 Schlussbemerkung	40
	Fragen zur Vertiefung 1	40
	Übung für Zuhause 1	40
	Quellen	42
	Weiterführende Literatur	45
3	Ansätze und Prinzipien der qualitativen Sozialforschung	49
	3.1 Einleitung: Zentrale Prinzipien im Vergleich zur quantitativen Sozialforschung	50
	3.2 Kritikpunkte an der Vorgehensweise der qualitativen Sozialforschung	54
	3.3 Die Phänomenologie	57
	3.4 Die Grounded Theory	66
	3.5 Die qualitative Sozialforschung in der Kombination verschiedener Methoden	76
	3.6 Schlussbemerkung	79
	Fragen zur Vertiefung 2	79

		Übung für Zuhause 2	80
		Quellen	80
		Weiterführende Literatur	83
4		**Das Experiment**	**85**
	4.1	Einleitung	85
	4.2	Das Krisenexperiment in der Ethnomethodologie	89
	4.3	Das Feldexperiment	99
	4.4	Das natürliche Experiment	104
	4.5	Schlussbemerkung	107
		Fragen zur Vertiefung 3	107
		Übung für Zuhause 3	108
		Übung für Zuhause 4	108
		Quellen	108
		Weiterführende Literatur	111
5		**Die Beobachtung als sozialwissenschaftliche Methode**	**113**
	5.1	Einleitung	113
	5.2	Der symbolische Interaktionismus	120
	5.3	Das Problem der sogenannten „Beobachtungsfehler"	124
	5.4	Die Vorgehensweise der qualitativen Beobachtung	127
	5.4.1	Wir bestimmen den „Gegenstand" der Beobachtung	128
	5.4.2	Wir wählen Ort, Zeit und Dauer der Beobachtung	130
	5.4.3	Wir legen die Art der Beobachtung fest	132
	5.4.4	Wir legen fest, wie die Beobachtung aufgezeichnet/protokolliert wird	132
	5.4.5	Wir wählen die Anzahl, das Training und die Rolle der Beobachter*innen aus	135
	5.4.6	Wir bestimmen, wie die Auswertung vorgenommen wird	136
	5.4.7	Was könnten die möglichen Ergebnisse einer solchen Beobachtung sein?	136
	5.5	Schlussbemerkung	138
		Fragen zur Vertiefung 4	138
		Übung für Zuhause 5	138
		Quellen	139
		Weiterführende Literatur	142

6	Die Inhaltsanalyse		145
	6.1	Einleitung	145
	6.2	Qualitative und quantitative Inhaltsanalyse	148
	6.3	Qualistative Inhaltsanalyse eines Politikerinterviews im ZDF – ein Anwendungsbeispiel	155
	6.4	Die Theorie der Hermeneutik	162
	6.5	Die Analyse von Kontaktanzeigen – Ein Anwendungsbeispiel in der Kombination quantitativer und qualitativer Inhaltsanalyse	165
	6.5.1	Welche Fragestellung verfolgen wir?	166
	6.5.2	Welche Dimensionen kommen zur Anwendung?	166
	6.5.3	Welche Auswahl treffen wir?	167
	6.5.4	Welche Analyseverfahren führen wir durch?	168
	6.5.5	Die Vorgehensweise bei einer Frequenzanalyse	170
	6.5.6	Die Inhaltsanalyse nach Mayring (unter Mitarbeit von Jan Peter Hoffmann und Meira Hilbertz)	177
	6.5.7	Die hermeneutische Analyse	190
	6.5.8	Was lernen wir aus der Kombination der verschiedenen inhaltsanalytischen Methoden?	196
	6.6	Schlussbemerkung	198
	Fragen zur Vertiefung 5		198
	Übung für Zuhause 6		199
	Quellen		199
	Weiterführende Literatur		205
7	Das Interview als qualitatives Erhebungsverfahren		207
	7.1	Einleitung	207
	7.2	Die Wissenssoziologie	213
	7.3	Die Vorbereitung qualitativer Interviews	217
	7.4	Die Durchführung von qualitativen Interviews: Drei Arten von Interviews	222
	7.4.1	Das narrative Interview	225
	7.4.2	Das problemzentrierte Interview	231
	7.4.3	Das Expert*inneninterview	233
	7.5	Das teilstandardisierte Expert*inneninterview als Erhebungsform im Methodenmix: Beispiel einer	

explorativen Untersuchung von Rechtspopulismus bei
jungen Erwachsenen 235
7.5.1 Wissenschaftlicher Zugang, Fragestellung, Methode und
Forschungsdesign 237
7.5.2 Die Entwicklung des Fragebogens 242
7.5.3 Die Entwicklung von Fragenkombinationen und
standardisierten Fragen 243
7.6 Das Problem der Antworttendenzen/-verfälschungen 250
7.7 Schlussbemerkung 255
Fragen zur Vertiefung 6 255
Übung für Zuhause 7 256
Quellen 256
Weiterführende Literatur 262

8 Analyseverfahren von Interviews: Die Deutungsmusteranalyse . 265
8.1 Einleitung 266
8.2 Deutungsmuster 269
8.2.1 Die Rekonstruktion von Deutungsmustern 274
8.3 Ulrich Oevermann und die Entwicklung des
Deutungsmusteransatzes 279
8.4 Deutungsmuster des Rechtspopulismus: Ein
Anwendungsbeispiel 291
8.5 Schlussbemerkung 305
Fragen zur Vertiefung 7 305
Übung für Zuhause 8 306
Quellen 307
Weiterführende Literatur 313

Register 315

Abbildungsverzeichnis 319

Tabellenverzeichnis 320

Vorwort

Dieses Buch hat eine ungewöhnliche Vorgeschichte. Es kam überhaupt nur zustande, weil zwei Ereignisse zusammentrafen. Zum einen eine hohe Nachfrage von Studierenden, welche aus einem Seminar eine Vorlesung mit mehr als 100 Teilnehmern werden ließ. Zum anderen der erste Lockdown während der Corona-Pandemie 2020, welcher dazu führte, dass diese Vorlesung online gehalten und mit Skripten, Audiofiles, Übungen für Zuhause etc. versorgt werden musste. Dadurch waren wir ins kalte Wasser der Online-Lehre geworfen und mussten sehen, wie wir damit zurechtkamen. Ich hatte die Vorlesung ursprünglich so konzipiert, dass die Studierenden in jeder zweiten Sitzung ins Feld gehen und erste Erfahrungen mit qualitativen Erhebungen sammeln sollten, aber das war nun Geschichte. Als Feld diente uns jetzt das Internet, das wenigstens ersatzweise Erfahrungen bot, wenn auch oft aus zweiter Hand. Das Produkt, das aus dieser Vorlesung entstanden ist, liegt nun vor Ihnen. Meine Absicht war es, das Buch so zu gestalten, dass es hilft, selbständig ins Feld zu gehen. Ich habe dafür kleine Gehhilfen und Wegekarten bereitgestellt. Ziel war es, dass Sie diese ersten Schritte ohne allzu viel Gepäck, ohne allzu viel Vorbereitung absolvieren zu können und dafür ist dieses Buch gedacht.

Aber dieses Buch verdankt sich nicht nur den oben beschriebenen Zufällen, sondern auch einem Team, das mich sehr unterstützt hat und Kolleg*innen, welche den Text kommentiert und mit mir diskutiert haben. Dafür bin ich sehr dankbar. Zuallererst möchte ich Aleksandra Barjaktarević und Meira Hilbertz danken, die nicht nur die Vorlesung als Tutorinnen mit unterstützt haben, sondern auch in vielfältiger Weise an dem Buch mitgewirkt haben. Auch Jan Hoffmann hat tatkräftig zum Gelingen des Buches beigetragen. Katharina Döllinger hat das Buch Korrektur gelesen und Kathia Serrano Velarde hat es mit ihrem Feedback unterstützt. Viele andere haben ebenfalls ihr Feedback zu dem Buch gegeben. Auch ihnen gebührt mein herzlicher Dank.

Inspiriert ist das Buch auch von meinen drei Kindern, die mir beim Homeschooling während der verschiedenen Lockdowns immer wieder klargemacht haben, wie wichtig es ist, Spaß beim Lernen zu haben. Auch meiner Frau danke ich sehr für ihre fortwährende Unterstützung und die Arbeitsteilung, welche es uns im Zweischichtbetrieb ermöglicht hat, unsere

Schriften, wenn auch bisweilen im Schneckentempo, trotz der Lockdowns fertigzustellen.

Gewidmet ist dieses Buch einer sehr guten Freundin und Kollegin, die viele Jahre sehr schwer erkrankt war und in dem Jahr, in dem dieses Buch entstand, 2021, von uns gegangen ist. Ihr Mut und ihr Durchhaltevermögen werden mir immer unbegreiflich bleiben. Das Buch hat ihrem Vorbild viel zu verdanken.

Alle Fragen zur Vertiefung und die Übungen für Zuhause finden Sie unter http://qs-pohlmann.de.

1 Einleitung: Einladung zur qualitativen Sozialforschung

Mein erstes Interview als Student im zweiten Semester des Soziologiestudiums in Freiburg fand im Rahmen einer standardisierten Befragung zum Wertewandel statt. Wir bekamen Interviewpartner in unterschiedlichen Vierteln der Stadt zugeteilt und ich hatte eines in einem Lehrer- und Akademikerviertel und eines in einem Arbeiterviertel zu führen. Ich begann mit dem Arbeiterviertel. Es war später Nachmittag. Ich war aufgeregt, klingelte an der Tür und wurde von der Frau eines Straßenarbeiters – konkret: Pflasterers – eingelassen. Ich wurde ins Wohnzimmer gebeten, bekam einen Kaffee und das Interview begann. Der Interviewte war anfangs ebenfalls nervös und ich merkte, dass er mit einigen der Fragen nichts anfangen konnte. Der Fragebogen war lang. Ab und an kam seine aufmerksame Frau herein, schenkte Kaffee nach oder brachte Kekse und bemerkte dann jedes Mal: Wir sind eine glückliche Familie. Die Nervosität meines Interviewpartners legte sich erst, als er sich einen Schnaps zum Kaffee genehmigte. Immer wieder verließ das Gespräch die Vorgaben meines Fragebogens. Die Antworten des Interviewten wurden zwar immer flüssiger, aber hatten immer weniger mit den Fragen des Fragebogens zu tun. Wir kamen nur langsam voran. Seine Frau erzählte immer wieder von ihren Kindern, wenn sie dazu kam. Nach einer weiteren halben Stunde kam sein Cousin zu Besuch und nach weiteren Schnäpsen begann dieser meine Fragen zu beantworten. Kurzum: Es war interviewtechnisch eine Katastrophe. Das Interview erwies sich nach den Vorgaben der Studie als nicht verwertbar. Ich war enttäuscht. Aber dennoch hatte ich viel gelernt. Ich hatte ein neues Milieu und nette Leute kennengelernt, die mir in ihren Erzählungen viel über ihre Relevanzen, Sichtweisen, aber auch ihre Werte und Bedürfnisse mitgeteilt hatten. Das Erzählte hatte eben nur nicht in den Fragebogen gepasst. Das Interview sollte 45 Minuten dauern, aber ich war erst zweieinhalb Stunden später wieder draußen, mit mehr Erfahrungen, aber auch mit dem Gefühl, versagt zu haben. Erst später habe ich verstanden, dass das Interview trotz aller Einschränkungen, Erhebungsfehler und des Schnapses in Bezug auf das Erkenntnisinteresse gut funktioniert hat. Ich möchte das im Nachhinein nicht schönreden. Meine Interviewtechnik war nicht gut, ich war aufgeregt, anfangs steif und habe wahrscheinlich auch die Fragen nicht so flüssig und neutral gestellt, wie ich das gesollt hätte. Erst viel später habe ich verstanden, dass ich über die Wertehorizonte und ihren Wandel, also über das Erkenntnisinteresse der Studie, sehr viel erfahren hatte. Es war eben nur nicht geordnet, in den vorgesehenen Skalen und Kästchen untergebracht, wie wir uns das ursprünglich gewünscht hatten. Viele der standardisierten Fragen waren an dem Befragten einfach vorbeigegangen. Was bei dem zweiten Interview mit einem Studienrat dann ohne Probleme funktioniert hatte, erwies sich bei dem Straßenarbeiter nicht als anschlussfähig. Und das lag nicht daran, dass die Fragen nicht vorher getestet worden wären oder zu kompliziert waren. Sie waren nur nicht anschlussfähig an die Lebenswelt, die Interessen und Orientierungen des Straßenarbeiters und seiner Familie. Damals, im zweiten Semester, wusste ich noch nicht viel über die Methoden der qualitativen Sozialforschung, aber ohne es zu wissen, hatte ich durch mein erstes Interview viel über diese gelernt und gemerkt, wie erkenntnisreich sie sein können. Natürlich hat man hinterher keine Kreuzchen oder Klicks in Kästchen und muss sich gut überlegen, wie man diese Gespräche auswerten und ihre Ergebnisse generalisieren kann, aber der Informationsgehalt und der Zugang zum Milieu, zur Lebenswelt und zu den Wertorientierungen in den Worten und in der Perspektive der Befragten gingen weit über das hinaus, was die standardisierte Befragung zugelassen hatte. Mir wurde klar, wie erkenntnisreich und einfach der Zugang zu anderen Lebenswelten war, wenn man auf bestimmte Dinge achtete und wie vielversprechend eine Kombination offener, gesprächsorientierter Methoden mit stärker standardisierten Fragen sein kann.

Von diesen Erfahrungen als Student ist dieses Lehrbuch inspiriert. Es soll jenen helfen, die forschend unterwegs sein wollen, den Zugang zu anderen Lebenswelten zu öffnen und zugleich aufzeigen, wie man diesen offenen, qualitativen Zugang mit anderen, stärker standardisierten Herangehensweisen kombinieren kann. Es soll eine Einladung zur qualitativen Sozialforschung sein, aber auch eine Einladung dazu, verschiedene Methoden einzusetzen und miteinander in Beziehung zu bringen. Denn wer Forschung, insbesondere Primärforschung betreibt und als Student*in oder Forscher*in ins Feld geht, sollte wissen, dass die Methoden je nach Fragestellung ausgewählt, variiert und kombiniert werden – und nicht umgekehrt. Dies zumindest ist die im vorliegenden Lehrbuch vertretene Ansicht.

Methoden sind Hilfsmittel, um empirische Phänomene zu verstehen und ihr Auftreten erklären zu können. Je nach Fragestellung und Phänomen, je nach den anvisierten Erklärungsfaktoren (Explanans) und dem, was erklärt werden soll (Explandum), müssen daher unterschiedliche Methoden zum Einsatz kommen. Sie sollen sich darauf bezogen als nützlich erweisen. Welche besser geeignet sind, bestimmt sich nicht nach dem Paradigma, also nach den wissenschaftlichen Denk- und Glaubensgrundsätzen, denen die Forscher*innen ggf. anhängen, sondern danach, wie sehr sie helfen, ein empirisches Phänomen verstehen und erklären zu können. Wenn man sie selbst zum Gegenstand weiterer Reflektionen macht, kann man viel diskutieren und streiten, Paradigmen und Positionen verteidigen, kommt aber als Forscher*in dennoch nicht umhin, zu entscheiden, welche Theorien und Methoden am besten geeignet erscheinen, das jeweilige empirische Phänomen zu analysieren. Das vorliegende Lehrbuch orientiert sich nicht an den Paradigmen und Positionen des fortwährenden Methodenstreits in den Sozialwissenschaften, sondern ausschließlich daran, wie man Methoden einsetzen kann, um in einem wissenschaftlichen Verfahren Antworten auf die Fragestellung zu generieren.

Auch wenn wir uns nicht an Paradigmen orientieren, eint eine qualitative Herangehensweise mehr als die Vielfalt ihrer Ansätze vermuten lässt. Für Studierende macht es die überbordende Vielfalt an Methoden, Ansätzen, Postulaten derzeit schwer, den Wald vor lauter Bäumen noch zu erkennen. Es ist nicht zu übersehen, dass es sich bei der qualitativen Sozialforschung mittlerweile um eine "broad church" handelt, der sich Wissenschaftler aus ganz verschiedenen Fächern zeitweise angeschlossen haben, mit teils unvereinbaren methodologischen Positionen und Verfahren. Bei genauerem Hinsehen eint sie sicherlich kein geteiltes methodologisches Paradigma (siehe dazu die Diskussion bei Kelle 2017: 59) oder Verfahren. Dennoch gibt es für viele Verfahren und Positionen – wenn auch nicht für alle – Ähnlichkeiten in den Herangehensweisen, die sich gut beschreiben und von einer stärker standardisierten Forschung gut unterscheiden lassen. Dazu gehören u. a. der offene, oft das Vorwissen zurückstellende Zugang, der Ausgangspunkt beim empirischen Material selbst und der Einsatz von vergleichenden Verfahren, um zu Schlussfolgerungen und zu Generalisierungen zu gelangen. Dabei gibt es einen fließenden Übergang zu Verfahren der stärker standardisierten, quantitativ orientierten Forschung und eine Vielzahl von Methodenkombinationen. Auch wenn dies die Unterscheidung zwischen qualitativer und quantitativer Sozialforschung viel gradueller werden lässt, als der stete „Methodenstreit" suggeriert, bleiben prinzipielle Unterschiede in der Herangehensweise erkennbar. Die Unterschiede zwischen den beiden

Gruppen von Ansätzen und Verfahren sind immer noch größer als die internen Unterschiede in den jeweiligen Gruppen. Gerade dies macht ja ihre Kombination in der Sozialforschung so reizvoll und eröffnet die Möglichkeit, die qualitative Sozialforschung in einem vergleichsweise eher schmalen Lehrbuch darzustellen anstatt der dicken Handbücher und Kompendien, die es bereits zum Thema gibt.

Das vorliegende Lehrbuch versteht sich dabei als Arbeitsbuch, um verschiedene Denk- und Herangehensweisen der qualitativen Sozialforschung kennenzulernen, aber auch um Einblicke in verschiedene Methoden und deren Kombinationen zu geben. Zu den einzelnen Methoden gibt es bereits zahlreiche Bücher, deren Detaillierungsgrad und Ausführlichkeit das vorliegende Lehrbuch weder ersetzen noch wiedergeben kann. Es verweist bei Gelegenheit auf diese und wer sich in eine Methode vertiefen möchte, sollte sich am besten ihrer bedienen. Das vorliegende Lehrbuch versteht sich vielmehr als ein Arbeitsbuch, das man zur Hand nehmen kann, um erste Schritte in diesem Feld selbständig zu gehen. Es soll dazu inspirieren, selbst in die Empirie zu gehen, die Hallen der Universität und die kurzatmige Welt des Internets und der sozialen Medien zu verlassen, um selbst erste Schritte im Feld zu gehen. Erst wenn man mit den realen Problemen im Feld konfrontiert ist – wie im Falle des Interviews mit dem Straßenarbeiter –, wächst für viele von uns auch das reale Interesse an Methoden. Dazu soll das Buch befähigen.

1.1 Vorgehensweise und Aufbau des Buches

Mit der Konzeption dieses Lehrbuches als Lern- und Arbeitsbuch ist verbunden, dass es immer wieder Übungen, Werkzeug- und Informationsboxen enthält, welche helfen sollen, das Gelesene anzuwenden und zu vertiefen. Es soll zumindest ein simuliertes "learning by doing" ermöglichen, auch wenn es nicht ersetzen kann, selbst ins Feld zu gehen und erste Erfahrungen zu sammeln. Dabei wurde immer wieder versucht, die Einführung in die Methoden und Verfahren auf konkrete inhaltliche Fragestellungen zu beziehen und die ersten Schritte zur Beantwortung der inhaltlichen Fragestellungen mit Ihnen gemeinsam zu gehen. Es wurde in der Regel davon abgesehen, bereits durchgeführte Studien nachzuvollziehen und bereits geprüfte, validierte und getestete Instrumente in den Vordergrund zu stellen. Dafür stehen zahlreiche Handbücher zur Verfügung. Ziel war es

1.1 Vorgehensweise und Aufbau des Buches

vielmehr, mit den Leser*innen gemeinsam diese Schritte zu gehen und damit das Verfahren in der konkreten Durchführung zu illustrieren und zu lernen, worauf wir bei der Durchführung achten müssen.

Unsere Vorgehensweisen bei den inhaltlichen Fragestellungen sind dabei nicht in Stein gemeißelt. Sie sind immer auch anders möglich und sicherlich kann man diskutieren, ob man dies so oder anders durchführen sollte. Und genau darauf basiert die qualitative Sozialforschung auch: auf Interpretationsgemeinschaften, welche im Streit um Deutungs- und Verfahrensweisen zur intersubjektiven Validierung der Ergebnisse beitragen. Wenn wir Hinweise zu den Ergebnissen der Übungen oder zur Beantwortung von Fragen geben, so sind sie genau als solches zu verstehen: als Vorschläge, zu welchen Ergebnissen man kommen kann, aber nicht ohne Wenn und Aber kommen muss. Im Vordergrund steht immer das grundlegende Verständnis, das wir generieren wollen, und eine Vorstellung davon, wie man vorgehen könnte, wenn man erste Schritte in einem solchen Feld unternimmt.

Am Ende jedes Kapitels haben wir Vertiefungsfragen und Übungen für Zuhause bereitgestellt. Sie dienen der Ergebnissicherung sowie der vertiefenden Beschäftigung mit dem Thema des Kapitels. Die Antwortvorschläge unsererseits werden jeweils auf einer Homepage von uns zur Verfügung gestellt. Zugleich finden Sie dort weiterführende Literatur, wenn Sie das Studium der qualitativen Methoden weiter vertiefen wollen.

Das vorliegende Lehrbuch hat zum Ziel, einen Überblick über die wichtigsten Verfahren der qualitativen Forschung zu geben – inklusive der Möglichkeiten, sie mit anderen Methoden zu kombinieren. Gemessen an der großen und wachsenden Vielfalt der qualitativen Methoden ist es also sehr selektiv, im Grunde auf die "basics" der qualitativen Forschung konzentriert. Dazu gehören u. E. Experimente, Beobachtungen, Inhaltsanalysen und Interviews. Das hört sich nach wenig an, ist aber tatsächlich in der Darstellung der wichtigsten Grundlagen bereits eine Herausforderung für ein Lehrbuch. Denn hinter jedem dieser qualitativen Erhebungsverfahren stecken weitere zahlreiche Möglichkeiten und Varianten der Durchführung sowie der Analysemethoden. Wir haben versucht, uns auf die grundlegenden Perspektiven zu konzentrieren, um das Buch halbwegs schlank zu halten und dadurch natürlich viele Verfahrensvarianten, neue Ansätze und Autoren nicht oder nicht hinreichend berücksichtigen können. Aber dazu ist die "broad church" der qualitativen Sozialforschung mittlerweile zu groß und auch zu bedeutend geworden, um all dies in *einem* Lehrbuch darstellen zu können.

Bevor wir jedoch auf die grundlegenden Erhebungsverfahren eingehen, ist es für uns wichtig, die erkenntnistheoretischen Grundlagen, auf welchen viele Verfahren basieren, zu klären (Kapitel 2). Ohne diese und eine grundlegende Idee von „Verstehen" und „Interpretation" können wir u. E. die Erhebungs- und Analyseverfahren in ihrem Kern nicht verstehen. Zugleich wollen wir – bei allen Unterschieden – das Gemeinsame und Verbindende in den Prinzipien dieser "broad church" der qualitativen Forschung herausarbeiten (Kapitel 3) und so einen Ausgangspunkt gewinnen, um in die grundlegenden Erhebungsverfahren tiefer hineinzugehen. Bezogen auf die grundlegenden Verfahren haben wir mit Experimenten (Kapitel 4) begonnen, weil insbesondere Krisenexperimente für uns einen guten Zugang eröffnen, um Sinn und Zweck der Sozialforschung nachvollziehen zu können. Deren Vorgehensweise, das Gewebe alltäglicher Normen, Erwartungen und informeller Regeln kennen zu lernen, indem man gegen sie verstößt, macht zugleich deutlich, dass die qualitative Sozialforschung auch für die Forschenden nicht äußerlich bleibt. Vielmehr fordert sie heraus, sich auch persönlich einzubringen und eigene Widerstände zu überwinden. Das Gleiche gilt für die Beobachtung (Kapitel 5), insbesondere die teilnehmende Beobachtung. Sie eröffnet nicht nur einen direkten Zugang zum Forschungsfeld, sondern verlangt zugleich auch eine Mitwirkung in diesem Feld. Die Beschäftigung mit der qualitativen Inhaltsanalyse (Kapitel 6) eröffnet dann u. a. eine hermeneutische Perspektive auf empirisches Material und Texte und fördert damit das Einüben einer Kernkompetenz in der qualitativen Forschung: das Zwischen-den-Zeilen-Lesen, das Herausarbeiten des Hintergründigen, Nicht-Offensichtlichen. Diese wird in Kapitel 8 mit der Deutungsmusteranalyse weiter vertieft, doch zuvor werden wir in Kapitel 7 noch eine Königsdisziplin der qualitativen Forschung genauer kennenlernen: Das Interview. Auch wenn die Reihenfolge der Darstellung der grundlegenden Erhebungs- und Analyseverfahren nicht zwingend ist und jedes Kapitel für sich stehen kann, ist sie doch so angelegt, dass sie den sukzessiven Erwerb von Kernkompetenzen befördern kann.

1.2 Theoretische Ansätze und Kompetenzerwerb

Entlang der Theorien, welche für die qualitative Sozialforschung wegweisend sind, sollen im vorliegenden Lehrbuch verschiedene Kompetenzen eingeübt werden. Sie sollen den Leser*innen helfen, sich im Forschungsfeld

1.2 Theoretische Ansätze und Kompetenzerwerb

zurechtzufinden und nicht nur eigene Erhebungen durchführen, sondern deren Ergebnisse auch einordnen zu können.

Während in diesem Kapitel der Zugang zum Thema im Vordergrund steht, ist es in Kapitel 2 die methodologische, erkenntnistheoretische Reflexion der uns entgegenscheinenden Wirklichkeit. Es soll mithilfe einer Bezugnahme auf den erkenntnistheoretischen Konstruktivismus eine Reflexion unserer „natürlichen Einstellung" (wie uns die Welt ganz selbstverständlich erscheint) ermöglichen und die Voraussetzungen schaffen, um die Kernkompetenzen des Interpretierens und Konstruierens einzuüben. In Kapitel 3 werden unter Bezugnahme auf die Phänomenologie Husserls sowie auf die Grounded Theory Kompetenzen der phänomenologischen Reduktion, des Codierens sowie des Theorieaufbaus aus dem Material heraus eingeübt. In Kapitel 4 entwickeln wir erste ethnomethodologische Kompetenzen und lernen, wie wir Alltagssituationen gezielt in die Krise bringen und Experimente durchführen können, um mehr über den Aufbau der sozialen Welt zu erfahren. Zugleich trainieren wir, wie wir unter Bezugnahme auf Goffman die Rahmungen identifizieren können, welche vielen sozialen Situationen zu Grunde liegen (siehe Tabelle 1).

	Theoretische Ansätze	**Kernkompetenzen**
Kapitel 1	Einleitung	– Zugang zum Thema abseits des Methodenstreites kennenlernen
Kapitel 2	**Konstruktivismus** (Kant, Piaget, von Förster, Berger & Luckmann etc.)	– Reflexion der „natürlichen Einstellung" – Interpretieren und Konstruieren verstehen lernen
Kapitel 3	**Phänomenologie** (Husserl) **Grounded Theory** (Glaser & Strauss)	– phänomenologisch reduzieren – Theorien aus dem Material heraus bauen
Kapitel 4	**Ethnomethodologie** (Garfinkel) **Rahmenanalyse** (Goffman)	– Alltagssituationen kontrolliert in die Krise bringen – Experimente durchführen – Rahmungen von Situationen identifizieren
Kapitel 5	**Symbolischer Interaktionismus** (Blumer, Mead)	– Bedeutungszuweisungen in Interaktionen verstehen – unstrukturiert und strukturiert beobachten

Kapitel 6	**Hermeneutik** (Dilthey)	– hermeneutisch interpretieren – verschiedene Arten der Inhaltsanalyse durchführen und kombinieren
Kapitel 7	**Wissenssoziologie** (Schütz, Berger, Luckmann)	– Interviews vorbereiten – Interviewer*innen schulen – Textsorten identifizieren – Interviewfragen gestalten – Interviewarten kennenlernen
Kapitel 8	**Deutungsmusteransatz** (Oevermann)	– Schwierigkeiten bei der Interpretation von Interviews kennenlernen – hermeneutisch interpretierend Deutungsmuster herausarbeiten

Tabelle 1: Theoretische Ansätze und Kompetenzerwerb in den einzelnen Kapiteln

In Kapitel 5 lernen wir, auf Bedeutungszuweisungen in Interaktionen zu achten und wie man unstrukturiert sowie strukturiert beobachtet. Kapital 6 dient dem Erwerb von Kompetenzen des hermeneutischen Interpretierens, welche später in Kapitel 8 weiter vertieft werden. Zugleich lernen wir, verschiedene Arten der Inhaltsanalyse durchzuführen und zu kombinieren. Kapitel 7 dient dann dem Kompetenzerwerb rund um das Interview. Wir lernen, Interviews vorzubereiten, Interviewer*innen zu schulen, verschiedene Textsorten einordnen zu können, Interviewfragen zu gestalten und verschiedene Arten des Interviews durchzuführen. Auch Kapitel 8 dreht sich noch ganz um Interviews, aber in diesem lernen wir zum Abschluss, wie wir Interviews interpretieren und welche Fehler wir dabei machen können. Der hermeneutische Kompetenzerwerb wird weiter vertieft und wir lernen die Durchführung eines genuin soziologischen Interpretationsverfahrens, die Durchführung der Deutungsmusteranalyse kennen.

Wenn wir das alles durchlaufen haben, ist ein erster Kompetenzerwerb in der qualitativen Sozialforschung möglich geworden und wir sollten dann in der Lage sein, selbständig ins Feld zu gehen. In der Praxis der qualitativen Sozialforschung können wir dann die frisch erworbenen Kompetenzen anwenden und weiter vertiefen.

Quellen:

Kelle, Udo (2017): „Die Integration qualitativer und quantitativer Forschung – theoretische Grundlagen von ‚Mixed Methods'", in: *KZfSS – Kölner Zeitschrift für Soziologie und Sozialpsychologie* 69 (2), S. 39–61.

2 Erkenntnistheoretische Grundlagen der qualitativen Sozialforschung

In der ersten Lerneinheit wollen wir die wissenschaftstheoretischen Grundlagen für die qualitative Sozialforschung (QS) legen. Dies ist wichtig, weil große Teile der qualitativen Sozialforschung nur auf der Grundlage einer ausgeführten Erkenntnis- und Wissenschaftstheorie zu verstehen sind. Wir werden deshalb nach einer kurzen Einleitung verschiedene Disziplinen dazu befragen, welche erkenntnistheoretischen Stellenwert sie dem Vorgang des Interpretierens und Konstruierens von Wirklichkeiten – der im Mittelpunkt der qualitativen Sozialforschung steht – zuweisen. Wir wandern dabei von den kognitiven Grundlagen der Wirklichkeitswahrnehmung unserer Gattung (Wahrnehmungspsychologie (2.2), philosophische Erkenntnistheorie (2.3), Kognitionspsychologie (2.4) und Neurophysiologie (2.5)) zu den sozialen und gesellschaftlichen Faktoren in ihrem Einfluss auf unsere Wirklichkeitswahrnehmung (Sozialpsychologie (2.6) und Soziologie (2.7)). Wir tun dies, um uns Schritt für Schritt von der alltäglichen Vorstellung zu lösen, dass wir das, was uns umgibt, einfach nur abbilden und uns der Vorstellung näher zu bringen, dass wir Wirklichkeiten durch unsere Interpretationen schaffen – also nicht nur abbilden, sondern konstruieren. Wenn wir dies erkannt haben, dann können wir auch besser verstehen, warum es der Methoden bedarf, um zu rekonstruieren, wie andere dies tun.

2.1 Einleitung: Interpretieren und Konstruieren

Erst durch unsere **Interpretationen** schaffen wir Wirklichkeiten und nur insoweit dies unser Erkenntnisapparat ermöglicht. Das hört sich zunächst einfach an, jedoch sind die Schlussfolgerungen, die wir daraus ziehen, weitreichend. Wir wollen uns daher genauer ansehen, was dies für Schlussfolgerungen sind und wie diese den Zugang der qualitativen Sozialforschung zur „Wirklichkeit" bestimmen. Insbesondere der erkenntnistheoretische **Konstruktivismus,** d. h. die Lehre davon, wie wir Wirklichkeiten konstruieren, ist daher in seinen unterschiedlichen Spielarten und fachspezifischen Ansätzen Gegenstand dieser ersten Lerneinheit (vgl. nur Berger

& Luckmann 1966; Burr 1995; Knoblauch 1995, 2005; Knorr-Cetina 1989; Luhmann 1990, 1996, 1997; von Glasersfeld 1984; Watzlawick 1984 u. v. a.). Unter Konstruktivismus verstehen wir in einem ersten Zugang hier nur die Überzeugung, dass ein Gegenstand vom Beobachter selbst durch den Vorgang des Erkennens konstruiert wird.

Wenn wir morgens die Augen öffnen, sehen wir die Wirklichkeit: klar, eindeutig und für alle, die gesund sind, in unterstellt gleicher Erscheinungsform. Ohne nachzudenken, nehmen wir sie als Abbild unserer Innen- und Außenwelt und finden uns – je nach Müdigkeit – mehr oder weniger gut darin zurecht. Wir wollen dies unsere **„natürliche Einstellung"** nennen. Sie lässt uns selbstverständlich denken, dass die Wirklichkeit genau so ist, wie wir sie wahrnehmen. Auch die Vorstellung, dass wir wissen können, was die Realität an sich – und nicht bloß für uns – ist, gehört zu unserer „natürlichen Einstellung". Wenn wir nicht wollen, müssen wir darüber nicht weiter nachdenken und kommen dennoch gut zurecht.

Für die Wissenschaft ist aber die Bezugnahme auf unsere natürliche Einstellung nicht hinreichend. Sie kann es nicht dabei bewenden lassen, sondern stellt vielmehr infrage, ob unsere Realität die „Realität an sich" ist und wie wir dies denn wissen können. Für die Sozialwissenschaften rückt mit dieser Hinterfragung durch die Erkenntnistheorie das große Thema der **„Interpretation"** in den Vordergrund. Diese sind in der Regel der Überzeugung: Das, was uns umgibt, kann nicht einfach von uns gespiegelt werden, sondern die Erkenntnis unserer Umgebung ist ein produktiver Prozess des Interpretierens, der nicht nur von den Merkmalen der Umgebung, sondern auch von uns beeinflusst wird. Erst durch die selbsttätige Interpretation dessen, was uns umgibt, halten wir den Schlüssel zu unserer Erkenntnis der Welt in Händen (vgl. Berger & Luckmann 1966). Und genau diesen sozialen und gesellschaftlichen Regeln und Logiken der Interpretation wollen wir nachgehen, um die gesellschaftliche Konstruktion der Wirklichkeit zu verstehen.

Lernziel:
Das erste Lernziel für diese Lerneinheit ist es also zu verstehen, wie wir interpretierend Wirklichkeiten schaffen. Im Durchgang durch verschiedene Disziplinen geben wir Antworten auf die Frage, wie wir Dinge interpretieren und was diese Interpretationen beeinflusst. Indem wir dies tun, hinterfragen wir zugleich unseren „natürlichen" Zugang zur Wirklichkeit.

Um dieses Lernziel zu erreichen, machen wir wie gesagt einen Spaziergang durch verschiedene Disziplinen, immer mit dem Blick darauf, was sie zum „Erschaffungsprozess" von Wirklichkeiten zu sagen haben. Dabei beginnen wir mit einigen bekannten Wahrnehmungsexperimenten, um zu verstehen, was unsere Wahrnehmung beeinflusst und wie sie sich „täuschen" lässt.

2.2 Wahrnehmungspsychologie

Wir beginnen unsere Überlegungen mit ein paar Übungen zur Wahrnehmungspsychologie. Mithilfe dieser Übungen können wir sehen, wie unser Gehirn sich vergleichsweise einfach „täuschen" lässt. Wenn aber unser Gehirn sich so einfach täuschen lässt, so lautet unsere weiterführende Frage, wie können wir dann sicher sein, dass es nicht sonst auch eine „Täuschung" produziert anstatt die „Realität an sich" abzubilden?

Für diese erste Verunsicherung unseres Alltagsdenkens ziehen wir ein paar gut bekannte Wahrnehmungsexperimente heran. Wir sehen etwas anders als in der Abbildung oder springen von einer Wahrnehmung auf die andere, wie dies zum Beispiel bei Vexierbildern der Fall ist. Oder wir sehen Dinge, welche in der Abbildung gar nicht dargestellt sind. Das Feld der optischen Täuschungen ist ein weites und wir beginnen mit einer Abbildung, welche im Internet viel geteilt wurde: die schwebende Mülltonne.

Wenn wir die Abbildung der Mülltonne betrachten (siehe Abbildung 1), dann sehen manche von uns diese wahrscheinlich schwebend, andere auf dem Boden stehend und wieder andere werden sich zwischen beiden Wahrnehmungen hin und her bewegen. Natürlich steht die Mülltonne in der Abbildung auf dem Fußgängerweg, aber wenn wir sie einmal schwebend gesehen haben, müssen wir uns schon sehr konzentrieren, um sie dauerhaft auf dem Boden zu halten. Unser Gehirn hält auch wider besseres Wissen an bestimmten Voreinstellungen fest.

Abbildung 1: Optische Täuschung I – Die schwebende Mülltonne. Bildquelle: tz.de

Die nächste optische Täuschung gehört zu den klassisch gewordenen Beispielen. Wenn wir zwischen zwei gleich langen Strichen eine Perspektive von nah und fern einbauen, sehen wir den hinteren Strich viel größer, weil unser Gehirn weiter Entferntes kleiner wahrnimmt und deswegen im Umkehrschluss gleich Großes in der Ferne als größer erscheint.

Abbildung 2: Optische Täuschung II – Müller-Lyer-Illusion. Bildquelle: Perspectiva Nociones

In der perspektivischen Verzerrung (siehe Abbildung 2) erscheint uns der hintere fett gedruckte Kantenstrich länger als der vordere. Tatsächlich aber sind sie in der Abbildung genau gleich lang.

Auf Abbildung 3 sehen wir schräge Linien, tatsächlich aber verlaufen die Linien parallel zueinander. Und auf Abbildung 4 haben wir das Vergnügen mit einer weiteren berühmten Müller-Lyer-Illusion. Beide Linien sind gleich lang. Aber ein Kontexteffekt ist dafür verantwortlich, dass für die meisten von uns die untere Linie als länger erscheint.

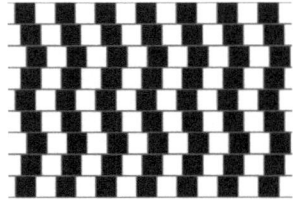

Abbildung 3: Optische Täuschung III. Bildquelle: pixy.org

Eine wahrnehmungspsychologische Erklärung beruht auch hier wieder auf der Deutung als perspektivische Darstellung: „Die stumpfen Winkelspitzen könnten wie der Blick auf die entfernte Ecke eines Raumes wahrgenommen werden, diese Kontur wäre weiter entfernt und würde damit als ‚größer' interpretiert; die Kontur mit spitzen Winkeln könnte wie die vorspringende Kante (z. B. die Hausecke eines quadratischen Gebäudes) wahrgenommen werden, diese Kontur wäre dann näher und würde bei gleicher Länge als ‚kleiner' interpretiert" (Spektrum 2000: Lexikon der Neurowissenschaft: Apolare Nervenzelle).

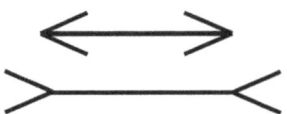

Abbildung 4: Optische Täuschung IV – Müller-Lyer-Illusion. Bildquelle: Wikimedia Commons

Wir können mittels der optischen Täuschungen also sehen, wie unser Gehirn sich täuschen lässt. Dies ist ein erstes Indiz dafür, dass unser Wahrnehmungsapparat „Wirklichkeit" für uns schafft und nicht einfach die Wirklichkeit außerhalb von uns abbildet oder spiegelt. Also nochmal: Wenn unser Gehirn sich also täuschen lässt, wie können wir sicher sein, dass unsere Wahrnehmung der Welt nicht selbst das Produkt einer Täuschung ist?

2.2 Wahrnehmungspsychologie

Die Antwort darauf lautet im erkenntnistheoretischen Konstruktivismus: gar nicht. Wir wissen nur, dass wir uns in der Welt, so wie sie uns erscheint, zurechtfinden, aber nicht, wie sie für sich selbst beschaffen ist. Schon bei wissenschaftlichen Überlegungen zu Zeit und Raum, bei Einsteins Relativitätstheorie oder bei der Quantenphysik hat das Gehirn von vielen von uns große Verständnisprobleme, weil die Welt, wie sie die Wissenschaft darstellt, für uns kaum mehr begreifbar ist. Wir können die Welt an sich nicht erkennen, sondern nur das, was wir mittels unseres Beobachtungsapparats sehen. Inwiefern dies mit der Welt an sich übereinstimmt, könnten wir nur erkennen, wenn wir eine dritte Position einnehmen könnten, welche sowohl die Welt an sich als auch unsere Beobachtung untersuchen könnte, um mögliche Übereinstimmungen oder Abweichungen festzustellen. Aber eine solche Position gibt es für uns nicht. Insofern ist die Beobachterabhängigkeit unserer Erkenntnis für uns eine grundlegende Tatsache, die es zu berücksichtigen gilt. Auch die moderne Physik baut heute auf der Beobachterabhängigkeit der Erkenntnis auf. „Nach der Interpretation von Werner Heisenberg, einem der Pioniere der Quantenmechanik, sind Dinge erst dann real, wenn sie beobachtet werden. Er hielt es für nicht mehr möglich, ‚zur Vorstellung einer objektiven realen Welt zurückzukehren, deren kleinste Teile in der gleichen Weise objektiv existieren wie Steine oder Bäume, gleichgültig, ob wir sie beobachten oder nicht'" (Ananthaswamy 2018).

Das heißt zum einen, was uns als Gattungswesen Mensch als Wirklichkeit erscheint, muss für andere beobachtende Lebewesen – seien das Bienen, Hunde oder Spinnen – keine gleiche oder ähnliche Wirklichkeit sein. Zum anderen bedeutet dies aber auch, dass unsere Beobachtung das Phänomen für uns erst schafft bzw. konstituiert. Dies ist auch in der Physik bekannt: So lässt sich ein Photon als Teilchen oder als Welle beobachten und verhält sich, je nachdem, wie man es beobachtet, als Teilchen oder als Welle (vgl. Ananthaswamy 2018).

2.3 Ein kurzer Blick in die Philosophie

In der Philosophie gehört dies bereits seit der antiken Philosophie zum Wissensbestand (vgl. z. B. Mansfeld & Primavesi 2011: 231, 239; Honerkamp 2019) und wurde dann von Immanuel Kant in der „Critik der reinen Vernunft" (1787) sehr klar aufbereitet.

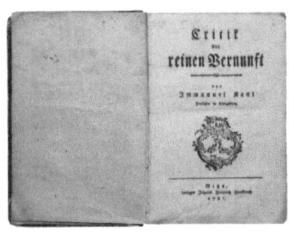

Critik der Vernunft, Titelblatt der Erstausgabe 1781. Bildquelle: Wikipedia.org

Immanuel Kants „Critik der reinen Vernunft" war die kopernikanische Wende in der Erkenntnistheorie (vgl. Kant 1787: XVI, XVII). Sie machte deutlich, dass wir nur das erkennen können, was unsere Verstandeskategorien uns selbst vorgeben (vgl. Kant 1787: VVIII). Wenn diese Gefäße wären, mit denen wir Wirklichkeit schöpfen würden, um ein viel zu statisches Bild der Erkenntnisproduktion zu verwenden, dann würden wir eben nur verfügbar haben, was in diese Gefäße passt. Das große Meer des Anderen bliebe uns verborgen. Zwar klammerte Kant noch die Apriori von Zeit und Raum (vgl. Kant 1787: 73 ff.) aus, aber es wurde klar, dass wir nur eine Realität für uns haben, aber **keinen Zugang zu den „Dingen an sich selbst", zur Realität an sich** haben können (vgl. Kant 1787: XX, XXI; Hervorhebung M.P.).

Alle derzeitigen Erkenntnistheorien, so unterschiedlich sie sein mögen, gehen nicht hinter Kants Diktum zurück: „daß die Vernunft nur das einsieht, was sie selbst nach ihrem Entwurfe hervorbringt" (Kant 1787: XIII). „Allein die Verbindung (conjunctio) [...] kann niemals durch die Sinne in uns kommen [...] denn sie ist ein Aktus der Spontanität der Vorstellungskraft [...] eine Verstandeshandlung" (Kant 1787: 129 f.). Das heißt, selbst wenn unsere Sinneseindrücke die Wirklichkeit angemessen wiedergeben würden, wäre die Verbindung der verschiedenen Sinneseindrücke ein Akt des selbsttätigen Schaffens einer Vorstellung von der Wirklichkeit.

Um dies selbst zu erfahren, wenden wir eine kleine Übung an:

Übung 1: Die Verbindung der Sinne

Wir lassen uns von einer anderen Person die Augen verbinden und diese einen für uns unbekannten oder ungewohnten, außeralltäglichen Gegenstand heraussuchen. Die Person legt diesen Gegenstand in unsere Hände und wir müssen erraten, um was es sich handelt. Wir lassen uns dabei beobachten und überlegen, welche Sinne wie ins Spiel kamen und ggf. die Erkenntnis brachten.

Hinweise zur Beantwortung 1: Die Verbindung der Sinne

Wir werden voraussichtlich feststellen, dass wir Zeit brauchen, um den Gegenstand zu identifizieren und dass wir ganz verschiedene Sinne anwenden – hören, riechen, schmecken, fühlen –, um der Identität des Gegenstandes auf die Spur zu kommen. Erst die Verbindung unserer Sinne wird die Erkenntnis bringen und wir können erkennen, dass diese durch unsere Verstandestätigkeit hervorgebracht wird – und nicht durch den Gegenstand selbst. Wenn das geklappt hat, haben wir einen ersten Zugang zu Immanuel Kant gewonnen.

Wir müssen uns hier mit diesem kurzen Blick in die Erkenntnistheorie Kants begnügen, aber vertiefen unser Thema weiter mit Blick auf die Entwicklungspsychologie, welche uns lehrt, dass unser Gehirn nicht per se die äußere Welt abbildet und spiegelt, sondern sich erst nach und nach in bestimmten Entwicklungsstufen bestimmte Formen der Wahrnehmung und Konstruktion von Wirklichkeiten herausbilden.

2.4 Die Kognitionspsychologie von Jean Piaget

Wandern wir daher weiter zu Jean Piaget (1896–1980), einem bekannten Schweizer Entwicklungspsychologen und Biologen, und seiner Erkenntnistheorie. Auch für Piaget (1937) war unter Rückbezug auf Kant klar, dass es „dem erlebenden Subjekt unmöglich ist, eine objektive Welt zu erkennen, wie sie wäre, bevor sie erlebt wird" (von Glasersfeld 2011: 99f.). Es baut sich vielmehr eine mehr oder weniger stabile Erlebenswelt als Wirklichkeit auf und geht dabei auf die begrifflichen Konstruktionen zurück, welche ihm im jeweiligen Entwicklungsstadium möglich sind (vgl. von Glasersfeld 2011:

100).¹ Piaget führte zahlreiche, oft replizierte Wahrnehmungsexperimente unter anderem mit seinen eigenen Kindern durch, um zu verdeutlichen, dass Erkenntnis nicht nur auf Anpassung an eine äußere Umwelt beruht, sondern auch auf begrifflichen Operationen, welche sich mit dem jeweiligen Entwicklungsstadium verändern.

Nehmen wir an, wir spielen mit einem wenige Monate alten Baby. Wir nehmen eine Rassel, spielen mit ihm und lassen diese Rassel dann lautlos hinter einem anderen Gegenstand, einem Sichtschutz verschwinden. Das Baby wird in der Regel nicht hinter dem Gegenstand nach ihm suchen, weil es das Konzept der Objektpermanenz noch nicht entwickelt hat.

Springen wir etwas in der Entwicklung und lassen ein Kind unter fünf Jahren eine Orangensaftflasche malen. Wenn die Flasche steht, wird der Flüssigkeitsspiegel richtig wiedergegeben. Aber wenn die Flasche liegt, zeichnen die Kinder die Flasche oft so – selbst wenn Sie diese vor Augen haben – als wäre der Orangensaft gefroren. Der Wasserspiegel wird vertikal dargestellt.

Bildquelle: Pixabay.com

Oder machen wir Folgendes: Wir nehmen den Orangensaft vor den Augen vierjähriger Kinder und füllen exakt die gleiche Menge in ein breites, wenig hohes Glas und in ein hohes, schmaleres Glas (vgl. Mietzel 1998). Welches Glas werden die Kinder bevorzugen, wenn sie Orangensaft mögen? Das höhere. Es sieht für Sie einfach nach mehr aus. Auch wenn die Flüssigkeitssäule in dem einen Glas höher, im zweiten Glas niedriger aussieht, berücksichtigt erst das sieben- oder achtjährige Kind sowohl Höhe als auch Breite.

Piaget hat eine Vielzahl solcher Versuche durchgeführt. Sie zielen darauf, dass unsere Wirklichkeitswahrnehmung von unserer kognitiven Entwick-

---

1 „Auf dem Niveau der sensomotorischen Handlungen geht es noch nicht um die Konstruktion einer Wirklichkeit, sondern einzig und allein um Erfolg in der praktischen Anpassung, das heißt um die Entdeckung eines Wegs, Perturbationen zu neutralisieren und ein zumindest vorübergehendes inneres Gleichgewicht zu erreichen. Auf dem Niveau der begrifflichen Operationen hingegen hat das sprachliche oder begriffliche Denken die Aufgabe, Wahrheiten zu erkennen, zu formulieren und miteinander in einem widerspruchslosen Netzwerk zu vereinen, das mit den eigenen bisherigen Erfahrungen und sozialen Interaktionen kompatibel ist" (Piaget 1937: 316).

lung abhängt (vgl. Piaget & Inhelder 1968: 66; Piaget 1974: 27). Diese verläuft nach Piaget in Stufen und Phasen, macht aber deutlich, dass Erkenntnis und Wirklichkeit ihrem Wesen nach (Selbst-)Konstruktion sind. Diese besteht im autogenen Aufbau von in der Interaktion mit der Umwelt angeregten Strukturen bzw. im Knüpfen von Beziehungen zwischen Handlungs-, Operations- und Begriffsschemata (vgl. Reusser 1996).

Dies zeigt sich auch in Zurechnungen, wie sie manche Erwachsene auch noch kennen. So sagt ein vierjähriges Kind zum Beispiel, wenn es sich an der Treppe weh getan hat, dass diese böse sei und sie geschlagen habe. Und auch Erwachsene treten bisweilen noch nach Gegenständen, an denen sie sich weh getan haben. Aber nicht nur der Animismus, also die Vorstellung einer Beseeltheit der Dinge, sondern auch der Egozentrismus verliert sich oftmals nicht in der Erwachsenenwelt. So kann ein 4½-jähriges Kind sagen, ich stampfe mit dem Fuß, damit die Suppe gut ist oder ein Erwachsener denkt, dass die von ihm priorisierte Mannschaft verlieren wird, wenn er seinen Fanschal nicht umlegt. Solche Rationalitäten gehören zu den Voreinstellungen von Wirklichkeitskonstruktionen und zeigen einmal mehr, wie abhängig diese von unserer kognitiven Entwicklung ist. Unsere Realität ist also nicht einfach Abbild der äußeren Welt, in der wir uns befinden, sondern eine selbsttätige Konstruktion nach Maßgabe der Anpassungsvorteile, die wir realisieren können und der uns zur Verfügung stehenden begrifflichen Operationen.

2.5 Ein Ausflug in die Neurophysiologie

Kommen wir zur Neurophysiologie. Hier werden im Anschluss an Immanuel Kant einige zentrale Grundlagen der neueren Erkenntnistheorie gelegt. Zu den zentralen Autoren, die sich auf neurophysiologische Befunde beziehen, gehört u. a. Heinz von Förster (1985, 2006).[2] „Die übliche Annahme ist", so Heinz von Förster in einem Interview „daß unsere Sinne uns sagen, was draußen in der Welt vor sich geht. Man sagt, sie würden die Welt

---

2   Heinz von Förster wird u. a. dem „radikalen Konstruktivismus" zugerechnet, einer Spielart des erkenntnistheoretischen Konstruktivismus, welche von der „Erfindung der Welt" durch deren Beobachtung ausgeht (vgl. dazu aber auch Bateson 1983; von Glasersfeld 1987, 1992a, 1992b, 1996; Roth 1994; Watzlawick 1976; Watzlawick et al. 1981 und viele andere; für instruktive Zusammenfassungen siehe Schmidt 1991; Fischer et al. 1995; Dettmann 1999).

abbilden, uns über ihre Gestalt und Natur informieren. Ich habe versucht, meine Leser daran zu erinnern, dass schon vor über 150 Jahren der große Physiologe Johannes Müller das Prinzip der ‚spezifischen Nervenenergie' ausgesprochen hat. Es besagt, daß die Nerven der verschiedenen Sinne, wie Sehen, Hören, Tasten immer nur die ihnen entsprechenden Empfindungen – Licht, Schall und Druck – hervorbringen, und zwar unabhängig von der physikalischen Natur des Reizes, der diese Empfindung verursacht" (Pörksen & von Förster 1996).

Wie von Heinz von Förster ausgeführt, liegt dem erkenntnistheoretischen Konstruktivismus die neurophysiologische These der „undifferenzierten Codierung" (von Förster 1993: 30 ff.) zugrunde. Nach dieser These erfassen wir mit unseren Neuronen über die Sinnesorgane einzig die Intensität eines Reizes, aber keine qualitative Bestimmung des Reizes. Das Gehirn entwickelt aus den undifferenzierten Nervenimpulsen selbst Repräsentationen der Wirklichkeit oder anders formuliert: Die Umwelt, die wir wahrnehmen, ist unsere Erfindung.

Dies bestätigen auch neuere Befunde der Hirnforschung. Der Hirnforscher Matthias Ekman von der Radboud Universität in Nijmegen beobachtete z. B. die Nervenaktivität in der Sehrinde. Seine Versuchspersonen sahen auf einem Bildschirm, wie sich ein Lichtpunkt in vier Schritten von links nach rechts bewegt, immer und immer wieder. Hunderte Male. Da die Forscher*innen nur diese kleine Hirnregion untersuchten, konnten sie gut messen und einen kurzen Film direkt aus dem Gehirn aufzeichnen. „Dann sieht man eben, wie erwartet diese vier Punkte erscheinen. Spannend wurde es, als Matthias Ekmann dann den Punkt nicht in der gewohnten Vierersequenz erscheinen ließ, sondern nur einmal in der Anfangsposition am linken Rand. Und da könnte man sagen, ok dann sollte das Gehirn auch nur einen Punkt abbilden, weil das ist ja das, was gezeigt wird. Aber was wir gefunden haben, ist, dass der visuelle Kortex alle vier Punkte zeigt. Das heißt, von dem Startpunkt aus komplementiert er die Sequenz so, dass dort vier Punkte auch zu sehen sind" (Wildermuth 2017). Auch wenn die Signale etwas schwächer sind und eher als eine Art Geisteraktivität erscheinen: Realität und Nervenaktivität klaffen auseinander.

Wahrnehmung hat also nicht nur etwas mit der Welt zu tun, sondern auch mit den Erwartungen des Gehirns.

2.5 Ein Ausflug in die Neurophysiologie

Auch hier ist die Lehre eindeutig: Wir sehen nicht nur mit den Augen, sondern vor allem mit dem Gehirn. So werden beispielsweise in den Büchern von Oliver Sacks reale neuropathologische Fälle geschildert, in denen Störungen oder Erkrankungen des Gehirns weitreichende Folgen für die Wahrnehmung hatten. Die Titel, wie z. B. „Der Tag, an dem mein Bein fortging" (1989) oder „Der Mann, der seine Frau mit einem Hut verwechselte" (2010), sprechen dabei für sich. Sie können uns helfen zu verstehen, wie sehr „unsere Wirklichkeit" von unserem Wahrnehmungsapparat bestimmt wird.

Bildquelle: Rowohlt.de

Schon lange ist bekannt, dass ein Großteil der Kommunikation zwischen Nervenzellen über „Aktionspotenziale" oder auch „Spikes" genannte elektrische Impulse vermittelt wird (vgl. Quiroga et al. 2005). Bei menschlichen Versuchspersonen hat man zum Beispiel über Nervenzellen berichtet, die ihre Synapsen so eingestellt hatten, dass sie immer dann aktiv wurden, wenn bestimmte berühmte Personen des öffentlichen Lebens in ihrem „Sichtfeld" erschienen. Die sog. „Bill-Clinton-Zelle" begann immer dann – und anscheinend auch nur dann – Spikes zu generieren, wenn den Proband*innen eine Abbildung des ehemaligen US-Präsidenten Bill Clinton vorgelegt wurde (Quiroga et al. 2005).[3]

Bildquelle: Wikimedia.org

---

3   Die synaptischen Gewichte, mit denen ein Neuron eine bestimmte Decodierungsfunktion realisieren kann, hängen empfindlich davon ab, in welcher Weise die auszulesende Information codiert ist. Seit vielen Jahrzehnten ist die hier vorherrschende Lehrbuchmeinung, dass Neurone Informationen maßgeblich durch ihre „Feuerraten" codieren, also durch die mittlere Anzahl von Spikes innerhalb eines bestimmten Zeitfensters. Auf der Grundlage dieser einfachen Ratenhypothese konnte das Verhalten vieler Nervenzellen erfolgreich beschrieben und erklärt werden. Jedoch haben Forschungsergebnisse innerhalb der vergangenen zwei Jahrzehnte in zunehmendem Maße ein komplexeres Bild neuronaler Repräsentationen gezeichnet, in dem auch andere Parameter der Aktivität, wie zum Beispiel die genauen zeitlichen Abstände zwischen den Spikes verschiedener Zellen erhebliche Information über physikalische Reize mit sich führen

OOPS! Unser Gehirn fertigt ein Bild auch entlang seiner Erwartungen an und hat dazu keine qualitativen Informationen von den Dingen aus seiner Umwelt, nur Frequenzen und Intensitäten.

Bildquelle: Pixabay.com

Bevor wir uns jedoch auf unserem Spaziergang mit einer weiteren Disziplin beschäftigen, möchten wir mit einem beliebten Missverständnis aufräumen: Der erkenntnistheoretische Konstruktivismus hat in unserer Lesart nichts mit der Beliebigkeit oder einer individuellen Wählbarkeit der Wirklichkeitskonstruktionen zu tun. Pörsken (2011: 26, Fn. 15) schreibt dazu: „Die Einwände, die gegen den Konstruktivismus vorgebracht wurden und werden, sind massiv; [...] der Konstruktivismus begünstige eine ethisch-moralische Beliebigkeit, so heißt es; man propagiere ein modisches ‚anything goes' und einen haltlosen Relativismus" (Pörsken 2011: 26, Fn. 15). Unseres Erachtens wird aber gerade im kognitionsorientierten Konstruktivismus klar, dass wir uns leider – frei nach Pippi Langstrumpf – die Welt nicht einfach machen können, wie sie uns gefällt (vgl. Efraimstochter 2020). Für uns als Gattungswesen Mensch ist die Wirklichkeit, wie sie unseren Sinnen erscheint, nicht einfach dekonstruierbar. Sie kann nicht einfach von jetzt auf gleich grundlegend verändert werden. Wenn wir die Augen schließen – machen Sie es ruhig für ein paar Sekunden – und uns vornehmen, sie zu dekonstruieren und sie dann wieder öffnen, dann werden wir feststellen, dass unsere Wirklichkeitswahrnehmung durch unseren Wahrnehmungsapparat weitgehend determiniert ist. Wir müssten schon bewusstseinsverändernde Drogen nehmen oder uns einer Gehirnoperation unterziehen, um diese Determination aufzuheben.

Der springende Punkt ist vielmehr, dass wir wissen können, dass für andere Gattungen die Welt qualitativ ganz anders beschaffen ist und ganz anders erscheint. So können Bienen und Adler beispielsweise im ultravioletten Bereich sehen (vgl. Satorius 2009). Auch für Katzen und

können. Die schon lange und kontrovers geführte Debatte, so Robert Gütig vom Max-Plank-Institut für experimentelle Medizin 2014, ob und wie Nervenzellen solche komplizierteren Repräsentationen von Informationen überhaupt auslesen können, wurde durch diese Ergebnisse weiter angefacht (vgl. Gütig 2014).

2.5 Ein Ausflug in die Neurophysiologie

Hunde sieht die Welt ganz anders aus. Sie hören, riechen, sehen und spüren ganz andere Dinge. Und dies sind nicht einfach Unterschiede in den Ausschnitten der Wahrnehmung, sondern es bedeutet eine qualitativ ganz andere Realität.

Da wir wissen, dass diese anderen Welten existieren, wissen wir auch, dass wir als Gattungswesen Mensch mit den Mitteln unseres Wahrnehmungsapparates unsere eigenen Wirklichkeiten schaffen. Genau auf dieses Wissen von der Relativität bzw. Beobachterabhängigkeit unserer Erkenntnis zielt der erkenntnistheoretische Konstruktivismus ab.

Nach diesen kognitionsorientierten Zugängen wenden wir uns nun den kulturalistischen, konkreter: auf gesellschaftliche und soziale Faktoren zielenden Spielarten des erkenntnistheoretischen Konstruktivismus zu. Hier sind vor allem Studien und Experimente zum Thema sozialer Druck in Gruppen, Effekte von Hierarchien und von Konformismus auf die Art und Weise, wie wir die Welt sehen, bekannt geworden. Sie haben ihr Zuhause in der Sozialpsychologie, aber teilweise auch in der Soziologie.

Bevor wir daher zum Ende dieses Kapitels in die Soziologie einmünden, statten wir der Sozialpsychologie noch einen kurzen Besuch in dieser Angelegenheit ab. Damit nähern wir uns bereits den sozialen Kontextfaktoren, welche die Wirklichkeitswahrnehmung beeinflussen und stoßen damit auch die Tür zum Sozialkonstruktivismus auf.

2.6 Sozialpsychologie

Bildquelle: Amazon.de

Wir wollen mit einem historischen Beispiel beginnen, welches uns die Rolle von Gruppendruck und Konformismus für die Art und Weise, wie Menschen die Welt sehen und in ihr handeln, auf tragische Weise näherbringen kann. Manche von Ihnen haben vielleicht die bekannt gewordene Studie von Christopher Browning (1993) mit dem Titel „Ganz normale Männer" zur Kenntnis genommen. Sie handelt von Erschießungen von sog. Partisanen und Juden im polnischen Hinterland durch das Reserve-Polizei-Bataillon 101, das zwischen 1941 und 1943 im Rahmen des Unternehmens Barbarossa in Osteuropa mindestens 38.000 jüdische Männer, Frauen und Kinder erschossen hatte. Ihr Vorgesetzter, ein Major stellte es ihnen frei sich nicht an den Erschießungen zu beteiligen.

Es zeigte sich aber in erschreckender Weise, dass nur wenige von dieser Möglichkeit Gebrauch machten. Zunächst meldeten sich nur ein Dutzend von ca. 500 Männern, um nicht bei den Exekutionen mitmachen zu müssen (vgl. Browning 2002 [1993]: 105). Obwohl es sich um Erschießungen aus großer Nähe handelte und die Täter keine bekennenden Nazis waren – sondern Familienväter, die bei der Polizei Dienst taten –, war der Konformitätsdruck und Gruppenzwang so groß – so erklärt es zumindest Browning –, dass die weitaus meisten sich an den Erschießungen von älteren Männern, Frauen und Kindern beteiligten. Zwischen 10 % und 20 % der eingeteilten Schützen baten zu einem späteren Zeitpunkt um Ablösung von den Exekutionskommandos (vgl. Browning 2002 [1993]: 108). Die Wahrnehmung der Taten, der polizeilich-militärischen Verpflichtung sowie der Opfer war durch die kulturellen Umstände und die sozialen Kontextfaktoren offensichtlich so geprägt, dass diese menschenverachtenden Erschießungen durch „ganz normale Männer" auch ohne sog. „Befehlsnotstand" möglich wurden (siehe dazu auch Welzer 2009; Kühl 2014). Dies kann als ein erster Hinweis dafür dienen, wie soziale Kontexte unsere Art zu denken und zu handeln prägen können.

Dazu gibt es auch eine Vielzahl bekannt gewordener sozialpsychologischer Experimente, welche die Faktoren, die dabei ins Spiel kommen,

2.6 Sozialpsychologie

genauer bestimmen und messen. Wir gehen hier nicht auf die Diskussionen und die Kritik ein, die diese Experimente ausgelöst und erfahren haben. Wir führen sie hier nur an, um die Effekte zu illustrieren, welche soziale Kontexte für die Art und Weise haben, wie wir Dinge sehen und als Wirklichkeiten wahrnehmen, die dann auch unser Handeln beeinflussen.

So brachte z. B. Solomon Asch in einem bekannten Experiment (1951) nach einer Reihe von Einzelsitzungen die Teilnehmer*innen in Gruppen zusammen und ließ sie gemeinsam über die Länge von Strichen urteilen. Jede Gruppe bestand aus einer Versuchsperson und sieben Helfer*innen, die Asch ohne Wissen der Proband*innen instruiert hatte. „Die Helfer begannen nun einstimmig falsche Antworten zu geben. Kurze Striche nannten sie lang, lange kurz. Und die nichts ahnenden Versuchspersonen? Sie schlossen sich an. Dieselben Probanden, die vorher ohne zu zögern die Linien vor ihren Augen richtig zuordnen konnten, erklärten jetzt Striche, die nach ein paar Fingerbreiten endeten, für länger als solche, die sich fast über die ganze Seite erstreckten. Nicht einmal jede vierte Versuchsperson schaffte es, dem Zureden der Helfer zu widerstehen" (Klein 2018).

Auch das berühmt gewordene, erstmals 1961 durchgeführte Milgram-Experiment gehört in diese Reihe (vgl. Milgram 1963, 1997 [1974]). Es wurde 2017 von Forscher*innen von der SWPS University of Social Sciences and Humanities in Polen repliziert (vgl. Hauschild 2017). Sie haben das Milgram-Experiment mit 80 Landsleuten wiederholt. Die Gruppe der Teilnehmer*innen war gemischt, Männer und Frauen von 18 bis 89 Jahren alt, Schüler*innen, Studierende, Berufstätige, Rentner*innen. Die Proband*innen erhielten wie im Original die Rolle der Lehrperson. Ihr Schüler sollte Silbenpaare lernen und korrekt wiedergeben. Wann immer er einen Fehler machte, sollte die Lehrperson ihm über einen Knopf einen Stromstoß geben – beim ersten Fehler nur 15 Volt, bei jedem weiteren 15 Volt mehr, in zehn Stufen. In Wahrheit war der Schüler, wie schon bei Milgram, ein eingeweihter Schauspieler, der mitunter aufstöhnte, wenn er einen vermeintlichen Schock erhielt. Wie sich die Proband*innen verhielten, erschreckte die Forscher*innen: Nur ein Viertel äußerte während des Experiments Zweifel oder Unbehagen, nur acht brachen es ab. 72 der 80 Teilnehmer*innen gingen bis zur höchsten Stromstufe (vgl. Hauschild 2017; Drinkard 2017).

Die Experimente zeigen in dem wichtigen Aspekt der Konformität auf, wie sehr der soziale Kontext die Art und Weise beeinflusst, wie

OOPS!

wir Dinge sehen und als Wirklichkeiten wahrnehmen, welche dann auch unser Handeln beeinflussen.

Die Illustration dieser Effekte durch sozialpsychologische Experimente soll uns helfen, nun einen Schritt weiter in die Richtung der sozialen Bedingtheit von Erkenntnis, der gesellschaftlichen Konstruktion von Wirklichkeit zu gehen. Damit sind wir bei der Soziologie angelangt.

2.7 Soziologie

In der Soziologie ist die Auswahl der Ansätze groß, welche sich auf den erkenntnistheoretischen Konstruktivismus beziehen. Wir wählen hier für unsere Zwecke einen Ansatz aus, welcher in der Soziologie klassisch geworden ist und häufig qualitativen Methoden zugrunde liegt: den Sozialkonstruktivismus von Berger und Luckmann mit ihrem Vorläufer bei Alfred Schütz. Da man mit der Literatur zu diesen Klassikern ganze Bibliotheken füllen kann, konzentrieren wir uns hier nur auf deren Bezüge zum erkenntnistheoretischen Konstruktivismus. Als wissenssoziologische Herangehensweise wird der Ansatz ausführlicher im Kapitel 7.2 Wissenssoziologie vorgestellt.

Die wissenssoziologische Herangehensweise von Alfred Schütz sowie Peter L. Berger und Thomas Luckmann hat zum Ausgangspunkt, dass die selbstproduzierte Sozialordnung von deren Teilnehmern als „objektive", „äußerliche" und quasi „naturgegebene" erfahren wird (vgl. Berger & Luckmann 2018; Weiß 2014). Dabei spielt das Lebensweltkonzept von Alfred Schütz eine tragende Rolle. Bestimmte Deutungsweisen und Typisierungen werden von uns im Prozess des Aufwachsens angeeignet.

Der **Sozialkonstruktivismus** hebt dabei die sozialen Kontexte in ihrem Einfluss auf unsere Wirklichkeitswahrnehmung und die kommunikative Verfasstheit unserer Wirklichkeit besonders hervor. Nicht nur die Individuen, sondern auch die Gesellschaften selbst erzeugen Wirklichkeiten (vgl. Siebert 2020). Wir konstruieren unsere Wirklichkeit gemeinsam mit anderen in unseren sozialen Milieus und entlang des zur Verfügung stehenden kollektiven Deutungswissens in der Gesellschaft.

Wir müssen uns als Erwachsene im Alltag keine Gedanken darübermachen, was z. B. ein Stuhl ist, sondern für uns ist es selbstverständlich, wie wir ihn verwenden. Wenn wir also Präsenzlehre haben, dann setzen sich die meisten von uns – ohne nachzudenken – auf einen Stuhl und harren der Dinge, die da kommen. Wir könnten aber auch auf dem Stuhl stehen, Handstand machen oder auf ihm tanzen. Oder wir könnten uns auf den Boden setzen. Aber das würden wir, ohne groß nachzudenken, nicht tun. Selbst das Kunststück, während der 90 Minuten, die ein Seminar oder eine Vorlesung dauert, halbwegs ruhig auf dem Stuhl zu sitzen, ist für uns selbstverständlich geworden. Während Unterricht auch im Gehen möglich wäre, ist es für uns klar, dass wir sitzen, zuhören, mitschreiben und erst danach unsere weitergehenden Bewegungsimpulse oder Bedürfnisse befriedigen.

Wichtig ist, dass diese lebensweltliche Selbstverständlichkeit zu unserem kollektiven Wissensvorrat gehört. Es sind nicht nur einzelne von uns, die sich so verhalten, sondern selbst in einer sehr großen Vorlesung lässt sich der wundersame Vorgang dieser selbstverständlich disziplinierten Nutzung der Stühle oder Sitzreihen – wenn genügend vorhanden sind – mit großer Zuverlässigkeit beobachten. Diese Schematisierung oder Rahmung ist intersubjektiv so fest verankert, dass andere Formen der Nutzung Befremden, Kopfschütteln oder bei anhaltender Abweichung Sanktionen auslösen würden. Dabei wissen wir heute, dass nicht dauerhaftes Sitzen, sondern ganz im Gegenteil Bewegung das Lernen und die Konzentrationsfähigkeit fördert (vgl. Ameri 2001; Walk 2011).

Es sind also kognitive und normative Muster, welche unser Alltagswissen konstituieren und institutionelle Ordnungen (wie die Sitzordnung) für uns schaffen. Dadurch etablieren sich feste Formen der Wirklichkeitswahrnehmung, welche auch unser Handeln orientieren.

OOPS!

Diese von uns selbst gemachte Beschaffenheit einer Ordnung, welche uns dann als Sitzordnung objektiviert entgegentritt, war ein wichtiger Ausgangspunkt der Arbeiten von Alfred Schütz sowie Peter L. Berger und Thomas Luckmann (vgl. Schütz & Luckmann 2017; siehe auch Kapitel 3).

Die Lebenswelt wird also für Alfred Schütz zum einen durch unsere alltägliche Lebenspraxis geschaffen. Zum anderen stellt sie eine Struktur unseres Bewusstseins dar, nämlich den Vorrat an praktischem Wissen, der uns die aktive Teilnahme am Alltag ermöglicht. Diesen „Wissensvorrat" erwerben wir im Laufe unseres Heranwachsens, unserer Sozialisation. Er besteht zum überwiegenden Teil aus „Selbstverständlichkeiten", über die wir gewöhnlich nicht nachdenken bzw. nicht nachdenken müssen (vgl. Legewie 1998/99).

2.8 Schlussbemerkung

Das Ziel dieses Kapitels war es, in einem Spaziergang durch verschiedene Disziplinen die für uns „natürliche Einstellung" der Abbildtheorie der Wirklichkeit zu hinterfragen und den Boden für das Thema der „Interpretation" zu bereiten. Denn hier, in der Interpretationsabhängigkeit von Erkenntnis und Wirklichkeitswahrnehmung, liegt eine wichtige Wurzel vieler Ansätze der qualitativen Sozialforschung, mit denen wir uns im Weiteren beschäftigen. Diese zielen darauf, an Regeln und Verfahren geknüpfte Interpretationsweisen anzubieten, welche sich von der „natürlichen Einstellung" und der alltagsweltlichen Interpretation lösen. Diese Loslösung soll zugleich in einer für andere nachvollziehbaren, offenen und transparenten Weise erfolgen, sodass der Vollzug der Interpretation für andere überprüf- und kritisierbar wird. Ob dies in den Interpretationsverfahren der qualitativen Sozialforschung immer gelingt, ist umstritten, aber eine Zielgröße bleibt es dennoch. Wie sich die qualitative Sozialforschung darin von der standardisierten, auf große Fallzahlen zielenden Sozialforschung unterscheidet, ist Gegenstand des folgenden Kapitels.

Fragen zur Vertiefung 1

1. Wenn in Sibirien der sprichwörtliche Baum umfällt und niemand sieht zu, ist dieses Geschehen dann Teil unserer Wirklichkeit?
2. Wenn es unwiderlegbare Beweise dafür gibt, dass sich die Erde um die Sonne dreht, wieso ist diese Tatsache dann gebunden an unsere Interpretation? Denn für jedes Lebewesen ist diese Tatsache doch gleich, ob es davon weiß oder nicht.
3. Welchen Aspekt ergänzt die Soziologie in Bezug auf die anderen hier vorgestellten Ansätze der Erkenntnistheorie?

Übung für Zuhause 1: Das Abilene-Paradox

Stellen Sie sich vor, Sie treffen sich mit Ihren Freunden. Sie wissen nicht so recht, was sie tun sollen. Mia schlägt vor, zum Skatepark unter der Brücke zu gehen, weil sie weiß, dass Linus dort gerne ist. Sie selbst hat darauf keine Lust. Lina geht es ebenso, aber sie hält zurzeit immer zu

Schlussbemerkung

ihrer Freundin Mia, weil es dieser in der Beziehung zu Linus nicht so gut geht. Lina mag es nicht, mit dem Skateboard zu fahren und kann mit den Leuten im Skatepark nichts anfangen, die sich dort immer zur Schau stellen. Linus selbst hatte Ärger mit einem seiner Skater-Freunde und will dort zurzeit nicht hingehen. Aber Mia zuliebe nickt er, gerade weil ihre Beziehung seit einiger Zeit nicht mehr so gut ist. Auch Jakob, Linus' Freund hat auf einen solchen Ausflug zum Skatepark keine Lust und würde lieber zu dem Beach-Volleyball-Feld gehen, wo er letzten Sonntag mit einer der Spielerinnen einen Flirt begonnen hat. Aber wenn drei aus der Gruppe das wollen, fügt er sich der Mehrheit, wie er es immer tut. Seine Zugehörigkeit zur Clique ist ihm wichtig. Auch Sie selbst finden den Vorschlag wenig inspirierend, aber machen mit, weil Sie gerade mit einem Lehrbuch beschäftigt sind und sich nicht selbst Gedanken über eine Alternative machen wollen. Mia sagt: „Also, das scheint eine gute Idee zu sein, oder?" Alle nicken und machen sich auf den Weg zum Skatepark.

Sie machen also als Gruppe etwas, was kein Einzelner in der Gruppe tun wollte. Sie gehen zum Skatepark unter der Brücke und langweilen sich zunächst. Doch dann kommt wider Erwarten Stimmung auf und Sie verbringen gerne Ihre Zeit am Skatepark. Hinterher sagen alle, dass es eine gute Idee war und schön, dass alle dahin wollten. Sie finden, dass es ein gelungener Nachmittag war. Die eigenen Vorbehalte sind schnell vergessen.

Bitte arbeiten Sie an diesem Beispiel heraus, welche Bedeutung der Ausgang eines Ereignisses auf dessen retrospektive Deutung haben kann (1). Zeigen Sie bitte auf, wie das Geflecht sozialer Beziehungen zu einer Kollektiventscheidung führt, welche nicht durch die Interessen der Einzelnen an einem Skateparkbesuch getragen sind (2). Arbeiten Sie bitte heraus, wie es zur Konformität mit dieser Kollektiventscheidung kommt und diese Konformität in der Lage sein kann, die kollektiven Deutungsweisen des Ereignisses zu beeinflussen (3).

Quellen:

Ameri, Andrew (2001): „Neue Nervenzellen in alten Gehirnen: Eine mögliche Rolle bei reparatur- und Lernprozessen", in: *Extracta Psychiatrica/Neurologica* 1 (2), S. 12–16.

Ananthaswamy, Anil (2018): „Was verrät die Quantentheorie über die Realität?", in: *Spektrum der Wissenschaft*, am 26.09.2018 (letzter Aufruf am 28.11.2020).

Asch, Solomon E. (1951): "Effects of Group Pressure Upon the Modification and Distortion of Judgment," in: Harold Guetzkow (Hrsg.): *Groups, Leadership and Men*, Pittsburgh: Carnegie Press, S. 177–190.

Bateson, Gregory (1983): *Ökologie des Geistes: Anthropologische, psychologische, biologische und epistemologische Perspektiven*, Frankfurt am Main: Suhrkamp.

Berger, Peter L. & Thomas Luckmann (1966): *The Social Construction of Reality: A Treatise in the Sociology of Knowledge*, New York: Doubleday.

Berger, Peter L. & Thomas Luckmann (2018): *Die gesellschaftliche Konstruktion von Wirklichkeit*, Frankfurt am Main: Fischer.

Browning, Christopher R. (2002 [1993]): *Ganz normale Männer: Das Reserve-Polizeibataillon 101 und die „Endlösung" in Polen*, Reinbek bei Hamburg: Rowohlt.

Burr, Vivien (1995): *An Introduction to Social Constructionism*, London/New York: Routledge.

Dettmann, Ulf (1999): *Der Radikale Konstruktivismus: Anspruch und Wirklichkeit einer Theorie*, Tübingen: Mohr Siebeck.

Drinkard, Annie (2017): "Society for Personality and Social Psychology: Conducting the Milgram Experiment in Poland, Psychologists Show People Still Obey," in: *EurekAlert!* Am 14.03.2017 (letzter Aufruf: 21.06.2020).

Efraimstochter (2020): https://efraimstochter.de (letzter Aufruf: 21.06.2020).

Fischer, Hans Rudi (Hrsg., 1995): *Die Wirklichkeit des Konstruktivismus: Zur Auseinandersetzung um ein neues Paradigma*, Heidelberg: Carl-Auer-Systeme.

Gütig, Robert (2014): Gedankenlesen: Wie Nervenzellen Sinnesreize darstellen und auslesen, Forschungsbericht des Max-Planck-Instituts für experimentelle Medizin (letzter Aufruf: 21.06.2020).

Hauschild, Jana (2017): „Fast jeder würde auf Befehl foltern", in: *Spiegel Wissenschaft*, am 15.03.2017 (letzter Aufruf: 21.06.2020).

Honerkamp, Josef (2019): „Die Vorsokratiker: Xenophanes und Parmenides", in: *Spektrum der Wissenschaft*, am 25.2.2019 (letzter Aufruf: 28.11.2020).

Kant, Immanuel (1787): *Critik der reinen Vernunft*, Riga: Hartknoch.

Klein, Stefan (2018): „Wie entsteht Ideologie?" In: *Zeit Magazin* 22, am 24.05.2018 (letzter Aufruf 21.06.2020).

Knoblauch, Hubert (1995): *Kommunikationskultur: Die kommunikative Konstruktion kultureller Kontexte,* Berlin/New York: De Gruyter.
Knoblauch, Hubert (2005): *Wissenssoziologie,* Konstanz: UVK.
Knorr-Cetina, Karin (1989): „Spielarten des Konstruktivismus", in: *Soziale Welt* 40, S. 86–95.
Kühl, Stefan (2014): *Ganz normale Organisationen: Zur Soziologie des Holocaust,* Frankfurt am Main: Suhrkamp.
Legewie, Heiner (1998/99): Hermeneutische Diagnostik, 3. Vorlesung: Die alltägliche Lebenswelt (letzter Aufruf: 21.06.2020).
Luhmann, Niklas (1990): „Das Erkenntnisprogramm des Konstruktivismus und die unbekannt bleibende Realität", in: Niklas Luhmann: *Soziologische Aufklärung* 5, Wiesbaden: VS Verlag für Sozialwissenschaften, S. 31–58.
Luhmann, Niklas (1996): *Die neuzeitlichen Wissenschaften und die Phänomenologie,* Wien: Picus.
Luhmann, Niklas (1997): *Die Gesellschaft der Gesellschaft,* 2 Bände, Frankfurt am Main: Suhrkamp.
Mansfeld, Jaap & Oliver Primavesi (2011): *Die Vorsokratiker,* Ditzingen: Reclam.
Mietzel, Gerd (1998): *Pädagogische Psychologie des Lernens und Lehrens,* Göttingen: Hogrefe.
Milgram, Stanley (1963): "Behavioral Study of Obedience," in: *Journal of Abnormal and Social Psychology* 67, S. 371–378.
Milgram, Stanley (1997 [1974]): *Obedience to Authority: An Experimental View,* New York: Harper (deutscher Titel: *Das Milgram-Experiment: Zur Gehorsamsbereitschaft gegenüber Autorität,* Reinbek: Rowohlt).
Piaget, Jean (1937): *La construction du réel chez l'enfant,* Neuchâtel: Delachaux et Niestlé.
Piaget, Jean (1974): *Das moralische Urteil beim Kinde,* Frankfurt am Main: Suhrkamp.
Piaget, Jean & Bärbel Inhelder (1986): *Die Psychologie des Kindes,* München: dtv.
Pörksen, Bernhard (2011): „Schlüsselwerke des Konstruktivismus: Eine Einführung", in: Bernhard Pörksen (Hrsg.): *Schlüsselwerke des Konstruktivismus,* Wiesbaden: VS Verlag für Sozialwissenschaften, S. 13–28.
Pörksen, Bernhard & Heinz von Foerster (1996): „,Ich versuche einen Tanz mit der Welt'. Wie wirklich ist die Wirklichkeit? Der Physiker und Philosoph über die Konstruktion unserer Weltbilder. Ein Interview mit Heinz von Foerster", in: *Das Sonntagsblatt,* am 26.07.1996 (letzter Aufruf: 21.06.2020).
Quiroga, Quian R., Leila Reddy, Kreiman Kreiman, Christof Koch, & Itzhak Fried (2005): "Invariant Visual Representation by Single Neurons in the Human Brain," in: *Nature* 435 (23), S. 1102–1107.

Reusser, Kurt (1996): „Den Menschen vom Kind her verstehen: Jean Piagets universale Theorie der geistigen Entwicklung", in: *Psychoscope* 17 (6), S. 4–7 (letzter Aufruf 21.06.2020).

Roth, Gerhard (1994): *Das Gehirn und seine Wirklichkeit: Kognitive Neurobiologie und ihre philosophischen Konsequenzen*, Frankfurt am Main: Suhrkamp.

Sacks, Oliver W. (1989): *Der Tag, an dem mein Bein fortging*, Reinbek bei Hamburg: Rowohlt.

Sacks, Oliver W. (2010): *Der Mann, der seine Frau mit einem Hut verwechselte*, Reinbek bei Hamburg: Rowohlt.

Satorius, Christian (2009): „Tiere sehen, was sich Menschen nur vorstellen", in: *Welt*, am 24.07.2009 (letzter Aufruf: 21.06.2020).

Schmidt, Siegfried J. (1991): „Der Radikale Konstruktivismus: Ein neues Paradigma im interdisziplinären Diskurs", in: Siegfried J. Schmidt (Hrsg.): *Der Diskurs des Radikalen Konstruktivismus*, Frankfurt am Main: Suhrkamp, S. 11–88.

Schütz, Alfred & Luckmann, Thomas (2017): *Strukturen der Lebenswelt*, Konstanz/München: UVK/Lucius.

Siebert, Horst (2020): Sozialkonstruktivismus: Gesellschaft als Konstruktion (letzter Aufruf 21.06.2020).

Spektrum (2000): Lexikon der Neurowissenschaft: Apolare Nervenzelle (letzter Aufruf: 21.06.2020).

von Förster, Heinz (1985): *Sicht und Einsicht: Versuche zu einer operativen Erkenntnistheorie*, Braunschweig: Vieweg.

von Förster, Heinz (1993): *KybernEthik*, Berlin: Merve Verlag.

von Glasersfeld, Ernst (1984): „Einführung in den radikalen Konstruktivismus", in: Paul Watzlawick (Hrsg.): *Die erfundene Wirklichkeit: Wie wissen wir, was wir zu wissen glauben: Beiträge zum Konstruktivismus*, München: Piper, S. 16–38.

von Glasersfeld, Ernst (1987): *Wissen, Sprache und Wirklichkeit. Arbeiten zum radikalen Konstruktivismus* (*Wissenschaftstheorie, Wissenschaft und Philosophie* 24), Braunschweig/Wiesbaden: Vieweg.

von Glasersfeld, Ernst (1992a): „Aspekte des Konstruktivismus: Vico, Berkeley, Piaget", in: Gebhard Rusch & Siegfried J. Schmidt (Hrsg.): *Konstruktivismus: Geschichte und Anwendung*, Frankfurt am Main: Suhrkamp, S. 20–33.

von Glasersfeld, Ernst (1992b): „Konstruktion der Wirklichkeit und der Begriff der Objektivität", in: Ernst von Glasersfeld, Heinz von Foerster, Paul Watzlawick, Peter M. Hejl & Siegfried J. Schmidt: *Einführung in den Konstruktivismus, Veröffentlichungen der Carl Friedrich von Siemens Stiftung*, 5, München: Piper, S. 9–14.

von Glasersfeld, Ernst (1996): *Der Radikale Konstruktivismus: Ideen, Ergebnisse, Probleme*, Frankfurt am Main: Suhrkamp.

von Glasersfeld, Ernst (2011): „Theorie der kognitiven Entwicklung", in: Bernhard Pörksen (Hrsg.): *Schlüsselwerke des Konstruktivismus*, Wiesbaden: VS Verlag für Sozialwissenschaften, S. 92–107.

Walk, Laura (2011): „Lernrelevante Erkenntnisse der Gehirnforschung: Bewegung formt das Hirn", in: *DIE Zeitschrift für Erwachsenenbildung 1: Lernen in Bewegung* (letzter Aufruf am 29.11.2020).

Watzlawick, Paul (1976): *Wie wirklich ist die Wirklichkeit: Wahn, Täuschung, Verstehen*, München: Piper.

Watzlawick, Paul (Hrsg., 1981): *Die erfundene Wirklichkeit: Wie wissen wir, was wir zu wissen glauben? Beiträge zum Konstruktivismus*, München: Piper.

Weiß, Susanne (2014): „Berger/Luckmann: Die gesellschaftliche Konstruktion der Wirklichkeit", in: *Parallele Welten*, am 06.03.2014 (letzter Aufruf am 21.06.2020).

Welzer, Harald (2009): *Täter: Wie aus ganz normalen Menschen Massenmörder werden*, Frankfurt am Main: Fischer.

Wildermuth, Volkart (2017): „Schneller sehen als die Realität. Das Gehirn überholt das Auge", in: *Deutschlandfunk*, am 24.05.2017 (letzter Aufruf am 21.06.2020).

Weiterführende Literatur:

Beer, Raphael (2007): „Die erfundene Wirklichkeit: Der Radikale Konstruktivismus", in: Raphael Beer: *Erkenntniskritische Sozialisationstheorie*, Wiesbaden: VS Verlag für Sozialwissenschaften, S. 167–174.

Diamond, Jared (2005): *Collapse: How Societies Choose to Fail or Succeed*, London: Penguin.

Edgerton, Robert (1992): *Sick Societies: Challenging the Myth of Primitive Harmony*, New York: Free Press.

Fuchs, Peter (1999): *Liebe, Sex und solche Sachen: Zur Konstruktion moderner Intimsysteme*, Konstanz: UVK.

Hoffmeister, Gerhart (1978): „Die historische Perspektive", in: Gerhart Hoffmeister: *Deutsche und europäische Romantik*, Stuttgart: J.B. Metzler, S. 23–62.

Kimmerle, Heinz (1978): „Erkenntnistheoretische Grundlagen der Geisteswissenschaften und Ihrer Wirksamkeit in der Gesellschaft", in: Heinz Kimmerle: *Philosophie der Geisteswissenschaften als Kritik Ihrer Methoden*, Dordrecht: Springer, S. 77–86.

Luhmann, Niklas (1974): *Liebe als Passion: zur Codierung von Intimität*, Frankfurt am Main: Suhrkamp.

Luhmann, Niklas (2008): *Liebe: Eine Übung*, Frankfurt am Main: Suhrkamp.

Luhmann, Niklas (2017): *Systemtheorie der Gesellschaft*, Frankfurt am Main: Suhrkamp.

Luhmann, Niklas & Dirk Baecker (1987): „Darum Liebe, Interview geführt von Dirk Baecker", in: Dirk Baecker & Georg Stanitzek (Hrsg.): *Niklas Luhmann: Archimedes und wir*, Berlin: Marve, S. 61–73.

Maturana, Humberto (1985): *Erkennen: Die Organisation und Verkörperung von Wirklichkeit. Ausgewählte Arbeiten zur biologischen Epistemologie*, Wiesbaden: Vieweg + Teubner.

Maturana, Humberto & Francisco J. Varela (1987): *Der Baum der Erkenntnis: Die biologischen Wurzeln des menschlichen Erkennens*, Bern u. a.: Scherz (letzter Aufruf: 21.06.2020).

Meinefeld, Werner (1995): „Erklären und Verstehen im Prozeß soziologischer Erkenntnis", in: Werner Meinefeld: *Realität und Konstruktion: Erkenntnistheoretische Grundlagen einer Methodologie der empirischen Sozialforschung*, Wiesbaden: VS Verlag für Sozialwissenschaften, S. 275–299.

Meinefeld, Werner (1995): *Realität und Konstruktion: Erkenntnistheoretische Grundlagen einer Methodologie der empirischen Sozialforschung*, Wiesbaden: VS Verlag für Sozialwissenschaften.

Reich, Kersten (2001): „Konstruktivistische Ansätze in den Sozial- und Kulturwissenschaften", in: Theo Hug (Hrsg.): *Die Wissenschaft und ihr Wissen*, Band 4, Baltmannsweiler: Schneider Hohengehren, S. 356–376 (letzter Aufruf 21.06.2020).

Stachura, Elisabeth (2010): Der neurobiologische Konstruktivismus: Wie lassen sich neue Ergebnisse der Hirnforschung in den konstruktivistischen Diskurs eingliedern und welche Konsequenzen ergeben sich daraus für das menschliche Selbstverständnis? Eine Dissertation vorgelegt an der Universität Bremen (letzter Aufruf: 21.06.2020).

Technische Fakultät Uni Bielefeld, AG Neuroinformatik (2011): Optische Wahrnehmungstäuschungen (letzter Aufruf am 26.06.2020).

Tyrell, Hartmann (1987): „Romantische Liebe – Überlegungen zu ihrer ‚quantitativen Bestimmtheit'", in: Dirk Baecker & Helmut Willke (Hrsg.): *Theorie als Passion: Niklas Luhmann zum 60. Geburtstag*, Frankfurt am Main: Suhrkamp, S. 570–599.

von Förster, Heinz & Bernhard Pörksen (1998): *Wahrheit ist die Erfindung eines Lügners: Gespräche für Skeptiker*, Heidelberg: Carl-Auer-Systeme.

von Förster, Heinz & Monika Bröcker (2007): *Teil der Welt: Fraktale einer Ethik oder Heinz von Foersters Tanz mit der Welt*, Heidelberg: Carl Auer.

von Glasersfeld, Ernst & Hans Rudi Fischer (Hrsg., 1996): *Wege des Wissens: Konstruktivistische Erkundungen durch unser Denken*, Heidelberg: Carl-Auer-Systeme.

von Glasersfeld, Ernst & Heinz von Foerster (2004 [1999]): *Wie wir uns erfinden: Eine Autobiographie des radikalen Konstruktivismus*, Heidelberg: Carl Auer.

Watzlawick, Paul (1984): „Vorwort", in: Paul Watzlawick (Hrsg.): *Die erfundene Wirklichkeit. Wie wissen wir, was wir zu wissen glauben: Beiträge zum Konstruktivismus*, München: Piper, S. 9–11.

3 Ansätze und Prinzipien der qualitativen Sozialforschung

In dieser Lerneinheit wollen wir die neu gewonnene Ausgangsbasis des erkenntnistheoretischen Konstruktivismus nutzen, um uns über Prinzipien und Vorgehensweisen der qualitativen Sozialforschung Gedanken zu machen. Zugleich lernen wir mit der Phänomenologie und der „Grounded Thoery" zwei grundlegende Ansätze kennen, welche vielen Verfahren der qualitativen Sozialforschung zugrunde liegen. Wir eröffnen in diesem Kapitel auch die Perspektive der Kombination verschiedener Methoden, z. B. auch qualitativer und standardisierter Methoden der Sozialforschung. Wir wollen in diesem Lehrbuch nicht nur die qualitative Sozialforschung besser kennenlernen, sondern auch immer wieder auf mögliche Methodenkombinationen verweisen, welche in der empirischen Sozialforschung üblich geworden sind und helfen, eine Forschungsfragestellung besser zu beantworten.

Damit schaffen wir uns eine weitere Ausgangsbasis, um genauer auf einzelne Verfahren der qualitativen Sozialforschung einzugehen, welche ohne die erkenntnistheoretische Basis und die grundlegenden Ansätze nur schwer verständlich und ohne Bezug auf die zentralen Prinzipien nur schwer einzuordnen sind.

Lernziel: Ziel ist es in dieser zweiten Lerneinheit zu verstehen, welche Wurzeln die qualitative Sozialforschung hat und ihre Denk- und Forschungsprinzipien sowie zwei zentrale Ansätze besser kennenzulernen.

Wir machen in dieser zweiten Lerneinheit wieder einen kurzen Ausflug in die Philosophie, verzichten aber auch hier auf eine Vertiefung der philosophischen Positionen (siehe dazu z. B. Strauss 1994; Lamnek & Krell 2016: 44–53; Przyborski & Wohlrab-Sahr 2014: 1–36; Rosenthal 2011: 38–82; Strübing 2013: 1–26 u. v. a). Wie im Kapitel zuvor auch, werden diese Positionen hier nur insoweit dargestellt, wie die qualitative Sozialforschung sich von ihnen hat inspirieren lassen.

Wir werden in diesem Kapitel bereits empirisches Material zur Illustration heranziehen, um die vorgestellten Ideen zu verdeutlichen. Einige Interviewzitate aus dem Buch Roland Girtlers „Der Strich" (1994) sollen uns helfen, unser neues Wissen gleich zur Anwendung zu bringen. Wir werten diese aber noch nicht in einem systematischen methodischen Verfahren aus.

3.1 Einleitung: Zentrale Prinzipien im Vergleich zur quantitativen Sozialforschung

Die qualitative Sozialforschung beginnt ihre Analyse oft mit dem empirischen Material, das sie generiert hat. Sie gelangt von konkreten Fällen zu einer allgemeineren, abstrakteren Theorie. Dieses als Induktion bezeichnete Verfahren und eine Theorieentwicklung aus dem Material heraus unterscheidet sie von einer Vorgehensweise, bei welcher von der abstrakten, allgemeinen Ebene der Theorie ausgehend Schlussfolgerungen über konkrete, beobachtbare Fälle gemacht und überprüft werden (Deduktion). Zum Beispiel erheben wir in der squalitativen Sozialforschung anhand offener Interviews, welche Werte von den Befragten als handlungsanleitend angesehen werden und suchen davon ausgehend nach verallgemeinerbaren Mustern. Der Nachvollzug dessen, was im Forschungsfeld wichtig und handlungsleitend ist, ist ebenfalls ein zentraler Baustein der qualitativen Herangehensweise. Wir werden uns noch genauer damit beschäftigen. Um dies zu erreichen, sind standardisierte Herangehensweisen nicht immer geeignet. Denn sie können dazu führen, dass die Forscher*innen durch die vorab festgelegten Kriterien nur das erheben, was sie von vorneherein für wichtig hielten, während ihnen hinter all den Häkchen und Klicks verborgen bleibt, welche Kriterien die Befragten selbst anwenden würden, was ihnen wichtig ist und was nicht (Relevanzsetzung).

1. Deswegen ist die **Offenheit** in der Herangehensweise ein erstes wichtiges Prinzip der qualitativen Sozialforschung. Wir lassen uns auf die Situationen ein, in denen wir mit den Handelnden sprechen oder ihre Handlungsweisen beobachten. Wir folgen ihren Erzählungen, auch wenn wir zunächst denken mögen, dass diese nichts mit unserem Erkenntnisinteresse zu tun haben.

Nicht unsere Relevanzen als Forschende sind wichtig, sondern jene der Befragten. Sie sollen verstanden und nachvollzogen werden.

Wir reagieren flexibel und achten darauf, wie die Akteure zum Beispiel auf bestimmte Frageimpulse von uns reagieren. Wir geben nichts vor, legen keine Antworten nahe, sondern sind möglichst offen und naiv in der Situation.

Offen und naiv zu sein, mag einfach klingen, ist es faktisch aber nicht. Vielmehr sind Offenheit und Naivität im Forschungsprozess zuweilen sehr schwer zu realisieren. Nehmen wir an, wir machen eine teilnehmende Beobachtung in Kneipen, Pubs oder Clubs, weil wir uns als Sozialwissenschaftler*innen dafür interessieren, wer wen attraktiv findet und ob es je nach sozialem Status hier Unterschiede gibt. In diesem Fall müssen wir uns offen auf eine Situation einlassen, welche sehr viel von uns fordert. Die Studierenden, die das in den vergangenen Semestern als Lehrforschung durchgeführt haben, konnten sich nicht alle auf diese Situation einlassen und noch schwerer war es, sich offen in dieser zu bewegen. Es war ebenfalls außerordentlich schwer, die eigenen Vorurteile abzulegen, also sich künstlich naiv in diesem Feld zu bewegen. Und diese Schwierigkeiten traten trotz der Tatsache auf, dass Kneipen und Pubs für viele von uns ein eher alltägliches Feld sind, in dem sich die meisten bereits einmal bewegt haben. Für andere Felder, wie z. B. das Bordell, der Strich oder die Obdachlosenszene, das rechtsradikale Milieu oder das Milieu der Hooligans oder auch das Arbeitsumfeld von Gießerei-Arbeiter*innen oder Pflaster*innen, von Bankdirektor*innen oder von Top-Manager*innen gilt das umgekehrt für viele nicht. Hier sind Offenheit und Naivität nicht einfacher, sondern noch schwieriger zu realisieren, weil viele von uns Vorurteile und Stereotype mit sich tragen, von denen wir uns erst befreien müssen.

2. **Kommunikation:** Um zu verstehen, was sich hinter der Kommunikationsorientierung der qualitativen Sozialforschung verbirgt, ziehen wir das Beispiel eines Forschungsprojektes mit Studierenden heran, in dem es um junge Langzeitarbeitslose in Frankfurt ging. Diese steckten in arbeitspolitischen Maßnahmen der Bundesagentur für Arbeit. Viele der Langzeitarbeitslosen waren gering qualifiziert, manche hatten zeitweise auf der Straße gelebt, biografische Brüche erfahren (vgl. Bundesagentur für Arbeit Statistik/Arbeitsmarktberichterstattung 2019). Hier kann allein die Tatsache, dass die Erhebungen von Studierenden durchgeführt werden, bereits Probleme im Zugang zu den Interviewpartner*innen erzeugen. Daher war es wichtig, im „Warming-up" diesen potenziellen Widerständen vorzubeugen und eine alltägliche Atmosphäre herzustel-

len. Doch viele der Studierenden waren zunächst selbst sehr aufgeregt und taten sich teilweise schwer, das Eis zu brechen. Kommunikation ist vor diesem Hintergrund ein zentrales Mittel, damit eine latente Verweigerungshaltung bei den Befragten nicht die Oberhand gewinnt. Im Ergebnis haben die Gesprächspartner*innen bei manchen Interviews kaum geantwortet, waren wortkarg und ausweichend. Bei anderen kamen lange Erzählungen zustande. Den Unterschied machte häufig allein die Kommunikation aus, die Art der Gesprächsführung. Oft ist für ein Interview entscheidend, wie sehr es uns gelingt, eine angenehme Gesprächsatmosphäre herzustellen. Sobald die Gesprächspartner*innen mit der Situation warm geworden sind, erzählen sie in der Regel so, dass sie sich selbst immer mehr in der Situation zuhause fühlen. Erst dann können sie sich öffnen und wir können ihre Weltsicht und ihre Relevanzen nachvollziehen.

3. **Prozessorientierung:** Bei solchen Erhebungen ist es naheliegend, dass man mit standardisierten Fragen kaum weiterkommt. Zwar bekäme man irgendwelche Antworten, aber diese wären überwiegend Artefakte. Dadurch, dass die Akteure im Feld den Ton an- und die Melodie vorgeben sollen, müssen wir uns anpassen. Fragen, Kriterien und Zugänge können laufend modifiziert werden. Es kommt nicht auf die immer gleichen Frageimpulse an, sondern auf dichte Beschreibungen und Erzählungen, welche das Feld von den Befragten ausgehend erschließen. Wir gehen also nicht mit einer fertigen Ansammlung von Skalen ins Feld, sondern mit einer flexiblen Herangehensweise, welche nach Erkenntnisfortschritt immer wieder neu justiert wird. So haben wir z. B. in einem größeren Forschungsprojekt zur Unternehmenskriminalität 2018 Interviews mit den Top-Anwält*innen von Großunternehmen in New York und Washington geführt. Wir bemerkten schnell, dass unser Interviewleitfaden immer wieder zu den gleichen stereotypen Antworten der Anwält*innen führte. Wir mussten also reagieren und haben die Befragungsstrategie komplett umgestellt. Wir habe weniger extern gesetzte Frageimpulse verwendet, sondern eher biografische Elemente der Erzählgenerierung eingebaut, und so hat es dann funktioniert. Indem sie über sich und ihre Arbeit erzählten, gaben sie sehr viel Wissen und sehr viel Handlungsorientierungen im Umgang mit Wirtschaftskriminalität preis und die Stereotype gehörten der Vergangenheit an.

Qualitative Sozialforschung bedeutet, die Handlungsorientierungen im Forschungsfeld nachzuvollziehen und dort vorgefundene soziale Welten in einem methodischen Verfahren nachzubauen. Dies geschieht in einem fortwährenden Prozess der Entdeckung, der Überprüfung, des Vergleichens. Auf dieser Entdeckungsfahrt wird man fortlaufend ein bisschen informierter, präziser und klarer, bis zu dem Punkt, an dem nichts Neues mehr dazukommt.

4. **Reflexion**: Für viele mag es ungewöhnlich erscheinen, aber in der qualitativen Sozialforschung vollzieht man das Nachdenken über den Forschungsprozess nicht allein im stillen Kämmerlein unter Ausschluss der „Forschungsgegenstände", sondern vielmehr unter Einbezug der Akteure im Feld. Schließlich möchten wir wissen, ob wir das richtig verstanden haben, ob das tatsächlich ihre Deutungen und Handlungsorientierungen sind. Wir sehen also, dass **„Intersubjektivität"** in der qualitativen Sozialforschung eine große Rolle spielt. Wir bilden daher nicht nur wissenschaftliche „Interpretationsgemeinschaften", sondern beziehen auch die Akteure mit ein.

Die qualitative Sozialforschung kennt natürlich sehr viele unterschiedliche Erkenntnisinteressen und Verfahren. Dennoch kann man im Großen und Ganzen drei Ziele bzw. drei grundlegende Ausrichtungen unterscheiden:

1. Der Nachvollzug des subjektiv gemeinten Sinnes: Hier steht das Verstehen der **subjektiv generierten Sinnwelten** der Akteure im Vordergrund.
2. Die Beschreibung sozialen Handelns, sozialer Beziehungen und Milieus: Hier werden die **Welten und Kontexte**, in denen sich die Akteure bewegen, **intersubjektiv** beschrieben und wie sie sich darin zurechtfinden bzw. sie mit ihren Handlungsorientierungen erschaffen.
3. Die Rekonstruktion von kollektiven Denk- und Handlungsweisen: Hier steht nicht der subjektiv gemeinte Sinn im Vordergrund, sondern die **kollektiven Deutungsmuster und Handlungsregeln einer Gesellschaft oder Kultur**, welche zu einer bestimmten Aussage, zu einer bestimmten subjektiven Meinung führen.

Damit haben wir in einem ersten Zugriff das Terrain der qualitativen Sozialforschung etwas sondiert und zentrale Prinzipien kennengelernt, die in vielen verschiedenen qualitativen Verfahren zur Anwendung kommen.

3.2 Kritikpunkte an der Vorgehensweise der qualitativen Sozialforschung

Die qualitative Sozialforschung hat in den letzten Jahrzehnten nicht nur viel Zulauf erfahren, sondern auch viel Kritik auf sich gezogen. Kritiker der qualitativen Forschungsmethoden werfen den qualitativen Sozialforscher*innen oft Unwissenschaftlichkeit vor (vgl. Reichertz 2016). Sie kritisieren zum einen die Willkürlichkeit der erhobenen Daten und die Subjektivität derer Interpretationen. Zum anderen wird bemängelt, dass qualitative Sozialforschung nur mit sehr kleinen Fallzahlen arbeite und deshalb keine repräsentativen Ergebnisse erbringen könne. Insgesamt würden die Gütekriterien und Qualitätsstandards empirischer Sozialforschung wie Objektivität, Reliabilität und Validität nicht erfüllt (vgl. Cicourel 1974).

Im Einzelnen konkretisiert sich diese Kritik an der qualitativen Sozialforschung im Umgang mit drei zentralen Problemfeldern: 1. Der mangelnden Kontrolle von Beobachtereffekten, 2. der fehlenden Überprüfbarkeit der Effekte einzelner Kausalfaktoren sowie 3. der nicht ausreichenden Generalisierbarkeit ihrer Ergebnisse.

1. **Die mangelnde Kontrolle von Beobachtereffekten:** Unter einem Beobachtereffekt verstehen wir, dass Individuen ihr Verhalten als Reaktion darauf verändern, dass sie beobachtet werden (siehe dazu Psylex 2016: Hawthorne-Effekt, Beobachtereffekt (Psychologie); siehe auch 7.6 Das Problem der Antworttendenzen/-verfälschungen). Wenn man sich also als Sozialforscher*in offen in einem Forschungsfeld bewegt, verändert man es zugleich und muss sich über die damit einhergehenden Beobachtereffekte im Klaren sein. Man läuft Gefahr, so das Argument, etwas zu erforschen, das ohne unsere Anwesenheit in dieser Weise gar nicht stattgefunden hätte. Denn bereits die Anwesenheit von anderen Personen kann Situationen und Gespräche verändern. Auch wenn wir wissen, dass sich solche Beobachtereffekte nach einiger Zeit wieder verlieren (siehe dazu auch 5.3 Das Problem der sogenannten „Beobachtungsfehler"), sind die Probleme, die mit ihnen einhergehen,

3.2 Kritikpunkte an der Vorgehensweise der qualitativen Sozialforschung

ernst zu nehmen und führen berechtigter Weise immer wieder zur Kritik an der qualitativen Sozialforschung.

Die zentrale Frage vor diesem Hintergrund lautet daher: Wie können wir wissen, dass z. B. die Befragten die Dinge nur so darstellen, weil sie mit uns sprechen? Die Antwort darauf lautet: Zum einen können wir verschiedene Erhebungsformen kombinieren, um solche Effekte zu kontrollieren. Wir können also z. B. nicht nur mit Eltern über ihre Erziehung ein Interview führen, sondern sie auch im alltäglichen Umgang mit ihren Kindern beobachten (siehe dazu 5.1 Einleitung). Zum anderen sagt uns z. B. in einem Interview auch die gewählte Darstellungsform der Interviewten für andere sehr viel über deren Relevanzen und über das Feld, in dem wir uns bewegen. Darüber hinaus greifen bei erzählgenerierenden Interviews auch die Erzählzwänge des Erzählens, welche dafür sorgen, dass in der Regel mehr und anderes erzählt wird als im Vorhinein beabsichtigt (siehe dazu Information 15: „Erzählzwänge" in Stegreiferzählungen). Anders als bei den Kreuzchen oder Klicks in einem Kästchen kann man die eigenen Relevanzen bei einer längeren Erzählung kaum verstecken – was nicht heißen soll, dass Geheimnisse offenbart werden, sondern nur, dass man oft mehr offenbart, als man möchte.

2. **Die fehlende Überprüfbarkeit der Effekte einzelner Kausalfaktoren:** Das zweite, größere Problem ist in Augen vieler Kritiker die „Verunreinigung" der wissenschaftlichen Untersuchung, des Tests, des Experiments oder der Ergebnisse durch das empirische Chaos des Feldes. Während sich im Labor die Einflussfaktoren auf ein Verhalten halbwegs kontrollieren lassen, ist dies im Feld kaum möglich. Viel zu viel passiert zur gleichen Zeit, unkontrollierbare Faktoren wirken ein und Zurechnungen auf Kausalfaktoren können daher oft nur Artefakte oder Willkürakte sein.

Die zentrale Frage hier ist: Woher bekommt man in der qualitativen Sozialforschung die (statistische) Sicherheit für die Zurechnung auf Kausalitäten, welche man für eine wissenschaftliche Erklärung benötigt? Die Antwort darauf lautet: Man bekommt sie nicht. Man bekommt stattdessen aber dichte Beschreibungen und qualitatives Wissen über Zusammenhänge, welches man im Fortgang der Untersuchung durch Fallvergleiche validiert, bis man eine theoretische Sättigung erreicht hat (siehe weiter unten). Zugleich wird die wissenschaftliche Erklärung empirisch fundiert weiterentwickelt, bis man das Phänomen hinreichend erklären kann.

Umgekehrt aber, so das Gegenargument aus der qualitativen Sozialforschung, fehlt z. B. den Laborexperimenten die externe Validität[4], d. h. die Übertragbarkeit der Ergebnisse aus dem Labor auf die reale Welt steht infrage. Auch wenn sich jemand im Experiment so oder so verhält, können in der Realität ganz andere Faktoren ins Spiel kommen. Wenn man die externe Validität erhöhen und zugleich eine Messung einzelner kausaler Faktoren erreichen möchte, spricht daher vieles für eine Kombination von qualitativen und standardisierten Methoden.

3. **Die nicht ausreichenden Generalisierbarkeit ihrer Ergebnisse:** Das dritte, vielleicht größte Problem ist das der Generalisierbarkeit der qualitativen Befunde. Es sticht vor allem dann ins Auge, wenn man die qualitative Sozialforschung aus Perspektive der quantitativ verfahrenden Sozialforschung betrachtet. Dann wirken die Auswahlverfahren und die kleinen Fallzahlen unzureichend.

Die zentrale Frage ist hier: Wie kann man unter der Bedingung qualitativer Herangehensweisen Repräsentativität sicherstellen? Eine Antwort darauf gibt die qualitative Sozialforschung mit dem Hinweis auf die qualitative Repräsentanz. Sie ist dann erreicht, wenn ein Feld hinreichend kartographiert und eine theoretische Sättigung eingetreten ist. Dabei kommt es weder auf die Fallzahl noch auf den Bezug der Stichprobe zur Grundgesamtheit an, sondern auf die im steten Vergleich gewonnenen Ergebnisse, die nach Maßgabe eines transparenten, intersubjektiv geprüften Verfahrens und einer fortlaufenden Theorieentwicklung generiert wurden. Zu diesen Gütekriterien der qualitative Sozialforschung gehören u. a. das Dokumentieren der Vorgehensweise, sowie der wichtigen Forschungsentscheidungen und -schritte (vgl. Strübing et al. 2018: 94). Dazu zählt auch die Auswertung in trainierten Interpretationsgemeinschaften und die Überprüfung der Intercoder-Reliabilität (vgl. Mayring 2010: 116; siehe auch Flick 2005). Sie wird erreicht, indem verschiedenen Gruppen das gleiche empiri-

---

4   Mit der internen Validität ist die Frage angesprochen, ob die angewandten Verfahren auch das messen, was sie messen sollen. Bei der externen Validität fragt man, ob die Laborergebnisse auch für andere Situationen außerhalb des Labors, für andere Gruppen in der realen Welt oder ggf. für die ganze Bevölkerung Geltung beanspruchen können (vgl. Pfeifer 2020).

sche Material gegeben wird und die Ergebnisse danach abgeglichen werden. Zugleich muss auch die theoretische Repräsentanz begründet werden. Das bedeutet, dass man immer wieder in vergleichender Weise neues Material erhebt, interpretiert, in Hypothesen formuliert und die Theorieentwicklung vorantreibt, bis jede neue Erhebung keinen Erkenntnisgewinn mehr bringt. Genau dann hat man die theoretische Sättigung erreicht und einen qualitativen Validitätsbeweis gewonnen (vgl. Glaser & Strauss 2005). So haben wir in einem Forschungsprojekt beispielsweise Interviews zur Wahrnehmung des Kapitalismus und zum „Geist des Kapitalismus" geführt und aus Gründen einer Vollerhebung rund 100 Interviews durchgeführt. In der qualitativen Auswertung hatten wir dann aber nach bereits ca. 15 Interviews eine theoretische Sättigung erreicht. Das heißt, jedes weitere Interview brachte zwar noch neue Sachinformationen, aber kein neues Deutungsmuster des Kapitalismus mehr. Die „theoretische Sättigung" ist also auch ein „Abbruch-Kriterium" für die qualitative Forschung. Sie tritt dann ein, wenn beim wiederholten Durchlaufen der Analyse keine für die Theorieentwicklung relevanten Neuentdeckungen mehr gemacht werden (vgl. Mey et al. 2020).

Angesichts dieser Kritik wird auch deutlich, dass wir die qualitative Sozialforschung nicht mit der Brille eines quantitativen Vorgehens betrachten dürfen, sondern ihre Qualität und Gütekriterien an ihren eigenen Maßstäben bemessen müssen.

Um diese besser kennenlernen und den Einstieg in die qualitative Vorgehensweise vertiefen zu können, haben wir zwei klassisch gewordene Ansätze ausgewählt, die in der einen oder anderen Form den meisten qualitativen Verfahren zugrunde liegen bzw. zeigen sich die meisten neueren Ansätze von deren Vorgehensweisen inspiriert: Die Phänomenologie und die Grounded Theory.

Beginnen wir zunächst mit der Phänomenologie.

3.3 Die Phänomenologie

Ganz allgemein lässt sich Phänomenologie als eine Wissenschaft verstehen, welche vom Phänomen bzw. von der Anschauung des Wesens der Gegenstände oder Sachverhalte ausgeht. Damit ist noch nicht viel an Orientierung gewonnen. Um genauer zu verstehen, was damit gemeint ist, lassen wir uns von Husserl inspirieren oder vielmehr davon, wie die qualitative Sozialforschung auf Edmund Husserl zurückgreift (vgl. Weilmeier 2017).

Bildquelle: Wikipedia.org

Edmund Husserl gilt als Vater der Phänomenologie. In Freiburg, wo er seit 1916 lebte und lehrte, entwickelte sich Husserl bald zu einem der einflussreichsten Philosophen des 20. Jahrhunderts: Seinen Assistenten Martin Heidegger prägte er ebenso wie die Soziologen Alfred Schütz und Helmut Plessner oder den Philosophen Jean-Paul Sartre. Husserl starb am 27. April 1938 in Freiburg.

Im Zentrum seiner Philosophie, der Phänomenologie, stehen die Gegenstände, die „Phänomene", so wie sie uns vor unserem Bewusstsein erscheinen. Doch während die klassische Erkenntnistheorie auf einem Dualismus beruht – hier reines Bewusstsein und dort „bewusstseinsfremdes" oder „bewusstloses" Objekt –, lehnt Husserl diesen Gegensatz ab. Husserls zentrale Einsicht in die Struktur des menschlichen Bewusstseins fasst er in den Begriff der „Intentionalität" und meint damit, dass Bewusstsein immer schon Bewusstsein von etwas ist. Das heißt: Husserls Entdeckung der Intentionalität zeigt, dass menschliches Bewusstsein nicht anfänglich leer, sondern immer schon auf einen Bewusstseinsinhalt bezogen ist. Wir haben immer das Bewusstsein von etwas. Phänomenologie untersucht als Erfahrungswissenschaft zugleich die Bedingungen unseres Erfahrens (vgl. Bertsch 2013).

Doch wie bereits angekündigt, interessieren wir uns im Folgenden nicht für Husserls Werk selbst, sondern für die Orientierung, die er für die qualitative Sozialforschung geschaffen hat. Zu den festen Orientierungspunkten gehören dabei sowohl die Arbeit an der „natürlichen Einstellung" als auch die Reduktion auf das Wesentliche.

Sehen wir uns einige von Husserl inspirierte phänomenologische Schritte dazu genauer an:

3.3 Die Phänomenologie

1. Epoché bedeutet im Griechischen das Zurückstellen eines Urteils – anhalten, zurückhalten, gegenüberstehen. Gemeint ist damit, dass wir unser Vorwissen, unsere Theorien, unsere Vorurteile zurückstellen sollen. Das ist harte Arbeit, wie wir noch sehen werden. Es gelingt nicht immer und oft nur unvollständig.
2. Gegenüber der natürlichen Einstellung vollzieht die Phänomenologie nun eine Änderung: Sie stellt die natürliche Einstellung mit ihren Alltagswahrnehmungen und Vorurteilen zurück, indem sie „eine gewisse Urteilsenthaltung" übt und stattdessen die Art und Weise einbezieht, mit der wir Objekte betrachten. Nicht das Objekt, sondern wie wir das Objekt wahrnehmen, rückt in den Vordergrund.
3. Bei der Rückführung auf das Geschaute (eidetisch) muss alles das ausgeblendet werden, was nicht zum „Wesen" (Eidos) gehört. Das heißt, wir arbeiten angesichts vieler empirischer Erscheinungen ihren Kern – das Beständige, immer Gleiche – heraus.[5]

Da unsere Wahrnehmungen immer schon kulturell geprägt sind, müssen wir die „Naivität" des Blickes immer wieder künstlich herstellen bzw. uns darüber klar werden, welche Urteile und Vorurteile bei uns im Zugriff auf das Phänomen eine Rolle spielen.

Da die Zurückstellung des eigenen Urteils sowie die Reduktion auf das Geschaute nicht so einfach ist, wie es sich zunächst anhören mag, wollen wir eine kleine, spielerische Übung dazu machen.

Übung 2: Durch Reduktion zum naiven Blick

Um diese Reduktion zum naiven Blick zu verdeutlichen, bitten wir Sie, das nebenstehende Bild zu betrachten und Ihre Wahrnehmung in zwei Schritten zu beschreiben:

---

5 Auf die transzendentale Reduktion, den methodischen Zugang zur transzendentalen Subjektivität, verzichten wir hier, da dies ganz und gar zur Philosophie Husserls gehört und es keine direkte Entsprechung in der qualitative Sozialforschung gibt.

Bildquelle: Pixabay.com

1. Beschreiben Sie bitte im ersten Schritt, was Sie auf der nebenstehenden Abbildung sehen, mit all Ihrem Vorwissen, Ihren Vermutungen und Ihren Gefühlen sowie der Botschaft dieses Bildes.
2. Im zweiten Schritt beschreiben Sie bitte ebenfalls, was Sie sehen, stellen Sie nun aber Ihr Vorwissen, Ihre Theorien und Gefühle zurück. Versetzen Sie sich dazu in die Lage einer Person, die aus einer völlig anderen Kultur ohne Sitzmöbel und Luftballons kommt und die Bildbotschaft nicht einfach dechiffrieren kann.

Hinweise zur Beantwortung 2: Durch Reduktion zum naiven Blick

1. Wenn wir etwas improvisieren, dann sehen wir einen weiß lackierten Küchenstuhl, an dem ein großer, bonbonfarbener rosa Luftballon befestigt ist. Wir denken vielleicht an ein mediterranes Umfeld, an die Leichtigkeit von Urlaub, Meer, Kindheit, Ferienliebe und der rosa Luftballon gemahnt uns an unsere Träume, an Davonschweben, die Tristesse des Alltags verlassen. Vielleicht gemahnt uns die Farbe rosa auch an eine rosarote Brille, daran, Dinge schön zu sehen und schöne Dinge zu sehen. Aber natürlich können Sie auch andere Assoziationen haben.
2. Wir improvisieren wieder. Jetzt sehen wir etwas mit vier Beinen, weiß, einer Fläche und zwei Stäben, welche nach oben führen und ein geschwungenes horizontales Verbindungsteil halten. Es sieht aus, als hätte es jemand zusammengebaut und angemalt. Das Weiß ist nicht vollständig aufgetragen. Manchmal tauchen kleine schwarze Flächen oder Ränder auf. An einem Band hängt ein großes rosa Etwas, welches mit etwas gefüllt ist, das nach oben strebt, d. h. die Schwerkraft überwindet. Es ist aber nicht stark genug, um das vierbeinige Teil darunter nach oben zu ziehen. Keine Menschen sind zu sehen und der Sinn der Abbildung entzieht sich unserer Kenntnis. Wir können nichts damit anfangen. Sie erscheint

3.3 Die Phänomenologie

uns als fremd. Wir wollen herausfinden, warum jemand eine solche Abbildung geschaffen hat.

Für die qualitative Sozialforschung resultiert aus dieser Inspiration durch Edmund Husserl u. a., dass die naive dichte Beschreibung des Phänomens der Startpunkt der Forschung ist. Wir arbeiten an einem möglichst durch Vorwissen oder wissenschaftliche Vorannahmen unverstellten Blick und müssen somit den schwierigen Weg zurück in die Unbedarftheit und Unbefangenheit gehen. An diesem Startpunkt werden die Unterschiede zur hypothesenprüfenden, quantitativ verfahrenden Sozialforschung deutlich. Zu Beginn der Forschung ist nicht mehr Wissen oder mehr Beschäftigung mit dem Gegenstand gefragt, sondern weniger – und das ist ebenfalls harte Arbeit. Für die qualitative Sozialforschung resultieren daraus folgende Hinweise für den Beginn der Beschäftigung mit einem Phänomen:

Toolbox 1: Der Blick der qualitativen Sozialforschung

Wir sehen und beschreiben:

1. nur auf das Phänomen bezogen
2. so unvoreingenommen wie möglich
3. so genau wie möglich
4. so einfach und schlicht wie möglich
5. so vollständig wie möglich

Wir wollen im Folgenden diese Inspiration der qualitativen Forschung durch die Phänomenologie an einem Beispiel weiter vertiefen. Das Beispiel stammt aus dem Buch von Roland Girtler „Der Strich"[6]. Aus diesem werden von mir verschiedene Zitate von Prostituierten wiedergegeben. Über den Kontext der Erhebung wissen wir dabei nur, dass Girtler in Wien Anfang der 80er-Jahre – der Zeitraum der Untersuchung lag zwischen Ende 1981 und Sommer 1983 – eine offene, teilnehmende Beobachtung durchgeführt hat und im Rahmen dieser Beobachtung auch narrative Gespräche mit Pro-

---

6 Das Buch der „Der Strich" erschien in der ersten Auflage 1985. Wir zitieren es nach der erweiterten Neuauflage von 1994.

stituierten, Zuhältern und Kleinkriminellen durchgeführt hat.⁷ Die Studie erschien als Buch erstmals 1985 mit dem Untertitel „Erkundungen in Wien" (vgl. Ottermann 2005: 3). Roland Girtler bezeichnete diese Gespräche als ero-epische Gespräche und verband damit ein bestimmtes Verfahren der Interaktion zwischen den Gesprächspartner*innen (siehe Information 1).

Information 1: Das ero-epische Gespräch nach Girtler

Der Begriff des **ero-epischen Gesprächs** (nach Girtler) setzt sich aus den zwei altgriechischen Wörtern Erotema (Frage) bzw. erotemai (fragen, befragen, nachforschen) und Epos (Erzählung, Nachricht, Kunde, aber auch Götterspruch) zusammen. Grundlegend für diese Art des Forschungsgesprächs ist, dass sich sowohl die Befragten als auch die Forschenden öffnen und ins Gespräch einbringen. Dadurch, dass die Forschenden auch von sich erzählen (z. B. über die Arbeitsweise, das Forschungsinteresse oder von eigenen Erlebnissen das Thema betreffend), wird einerseits eine **lockere, vertraute und persönliche Gesprächsebene** geschaffen und gleichzeitig werden die Gesprächspartner*innen angeregt, von sich selbst zu erzählen. Die Fragen ergeben sich aus der Situation und werden nie im Vorhinein festgelegt. Zudem bringen die Fragenden das Gegenüber nie in Zugzwang und unter Antwortdruck, wie es bei anderen Interviewarten wie z. B. dem narrativen Interview der Fall ist (vgl. Halbmayer & Salat 2011a). Die Personen sollen von selbst zu erzählen beginnen, wobei sich die Forschenden von den Gesprächspartner*innen leiten lassen (vgl. Halbmayer & Salat 2011b).

Girtlers Studie bezieht sich auf (freiwillige) weibliche Prostitution (quasi) institutionalisierter und gewerbsmäßiger Art. Unter Prostitution versteht er „eine z. T. gesetzlich und z. T. informell geregelte und sozial gebilligte bzw. geduldete soziale Einrichtung, bei der Frauen Geschlechtsverkehr – im engsten und weitesten Sinn – gegen Geld ermöglichen" (Girtler 1994: 17; siehe auch Ottermann 2005: 2f.; Knoblauch 2007). Weitere Informationen über den Kontext der Erhebungen, die Auswahl des Samples oder die

---

7   „Unter ‚Strich' versteht GIRTLER, etwas abweichend vom (heute) allgemein üblichen Sprachgebrauch, jeden Ort – also Straße, Wohnung oder Bordell – an dem Prostituierte ihre Geschäfte eingehen und zum Teil auch abwickeln" (Ottermann 2005: 2).

3.3 Die Phänomenologie

Methoden des Umgangs mit den Erzählungen sowie der Analysemethoden stellt Girtler leider nicht zur Verfügung. Seine Studie ist auch deswegen bis heute umstritten (vgl. dazu Ottermann 2005; Mühlhäuser 1987; Knoblauch 2007). Aufgrund der ansonsten raren Verfügbarkeit von Interviewzitaten mit Prostituierten in wissenschaftlichen Studien ziehen wir dennoch diese bahnbrechende Studie von Girtler heran (siehe aber z. B. Järvinen & Henrisken 2020; Vuolajärvi 2019). Wir konzentrieren uns aber ausschließlich auf die im Buch wiedergegebenen Interviewzitate von Prostituierten und beginnen mit einem solchen Zitat[8] als Ausgangspunkt unserer Beschäftigung:

„Vor fünf Jahren habe ich angefangen. Das Geld wirkt wie eine Droge. Wenn man einmal angefangen hat, kann man nicht mehr aufhören. Ganz am Anfang verdient man halt gut, da verdient jede gut. Da denkt man an nichts, da sieht man nur das Geld. Und durch das viele Geld, da denkt man nicht, was da sein könnte, die Nachteile, die es da gibt. Und jetzt kann man trotzdem nicht aufhören, eben weil man das viele Geld gewohnt ist" (Girtler 1994: 61; Zitat Prostituierte aus Wien).

Wir gehen bei der Interpretation nun in vier von der Phänomenologie inspirierten Schritten vor. Dabei wenden wir noch kein weiteres Verfahren der qualitativen Analyse an, sondern wollen mit einigen wenigen Schritten eine phänomenologische Annäherung an das Thema illustrieren. Wir werden dabei, anders als im Beispiel des Stuhls und des Luftballons, keine Unvertrautheit mit der Kultur allgemein voraussetzen, wohl aber mit dem Prostituiertenmilieu in Wien in den 80er-Jahren des vergangenen Jahrhunderts. Die meisten von uns werden kein Vorwissen zu diesem Milieu haben, sicherlich aber Voreinstellungen und ggf. Vorurteile der Prostitution im Allgemeinen gegenüber. Diese Voreinstellungen und ggf. Vorurteile sollen nun zurückgestellt werden, soweit uns dies möglich ist. Wir gehen in vier Schritten vor:

---

8   „Es bleibt unklar, ob es sich z. B. um Gedächtnisprotokolle oder um Transkripte von auf Tonband aufgenommenen Gesprächen handelt. Zum anderen findet sich auch nirgends ein Hinweis darauf, welcher Methode er sich zur Analyse der Texte bediente, worin vielleicht ein Grund dafür liegt, daß manche seiner Interpretationen nur schwer nachvollziehbar sind" (Mühlhäuser 1987: 134; siehe auch Ottermann 2005: 19).

> **Toolbox 2: Vier Schritte in Anlehnung an die phänomenologische Methode**
>
> 1. Wir sammeln alle Elemente und Aspekte des Untersuchungsgegenstandes.
> 2. Wir schließen jene aus, die überflüssig oder veränderlich sind (Einklammerung).
> 3. Wir greifen die für das Phänomen notwendigen und invarianten Elemente heraus und fragen, welche Struktur sie bilden.
> 4. Wir beantworten die Frage, was das Typische, das Wesen des Phänomens ist.

1. Wir nehmen zur Kenntnis, dass die Zeitdauer den Beginn dieser Interviewsequenz markiert: „Vor fünf Jahren habe ich angefangen". Sie ist der Startpunkt einer Entwicklungsgeschichte. Das zentrale Element dieser Entwicklung kommt im zweiten Satz: „Das Geld wirkt wie eine Droge". Danach wird die Entwicklung geschildert: „Wenn man einmal angefangen hat, kann man nicht mehr aufhören. Ganz am Anfang verdient man halt gut, da verdient jede gut. Da denkt man an nichts, da sieht man nur das Geld. Und durch das viele Geld, da denkt man nicht, was da sein könnte, die Nachteile, die es da gibt". Zum Abschluss der Interviewsequenz werden die Folgen der Entwicklung festgehalten: „Und jetzt kann man trotzdem nicht aufhören, eben weil man das viele Geld gewohnt ist" (Girtler 1994: 61; Zitat Prostituierte aus Wien).
2. Wenn wir nun einklammern, bleiben wir beim Zitat und gehen nicht, wie bei Husserl intendiert, auf unsere Herangehensweise zur Aussage zurück. Wir schließen nun bestimmte Konkretionen und Informationen aus und erstellen nur das zum Verständnis unverzichtbare Argumentationsgerüst, welches der Aussage zugrunde liegt. Wie gesagt, wir improvisieren und diese Einklammerung kann bei Ihnen anders aussehen, aber dennoch sollte der Schritt selbst klarwerden. Wir merken nun auch, dass wir zwar noch beim Zitat, also beim Phänomen bleiben, aber dennoch ist bereits eine erste Abstraktion notwendig. Wir können folgende Bestandteile festhalten: **Zeitdauer:** *lange Entwicklung mit Anfang und Ende;* **Elemente:** *Geld, Droge, Sucht;* **Entwicklung:** *Anfang ohne Nachdenken, Ende mit Nachteilen;* **Folgen:** *Abhängigkeit vom Geld.*

3.3 Die Phänomenologie

Damit haben wir ein erstes Gerüst mit zentralen Elementen der Aussage für uns identifiziert.

3. Wenn wir uns nun über die Art und Struktur des Phänomens sowie der Zusammenhänge der Elemente Gedanken machen, kommen erste Interpretationshypothesen ins Spiel. Über diese kann und soll man sich streiten, was wir in einer Interpretationsgemeinschaft auch getan haben. Wir wollen die Darstellung dieses Streites hier aber ausklammern und über das Ergebnis unserer Interpretationsgemeinschaft berichten. Wir bleiben beim Material, das uns Auskunft über das Phänomen gibt, aber formulieren jetzt stärkere Interpretationshypothesen über den Zusammenhang der Elemente. Wie Sie feststellen werden, interessieren wir uns hier nicht für den Nachvollzug des subjektiv gemeinten Sinnes der Prostituierten, sondern für die Frage, was uns die Erzählung über das Phänomen sagt. Dabei beziehen wir nun auch die Art der Erzählung ein. Wir gehen hier nicht ausführlich auf die grammatikalische Gestalt, die Elaboriertheit der Sprache selbst ein, weil es ein für die Darstellung im Buch bereinigtes Zitat ist. Dies könnte in einigen qualitativen Verfahren aber eine Rolle spielen. Auffallend bei dieser Erzählung ist jedenfalls, dass es sich um eine Erzählung handelt, welche nicht viele Details bereithält, sondern eher eine Erklärung, welche ein bestimmtes Verhalten aus der Entwicklungsgeschichte rechtfertigt. Dabei fällt weiter auf, dass die Ich-Form nur im ersten Satz verwendet wird. Danach ist die Verallgemeinerungsform „man" oder „jede" dominant, welche die anderen einbezieht. Zugleich gerät das selbständige Handeln und Entscheiden in den Hintergrund. Nicht *ich* habe das gewählt, sondern *man* wird Opfer einer Sucht – einer Sucht nach Geld, wie sie viele von uns unspezifisch als Element gesellschaftlichen Alltagswissens präsent haben. Aus der Erzählung wird so keine Täter-, sondern eine Opfererzählung. Die Realität der Sexarbeit, die Prostitution, bleibt dabei mit dem „Ich" im Hintergrund. Über sie wird nicht gesprochen, sondern nur über das, was mit ihr einhergeht. Die Entwicklung wird vor diesem Hintergrund als schuldfreies Schicksal dargestellt. Wichtig ist auch: Die Nachteile und Folgen bleiben abstrakt, in der Schilderung unpersönlich und allgemein. Sie müssen diese Interpretationshypothesen nicht teilen und können gerne andere, weitere entwickeln. Hier ist nur wichtig, dass Sie verstehen, worauf der Übergang zu weiterführenden Interpretationshypothesen gründet und dass wir im Material bleiben, aber die Art der Erzählung mit einbeziehen.

4. Wenn wir nun die Interpretationshypothesen im ganzen Interview überprüft und fundiert hätten, was wir hier nicht tun können, wäre ein weiterer Abstraktionsschritt durchzuführen, indem wir auf das „Wesen" oder die „Typik" der Erzählung und des Phänomens schließen. Auch diesen Schritt improvisieren wir hier. Wir gehen aber in der Interpretation und Abstraktion wieder einen Schritt weiter. Für uns ist der zugrundeliegende Erzähltypus der einer Rechtfertigung der Prostitution. Sie funktioniert über allgemein bleibende Verallgemeinerungen des „Nicht-Anders-Sein" als wir „Normalbürger" und des „Nicht-Anders-Können", weil man in Abhängigkeit geraten ist. Und auch das geht vielen so. Wir nehmen an, dass diese Rechtfertigungsform ein wichtiger Bestandteil des Phänomens Prostitution ist. Sie besteht aus dem Typus der „gesuchten Normalität" und der „nicht schuldhaften Entwicklung". Zugrunde liegt die Suche nach Anerkennung, welche durch das Schweigen über die Sexarbeit selbst einfacher möglich wird. Die Sexarbeit scheint dadurch eine Tätigkeit wie jede andere zu sein. Der Bezug zu Geld als verallgemeinertes, abstraktes Tauschmittel unterstützt die Typik noch. Alle kennen es und viele möchten mehr davon haben. Zugleich ist Geld auch eine Anerkennungsform für geleistete Arbeit.

Nun haben wir einen Typus gewonnen und müssen im Vergleich mit anderen Interviews diesen Typus validieren, differenzieren und noch andere Typen generieren, um das Feld der Prostitution in Wien der 80er-Jahre kartographieren zu können. Dies können wir an dieser Stelle nicht tun. Wir gehen jedoch einen weiteren Schritt in diese Richtung, indem wir uns nun der Vorgehensweise der „Grounded Theory" zuwenden.

3.4 Die Grounded Theory

In der „Grounded Theory" geht es zum einen um ein Verfahren der Theoriebildung (vgl. Muckel et al. 2017; Glaser & Strauss 1967). Es wurde aus den Frustrationen im Umgang mit abgehobenen deduktiven Theorien wie z. B. jenen von Karl Marx heraus entwickelt. Zum anderen handelt es sich um eine Methodologie, welche die wissenschaftliche Qualität der Forschung absichern möchte. Statt Theorien im Wolkenkuckucksheim zu entwickeln und dann mit dem Forschungsfeld abzugleichen, haben Glaser und Strauss 1967 ein anderes, umgekehrt vorgehendes Prinzip stark gemacht: jenes der fortlaufenden empirischen Fundierung der Theorieentwicklung. Dabei

3.4 Die Grounded Theory

werden erst gegenstandsnahe Theorien und dann formale Theorien mit größerer Reichweite entwickelt.

Barney Glaser (1930) hatte in Stanford, Freiburg und dann an der Columbia Universität in New York bei Paul Lararsfeld und Robert K. Merton studiert und später gearbeitet. Er führte zusammen mit Anselm Strauss ein Forschungsprojekt zum Thema "Awareness of Dying" (1965) durch, in dem die Grounded Theory zum ersten Mal systematische Anwendung fand.

Bildquelle: Wikipedia.org

Anselm Strauss (1916–1996) arbeitete an der Universität of California in San Francisco. Er hatte u. a. in Chicago studiert und fühlte sich in seinem Schaffen der Chicago School und insbesondere dem symbolischen Interaktionismus von Herbert Blumer verpflichtet. 1967 schrieben beide Autoren zusammen ein Buch zu ihrem Forschungsverfahren mit dem Titel: "The Discovery of Grounded Theory".

Bildquelle: Amazon.de

Ziel der Grounded-Theory-Methodologie ist die Entwicklung einer auf dem empirischen Material basierende (grounded) Theorie mittlerer Reichweite (vgl. Strauss & Corbin 1996; Glaser & Strauss 2005). In einem abwechselnden und sich wiederholenden Prozess der Datenerhebung und -analyse werden nach und nach Kategorien gebildet, miteinander in Beziehung gesetzt und zu einer Theorie verdichtet (vgl. May et al. 2020).

Dabei werden Analysedimensionen herausgearbeitet, Interpretationshypothesen gebildet und im kontinuierlichen Vergleich fundiert. Diese werden zusammengeführt und theoretisch verdichtet.

1. Durch den ersten Schritt des Konzeptualisierens kommt man zu ersten Kategorien und Dimensionen des Phänomens. Man ordnet das Phänomen oder Teile des Phänomens Oberbegriffen oder Begriffsklassen zu.

Im Zentrum der Grounded-Theory-Methodologie steht das Codieren. Dadurch werden z. B. Textstellen den Kategorien zugeordnet. Dabei geht die Grounded-Theory-Methodologie unter Anwendung verschiedener Codierarten über eine bloße Deskription hinaus und zielt darauf, aus dem empirischen Material heraus gehaltvolle Konzepte zu entwickeln (vgl. May et al. 2020). Dabei beginnt man offen und bildet erste Kategorien über das, was uns im Text begegnet. Dies können bereits analytische Dimensionen, soziologische Kategorien oder auch „In-vivo-Kategorien", das heißt kleiner Textbestandteile, sein. Es ist ein kleinschrittiges Vorgehen, welches idealerweise Satz für Satz vorgenommen wird. Wir können „W-Fragen" an den Text richten: Was? Worum geht es hier? Wer? Welche Akteure sind beteiligt? Welche Rollen spielen sie? Wie? Wie interagieren sie? Welche Aspekte werden angesprochen/betont? Womit? Welche Ressourcen und Strategien werden angewandt? Warum? Welche Begründungen werden gegeben? Wann? Wie lange? Wo? (vgl. Heiser 2016). Das Ergebnis ist dann ein Grundbestand von Textbestandteilen, die zu Kategorien abstrahiert werden können. Das axiale Codieren zielt dann auf die Untersuchung von Verbindungsgeflechten zwischen Kategorien. Wir stellen eine Kategorie in den Mittelpunkt und bilden um diese ein Beziehungsnetz: Zeitliche und räumliche Beziehungen? Ursache-Wirkungs-Beziehungen? Mittel-Zweck-Beziehungen? Argumentative, motivationale Zusammenhänge? (vgl. Heiser 2016). Das Ergebnis ist ein Codierparadigma, welches auch auf andere Interviewpassagen oder Interviews angewandt, dabei aber auch laufend modifiziert und differenziert wird. Hierbei werden bereits Antworten auf die Frage gegeben, wie sich das Phänomen im Kontext interpretieren lässt, welche Bedingungen und Ursachen benannt werden und zu welchen Handlungsweisen sie führen. Welche Konsequenzen treten auf? Wir haben es hier also mit einem weiteren Abstraktionsschritt zu tun. Die Abstraktion nimmt noch weiter zu, wenn wir selektiv codieren. Die Kategorien werden weiter verdichtet, durch die Herausarbeitung einer Kernkategorie in ein Kategoriennetz integriert und als auf das empirische Phänomen bezogene Theorie ausformuliert (vgl. May et al. 2020b). Dies kann und soll dann auch in eine Typenbildung münden.

3.4 Die Grounded Theory

Toolbox 3: Codierverfahren im Kontext der Grounded Theory

a. **Offenes Codieren:** Aufteilen in Sinneinheiten und Zuordnung von Codes (W-Fragen).
b. **Axiales Codieren:** Weiterentwickeln der Kategorien, In-Beziehung-Setzen von Kategorien (Kontext, ursächliche sowie intervenierende Bedingungen, Strategien und Konsequenzen).
c. **Selektives Codieren:** Die Kategorien werden weiter verdichtet, durch die Herausarbeitung einer Kernkategorie in ein Netz von über- und untergeordneten Kategorien integriert und als gegenstandsgegründete Theorie ausformuliert (vgl. May et al. 2020).

Um das Ganze auszuprobieren und selbst anzuwenden, können Sie sich als Übung ein weiteres Zitat einer Prostituierten in der Girtler-Studie genauer ansehen. Sie finden im Anschluss an die Übung auch wieder Hinweise zur Durchführung der Übung, konkret: einige Anhaltspunkte, wie wir die Übung durchgeführt haben. Diese sind aber immer noch improvisiert und nicht vollständig, damit Sie sich selbständig weiter mit dem Material auseinandersetzen können.

Übung 3: Codieren eines Interviewzitates einer Prostituierten

1. Bitte codieren Sie das nachfolgende Zitat. Versuchen Sie zunächst, den Sinngehalt aufzubrechen und In-vivo-Kategorien zu bilden (offenes Codieren).
2. Gehen Sie dann auf den Kontext und auf die Zusammenhänge vor dem Hintergrund der Fragestellung ein (axiales Codieren).
3. Versuchen Sie danach zu codieren, mit welchen Darstellungs- und Rechtfertigungsformen wir es zu tun haben (selektives Codieren)?
4. Vergleichen Sie das Zitat mit Bezug zur Rechtfertigungstypik der Prostitution, welches wir im ersten Zitat der Prostituierten I herausgearbeitet haben.
5. *„Wenn man eine Hur ist, ist man für einen Mann nur für das Bett interessant. Man hat keine Beziehung zu ihm und will sie auch nicht. Wenn man keinen Freund hat oder jemand, mit dem man sich versteht, dann geht man eben saufen. Die meisten saufen. Die allerwe-*

nigsten sparen" (Girtler 1994: 93; Zitat einer ehemaligen Prostituierten aus Wien).

Hinweise zur Beantwortung 3: Codieren eines Interviewzitates einer Prostituierten

Wir möchten im Folgenden ein paar Hinweise geben, ohne das Ergebnis der Übung vorwegzunehmen. Wie wir auf den ersten Blick sehen können, beinhaltet das Zitat der zweiten Prostituierten ähnliche Kategorien und Dimensionen der Darstellung von Prostitution, aber es gibt auch Unterschiede.

(1) (a) „Wenn man eine Hur ist, ist man für einen Mann nur für das Bett interessant". → Dies ist ein wichtiges Element der Aussage. Sie bezieht sich auf die Wahrnehmung eines einseitigen Kundeninteresses, welches eine auf Wechselseitigkeit basierende Beziehung ausschließt. Als Kategorie könnten wir wählen: auf Sex bezogene Einseitigkeit des männlichen Interesses. In-vivo-Kategorien können noch sehr nah am Gesagten sein und einen geringen Abstraktionsgrad aufweisen.
(b) „Man hat keine Beziehung zu ihm und will sie auch nicht". → Dies ist ein weiteres Element der Aussage, welche auf die gewollte Beziehungslosigkeit anspielt und aus dem zuvor Gesagten folgt. Wir schlagen als Kategorie vor: (gewollte) Beziehungslosigkeit.
(c) „Wenn man keinen Freund hat oder jemand, mit dem man sich versteht, dann geht man eben saufen. Die meisten saufen". → Die Folge wiederum dieser (gewollten) Beziehungslosigkeit im Sinne einer fehlenden Intimpartnerschaft ist der exzessive Konsum von Alkohol („Saufen"). Wir schlagen als Kategorie vor: exzessiver Konsum von Alkohol.
(d) „Die allerwenigsten spare". → Ein letztes wichtiges Element der Aussage ist, dass in der Regel nicht gespart wird, wodurch auch keine finanziellen Rücklagen aufgebaut werden. Wir schlagen als Kategorie vor: fehlende Ersparnisse.
(2) Alle vier Kategorien hängen eng zusammen und können in ihrem Zusammenhang auch als eine logische Folge von Ursache und Wirkung interpretiert werden: Die sexuelle Einseitigkeit des männlichen Interesses als Ursache (a) führt zur (gewollten) Beziehungslosigkeit als Folge (b) mit den Nebenwirkungen eines

exzessiven Alkoholkonsums (c) und den fehlenden Ersparnissen (d). Wenn wir weiter abstrahieren, könnten wir darin eine Verkettung von Ursachen und Folgen sehen, welche die Prostituierte aufgrund fehlender Beziehungen und Ersparnisse in der Sexarbeit hält. Diese „Verkettung von Ursachen und Folgen" bietet sich zugleich als übergeordnete Kategorie im axialen Codieren an. Sie geht von den Männern aus (a) und die Prostituierte hat mit den Folgen (b–d) zu kämpfen. Sie erscheint in dieser Darstellungslogik eher als Opfer denn als Täterin. Auch die „Opfersituation" eignet sich daher als weiter abstrahierte, übergeordnete Kategorie im axialen Codieren. Die Folge ist wiederum ein gesteigerter „Drogenkonsum", eine weitere naheliegende übergeordnete Kategorie. Dabei handelt es sich in der Darstellung der Prostituierten nicht um ein Einzelschicksal, sondern es trifft die meisten Prostituierten oder kann potenziell alle treffen. Dies ist im Kontext zu sehen, dass wir es mit Darstellungs- und Rechtfertigungsformen von Angehörigen einer gesellschaftlich diskriminierten Randgruppe zu tun haben (Einbezug des Kontextes), welche offensichtlich Anerkennung durch die Darstellung von Normalität suchen. Der Bezug auf eine „allgemeingültige Situation", die auch jede andere hätte treffen können, bietet sich daher als eine weitere übergeordnete Kategorie an. Hinzu kommt, dass die Sexarbeit selbst dabei nicht zum Thema wird. Es kommt auch in diesem Zitat zu einem Schweigen über das Eigentliche, zu einem „Schweigen über die Sexarbeit", womit wir eine weitere übergeordnete Kategorie gewonnen haben. Wir sehen, dass sich der Abstraktionsgrad in den Kategorien nun etwas erhöht hat, sodass mehrere Darstellungen von Prostituierten unter eine Kategorie subsumiert werden können. Zugleich werden auch die Zusammenhänge deutlicher und in ihrer Verallgemeinerbarkeit klarer.

(3) Wenn wir uns im selektiven Codieren nun stärker darauf konzentrieren, mit welchen Darstellungs- und Rechtfertigungsformen wir es zu tun haben, sehen wir drei Kategorien in einem engen Zusammenhang. Die (unverschuldete) Opfersituation wird verbunden mit der Allgemeingültigkeit einer Lage, welche so oder anders auch alle anderen – auch die Normalbürger*innen – treffen kann. Und diese steht im Zusammenhang mit den Folgen von Drogenkonsum und fehlenden Ersparnissen, die sich für die meisten

nicht vermeiden lassen. Hinter einer solchen Darstellungsform lässt sich, so unsere erste Deutungshypothese, die Suche eines Mitglieds einer diskriminierten Randgruppe (Kontext) nach Anerkennung als eine „normale Person" und die Rechtfertigungsform einer „unverschuldet zum Opfer gewordenen normalen Person" erkennen. Die Botschaft der Rechtfertigung lautet – unserer ersten Deutungshypothese folgend – übersetzt: Wir sind unschuldig, wir sind wie du und haben mit Problemen zu kämpfen, die du auch kennst: Geldbedarf, Trinken, Beziehungsschwierigkeiten.

(4) Im Vergleich der beiden rekonstruierten Zitate fällt auf, dass wir es in beiden mit einer ähnlichen Rechtfertigungsform zu tun haben. Aber im zweiten Zitat steht die Rechtfertigung nicht mehr so im Vordergrund, die Frage der Beziehungen und andere Drogen als Geld, nämlich der Alkohol, kommen zur Sprache. Dennoch sind einige Gemeinsamkeiten mit dem ersten Zitat auffällig. Die Erzählform des „ich" wird durch die verallgemeinerte Form des „man" ersetzt. Es ist wieder eine „Opfer"-Erzählung. Auch in diesem Zitat taucht die unverschuldete Schicksalshaftigkeit auf, diesmal der Beziehungslosigkeit, mit den Folgen einer Sucht, diesmal dem Alkohol. Auch hier wird über die Sexarbeit geschwiegen und bleiben die Folgen abstrakt. Implizit wird die Abhängigkeit von Alkohol, von Geld und die Ausweglosigkeit, weil die allerwenigsten sparen, zum Thema. Bei allen Unterschieden deutet sich bereits in einer ersten Interpretation eine ähnliche Typik in der Darstellung der Prostitution an.

2. Das Vorgehen der Grounded-Theory-Methodologie besteht weiter darin, während des gesamten Forschungsprozesses immer wieder und auf allen Ebenen Vergleiche vorzunehmen: auf der Ebene der Fallauswahl, der Daten, der generierten Codes und der daraus gebildeten übergeordneten Kategorien (vgl. May et al. 2020). Es ist ganz wichtig, dass im Forschungsprozess so lange Vergleiche durchgeführt werden, bis keine neuen Kategorien bzw. Dimensionen hinzukommen und die gegenstandsbezogene Theorie als hinreichend fundiert erscheint. Folgende Fragen müssen nach und nach in diesem schrittweisen Verfahren beantwortet werden:

- Sind die aus dem ersten Fall entwickelte Hypothese und Typik für alle weiteren Einheiten/Fälle tauglich oder muss sie ergänzt oder verändert werden?
- Inwiefern spielt der Kontext eine Rolle und verändert sich die Typik mit dem Kontext?
- Welche Typen lassen sich generalisieren, wenn die theoretische Sättigung erreicht ist?

Erst wenn diese zufriedenstellend beantwortet sind, kann im Verfahren weiter fortgeschritten werden und beispielsweise der Schritt von einer konkreten zu einer formalen und abstrakten Theorie in der Erklärung des Phänomens vollzogen werden.

3. Das theorieorientierte Auswahlverfahren: Die Auswahl der zu erhebenden Fälle und Materialien erfolgt in der Methodologie der Grounded Theory sukzessive nach aus den Daten entwickelten theoretischen Gesichtspunkten. Im Idealfall beginnt die Analyse bereits nach der ersten Datenerhebung (vgl. May et al. 2020). Das heißt, wir beginnen mit einem Fall, arbeiten unsere Deutungshypothesen und Typen heraus und suchen dann nach kontrastierenden Fällen. Ein beliebtes Verfahren ist dabei der minimale und der maximale Vergleich. Es erlaubt, bei einem sehr kleinen N zu bleiben und eignet sich daher auch sehr gut für Abschlussarbeiten. In diesem Verfahren werden die Fälle für den Vergleich so ausgewählt, dass sie in wichtigen Dimensionen oder Kontexten (Ergebnis der ersten Fallanalyse) nur kleine Unterschiede aufweisen oder sehr große. Bei den kleinen Unterschieden stellen wir dann die Frage: Was ist jetzt noch anders, unterschiedlich. Und bei den großen Unterschieden fragen wir: Was ist jetzt noch gleich, was haben die Fälle jetzt noch gemeinsam? Das theoretische Auswahlverfahren der Fälle ist ein Voranschreiten von Fall zu Fall entlang der Ergebnisse der Fallanalyse, immer auf der Suche nach kontrastierenden Fällen. Auf diese Weise wird die Theorie weiterentwickelt, bis eine theoretische Sättigung erreicht ist. Wir wollen dann folgende Fragen beantworten können:

- Wie lassen sich die Befunde erklären, welche Theorien müssen wir dafür entwickeln?
- Wie lässt sich das Phänomen erklären (gegenstandsbezogen) und welche allgemeine Rechtfertigungstheorie für gesellschaftlich nicht anerkannte Tätigkeiten lässt sich daraus herleiten (formale Theorie).

Wir beginnen also mit gegenstandsbezogenen Hypothesen, in unserem Falle also z. B. die Typik der gesuchten Normalität mit dem Schweigen über das Eigentliche, die Sexarbeit selbst. Wenn sich dies generalisieren lässt, dann können wir gegenstandsbezogen einen Zusammenhang zwischen der fehlenden Anerkennung der Prostitution, ihrer Diskriminierung und der versuchten Herstellung von „Normalität" in der Darstellung und Rechtfertigung der Prostitution konstatieren. Dies könnte dann zu einer formalen Theorie ausgebaut werden, einer Theorie der Rechtfertigung von Randgruppen, indem man andere Felder und Randgruppen heranzieht und vergleicht.

4. Als sehr bedeutsam wird das Schreiben von Memos betrachtet. Diese dienen der Ideenentwicklung, Strukturierung, Reflexion sowie Konzeptbildung und begleiten den gesamten Forschungsprozess (Planung, Erhebung, Auswertung) (vgl. May et al. 2020). Mit dem Schreiben von Memos beginnt man zu Anfang des Projektes und führt es in dessen Verlauf stetig weiter. „Anfangs werden mit diesem Hilfsmittel mögliche Hypothesen festgehalten und generative Fragen gestellt. Die ersten Memos sind vielleicht noch ziemlich einfach und unklar. In den weiteren Phasen dienen sie dazu, die konzeptuell dichter werdende Theorie festzuhalten. Theoretische Gedanken werden in Form von Theorie-Memos kontinuierlich festgehalten. In der Phase des Schreibens des Forschungsberichtes werden sie sortiert und integriert. Durch alle Projektphasen hindurch dienen sie dazu, weitergehende Fragen zu stellen und neue Datenerhebungen zu initiieren und ihre Zielsetzung zu bestimmen" (Kuckartz 2010: 135 f.).

Nachdem wir nun einige wichtige Elemente in der Vorgehensweise der Grounded Theory kennengelernt haben, möchten wir zum Abschluss der Kurzdarstellung dieses Ansatzes noch erwähnen, dass der Startpunkt einer gemeinsamen Herangehensweise von Glaser und Strauss nicht durchgehalten wurde und später Differenzen in der Methodologie und den Verfahren der Grounded Theory, insbesondere von Glaser, stärker betont wurden. Während Strauss einem konstruktivistischen Pragmatismus verpflichtet blieb, der typisch für die Chicago School ist, entwickelte Glaser eine stärker positivistische Variante der Grounded Theory (vgl. Strübing 2014: 6). Bei allen Inkonsistenzen wurde indirekt bei Glaser das theoretische Vorwissen doch wieder zugelassen oder sogar vorausgesetzt. Die bloße Theorieentwicklung auf Basis der aus der Analyse gewonnenen Annahmen war sein Hauptziel, während Strauss das Verfahren weiterhin so betrachtete, dass auch eine laufende Theorieprüfung (im Sinne einer Verifikation und Falsifikation von Annahmen) im Prozess der Theorieentwicklung durchgeführt werden sollte.

Aber dieser Streit muss uns hier nicht weiter interessieren. Er spiegelt den grundlegenden Disput zwischen den beiden Methodenparadigmen, qualitativ und quantitativ, wider. Für uns ist zum Abschluss dieser Kurzdarstellung nur wichtig zu erwähnen, dass es heute keine einheitliche „Grounded Theory" gibt, sondern viele verschiedene Spielarten von ihr (siehe dazu Strübing 2007, 2011). Insbesondere die „konstruktivistische Grounded Theory" von Kathy Charmaz, einer Studentin und Doktorandin von Anselm Strauss, die auch mit Glaser zusammenarbeitete (vgl. nur Charmaz 2006, 2009, 2017; Bryant & Charmaz 2019), hat sich als eine wichtige neuere Variante der Grounded Theory etabliert. Die verschiedenen Varianten unterschieden sich in vielen Details und teilweise auch in den Prinzipien, aber der Kern der Herangehensweise ist bei allen sehr ähnlich: Das Ziel ist, keine „Bibliothekstheorien" im ausgedehnten Bücherstudium zu schaffen, sondern die Theorien im laufenden Abgleich mit der Empirie sowie im Vergleichen der Ergebnisse empirisch fundiert zu entwickeln.

Damit haben wir zwei wichtige und grundlegende Ansätze der qualitativen Forschung kennengelernt, auf denen auch viele neuere Verfahren aufbauen. Doch eine weitere Grundlegung fehlt noch. Da die qualitative Sozialforschung häufig im Methodenmix zum Einsatz kommt, erscheint es uns als wichtig, dass wir uns auch mit verschiedenen Designs und Verfahren von Methodenkombinationen vertraut machen. Dies soll im nachfolgenden Abschnitt geschehen.

3.5 Die qualitative Sozialforschung in der Kombination verschiedener Methoden

Natürlich wissen wir bereits, dass die qualitative Sozialforschung für sich stehen kann. Sie ist keineswegs auf die explorative Vorphase einer quantitativen Untersuchung zu reduzieren. Sie kann aber auch ein wichtiger Baustein im Methodenbaukasten einer Untersuchung sein. Viele Fragestellungen erfordern verschiedene methodische Zugänge, die sich wechselseitig kontrollieren, arbeitsteilig verbunden sind oder einfach ergänzen können. Viele Forschungsprojekte wenden daher verschiedene Zugänge zu einem Thema oder einer Fragestellung an und beschränken sich nicht auf einen Zugang bzw. eine Methode.

Auch der Studie von Girtler lag nicht nur eine teilnehmende Beobachtung zugrunde, sondern ebenso viele ero-epische Gespräche, die er mit Prostituierten, Zuhältern und Kleinkriminellen geführt hat. Während die Beobachtung einen Zugang zu den Kommunikations- und Handlungsweisen im Feld gebracht hat, ließen sich über die ero-epischen Gespräche die Relevanzen und Sinnstrukturen der Akteure in dem Feld erheben. Beide Erhebungsformen kamen zeitgleich zur Anwendung – also simultan und nicht sequenziell – wobei die Datenart aber nicht gleichgewichtet war, sondern die teilnehmende Beobachtung im Vordergrund stand. Die Studie erscheint als hypothesengenerierend und theorieentwickelnd zugleich angelegt, auch wenn – gemessen an den Ergebnissen – die deskriptive Seite im Zentrum stand. Beide Zugänge zum Feld haben sich also ergänzt, aber kamen – soweit erkennbar – nicht wechselseitig kontrollierend zum Einsatz.

Eine andere Variante der Methodenkombination, wie sie auch von uns bei Primärerhebungen in einem neuen Feld häufig angewandt wird, ist die Kombination von explorativer qualitativer Forschung mit teilstandardisierten Expertengesprächen (welche zugleich als Pretest genutzt werden können) und einem Survey mit standardisierten Fragen und Skalen in diesem Feld (**exploratives Design**). Dieser Dreischritt von hypothesengenerierender qualitativer Forschung bis hin zu hypothesentestender standardisierter Forschung ist eine häufige Anwendungsform bei Methodenkombination.

Aber eine solche Vorgehensweise wird auch in umgekehrter Logik – von quantitativ zu qualitativ – durchgeführt. So haben wir z. B. bei einer Untersuchung zum Drogengebrauch bei 15- bis 16-jährigen Schüler*innen eine Befragung mit zwei Teilen durchgeführt: einem standardisierten Teil der Befragung mit Wissensfragen und einem offenen Teil der Befragung mit Fragen zur Freizeitgestaltung, zu Gruppen in der Schule und zum ersten Kontakt mit Drogen. Im ersten Teil haben wir herauszufinden versucht, was die Schüler*innen überhaupt über Drogen wissen. Denn es stellte sich in Vorgesprächen heraus, dass zwar viele Schüler*innen angaben, mit Drogen in Kontakt gekommen zu sein. Aber als wir dann fragten, wie diese Drogen aussahen, in welcher Dosierung sie verabreicht und zu welchem Preis sie gehandelt wurden, stellte sich bei den meisten Schüler*innen heraus, dass sie dies gar nicht wussten. Sie hatten nur angegeben, Drogen zu nehmen, um cool zu erscheinen. Im zweiten, offenen Teil der Befragung konnten wir dann herausfinden, welche Milieus und Gruppen sich eher abseits der Drogen bewegten, und im Falle von Drogenerfahrungen, welche Milieus und Kontexte dabei eine Rolle spielten und welche Relevanzen sie den Drogen beimaßen.

Bei einer solchen Vorgehensweise handelt es sich um ein **eingebettetes Design,** welches dadurch gekennzeichnet ist, dass in einer Befragung zwei unterschiedliche Forschungsfragen gestellt werden, deren Beantwortung jeweils einen anderen Datentyp erfordert. Sie bauen **korrelativ** aufeinander auf. Während die standardisierte Erhebung des Wissens in Bezug auf Drogen uns einen Überblick gab, wie es um die Drogenexpertise der Schüler*innen als ein Indikator für Konsumerfahrungen bestellt war, ermöglichte es die qualitative Befragung, Aufschluss über die Mechanismen und Prozesse zu erhalten, welche zu Drogenabstinenz bzw. Drogenkonsum führen.

Information 2: Vier Designs von Methodenkombinationen

Das **Triangulationsdesign** ist dadurch gekennzeichnet, „dass zeitgleich qualitative und quantitative Verfahren der Datenerhebung zur Anwendung kommen; die Daten beziehen sich auf denselben Untersuchungsgegenstand, und es kommt ihnen dasselbe Gewicht zu" (Hussy et al. 2010: 303; siehe Clark & Creswell 2008: 105–118).
Während sich die beiden Erhebungs- und Datenarten beim Triangulationsdesign auf dieselbe Forschungsfrage und denselben Untersuchungsgegenstand beziehen, ist das **eingebettete Design** gerade dadurch gekennzeichnet, dass zwei unterschiedliche Forschungsfragen gestellt werden. Ihre Beantwortung erfordert jeweils einen andere Erhebungsform und einen anderen Datentyp (vgl. Hussy et al. 2010: 303). Welche Seite dabei dominiert, hängt von der Fragestellung ab (vgl. Hussy et al. 2010: 303). In der Unterform des **korrelativen Designs** dienen die

qualitativen Daten dazu, „Aufschluss über die Mechanismen zu erhalten, die den quantitativ ermittelten Zusammenhangen zugrunde liegen" (Hussy et al. 2010: 304).

In einem **explanativen Design** werden qualitative und quantitative Erhebungsverfahren in zwei Phasen miteinander kombiniert. So wird z. B. in einer ersten Phase ein quantitativ erhobener Befund festgehalten, der dann in einer zweiten qualitativen Erhebungsphase erklärt werden soll. Nehmen wir an, wir stellen in einer Untersuchung der Analyse von Handy-Daten in Zeiten einer Pandemie fest, dass viele sich nicht an die Regeln der Beibehaltung eines physischen Abstands von 1,5–2 m halten. In einer qualitativen Untersuchung wird dann geklärt, welche die Gründe dafür sind und welche Situationen und Handlungskonstellationen dazu führen. Dies kann auch umgekehrt funktionieren. Wir stellen als qualitativen Befund fest, dass Distanzregeln keine Wertschätzung erfahren und wollen auf der Ebene von durch Beobachtung erhobenen Strukturdaten zusätzlich prüfen, ob und wie sich diese Geringschätzung in bestimmten Situationen und Handlungskonstellationen tatsächlich in regelabweichendes Handeln übersetzt.

In einem **explorativen Design** ist die qualitative Erhebung der standardisierten vorgeschaltet, um ein neues Forschungsfeld zunächst zu erkunden und den standardisierten Fragebogen basierend auf diesen Primärerfahrungen zu gestalten und zuzuschneiden (vgl. Hussy et al. 2010: 304).

Es gibt viele Paradigmen und viel Streit um die Möglichkeiten, verschiedene Methoden zu kombinieren (vgl. dazu nur Kelle 2017; Flick 2018; Clark & Creswell 2008; Headley & Clark 2019). Doch auch hier bleiben wir bei unserer eingangs dargelegten Position: Die Fragestellung, das Forschungsinteresse und die Erklärungsabsicht entscheiden darüber, welche Methoden zum Einsatz kommen und wie sie kombiniert werden – und keine Glaubensfragen bzw. paradigmatischen Positionen.

Wir können hier abschließend festhalten, dass es neben dem Forschungsinteresse und der Erklärungsabsicht zwei generelle Ziele von Methodenkombinationen gibt (siehe Kelle 2014, 2017): die Validierung von Forschungsergebnissen durch eine Verwendung unterschiedlicher Methoden (1) oder die Kombination von Methoden und/oder Daten mit dem Ziel, ein umfassenderes Bild des Gegenstandsbereichs zu erreichen (2) (siehe dazu Knappertsbusch 2017; Kelle 2017: 45).

3.6 Schlussbemerkung

Wie wir gesehen haben, lassen sich wichtige gemeinsame Ausgangspunkte der qualitativen Sozialforschung identifizieren, welche viele ihrer Ansätze inspiriert haben. Der Rückbezug auf Husserls Phänomenologie als Inspirationsquelle gehört sicherlich dazu. Er hat hervorgehoben, was später als die Voraussetzung der Unvoreingenommenheit und „künstlichen Naivität" breit in die Sozialforschung Einzug gehalten hat. Und wir haben darauf hingewiesen, dass die Erfüllung dieser Voraussetzung für uns oft harte Arbeit ist, welche wir uns immer wieder neu vornehmen müssen. Auch der Bezug zur „Grounded Theory" hat ein weiteres, daran anschließendes wichtiges Prinzip vieler qualitativer Ansätze in den Vordergrund gerückt: die Entwicklung von Annahmen, Theorien und Hypothesen aus dem Material heraus – Fall für Fall und/oder Schritt für Schritt vergleichend. Die Prinzipien der Induktion und der vergleichenden Verfahren kennzeichnen die meisten Ansätze und Spielarten der qualitativen Sozialforschung. Wir haben auch darauf hingewiesen, dass diese qualitative Herangehensweise ebenfalls ihre Probleme und zugleich zahlreiche Kritik auf sich gezogen hat. Last but not least war es uns wichtig, nicht nur die Herangehensweise und den Stellenwert der qualitativen Sozialforschung sui generis zu betonen, sondern diese auch als ein wichtiger Bestandteil von Methodenkombinationen vorzustellen. Die meisten Forschungsdesigns heutzutage sind durch Methodenkombinationen gekennzeichnet, die sich an der Forschungsfrage und der Erklärungsabsicht orientieren.

Fragen zur Vertiefung 2

1. Aus welchen Gründen heraus wird in der qualitativen Sozialforschung die Induktion gegenüber deduktiven Verfahren bevorzugt?
2. Wie kann man induktive und deduktive Herangehensweisen kombinieren? Bitte führen Sie dies an einem Beispiel aus.
3. Wenn man Theorien und Hypothesen aus dem Material heraus entwickelt, muss man sie dann nochmals quantitativ testen?
4. Wie viele Fälle braucht man in der qualitativen Sozialforschung, um die Befunde generalisieren zu können?

Übung für Zuhause 2: Vergleichende Interpretation

Versuchen Sie bitte, das nachfolgende Zitat in seinem Sinngehalt zu codieren. Welche Rechtfertigungsformen tauchen auf?

Antwort auf die Frage, „ob die Männer, mit denen sie zu tun hatte, ihrem Geschmack entsprechen würden" (Girtler 1994: 63):

P: „Es kommt nur auf das Geld an. In einer solchen Situation musst du abschalten, darfst an nichts denken und musst alles vergessen" (Girtler 1994: 63, Wohnungsprostituierte aus Wien).

Quellen:

Bertsch, Matthias (2013): „Philosophie als strenge Wissenschaft: Vor 75 Jahren starb der Philosoph Edmund Husserl", in: *Deutschlandfunk*, am 27.04.2013 (letzter Aufruf am 26.06.2020).

Bryant, Antony & Kathy Charmaz (Hrsg., 2019): *The SAGE Handbook of Current Developments in Grounded Theory*, London: Sage.

Bundesagentur für Arbeit Statistik/Arbeitsmarktberichterstattung (2019): Blickpunkt Arbeitsmarkt – Arbeitsmarktsituation von langzeitarbeitslosen Menschen, Nürnberg (letzter Aufruf am 19.05.2021).

Charmaz, Kathy (2006): *Constructing Grounded Theory: A Practical Guide Through Qualitative Analysis*, London u. a.: SAGE.

Charmaz, Kathy (2009): "Shifting the Grounds: Constructivist Grounded Theory Methods," in: Janice M. Morse, Barbara J. Bowers, Kathy Charmaz, Adele E. Clarke, Juliet Corbin & Phyllis Noerager Stern (Hrsg.): *Developing Grounded Theory: The Second Generation*, New York: Routledge, S. 127–154.

Charmaz, Kathy (2017): "Constructivist Grounded Theory," in: *The Journal of Positive Psychology* 12 (3), S. 299–300.

Cicourel, Aaron (1974): *Messung und Methode in der Soziologie*, Frankfurt am Main: Suhrkamp.

Clark, Vicki L. Plano (2019): "Meaningful Integration within Mixed Methods Studies: Identifying Why, What, When, and How," in: *Contemporary Educational Psychology* 57, S. 106–111.

Clark, Vicki L. Plano & John W. Creswell (2008): *The Mixed Methods Reader*, London u. a.: Sage.

Flick, Uwe (2005): „Standards, Kriterien, Strategien: Zur Diskussion über Qualität qualitativer Sozialforschung", in: *Zeitschrift für qualitative Bildungs-, Beratungs- und Sozialforschung* 6 (2), S. 191–210 (letzter Aufruf am 29.11.2020).

Flick, Uwe (2018): *Doing Triangulation and Mixed Methods*, London u. a.: Sage.

Girtler, Roland (1994): *Der Strich. Erotik der Straße*, Wien: Edition S.

Glaser, Barney G. & Anselm L. Strauss (1965): *Awareness of Dying*, Chicago: Aldine.

Glaser, Barney G. & Anselm L. Strauss (1967): *The Discovery of Grounded Theory: Strategies for Qualitative Research*, New Brunswick/London: Aldine Transaction (letzter Aufruf am 26.06.2020).

Glaser, Barney G. & Anselm L. Strauss (2005): *Grounded Theory: Strategien qualitativer Forschung*, Bern: Huber.

Halbmayer, Ernst & Jana Salat (2011a): Das narrative Interview (letzter Aufruf am 26.06.2020).

Halbmayer, Ernst & Jana Salat (2011b): Das ero-epische Gespräch (letzter Aufruf am 26.06.2020).

Headley, Marcia Gail & Vicki L. Plano Clark (2019): "Multilevel Mixed Methods Research Designs: Advancing a Refined Definition," in: *Journal of Mixed Methods Research* 14 (2), S. 145–163.

Heiser, Patrick (2016): Datenauswertung mit der Grounded Theory Methodologie: Kodieren, Typenbildung, Forschungsbeispiel (letzter Aufruf am 26.06.2020).

Hussy, Walter, Margrit Schreier & Gerald Echterhoff (2010): „Mixed-Methods-Designs", in: Walter Hussy, Margrit Schreier & Gerald Echterhoff: *Forschungsmethoden in Psychologie und Sozialwissenschaften für Bachelor*, Berlin/Heidelberg: Springer, S. 285–296.

Järvinen, Margaretha & Theresa Dyrvig Henriksen (2020): "Controlling Intimacy: Sexual Scripts Among Men and Women in Prostitution," in: *Current Sociology* 68 (3), S. 353–371.

Kelle, Udo (2014): „Mixed Methods", in: Nina Baur & Jörg Blasius (Hrsg.): *Handbuch Methoden der empirischen Sozialforschung*, Wiesbaden: Springer VS, S. 153–166.

Kelle, Udo (2017): „Die Integration qualitativer und quantitativer Forschung – theoretische Grundlagen von ‚Mixed Methods'", in: *KZfSS – Kölner Zeitschrift für Soziologie und Sozialpsychologie* 69 (2), S. 39–61.

Knappertsbusch, Felix (2017): „Ökologische Validität durch Mixed-Methods-Designs", in: *KZfSS – Kölner Zeitschrift für Soziologie und Sozialpsychologie* 69 (2), S. 337–360.

Knoblauch, Hubert (2007): „Ethnografie und Soziologie – eine verspätete Danksagung an Roland Girtler", in: *Soziologische Revue* 30 (3), S. 223–231.

Kuckartz Udo (2010): „Die Memos: Eigene Ideen aufzeichnen und organisieren", in: Udo Kuckartz: *Einführung in die computergestützte Analyse qualitativer Daten*, Wiesbaden: VS Verlag für Sozialwissenschaften, S. 133–145.

Lamnek, Siegfried & Claudia Krell (2016): *Qualitative Sozialforschung*, Weinheim/Basel: Beltz Juventa.

Mayring, Philipp (2010): *Qualitative Inhaltsanalyse: Grundlagen und Techniken*, Weinheim: Belz.

Mey, Günter, Rubina Vock & Paul Sebastian Ruppel (2020): Grundkriterien qualitativer Sozialforschung (letzter Aufruf am: 26.06.2020).

Muckel, Petra, Annika Maschwitz & Sebastian Vogt (2017): Was ist eigentlich Grounded Theory? Oder: Was ich immer schon einmal über Grounded Theory wissen wollte (letzter Aufruf am: 26.06.2020).

Mühlhäuser, Claudia (1987): „Roland Girtler, Der Strich. Erkundungen in Wien, Age d'Homme-Karolinger, Wien 1985" (Rezension), in: *Kriminologisches Journal* 19, S. 134–138.

Ottermann, Ralf (2005): „Qualitative Prostitutionsforschung im Wiener Rotlichtmilieu der frühen 80er Jahre. Review Essay: Roland Girtler (2004). Der Strich. Soziologie eines Milieus (5. Aufl.). Wien: LIT", in: *Forum qualitative Sozialforschung* 6 (2/19) (letzter Aufruf am 26.06.2020).

Pfeifer, Franziska (2020): „Externe Validität – Das gibt es zu beachten", in: *Scribbr*, am 12. Mai 2020 (letzter Aufruf am 19.05.2021).

Przyborski, Aglaja & Monika Wohlrab-Sahr (2014): *Qualitative Sozialforschung: Ein Arbeitsbuch*, München: Oldenbourg Wissenschaftsverlag.

Psylex (2016): Hawthorne-Effekt, Beobachtereffekt (Psychologie) (letzter Aufruf am 26.06.2020).

Reichertz, Jo (2016): „Prämissen und Probleme der qualitativen Sozialforschung", in: Jo Reichertz: *Qualitative und interpretative Sozialforschung. Studientexte zur Soziologie*, Wiesbaden: Springer VS, S. 41–124 (letzter Aufruf am 19.05.2021).

Rosenthal, Gabriele (2011): *Interpretative Sozialforschung: Eine Einführung*, Weinheim/Basel: Beltz Juventa, S. 40–88.

Strauss, Anselm L. (1994): *Grundlagen qualitativer Sozialforschung: Datenanalyse und Theoriebildung in der empirischen soziologischen Forschung*, München: Fink.

Strübing, Jörg (2007): „Glaser vs. Strauss? Zur methodologischen und methodischen Substanz einer Unterscheidung zweier Varianten von Grounded Theory", in: *Historical Social Research, Supplement* 19, S. 157–173.

Strübing, Jörg (2011): „Zwei Varianten von Grounded Theory? Zu den methodologischen und methodischen Differenzen zwischen Barney Glaser und Anselm

Strauss", in: Günter Mey & Katja Mruck (Hrsg.): *Grounded Theory Reader*, Wiesbaden: VS Verlag für Sozialwissenschaften, S. 261–277.

Strübing, Jörg (2013): *Qualitative Sozialforschung: Eine Einführung*, München: Oldenbourg Wissenschaftsverlag.

Strübing, Jörg (2014): *Grounded Theory: Zur sozialtheoretischen und epistemologischen Fundierung eines pragmatistischen Forschungsstils*, Wiesbaden: Springer VS.

Strübing, Jörg, Stefan Hirschauer, Ruth Ayaß, Uwe Krähke & Thomas Scheffer (2018): „Gütekriterien qualitativer Sozialforschung. Ein Diskussionsanstoß", in: *Zeitschrift für Soziologie* 47 (2), S. 83–100 (letzter Aufruf am 29.11.2020).

Vuolajärvi, Niina (2019): "Governing in the Name of Caring—The Nordic Model of Prostitution and its Punitive Consequences for Migrants Who Sell Sex," in: *Sexuality Research and Social Policy* 16 (2), S. 151–165.

Weilmeier, Christian (2017): Edmund Husserl: Phänomenologie, phänomenologische Reduktion, Intentionalität/Dr. Weilmeier (letzter Aufruf am 26.06.2020).

Weiterführende Literatur:

Bohnsack, Ralf (2014): *Rekonstruktive Sozialforschung: Einführung in qualitative Methoden*, Opladen: Barbara Budrich.

Bortz, Jürgen & Nicola Döring (2006): *Forschungsmethoden und Evaluation für Human- und Sozialwissenschaftler*, Berlin/Heidelberg: Springer.

Breuer, Franz, Petra Muckel & Barbara Dieris (2019): „Zur Geschichte der Grounded Theory", in: Franz Breuer, Petra Muckel & Barbara Dieris (Hrsg.): *Reflexive Grounded Theory. Eine Einführung für die Forschungspraxis*, Wiesbaden: Springer VS, S. 15–36.

Eisemann, Christoph (2019): „Methodenkombination in einer online-ethnografischen Grounded-Theory-Studie", in: Thomas Knaus (Hrsg.): *Projekt – Theorie – Methode: Spektrum medienpädagogischer Forschung*, München: kopaed, S. 973–997 (letzter Aufruf am 26.06.2020).

Eisewicht, Paul & Tilo Grenz (2018): „Die (Un)Möglichkeit allgemeiner Gütekriterien in der Qualitativen Forschung – Replik auf den Diskussionsanstoß zu ‚Gütekriterien qualitativer Forschung' von Jörg Strübing, Stefan Hirschauer, Ruth Ayaß, Uwe Krähnke und Thomas Scheffer", in: *Zeitschrift für Soziologie* 47 (5), S. 364–373 (letzter Aufruf am 26.06.2020).

Equit, Claudia & Christoph Hohage (Hrsg., 2016): *Handbuch Grounded Theory: Von der Methodologie zur Forschungspraxis*, Weinheim/Basel: Beltz Juventa.

Girtler, Roland (1996): „Die 10 Gebote der Feldforschung", in: *Sozialwissenschaften und Berufspraxis* 19 (4), S. 378–379 (letzter Aufruf am 21.06.2020).

Heiser, Patrick (2018): *Meilensteine der qualitativen Sozialforschung: Eine Einführung entlang klassischer Studien*, Wiesbaden: Springer VS.

Hirschauer, Stefan, Jörg Strübig, Ruth Ayaß, Uwe Krähnke & Thomas Scheffer (2019): „Von der Notwendigkeit ansatzübergreifender Gütekriterien: Eine Replik auf Paul Eisewicht und Tilo Grenz", in: *Zeitschrift für Soziologie* 48 (1), S. 92–95.

Jansen, Till (2019): „Gütekriterien in der qualitativen Sozialforschung als Form der Reflexion und Kommunikation: Eine Replik auf die Beiträge von Strübing et al. und Eisewicht & Grenz", in: *Zeitschrift für Soziologie* 48 (4), S. 321–325.

Kleemann, Frank, Uwe Krähnke & Ingo Matuschek (2009): *Interpretative Sozialforschung: Eine praxisorientierte Einführung*, Wiesbaden: VS Verlag für Sozialwissenschaften.

Mayring, Philipp (2018): „Gütekriterien qualitativer Evaluationsforschung", in: *Zeitschrift für Evaluation* 17 (1), S. 11–209.

Mey, Günter & Katja Mruck (2007): „Grounded theory methodologie – Bemerkungen zu einem prominenten Forschungsstil", in: *Historical Social Research Supplement* 19, S. 11–39 (letzter Aufruf am 26.06.2020).

Mills, Jane, Ann Bonner & Karen Francis (2006): "The Development of Constructivist Grounded Theory," in: *International Journal of Qualitative Methods* 5 (1), S. 25–35.

Misoch, Sabina (2019): „Zentrale Prinzipien qualitativen Forschens", in: Sabina Misoch: *Qualitative Interviews*, Berlin/Boston: De Gruyter Oldenbourg, S. 25–36.

Pentzold, Christian, Andreas Bischof & Nele Heise (2018): *Praxis Grounded Theory: Theoriegenerierendes empirisches Forschen in medienbezogenen Lebenswelten: Ein Lehr- und Arbeitsbuch*, Wiesbaden: VS Verlag für Sozialwissenschaften.

Rosenthal, Gabriele (2014): *Interpretative Sozialforschung: Eine Einführung*, Weinheim/Basel: Beltz Juventa.

Strauss, Anselm & Juliet Corbin (1996): "Grounded Theory Methodology: An Overview," in: Norman K. Denzin & Yvonna S. Lincoln (Hrsg.): *Handbook of Qualitative Research*, London: Sage, S. 273–285.

Strauss, Anselm L. & Juliet Corbin (1996): *Grounded Theory: Grundlagen qualitativer Sozialforschung*, Weinheim: Beltz.

Strübing, Jörg (2007): *Anselm Strauss*, Konstanz: UVK.

Wernet, Andreas (2006): *Einführung in die Interpretationstechnik der objektiven Hermeneutik*, Wiesbaden: VS Verlag für Sozialwissenschaften.

4 Das Experiment

Nachdem wir einige Grundlagen der qualitativen Sozialforschung geklärt haben, begeben wir uns nun in das erste Erhebungsverfahren der qualitativen Sozialforschung hinein: das Experiment.

Lernziel: Unser Lernziel ist es, zu verstehen, welche Bedeutung Experimente in der qualitativen Sozialforschung haben. Wir wollen uns mit verschiedenen Varianten vertraut machen und lernen, wie sich qualitative und standardisierte Experimente verbinden lassen.

4.1 Einleitung

Experimente sind mittlerweile weitverbreitete Verfahren, die nicht nur in der qualitativen Sozialforschung, sondern auch in der hypothesenprüfenden Sozialforschung eine zunehmend große Rolle spielen. Wir werden im Folgenden beide Spielarten kennenlernen, uns aber stärker auf das qualitative Experiment konzentrieren.

Was sind qualitative Experimente? Das qualitative Experiment ist nach Kleining (1986) der nach wissenschaftlichen Regeln vorgenommene Eingriff in einen (sozialen) Gegenstand zur Erforschung seiner Struktur. Es ist die explorative, heuristische Form des Experiments (vgl. Kleining 1986). Es unterscheidet sich vom alltäglichen Experimentieren, also z. B. unserer fortwährender Versuchs- und Irrtumsaktivitäten, durch eine methodisch-systematische Durchführung der Versuche sowie ihr transparentes und intersubjektiv prüfbares Vorgehen. Die **gezielte Veränderung eines Untersuchungsgegenstands** ist dabei charakteristisch für alle Experimente. In den Sozialwissenschaften wird dabei auf soziale Verhältnisse eingewirkt oder in soziale Situationen eingegriffen und diese gezielt manipuliert. Das Erkenntnisinteresse richtet sich auf das Aufdecken und Verstehen der hintergründigen Strukturen, also z. B. Erwartungen, Zurechnungen, Darstellungsweisen, aber auch Normen, die in dieser Situation zur Geltung kommen. Erst indem man diese manipuliert, erfährt man etwas über deren Geltung. Erst wenn man bestimmte Spielregeln verletzt und damit bestimmten Erwartungen nicht entspricht, lernt man etwas über die Geltungskraft und die Sanktionsbewehrtheit der Normen dahinter.

Deswegen halten viele z. B. populistische Regenten wie Trump in den USA, Bolsonaro in Brasilien oder Berlusconi in Italien für Machthaber, welche unfreiwillig und unreflektiert häufig natürliche „Krisenexperimente" durchgeführt haben. Das heißt, sie brachten lange eingeübte politische Situationen laufend in die Krise und zeigten damit auf, wo der Konsens und die Normen in der Gesellschaft tatsächlich lagen. Aber natürlich sind dies keine wissenschaftlichen Experimente, weil sie zeitlich nicht eng begrenzt und in der Durchführung oft chaotisch und unkontrolliert sind.

Was sind quantitativ orientierte Experimente? Normalerweise wird in vielen auf Messung angelegten quantitativen Experimenten ein theoretischer Satz oder eine Hypothese durch ein Experiment geprüft. Die Isolierung hypothesenrelevanter Variablen ist die Voraussetzung zur Bestimmung der kausal verstandenen Abhängigkeiten. Diese werden durch eine Manipulation der Untersuchungsbedingungen, idealerweise nur der test-unabhängigen Variablen untersucht, während alle anderen Variablen konstant gehalten werden. Die Kontrolle von Variablen ist deshalb ein wichtiges Anliegen und kann auf verschiedene Weise geschehen: durch Fixierung der Untersuchungsbedingungen, durch den Aufbau einer Kontrollgruppe, durch Randomisierung etc. Aufgrund ihrer besseren Kontrollierbarkeit werden Experimente nach Möglichkeit unter Laborbedingungen vorgenommen. Die Daten müssen quantifiziert sein und gemessen wird mit demselben Instrument, zu mindestens zwei Zeitpunkten. Häufig wird die Wiederholbarkeit des Experiments gefordert (vgl. Kleining 1986: 725).

Das Vorbild dafür kommt u. a. aus der Medizin. Wenn wir also ein Medikament oder einen Impfstoff, zum Beispiel gegen COVID 19, testen, dann wählen wir zufällig eine Gruppe von Patient*innen aus, denen das neue Medikament verabreicht wird und eine andere Gruppe, welche ein Placebo bekommt. Wie gesagt, die Zugehörigkeit zu diesen Gruppen wird zufällig bestimmt. Nach einer vorher festgelegten Beobachtungsphase vergleichen wir dann die Treatment-Gruppe, welche das neue Medikament bekommen hat mit der Non-Treatment-Gruppe, welche Placebos erhalten hat. Wenn es im Ergebnis signifikante Unterschiede in positiver Hinsicht gibt, also das Medikament die Heilungschancen ohne große Nebenwirkungen erhöht, wird das Experiment wiederholt. Eine solche randomisierte kontrollierte Studie (RCT englisch: randomized controlled trial) gilt in der medizinischen

4.1 Einleitung

Forschung als das nachgewiesen beste Studiendesign, um bei einer eindeutigen Fragestellung eine eindeutige Aussage zu erhalten und die Kausalität zu belegen.

Denken wir in diesem Zusammenhang auch an die Vergabe des „Nobelpreises" für Wirtschaft 2019. Gemeinsam mit ihrem Ehemann, dem indischen Ökonom Abhijit Banerjee, sowie dem Wirtschaftswissenschaftler Michael Kremer wurde Esther Duflo für ihre Verdienste zur Armutsforschung ausgezeichnet (vgl. Duflo 2010). Mithilfe eines Experimentaldesigns konnten sie beispielsweise zeigen, wie mit Impfwiderständen in armen Ländern am besten umgegangen werden kann. Dabei hatten sie es im Regelfall nicht mit Impfgegnern zu tun, sondern mit Menschen, welche um die Nützlichkeit der Impfung wussten, aber dennoch nicht handelten. Es zeigte sich, dass im Vergleich zur Gruppe ohne Maßnahmen sowie zu einer zweiten Gruppe, welche nur eine intensivierte Aufklärung in einem Camp erfahren hatte, die dritte Gruppe am besten abschnitt, der ein Kilogramm Linsen als Belohnung für die Impfung angeboten wurde (vgl. Banerjee et al. 2007). Mit einer Vielzahl randomisierter kontrollierter Studien in einem eng begrenzten Umfeld konnten die Forscher*innen also zeigen, welche entwicklungspolitischen Maßnahmen wirkten und welche eher nicht.

Die Herangehensweise in der qualitativen Sozialforschung unterscheidet sich aber von diesem Modell des Hypothesentests, das einem Großteil der heutigen Experimentalforschung zugrunde liegt. Die prinzipielle Idee dahinter ist zwar ähnlich – wir verändern etwas und prüfen dann, welche Wirkung es entfaltet –, aber das Erkenntnisinteresse ist es, soziale Zusammenhänge sichtbar werden zu lassen. Nicht einzelne Variablen stehen im Vordergrund, sondern das gesellschaftliche Gewebe dahinter. Die Bedingungen werden im Experiment nicht streng kontrolliert, sondern variiert und verglichen. Das Experiment wird nicht jedes Mal auf exakt dieselbe Weise wiederholt, sondern Kontexte, Testpersonen, Instruktionen etc. werden nach Maßgabe der Theorieentwicklung immer wieder variiert. Oft bewegen sich qualitative Experimente in einem Feld, in dem man gar nicht genau weiß, welche Regeln tatsächlich Geltung erlangen und wie die Regelbrüche sanktioniert werden, bevor man nicht selbst dagegen verstößt. Auch möchte man mit qualitativen Experimenten Grenzen austesten, z. B. Grenzen der Toleranz, der Diskriminierung, der Fremdenfeindlichkeit etc.

So hatte zum Beispiel ein Pädagogikprofessor in den 1990er-Jahren mit seinen Studierenden an der Universität Münster die Idee, mit einem Experiment auszutesten, wie der Umgang mit Rassismus an einer deutschen

Universität ist. „Am 28. Januar 1994 fanden die Studenten der Universität Münster an den beiden Eingängen zur Mensa am Aasee neue Schilder vor. ‚Ausländer' stand an der einen Tür, ‚Deutsche' an der anderen. Auf einem Flugblatt hieß es, ein ‚Arbeitskreis Deutsche Studenten' zähle deutsche und ausländische Studenten. Man wolle feststellen, welcher Anteil der Subventionen fürs Mensaessen Ausländern zugutekomme. Tatsächlich gab es gar keinen ‚Arbeitskreis Deutsche Studenten'. Verantwortlich zeichnete vielmehr ein studentischer ‚Arbeitskreis Krisenexperiment', betreut von dem Münsteraner Pädagogikprofessor Hagen Kordes. Die Gruppe wollte testen, wie ihre Kommilitonen bei einer offenkundig diskriminierenden Selektion reagieren. Schauen sie weg? Gucken sie zu? Oder schreiten sie ein? Als der Arbeitskreis das Experiment nach zwei Stunden abbrach, hatten sich 95 Prozent der Studenten widerstandslos einreihen lassen" (Zeit Online 1994). Das Protokoll der Durchführung, das teilweise in „Die Zeit" abgedruckt wurde, ist heute noch lesenswert. Es zeigt die inneren Widerstände der Studierenden selbst, ihre Ängste, die Probleme mit dem Hausmeister etc. (vgl. Zeit Online 1994). Es zeigt, welche Schwierigkeiten man mit sich selbst und anderen bekommt, wenn man solche prekären Grenzen austestet.

Ein zweites Beispiel dafür, wie wir experimentell Grenzen austesten können, habe ich als Student in Freiburg zusammen mit anderen Studierenden selbst durchgeführt. Damals gab es immer sehr lange Schlangen vor der Mensa, die wir ab und an für Krisenexperimente genutzt haben. Wenn wir in der Mitte einer vielleicht siebzig Meter langen Schlange angekommen waren – also ca. nach 15 Minuten –, haben wir ein Gespräch zu einem Tabuthema begonnen und beobachtet, wie die Mitstudierenden vor und nach uns in der Schlange reagiert haben. Wir haben entweder fremdenfeindlich, befürwortend rechtspopulistisch oder frauenfeindlich diskutiert und dann beobachtet, ob die Umstehenden das Schlangestehen abbrachen, so taten, als ob sie nichts hörten oder sich in das Gespräch einmischten. In den allermeisten Fällen behielten die Umstehenden das Anstehen bei und taten so, als ob sie nichts gehört hätten. Später darauf angesprochen, sagten die meisten, dass ihnen die Inhalte zwar nicht gefallen haben, aber dass sie sich nicht in den Privatbereich anderer einmischen wollten oder beharrten darauf, tatsächlich nichts mitbekommen zu haben.

Man kann also sehen, dass qualitative Experimente die Bedingungen während ihrer Durchführung nur selten exakt kontrollieren können und schon gar keine Wirkweisen einzelner Variablen isolieren können. Darauf kommt es auch gar nicht an. Man möchte z. B. nicht nur wissen, wie weit man in einer Situation gehen kann – dies könnte man auch in einem quantitativen Experiment austesten –, sondern auch, welche hintergründigen Erwartungen, Ängste, ungeschriebenen Regeln und kollektive Normen in solchen Grenzsituationen zur Anwendung kommen. Dazu dienen u. a. qualitative Experimente.

4.2 Das Krisenexperiment in der Ethnomethodologie

Damit sind wir schon bei der qualitativen Schule, welche uns im Folgenden genauer interessiert: der Ethnomethodologie mit ihrer bevorzugten Methode, dem Krisenexperiment. Aber wir werden im Folgenden auch Labor- und Feldexperimente sowie natürliche Experimente kennenlernen.

Beginnen wir wieder mit einer kleinen Übung.

Übung 4: Das Krisenexperiment

1. Stellen Sie sich vor, Sie sitzen in einem Bus oder einem Zug mit nur wenig Fahrgästen. Viele Plätze und Sitzreihen sind frei. Sie suchen sich nun einen Platz direkt neben einem anderen, Ihnen fremden Fahrgast. Wie würden Sie sich dabei fühlen?
2. Oder stellen Sie sich vor, Sie sitzen mit einem Bekannten in einem Restaurant mit wenigen Gästen und vielen freien Plätzen. Sie sitzen an einem Tisch mit vier Stühlen. Ein neu hinzukommender Gast setzt sich auf einen der freien Stühle an Ihrem Tisch. Wie würden Sie reagieren?

Hinweise zur Beantwortung 4: Das Krisenexperiment

Im ersten Fall würden sich wohl die meisten von uns sehr unwohl dabei fühlen, sich direkt neben jemanden zu setzen, wenn es der Platzmangel nicht erzwingt. Obwohl wir nichts Illegales oder im Zug Verbotenes tun und die Sitze genau dafür vorgesehen sind, haben viele von uns eher ein Gefühl von: „Das tut man nicht". Es gibt offenbar selbst in solchen Fällen ungeschriebene Regeln eines Abstandsgebots, die im Alltag Geltung erlangen.

Im zweiten Falle würden sich die meisten von uns wohl ebenfalls unangenehm berührt fühlen und wahrscheinlich misstrauisch dem neuen Sitznachbar gegenüber, ob denn mit diesem „wirklich alles stimmt". Vielleicht würden manche von uns ihn sogar bitten, sich an einen anderen, noch freien Tisch zu setzen. Auch hier wird offensichtlich ein ungeschriebenes soziales Abstandsgebot verletzt.

Natürlich gibt es dabei auch kulturelle Unterschiede. So unterteilen z. B. Kulturwissenschaftler Länder einerseits in sog. „Kontaktkulturen", in denen Menschen viel körperlichen Kontakt haben und die Gemeinschaft stark im Vordergrund steht und in „Nicht-Kontaktkulturen", in denen man höflichen Abstand zueinander hält und die sehr viel individualistischer geprägt sind (vgl. Grade 2012). Zu den Kontaktkulturen zählen die arabische Welt, Lateinamerika und Südeuropa. Hier gibt es mehr Nähe und Körperkontakt zwischen den Menschen. In Nicht-Kontaktkulturen wie Nordeuropa wird der Körperkontakt eher auf das Notwendige beschränkt. Für uns ist aber nicht so interessant, dass z. B. Psychologen die Komfortzone der körperlichen Nähe in den jeweiligen Kulturen genau messen können, also den Abstand, den Menschen halten, um sich wohlzufühlen (vgl. Stangl 2020). Vielmehr interessieren wir uns für die Spielregeln des sozialen Miteinander, die Sanktionen und Diskriminierungsformen, welche hinter diesem ungeschriebenen „Abstandsgebot" stehen.

Bereits an kleinen Abweichungen erkennen wir, welche ungeschriebenen Regeln und informelle Normen unseren alltäglichen Interaktionen zugrunde liegen. Indem wir Situationen verändern und mit ungeschriebenen Regeln brechen, lernen wir diese lebensweltlichen Selbstverständlichkeiten in den Blick zu nehmen. Dies ist der Anspruch der Ethnomethodologie und ihrer Krisenexperimente.

Der Begriff *Ethnomethodologie* ist ein Kunstwort, das sein Schöpfer, Harold Garfinkel (*1917), in Anlehnung an die soziologisch ausgerichtete *Ethno*wissenschaft („ethnos": griech. Stamm, Volk) erfunden hat, die untersucht, über welches Wissen schriftlose Kulturen verfügen, wie sie ihre Welt deuten und wie sie ihr Handeln im Alltag in eine sinnvolle Ordnung bringen (vgl. Abels 2009; Karataş 1967).

Das Interesse der Ethnomethodologie knüpft daran an: Es richtet sich auf „formal structures of practical actions" im Alltag, welcher die typische Welt unseres Handelns darstellt (vgl. Garfinkel & Sacks 1970). Es ist der kulturelle Ethnos, den wir als gemeinsame, sinnhafte Welt erfahren und dessen Ordnung wir uns wechselseitig durch unser Handeln anzeigen. Damit kommt der zweite Teil des Kunstwortes ins Spiel. Garfinkel geht davon aus, dass es in der Welt des Alltags als selbstverständlich empfundene, typische Methoden des Denkens und Handelns gibt. „Methoden" darf man nicht mit rationalen Strategien gleichsetzen, sondern der Begriff bezeichnet ganz generell die Art und Weise, wie wir unsere gemeinsame Welt und unser Handeln darin interpretieren und strukturieren. Diese Methoden dienen dazu, das Alltagshandeln als rational und sinnvoll, kurz: als erklärbar ("accountable") darzustellen (vgl. Garfinkel 1967: VII; Abels 2009: 86).

Harold Garfinkel ist der Erfinder der Ethnomethodologie. Er hat bei Aron Gurwitsch und Alfred Schütz studiert sowie bei Talcott Parsons als Assistent in Harvard gearbeitet (vgl. Ritz 2017). Er setzte sich jedoch schnell von Parsons Systemtheorie ab und versuchte, eine empirische Umsetzung von Alfred Schütz' Lebensweltheorie zu leisten (siehe dazu Garfinkel 1967: 33f.).

Bildquelle: Wikipedia.org

Damit Handelnde ihre Aktivitäten miteinander koordinieren können, müssen sie sich zuerst auf eine gemeinsame Sicht der Dinge verständigen. Intersubjektive Verständigung ist nicht einfach gegeben (etwa durch ein gemeinsames Symbolsystem), sondern ist das Produkt eines aktiven Prozesses: Intersubjektivität zwischen Handelnden muss laufend situativ hergestellt werden. Ziel der Ethnomethodologie ist es, die Methoden zu untersuchen, mit denen die Mitglieder fortwährend gemeinsam geteilte Ordnungen herstellen (vgl. Eberle 1997).

Wie wir oben bereits gesehen haben, war das „Krisenexperiment" oder im Englischen "breaching experiment" die bevorzugte Methode der Ethnomethodologie, um die Methoden zu dechiffrieren, nach denen der Alltag sich in eine gelingende Alltagspraxis übersetzt und wie lebensweltliche Selbstverständlichkeiten entstehen und verändert werden (vgl. Haru 2020). Krisenexperimente zielen darauf, gegen soziale Konventionen zu verstoßen, um selbstverständlich gewordene Erwartungen im Alltag aufzudecken. Sie eignen sich zur Untersuchung alltäglicher Praktiken, die in einer sozialen Gruppe fest etabliert sind.

Wie gehen wir vor, wenn wir selbst ein Krisenexperiment entwickeln und durchführen wollen (vgl. Richter 2017)?

Toolbox 4: Vorgehensweise bei einem Krisenexperiment

1. Wir legen die zu untersuchende alltägliche Praktik fest.
2. Wir planen eine minimale Intervention, welche zum Zusammenbruch dieser Praktik führt.
3. Wir führen diese Intervention in verschiedenen Settings durch.
4. Wir klären, falls möglich, die betroffenen Personen danach über die Ziele der Intervention auf.
5. Wir dokumentieren die Reaktionen bzw. die Folgen.
6. Wir analysieren und vergleichen die Reaktionen.

Um das im Alltag auszutesten, können Sie zum Beispiel sehr ausführlich auf die Frage „Wie geht's?", antworten und so eine Höflichkeitsregel durchbrechen, die diese als mehr oder weniger rhetorische Frage ausweist.

Eines der bekanntesten Krisenexperimente wurde von Stanley Milgram (1978) Anfang der 70er-Jahre durchgeführt. Es ging darum, einen Fahrgast in der U-Bahn um dessen Sitzplatz zu bitten – ohne dass man selbst zu der Gruppe jener gehörte, die einen Sitzplatz beanspruchen können; z. B. Ältere, Schwangere oder Behinderte (vgl. Milgram & Sabini 1978: 39 f.). Er schlug das Experiment seinen Studierenden vor, aber diese wollten es zunächst nicht durchführen. Schließlich meldete sich ein Student, Ira Goodman, freiwillig, um die Durchführung mit einem Partner zu versuchen (vgl. Lou 2004). Aber anstatt nach 20 Versuchen zurückzukommen, wie er es versprochen hatte, kehrte er mit nur 14 zurück (vgl. Lou 2004). Als Milgram ihn fragte, was passiert war, sagte er, dass die Durchführung des Experiments einfach zu schwierig sei. Milgram hielt aber die Ängste seiner Studierenden für unbegründet und machte sich daran, es selbst zu versuchen. Aber bereits als er sich seinem ersten sitzenden Passagier näherte, war er, wie er in einem Interview berichtet, erstarrt. „Die Worten schienen in meiner Luftröhre zu stecken und ich konnte sie einfach nicht hervorbringen", sagte er im Interview (Milgram nach Lou 2004; Übersetzung M.P.). Er zog sich zurück und beschimpfte sich selbst: „Was für ein Feigling bist du?" Ein paar erfolglose Versuche später gelang es ihm, eine Anfrage zu stellen (Milgram nach Lou 2004; Übersetzung M.P.). „Ich nahm den Platz des Mannes ein und war überwältigt von der Notwendigkeit, mich so zu verhalten, dass meine Bitte gerechtfertigt ist", sagte er (Milgram nach Lou 2004; Übersetzung M.P.). „Mein Kopf sank zwischen meine Knie und ich konnte fühlen, wie mein Gesicht erbleichte. Ich spielte kein Rollenspiel. Ich hatte tatsächlich das Gefühl, als würde ich umkommen" (Milgram nach Lou 2004; Übersetzung M.P.).

Im nachfolgenden Semester bat er zehn Mitglieder seines Seminars für experimentelle Sozialpsychologie jedoch, das Experiment abzuschließen. Das sind die Ergebnisse:

In der ersten Version sagte der*die Experimentator*in einfach: „Entschuldigung. Darf ich Ihren Platz haben?" Hier wurden 41 Fahrgäste befragt und in 68 Prozent der Fälle gaben die Leute ihre Plätze auf oder rutschten einen Sitz weiter (vgl. Milgram & Sabini 1978: 40; Übersetzung M.P.).

In einer anderen Variante fragte der*die Experimentator*in mit einem Taschenbuch in der Hand: „Entschuldigung. Darf ich Ihren Platz haben? Ich kann mein Buch nicht im Stehen lesen." Mit dieser Anfrage sank der Prozentsatz auf 38 Prozent (vgl. Milgram & Sabini 1978: 40; Übersetzung M.P.).

Eine weitere Methode bestand darin, dass der*die Experimentator*in dem Fahrgast eine Notiz mit der darauf geschriebenen Sitzanforderung überreichte. Bei diesem Ansatz lag der Prozentsatz bei etwa 50 Prozent (vgl. Milgram & Sabini 1978: 40; Übersetzung M.P.).

Milgram war daran interessiert, das Netz der ungeschriebenen Regeln zu erkunden, die das Verhalten im „Untergrund" (in der U-Bahn sowie im Untergrund alltäglicher Verhaltensweisen) regeln, einschließlich der allgemein verstandenen und selten infrage gestellten „Wer zuerst kommt, mahlt zuerst" – Gleichheit in der Besetzung von U-Bahn-Sitzplätzen. Wie sich herausstellte, stand in der ersten Version ein erstaunlicher Prozentsatz der Fahrgäste – 68 Prozent der direkt Befragten – bereitwillig auf. Aber die Widerstände der Experimentator*innen selbst waren sowohl bei ihm als auch bei seinen Studierenden extrem groß. **Krisenexperimente bringen also immer auch die Experimentator*innen in die Krise – nicht nur die Situationen, die diese manipulieren.**

Es gibt viele Beispiele für solche einfachen, aber herausfordernden Krisenexperimente (vgl. Sociology Experiment 2012; Sociology Class Breaching Experiment 2016).

So haben z. B. Studierende der Soziologie in Heidelberg in den vergangenen Semestern bei Aldi, Lidl und Netto, also den großen Discountermärkten, einfach Produkte aus dem Einkaufswagen fremder Kunden genommen, bevor diese gezahlt hatten, und in ihren gelegt. Auch hier berichteten die Studierenden von den eigenen großen emotionalen Widerständen sowie der Aufgeregtheit vor und während der Aktionen, und auch hier ließ es die Mehrzahl der Kunden einfach geschehen. Man mag sich aber nicht vorstellen, was passiert wäre, wenn das entnommene Produkt während des ersten Lockdowns im Frühjahr 2020 in Deutschland Toilettenpapier gewesen wäre. Dann wären wir mit einem solchen Experiment schnell an eine ethische Grenze gestoßen.

Ein weiteres Experiment aber, das mit der Anerkennung von Besitzsymbolen in öffentlichen Einrichtungen zu tun hatte, wurde von den Heidelberger Studierenden abgebrochen. So hatte sich eine Gruppe ausgedacht, die oft heiß begehrten Sitzplätze in der Fachbibliothek dann zu okkupieren, wenn die Parkuhr (welche für eine Stunde einen Sitzplatz reserviert) abgelaufen und/oder längere Zeit niemand erschienen war. Die Studierenden setzten sich in diesem Falle hin, schoben die Bücher und Sachen ordentlich zur Seite und fingen an, selbst ein Buch zu lesen. Dies wurde jedoch von den verdrängten Kommiliton*innen teilweise mit Zorn, Unverständnis und lautstarken Auseinandersetzungen quittiert, wenn sie zu ihrem Sitzplatz zurückkehrten. Obwohl also die Nicht-Anerkennung von Besitzsymbolen über einen bestimmten Zeitraum hinaus im Interesse der Fairness und der Gleichheit aller Nutzer der Bibliothek lag sowie den Vorschriften der Bibliothek entsprach, waren die Widerstände, dies zu akzeptieren, hier besonders groß. Dabei spielt nicht nur eine Rolle, dass viele der Studierenden sich vielleicht auf eine Klausur vorbereiten mussten und wir das Bibliothekspersonal bei unserer Intervention nicht einbezogen hatten, sondern vielmehr wurde der Anspruch auf private Aneignung eines kollektiven Gutes durchkreuzt – wie bei dem Streit zwischen Deutschen und Briten über die Besetzung der knappen Liegestühle am Pool mittels Handtücher als Belegsymbole. Der Anspruch auf Privatbesitz ist auch bei der illegitimen Besetzung gemeinsam geteilter Güter fest in unseren Alltagserwartungen verankert. Und so sorgt die Verletzung dieser Alltagsnorm der Interaktion teilweise für große Aufregung.

4.2 Das Krisenexperiment in der Ethnomethodologie

Damit soll auch nochmals deutlich werden, dass die Textur der ungeschriebenen Regeln weder auf Strategien zurückzuführen ist noch Fairness- oder Gleichheitsnormen reflektieren muss, sondern einfach ungeachtet ihrer Rationalität für Beobachter*innen zum selbstverständlichen kulturellen Repertoire der Lebenswelten gehört. Sie wird durch Sozialisation verinnerlicht und variiert von Kultur zu Kultur.

Krisenexperimente sollten nach dem Prinzip der minimalen Intervention gestaltet sein, d. h., sie sollten durch möglichst geringfügige Abweichungen von den Konventionen eine Störung hervorrufen. Die Intervention zielt auf Erkenntnis, nicht auf eine zuvor bestimmte Änderung der Praxis. Ebenso wichtig wie die Reaktionen der anderen Akteure ist die Selbstbeobachtung der Experimentierenden. Da Krisenexperimente notwendigerweise verdeckt, also ohne Wissen der „Untersuchungsteilnehmer*innen" durchgeführt werden, ist es besonders wichtig, sich im Vorfeld über mögliche ethische Implikationen Gedanken zu machen. Auch aus diesem Grund ist das Gebot der minimalen Intervention zu beachten (vgl. Richter 2017).

Bildquelle: Wikipedia.org

Nehmen wir uns eine zweite Größe der Ethnomethodologie vor: **Erving Goffman**. Er ist für die Soziologie in Deutschland ein bekannter, vielfältig genutzter Autor (vgl. Zeit Online 1979; siehe auch Goffman frame analysis 2019). Viele Studierende der Soziologie kennen Werke von ihm wie z. B. „Wir alle spielen Theater" (1959), vielleicht auch noch „Asyle" (1961) oder „Stigma" (1963). Er studierte Soziologie an der Universität Toronto sowie an der University of Chicago. 1953 schrieb er seine Dissertation bei Anselm Strauss und veröffentlichte unter Bezug auf deren Ergebnisse später sein bekanntestes Werk: "The Presentation of Self in Everyday Life" (1956) (deutsch: „Wir alle spielen Theater" (1959)). 1958 erhielt er eine Professur in Berkeley, University of California, und arbeitete mit Herbert Blumer zusammen (vgl. Fine & Manning 2003: 36).

Er gehe davon aus, so beschreibt Goffman sein Vorhaben, dass Menschen, die sich gerade in einer Situation befinden, vor der Frage stehen: Was geht hier eigentlich vor? Ob sie nun ausdrücklich gestellt wird, wenn Verwirrung und Zweifel herrschen, ob stillschweigend, wenn normale Gewissheit besteht – die Frage wird gestellt und die Antwort ergibt sich daraus, wie die Menschen weiter in der Sache vorgehen. Wir interessieren uns im Folgenden vor allem für Goffmans Rahmenanalyse (vgl. Lüders 1994).

Unter Rahmen versteht Goffman durch Sozialisation erlernte Erfahrungsschemata, deren Benutzung unbewusst ist und die uns helfen, Situationen sinnhaft wahrzunehmen. Diese Erfahrungsschemata oder auch Rahmen sind Definitionen für Situationen und folglich wichtig zum richtigen Erkennen von Situationen. Der Mensch versucht, jede Situation in seine bestehenden Erfahrungsschemata bzw. Rahmen einzuordnen (vgl. Fine & Manning 2003: 53 f.).

Übung 5: Die Rahmenanalyse Goffmans I

Beginnen wir wieder mit einer kleinen Übung. Sie lesen in den Medien, dass ein gestohlenes Auto von den Dieben wieder zurückgestellt wurde und als „Ausgleich für die Beeinträchtigung" zwei Karten einer Sportveranstaltung beigelegt wurden. Der Eigentümer war hocherfreut, ging mit seiner Frau in die Sportveranstaltung und fand bei der Rückkehr seine Wohnung komplett ausgeplündert vor.
Welcher Interpretationsrahmen wurde hier von den Dieben „getriggert" und wie wurde das Ereignis von den Bestohlenen eingeordnet?

Hinweise zur Beantwortung 5: Die Rahmenanalyse Goffmans I

Bei der Organisation von unseren Alltagserfahrungen greifen wir zur Einordnung neuer Ereignisse auf bereits etablierte, oft unbewusste Formen, Muster und Typen der Alltagserfahrung zurück. Wir sagen uns also in diesem Falle vielleicht, dass das Auto gar nicht gestohlen, sondern nur ausgeliehen und dafür auch eine Leihgebühr entrichtet wurde (die Karten). Vielleicht waren es gar keine richtigen Diebe, sondern Jugendliche, die Blödsinn im Kopf oder einen Notfall hatten, aber dennoch genug Anstand, um das entstandene „Leid" zu kompensieren. Diese „Rahmung" der Alltagserfahrung wurde dann von Dieben genutzt, um einen weiteren Diebstahl auszuführen.

Man sieht, wie hier „Rahmen" als Organisationsprinzipien von Alltagserfahrung ins Spiel kommen (vgl. Goffman 1980). Sie definieren „das Außen", also das, was nicht zum Rahmen gehört und ordnen „das Innen" nach hintergründigen Mustern, Schemata und gelernten Typisierungen. Da im Alltag in „natürlicher Einstellung" relativ erfolgreiche Verstehens- und Handlungsprozesse schnell ablaufen, muss das zugrundeliegende Wissen also oft unbewusst, vorbewusst und implizit vorhanden sein.

Primäre Rahmen bezeichnen dabei die allgemeinen Interpretationsschemata zur Situationsdefinition. Sie werden als ursprünglich erlebt und zumeist nicht bewusst angewendet. Sie ermöglichen ein unmittelbares Erkennen und Identifizieren von Situationen und Ereignissen aller Art. Sie gewährleisten die Vorstellung von Normalität sowie die Unterstellung, dass sich alles, was vor sich geht, auf irgendeine Weise in die „Kosmologie", d. h., in den gesellschaftlichen Wissensvorrat bzw. die institutionalisierte Rahmenzuordnung einordnen lässt (vgl. Fine & Manning 2003: 54).

Rahmen können aber auch moduliert werden – etwa in dem Sinne, dass eine ursprünglich ernsthafte oder gar bedrohliche Situation nun in den Kontext von Spiel, Simulation oder einer Übung transformiert wird. Goffman benennt fünf Formen der Modulation: „So-tun-als-ob", „Wettkampf", „Zeremonie", „Sonderaufführungen" und „In-anderen-Zusammenhang-Stellen" (vgl. Vogd 2004).

Solche „Rahmen" werden natürlich auch für quantitativ orientierte Experimente genutzt. Sie können im Sinne eines „Konzepts" hervorragend als Verbindung und Brücke zwischen beiden in einem Methodenmix dienen. Eines der bekannten Experimente, die damit operieren, ist das Matrix-Experiment von Dan Ariely (Duke University) zum Thema „Schummeln" (vgl. Aricly & Melamede 2016). Ariely und sein Team entwarfen Anfang 2002 einen vergleichsweise „hinterlistigen" Versuchsaufbau. Die Probanden bekamen Aufgaben und mussten diese selbst – teilweise mittels eines Lösungsblattes – korrigieren. „Wir gaben den Leuten 20 einfache mathematische Probleme: Jedes war eine Zahlenmatrix, in der die Leute zwei Zahlen finden mussten, die sich zu zehn summierten. Es war eine einfache Übung, die jeder machen konnte, aber wir haben ihnen nicht genug Zeit gegeben. Nach fünf Minuten mussten die Leute ihre Stifte ablegen und auf ein anderes Blatt Papier schreiben, wie viele sie richtig gelöst hatten. Dann legten sie das Original-Testpapier in den Aktenvernichter, damit niemand die wahre Zahl wusste, die sie gelöst hatten". Für jede gelöste Aufgabe bekamen sie eine Belohnung. Sie erhielten 1 US-Dollar für jedes Problem, das sie angeblich richtig gelöst hatten. Danach konnten sie ihr Aufgabenblatt in den Schredder geben und den Versuchsleitern die Anzahl der gelösten Aufgaben mitteilen. Im Durchschnitt lösten die Leute vier Probleme, gaben jedoch an, sechs gelöst zu haben.

Das waren die Ergebnisse (vgl. Ariely & Melamede 2016):

1. Fast 70 % schummelten.
2. Nur 20 von 40.000 waren „große Betrüger", also Leute, die behaupteten, alle 20 Probleme gelöst zu haben. Sie kosteten das Experiment 400 Dollar.
3. Es wurden mehr als 28.000 „kleine Betrüger" gefunden, die das Experiment 50.000 US-Dollar gekostet haben.

„Obwohl es einige große Betrüger gibt, sind sie sehr selten und ihre gesamtwirtschaftlichen Auswirkungen sind relativ gering. Auf der anderen Seite gibt es viel mehr ‚kleine Betrüger' und ihre wirtschaftlichen Auswirkungen sind unglaublich hoch" (vgl. Ariely & Melamede 2016; Übersetzung M.P.).

Für uns sind hier aber zwei Ergebnisse wichtig:

Erstens schuf der „Rahmen", der durch den Versuch gesetzt wurde, Vertrauen darin, dass der Reißwolf nicht Teil der Versuchsanordnung war. Wir sehen hier, dass es selbst in dieser außeralltäglichen Situation deutliche Effekte gibt, welche die Beibehaltung eines Rahmens auch für solche Situationen nahelegen.

Zweitens ist das Ergebnis selbst nicht nur psychologisch, sondern auch soziologisch relevant. Es zeigt, dass auch beim Schummeln eine informelle Norm Geltung erlangt, die ein bisschen Schummeln nahelegt, aber eine informelle rote Linie zieht, wenn es zu viel des Schummelns wird. Dann geht es in „Betrug" über und lässt gravierendere Sanktionen erwarten. Auch müssten wir dann unser Selbstbild ändern. Die meisten von uns wollen sich selbst aber eher als „guter Mensch" denn als „krimineller" Betrüger sehen. Diese informelle rote Linie geht schon im Kleinen los. So konnte Dan Ariely in einem früheren Experiment zeigen, dass man Limonade aus einem Kühlschrank eher „entwendet" als dort hinterlegtes Geld. So hatte er in größeren Einrichtungen, u. a. in einem Studierendenwohnheim, Limonade (Cola) sowie Geldscheine in ein für ihn reserviertes Fach gelegt und festgestellt, dass vor allem die Limonade nach und nach verschwand, aber nur ganz selten das Geld (vgl. Ariely 2012; siehe auch Maslin 2012; Roth 2012).[9]

Methodenmix 1: Krisenexperimente und quantitativ orientierte Experimente

Auch wenn dies keine Krisenexperimente waren, zeigen sie doch auf, wie auch solche Experimente die alltägliche Textur der ungeschriebenen Regeln enthüllen und wie sich qualitative Krisenexperimente mit quantitativ orientierten verknüpfen lassen. Wir können qualitativ zeigen, in welchen Situationen welche „Rahmen" Geltung erlangen (z. B. durch Krisenexperimente) und daran anschließend die Geltungskraft dieser Rahmen auch quantitativ bestimmen, indem wir mittels Indikatoren – welche auf der qualitativen Theorieentwicklung basieren – Häufigkeiten dazu generieren, wie oft dieser „Rahmen" (z. B. eher Limonade als Geld) in einem bestimmten Geltungsraum und in einer bestimmten Zeit zur Anwendung kommt. Dies wäre ein eingebettetes Design der Methodenkombination, in dem Methoden mit verschiedenen, aneinander anknüpfenden Fragestellungen in Beziehung zueinander gesetzt werden.

4.3 Das Feldexperiment

Anders als beim Matrix-Experiment von Dan Ariely, welches ein klassisches Laborexperiment war, finden qualitative Experimente in der Regel im Forschungsfeld statt. Sie erschließen die Spielregeln, Denk- und Handlungsweisen in einem Feld und dienen der Hypothesengenerierung. Wie in der anderen qualitativen Sozialforschung auch ist Offenheit und Flexibilität verlangt sowie die Durchführung mehrerer Experimente, deren Ergebnisse verglichen werden. Testanordnung, Testpersonen, Versuchsleiter*innen, Rahmenbedingungen, Instruktionen, Abfolgen und Testzeiten werden nach Maßgabe der Theorieentwicklung variiert, bis eine theoretische Sättigung erreicht ist.

---

9   Ariely kommt zum Schluss, dass unter Umständen, in denen Betrug möglich ist, fast immer betrogen wird, auch wenn es nur eine geringe Belohnung gibt. Menschen betrügen bis zu dem Punkt, an dem sie anfangen, sich wegen ihres eigenen Integritätsgefühls schlecht zu fühlen (vgl. Ariely 2012; siehe auch Maslin 2012; Roth 2012).

Toolbox 5: Möglicher Aufbau von Feldexperimenten

Wie gehen wir bei einem solchen Feldexperiment vor? Wie können sie aufgebaut werden?

1. Beginnen wir mit einer **Aufteilung in neue, verschiedene Gruppen**: So kann man in einem Unternehmen beispielsweise für Übungen und Planspiele bestimmte Gruppen entlang der Hierarchie zusammenführen, ohne diese zu mischen und dann beobachten, ob und wie sich diese Gruppen im hierarchiefreien Raum anders organisieren. Wir können dann herausfinden, wie sich beispielsweise Arbeiter*innen Regeln geben und wie sich die informellen Normen der Zusammenarbeit von jenen der Vorarbeiter*innen, Gruppenleiter*innen oder Meister*innen unterscheiden (vgl. Kleining 1986: 740; Burkart 2010: 258).
2. Wir können **Gruppen neu zusammensetzen**: Wir können zum Beispiel in einer Organisation verschiedene Hierarchiestufen in einem Planspiel zusammenführen, um herauszufinden, welche informellen Effekte Hierarchien haben und wie stark hierarchische Rollen die Zusammenarbeit prägen. So haben wir in Unternehmen Planspiele durchgeführt, wie z. B. die Brückenbauübung. Wir haben in einem Zeitrahmen von drei Stunden die Aufgabe gegeben, aus Papier und Klebstoff eine Brücke zu bauen, welche 2 m zwischen zwei Tischen in voller Breite überbrücken und an jeder Stelle eine volle 1,5 Liter Mineralwasserflasche tragen soll. Dabei haben wir eine strikte Hierarchie simuliert, aber die Rollen per Losverfahren den Sachbearbeiter*innen und Professionals sowie den Manager*innen zugewiesen. Es zeigte sich, dass es schnell zuging, wie im richtigen Leben und die Hierarchieeffekte drastische Auswirkungen auf die Zusammenarbeit zeigten. Wir haben dann die Gruppen variiert und konnten zeigen, wie stark informelle hintergründige Hierarchieeffekte wirken (vgl. Kleining 1986: 741; Burkart 2010: 258).
3. Wir können **den Erkenntnisgegenstand verändern**, indem wir Einschränkungen oder Abschwächungen bestimmter Elemente vornehmen: So können wir zum Beispiel veranlassen, dass Fußballspiele in verschiedenen Altersklassen ohne Schiedsrichter*in durchgeführt werden, um zu sehen, wie Normen der Fairness in

4.3 Das Feldexperiment

einem solchen unregulierten Raum Bestand haben und wie sich solche Normen dann durchsetzen lassen (vgl. Kleining 1986: 741; Burkart 2010: 258).

4. Wir können aber auch **Elemente hinzufügen oder verstärken**: So können wir zum Beispiel den Fußballtrainer*innen während des Spiels mehr Freiheiten einräumen, also etwa zulassen, dass es eine Funkverbindung zu den Spieler*innen gibt, durch welche die Trainer*innen Anweisungen geben können. Wie verändert dies die Compliance der Spieler*innen mit den Anweisungen der Trainer*innen und welchen Einfluss hat dies auf den Spielerfolg (vgl. Kleining 1986: 741; Burkart 2010: 258)?
5. **Umwandeln eines Gegenstandes**: Wir können beispielsweise in einem Unternehmen das Top-Management dazu anregen, den informellen Dresscode von „Business" auf „Leger" (Jeans und T-Shirt) umzustellen und beobachten, wie schnell welche Statusgruppen in einem Unternehmen auf dieses Signal des Top-Managements reagieren (vgl. Kleining 1986: 741; Burkart 2010: 258).
6. **Transformation**: Wir können zum Beispiel ein Team in einem Unternehmen eine Woche lang „pro bono", also ehrenamtlich in einem Obdachlosenheim arbeiten lassen und beobachten, ob und wie sich die hintergründigen Fairnessnormen der Zusammenarbeit sowie die Hilfsbereitschaft untereinander in dieser Zeit verändern (vgl. Kleining 1986: 742; Burkart 2010: 258).

Man kann hierbei schon erkennen, welche Handlungsanweisungen die qualitative Sozialforschung für qualitative Experimente bereithält:

Toolbox 6: Vorgehensweise beim qualitativen Experiment

1. Wir maximieren die Unterschiede zwischen den Experimentalgruppen und variieren die Bedingungen maximal (Bezug zur Validität).
2. Wir testen die Grenzen des Phänomens aus (Bezug zur Reliabilität).
3. Wir passen die Durchführung der Experimente und die Art der Experimente laufend an (Bezug zur Reichweite, Geltung) (vgl. Kleining 2010: 74).

Man kann an dieser Stelle auch nochmals die Unterschiede zu einer deduktiven theoretischen Herangehensweise an Experimente sehen. Diese sind im Aufbau sehr standardisiert und auf die Testung von Kausalhypothesen ausgelegt, wie zu Anfang dieser Lerneinheit bereits erwähnt wurde:

a. Es werden Untersuchungseinheiten aus Treatment- und Kontrollgruppe(n) miteinander verglichen.
b. Die Zuweisung zur Kontroll- oder Experimentalbedingung erfolgt über einen Zufallsprozess, beispielsweise durch einen Münzwurf oder eine Lotterie.
c. Die Intervention, d. h. die Manipulation des Treatments, wird von den Forschenden vorgenommen und kontrolliert.

Dennoch gibt es Übergänge und Verbindungen, die an dieser Stelle nicht verschwiegen werden sollen, weil es oft gerade die Kombination verschiedener Methoden ist, welche den Feldzugang und die wissenschaftliche Analyse eines Feldes fundieren.

Methodenmix 2: Nicht-reaktive Experimente und die „Lost-Letter-Technik"

Ende der 70er-Jahre hat Farrington ein nicht-reaktives Experiment über die Bereitschaft zu stehlen durchgeführt. Mit dem Sammelbegriff „non-reaktive Verfahren" (Unobtrusive Measures, Nonreactive Research, Nonintruding Measures) werden Datenerhebungsmethoden bezeichnet, die im Zuge ihrer Durchführung keinerlei Einfluss auf die untersuchten Personen, Ereignisse oder Prozesse ausüben (Bortz & Döring 2006: 325). Der Versuchsaufbau folgte der von Milgram entwickelten „Lost-Letter-Technik".

Lost-Letter-Technik

Bei diesem auf Milgram et al. 1965 zurückgehenden Verfahren wird in einem Stadtgebiet eine große Anzahl adressierter und frankierter Briefe ausgelegt. Wer einen solchen Brief findet, soll denken, dass es sich um einen verloren gegangenen Brief handelt. Die Briefe sind an unterschiedliche (fiktive) Organisationen oder Institutionen gerichtet, z. B. an Kirchengemeinden, Parteien, Tierschutzvereine o. a., werden aber tatsächlich an die Organisator*innen der Untersuchung geleitet. Die Frage ist nun, wie viele der ausgelegten Briefe von ihren Findern auf den Postweg gebracht werden. Die Höhe der „Rücklaufquote" gilt als Indikator für das Image der fiktiven Adressat*innen, weil sich Finder*innen für eine von ihnen geschätzte und geachtete Institution eher die Mühe machen, den gefundenen Brief auf den Postweg zu bringen, als für eine Institution, die sie ablehnen. Kritik und methodische Varianten dieser Technik findet man bei Kremer et al. 1986 sowie Sechrest & Belew 1983 (vgl. Bortz & Döring 2006).

Farrington und Knight (1979) führten eine Variante dieser Lost-Letter-Technik durch, indem sie nicht zugeklebte adressierte Briefe mit Briefmarken auf den Straßen Londons verloren. Diese enthielten ein paar handschriftliche Zeilen auf Papier sowie Bargeld (20 Pence, 1 Pfund bzw. 5 Pfund) oder eine Postüberweisung über denselben Betrag. Das fiktive Opfer war entweder eine ältere Dame oder eine Person mit hohem Status. Das Ergebnis war signifikant: Bei einer statushöheren Person war die Bereitschaft größer, den Brief nicht abzusenden und sich selbst zu bereichern. Zudem galt auch: Je höher die Geldsumme, desto größer die Bereitschaft, das Geld einzustecken. Diese war immer dann zu erkennen, wenn die Proband*innen den Briefumschlag sogleich in ihrer Tasche verschwinden ließen. Die Häufigkeit des Diebstahls war am größten bei den männlichen Opfern aus der höheren Klasse und außerdem stieg die Wahrscheinlichkeit, dass gestohlen wurde, mit der Höhe des Geldbetrags. In beiden Experimenten zeigten die jüngeren Leute häufiger die Bereitschaft zu stehlen, was mit der Lebenslage dieser Gruppe zu erklären ist; Geschlecht hat dabei keine signifikante Rolle gespielt (vgl. Farrington & Knight 1979).

Wir sehen hier einen Übergang von einem qualitativen Experiment zu einem quantitativen. Die Art, wie Menschen mit dieser Alltagssituation umgehen, lässt Rückschlüsse darauf erwarten, wie moralische Ansprüche in unbeobachteten Situationen in Handlungen übersetzt werden und wie sozialstrukturelle Zurechnungen dabei handlungsleitend werden. Eine zunächst induktive Herangehensweise kann dann in eine theorieorientierte Experimentalmethode überführt werden. Im Hintergrund steht hier sicherlich die „Rational-Choice"-Theorie. So wie das Experiment aufgesetzt wurde, lässt sich nun die Überprüfung zweier theoretisch begründeter Erwartungen ablesen: 1. Je höher die Geldsumme und je geringer die Wahrscheinlichkeit, erwischt zu werden, umso häufiger wird das Geld eingesteckt. 2. Je statushöher die

Person erscheint, desto geringer erscheint auch der relative Schaden, der durch den Diebstahl entsteht. Beide Hypothesen wurden bestätigt: dass man eher von als reich eingeschätzten Menschen stiehlt sowie, dass Gelegenheit Diebe macht, wenn es sich lohnt. Dahinter steckt die Theorie rationaler Wahl. Sie besagt, dass der Nutzen (Geldsumme) höher sein muss im Vergleich zu den Kosten und die Wahrscheinlichkeit, dass der Nutzen eintritt, höher sein muss als die Wahrscheinlichkeit, erwischt zu werden (Kosten). Während wir also in der qualitativen Herangehensweise das Gewebe von Normen, Erwartungen und Normbrüchen herausarbeiten können, das in solchen Situationen die „Rahmen" (frames) aktualisiert, die zu Anwendung kommen, kann uns die darauf basierende quantitative Herangehensweise etwas über die Effektstärke sagen. Sie eröffnet zugleich Möglichkeiten, die qualitative Repräsentanz mit der quantitativen zu verbinden.

4.4 Das natürliche Experiment

Experimente kommen im Alltag oft vor und lassen sich auch in der Politik, in der Wirtschaft oder im Sport beobachten. Diese „natürlichen Experimente" sind in den letzten Jahren stark ins Rampenlicht der Forschung geraten (vgl. Bauer 2015).

Natürliche Experimente sind Beobachtungsstudien, zumal sich das Setzen eines „Treatments" oder einer „Intervention" der Kontrolle der Forschenden entzieht. Die Zuweisung zu Experimental- und Kontrollgruppen erfolgt im natürlichen Experiment zufällig oder quasi-zufällig – allerdings nicht durch die Hand der Forschenden, sondern durch die „Natur". Feldwissen spielt bei der Beurteilung, ob die Natur wirklich zufällig „agierte", daher eine wichtige Rolle (vgl. Bauer 2015).

Zu diesen Experimenten in der Politik gehört beispielsweise das 2020 in den Nachrichten thematisierte Grundeinkommen-Experiment in Finnland: 2000 per Zufall ausgewählte Arbeitslose im Alter zwischen 25 und 58 Jahren hatten bis Ende 2018 kein Arbeitslosengeld mehr bekommen, sondern stattdessen 560 Euro Grundeinkommen monatlich – keine Steuern, keine Fragen, keine Bedingungen. Jeder konnte und musste auch ohne Abzüge dazuverdienen. Das Ergebnis der Projektauswertung war: „Ja, es gab 2000

Mal mehr Sicherheit, weniger Sozialbürokratie, damit weniger Stress und eine bessere Gesundheit. Und ja, nach dem Experiment gab es auch weniger Arbeitslose. Aber das könnte auch andere Ursachen haben", sagt Minna Ylikännö, die Forschungschefin der Sozialbehörde Kela. „Im Januar 2018 wurde ein Aktivierungsmodell als Teil des Arbeitslosensystems eingeführt, das vor allem diejenigen betraf, die kein Grundeinkommen bezogen. Das macht die Beurteilung des Beschäftigungseffektes schwierig", sagt sie. „Wir können lediglich sagen, dass die beobachteten Effekte sowohl auf das Grundeinkommen als auch das Aktivierungsmodell zurückzuführen sind". Dennoch hat Finnland auf dieser Basis entschieden, das Grundeinkommen erst einmal nicht einzuführen (vgl. Schmiester 2020).

Während dieses Experiment wissenschaftlich begleitet und durchgeführt wurde (im Auftrag der finnischen Regierung), gilt dies für viele qualitative Experimente nicht. Sie können z. B. in Situationen wie jene der Corona-Pandemie sehr gut beobachtet werden.

Epidemien oder Pandemien, wie auch Covid 19, halten immer Überraschungen bereit. So fand z. B. der Arzt John Snow 1854 während einer Cholera-Epidemie heraus – mittels einer Analyse der Versorgung mit Trinkwasser durch verschiedene Anbieter –, dass Cholera nicht durch die Luft, sondern durch das Trinkwasser übertragen wurde (vgl. Snow 1855). Durch Snows Statistik konnte aufgezeigt werden, dass diejenigen Versorger, die das Wasser aus der Themse in die Haushalte lieferten, öfter von der Erkrankung betroffen waren. Das war ein wichtiges Ereignis in der Geschichte des öffentlichen Gesundheitswesens sowie der Geographie und gilt als das Gründungsereignis der Wissenschaft der Epidemiologie. Die Erkenntnisse aus dieser konnten später auch im Bereich der Müllversorgung eingesetzt werden. Hierbei wird deutlich, dass Epidemien oder Pandemien ebenfalls als ein natürliches Experiment verstanden werden können, das zeitlich begrenzt Kontexte verändert und dabei hintergründige Relevanzen zum Vorschein bringt.

Nehmen wir die Situation in Deutschland während des ersten Lockdowns in der Corona-Pandemie 2020. Wer von uns hätte voraussagen können, dass den Deutschen Toilettenpapier so wichtig wird? Während in einigen anderen europäischen Ländern in Zeiten der Corona-Krise vermehrt Medikamente, Zigaretten und Wein gekauft wurden, haben wir Deutschen sehr viel Toilettenpapier gehortet. Aber auch in Australien, den USA und Kanada war Toilettenpapier zusammen mit anderen Hygieneartikeln ständig ausverkauft. In Australien haben Zeitungen deswegen acht Leerseiten gedruckt – nutzbar als Toilettenpapier in Notzeiten. In den USA deckten sich Konsument*innen im Durchschnitt mit dem Toilettenpapiervorrat für 86 Personen ein. In Australien und den USA gab es zudem lange Schlangen vor den Waffengeschäften. Man wollte sich offensichtlich für den Kampf um knappe Hygieneartikel wappnen oder sich auf die geringere Verfügbarkeit von Polizei- und Ordnungskräften vorbereiten. Aber auch in Japan, Hongkong und Taiwan beispielsweise war das Toilettenpapier – neben Gesichtsmasken und Desinfektionsmitteln – ausverkauft. Auch andere Möglichkeiten der Toilettenhygiene (wie beispielsweise in Toilettensitze integrierte Wasserspülungen) und ganz andere kulturelle Kontexte scheinen also an einer solchen Fixierung des Hortens nichts zu ändern.

Wenn man dies sozialwissenschaftlich erklären möchte, kann man die kulturellen Kontexte, aber auch die historischen Kontexte variieren, um das Phänomen besser zu verstehen. Dabei zeigt die Geschichte, dass solche gesellschaftlichen Fixierungen auf das Hamstern z. B. von Toilettenpapier auch ohne Seuchen bzw. Pandemien vorkommen. Diese können daher nur schwer zu ihrer Erklärung herangezogen werden. So hatten in den USA im November 1973 Gerüchte gereicht, dass das Angebot an Toilettenpapier knapp sei, um monatelang für leere Regale zu sorgen. In Venezuela passierte dies 2013. Dort dauerte die Toilettenpapierkrise ganze drei Jahre. Wir alle kennen den zugrundeliegenden Effekt: Es reicht bereits das Gerücht, dass ein Gut knapp werde, um dafür zu sorgen, dass es tatsächlich knapp wird.

Von einer soziologischen Perspektive aus sehen wir hinter diesem natürlichen Experiment den „Dominoeffekt" des Besitzdenkens am Werk: Auch wenn ich ein Gut aktuell nicht brauche und Hamstern unsolidarisch finde, ist es rational, einem möglichen Entzug seiner zukünftigen Nutzung durch mangelnde Verfügbarkeit vorzubeugen (vgl. dazu Popitz 1992; Pohlmann 2016: 97). Der Kalkül löst hier einen Dominoeffekt aus, bei dem es immer wieder Gewinner und Verlierer gibt.

Und genau das heizt dann das „Rattenrennen" immer wieder neu an. Eines Bezugs zur Psychologie der Hygiene in Corona-Zeiten bedarf es daher nicht, um das Phänomen zu erklären. Vielmehr zeigt dieses natürliche Experiment, wie Menschen, Gesellschaften und Märkte auf Gerüchte oder Anzeichen von Knappheit reagieren, und dass daran Ermahnungen durch die Politik, Solidaritätsapelle oder Hinweise, dass es genug davon gibt, nichts ändern.

Aber natürlich fällt die Abgrenzung solcher natürlichen Experimente in den Sozialwissenschaften immer wieder schwer und ist die Nähe zu non-reaktiven Beobachtungsstudien klar ersichtlich. Dennoch kann man auch am Beispiel natürlicher Experimente lernen, welche Spielregeln greifen, wenn Situationen in die Krise gebracht werden und Grenzen alltäglicher Interaktionen überschritten oder durchbrochen werden.

4.5 Schlussbemerkung

Experimente sind eine sehr gute, immer häufiger genutzte Möglichkeit, sowohl das Gewebe alltäglicher Normen und Handlungsroutinen aufzudecken, das unseren Handlungen Orientierung gibt als auch die Interpretations- und Handlungsrahmen, die diesem zugrunde liegen. Die Verfahren sind einfach zu konzipieren, aber sind in der Durchführung anspruchsvoll. Zum einen ist es schwierig, das „Chaos der Empirie" vor Ort in den Griff zu bekommen, zum anderen muss man sich oft selbst als Person einbringen sowie seine eigenen Widerstände und Unsicherheiten überwinden. Qualitative und standardisierte Experimente sind allerdings gut kombinierbar, wenn die jeweiligen Erkenntnisinteressen sich verbinden lassen. Experimente nehmen bereits in anderen Fächern wie z. B. in den Wirtschaftswissenschaften, der Psychologie oder der Medizin eine wichtige Stellung ein und sie zählen sicherlich zu den Methoden, welchen die Zukunft in den Sozialwissenschaften gehört.

Fragen zur Vertiefung 3

1. Wie können Experimente dazu beitragen, das Problem der sozialen Erwünschtheit[10], das im Antwortverhalten von Befragten häufig zum Tragen kommt, zu vermeiden?
2. Welche ethischen Grenzen kann man mit Experimenten überschreiten? Bitte nennen Sie Beispiele dafür.
3. Welche Probleme der Generalisierung der Ergebnisse stellen sich bei standardisierten, quantitativ orientierten Experimenten und welche bei qualitativen Experimenten?

---

10 Das wäre in diesem Fall ein Verhalten, welches auf gesellschaftliche Erwartungen reagiert, dass man sich im Umgang mit Geflüchteten wohlmeinend gibt.

Übung für Zuhause 3: Durchführung von Krisenexperimenten im Alltag

Führen Sie bitte die nachfolgende kleine Übung in Ihrem Alltag aus. Versuchen Sie bitte, konstanten Augenkontakt mit einer fremden Person zu halten. Achten Sie dabei darauf, dass sichergestellt werden kann, dass keine Flirtabsichten ins Spiel kommen.

Übung für Zuhause 4: Die Rahmenanalyse Goffmans II

Zum Abschluss dieses Abschnittes schlage ich Ihnen noch eine weitere kleine Übung zur Rahmenanalyse vor: In dem 1998 gedrehten Film von Thomas Vinterberg geht es um folgende Handlung: Hotelier Helge, das Oberhaupt der Familie Klingenfeldt-Hansen, trommelt seine ganze Familie auf einem idyllischen dänischen Landgasthof zusammen, um seinen 60. Geburtstag zu feiern. Doch die Feier läuft nach und nach aus dem Ruder. Während einer Rede von Helges ältestem Sohn Christian kommen Familiengeheimnisse ans Licht, die dem Fest langsam eine Wendung geben (vgl. Vinterberg 1998).
Sehen Sie sich den Film an und versuchen Sie herauszufinden, an welcher Stelle der von den meisten Anwesenden geteilte primäre Rahmen der Handlung kollektiv aufgegeben und verändert wird.

Quellen:

Abels, Heinz (2009): „Ethnomethodologie", in: Georg Kneer & Markus Schroer (Hrsg.): *Handbuch Soziologische Theorien*, Wiesbaden: VS Verlag für Sozialwissenschaften, S. 87–110 (letzter Aufruf: 27.06.2020).

Ariely, Dan (2012): *The Honest Truth about Dishonesty: How We Lie to Everyone*, New York: Harper Collins.

Ariely, Dan & Yael Melamede (2016): A Fascinating Experiment into Measuring Dishonesty: Is Peer Review a Major Determent in Keeping Science Honest? (letzter Aufruf: 27.06.2020).

Banerjee, Abhijit, Esther Duflo, Rachel Glennerster & Dhruva Kothari (2007): Improving Immunization Rates Through Regular Camps and Incentives in India (letzter Aufruf: 27.06.2020).

Bauer, Gerrit (2015): „Natürliche Experimente in den Sozialwissenschaften: Ein Überblicksartikel mit ausgewählten Beispielen", in: Rolf Becker (Hrsg.): *Das Experiment in den Sozialwissenschaften*, Baden-Baden: Nomos (letzter Aufruf: 27.06.2020).

Bortz, Jürgen & Nicola Döring (2006): *Forschungsmethoden und Evaluation für Human- und Sozialwissenschaftler*, Berlin/Heidelberg: Springer.

Burkart, Thomas (2010): „Qualitatives Experiment", in: Günter Mey & Katja Mruck (Hrsg.): *Handbuch Qualitative Forschung in der Psychologie*, Wiesbaden: VS Verlag für Sozialwissenschaften, S. 252–262 (letzter Aufruf 07.12.2020).

Duflo, Esther (2010): „Soziale Experimente zur Armutsbekämpfung", in: *TED* (letzte Aufruf 27.06.2020).

Eberle, Thomas S. (1997): „Ethnomethodologische Konversationsanalyse", in: Ronald Hitzler & Anne Honer (Hrsg.): *Sozialwissenschaftliche Hermeneutik: Eine Einführung*, Opladen: Leske + Budrich, S. 245–280 (letzter Aufruf 27.06.2020).

Farrington, David P. & Barry J. Knight (1979): "Two Non-Reactive Field Experiments on Stealing from a 'Lost' Letter," in: *The British Journal of Social and Clinical Psychology* 18 (3), 277–284.

Farrington, David P. & Barry J. Knight (1980): "Stealing from a 'Lost' Letter: Effects of Victim Characteristics," in: *Criminal Justice and Behavior* 7 (4), S. 423–436.

Fine, Gary A. & Philip Manning (2003): "Erving Goffman," in: George Ritzer (Hrsg.): *The Blackwell Companion to Major Contemporary Social Theorists*, Oxford: Blackwell, S. 34–62.

Garfinkel, Harold (1967): *Studies in Ethnomethodology*, Englewood Cliffs/New Jersey: Prentice Hall.

Garfinkel, Harold & Harvey Sacks (1970): "On Formal Structures of Practical Action," in: John C. McKinney & Edward A. Tiryakian (Hrsg.): *Theoretical Sociology: Perspectives and Developments*, New York: Appleton-Century-Crofts, S. 338–266.

Goffman Frame Analysis (2019): https://www.youtube.com/watch?v=D2xbNlq_eqw (letzter Aufruf 27.06.2020).

Goffman, Erving (1956): *The Presentation of Self in Everyday Life*, London u. a: Anchor Books Doubleday.

Goffman, Erving (1959): *Wir alle spielen Theater*, München: Piper.

Goffman, Erving (1961): *Asyle: Über die soziale Situation psychiatrischer Patienten und anderer Insassen*, Frankfurt am Main: Suhrkamp.

Goffman, Erving (1963): *Stigma: Notes on the Management of Spoiled Identity*, Englewood Cliffs: Prentice Hall.

Goffman, Erving (1980): *Rahmen-Analyse: Ein Versuch über die Organisation von Alltagserfahrungen*, Frankfurt am Main: Suhrkamp.

Grade, Ananda (2012): „Privatsphäre: Wie nah darf es sein?" In: *Deutsche Welle*, am 24.11.2012 (letzter Aufruf 27.06.2020).

Haru, Terry (2020): Breaching Experiment: Definition & Examples (letzter Aufruf 27.06.2020).

Karataş, Veysel (1967): *Studies in Ethnomethodology, Garfinkel Harold*, London u. a.: Prentice-Hall International.

Kleining, Gerhard (1986): „Das qualitative Experiment", in: *KZfSS – Kölner Zeitschrift für Soziologie und Sozialpsychologie* 38 (4), S. 724–750 (letzter Aufruf 27.06.2020).

Kleining, Gerhard (2010): „Qualitative Heuristik", in: Günter Mey & Katja Mruck (Hrsg.): *Handbuch Qualitative Forschung in der Psychologie*, Wiesbaden: VS Verlag für Sozialwissenschaften, S. 65–78.

Lou, Michael (2004): "'Excuse Me. May I Have Your Seat?'" In: *The New York Times*, am 14.09.2004 (letzter Aufruf am 26.06.2020).

Lüders, Christian (1994): „Rahmenanalyse und der Umgang mit Wissen: Ein Versuch, das Konzept der Rahmenanalyse E. Goffmans für die sozialwissenschaftliche Textanalyse nutzbar zu machen", in: Norbert Schröer (Hrsg.): *Interpretative Sozialforschung: Auf dem Wege zu einer hermeneutischen Wissenssoziologie*, Opladen: Westdeutscher Verlag, S. 107–127 (letzter Aufruf am 26.06.2020).

Maslin, Janet (2012): "Sampling the Cheating Life, in Bite-Size Pieces: 'The (Honest) Truth About Dishonesty' by Dan Ariely," in: *The New York Times*, am 29.06.2012 (letzter Aufruf am 26.06.2020).

Milgram, Stanley & John Sabini (1978): "On Maintaining Social Norms: A Field Experiment in the Subway," in: Andrew Baum & Jerome E. Singer (Hrsg.): *Advances in Environmental Psychology 1: The Urban Environment*, Mahwah (US): Lawrence Erlbaum Assoc Inc, S. 31–40.

Pohlmann, Markus (2016): *Soziologie der Organisation: Eine Einführung*, Konstanz: UVK.

Popitz, Heinrich (1992): *Phänomene der Macht*, Tübingen: Mohr Siebeck.

Richter, Christoph (2017): Krisenexperimente (Breaching Experiments), abrufbar unter: (letzter Aufruf 27.06.2020).

Roth, Michael S. (2012): "Book Review: 'The (Honest) Truth About Dishonesty' by Dan Ariely," in: *The Washington Post*, am 10.08.2012 (letzter Aufruf 27.06.2020).

Schmiester, Carsten (2020): „Finnen ziehen ernüchtert Bilanz", in: *tagesschau*, am 07.05.2020 (letzter Aufruf 27.06.2020).

Snow, John (1855): *On the Mode of Communication of Cholera*, London: John Churchill.

Sociology Class Breaching Experiment (2016): https://www.youtube.com/watch?v=ohJIm t6e37c (letzter Aufruf 27.06.2020).

Sociology Experiment (2012): https://www.youtube.com/watch?v=Qmj0o_A14BM (letzter Aufruf 27.06.2020).

Stangl, Werner (2020): „Distanzzonen und Territorialität – Der Umgang mit Raum", in: *[werner stangl]s arbeitsblätter* (letzter Aufruf 27.06.2020).

Vinterberg, Thomas (1998): Festen (Das Fest), Dänemark (letzte Aufruf 27.06.2020).

Vogd, Werner (2004): 3. Rahmen: Die Herstellung dessen, was der Fall ist (letzter Aufruf 27.06.2020).

Zeit Online (1979): „Tragik des Normalen", in *Zeit Online*, am 13.07.1979 (letzter Aufruf 27.06.2020).

Zeit Online (1994): „Protokoll einer Aussonderung", in *Zeit Online*, am 17.07.1994 (letzter Aufruf 27.06.2020).

Weiterführende Literatur:

Alem, Yonas, Hakan Eggert, Martin G. Kocher & Remidius D. Ruhinduka (2018): "Why (Field) Experiments on Unethical Behavior Are Important: Comparing Stated and Revealed Behavior," in: *Journal of Economic Behavior and Organization* 156, S. 71–85 (letzter Aufruf am 26.06.2020).

Bergmann, Jörg & Bruno Hildenbrand (2018): „Rezeption des Symbolischen Interaktionismus und der Ethnomethodologie in der deutschsprachigen Soziologie", in: Stephan Moebius & Andrea Ploder (Hrsg.): *Handbuch Geschichte der deutschsprachigen Soziologie*, Wiesbaden: Springer VS, S. 619–635.

Doherty, Daniel, Alan S. Gerber & Donald P. Green (2006): "Personal Income and Attitudes toward Redistribution: A Study of Lottery Winners," in: *Political Psychology* 27 (3), S. 441–458.

Dunger, Christine (2019): „Die Rahmenanalyse als Auswertungsmethode – Was heißt das?" In: Martin W. Schnell, Christine Dunger & Christian Schulz-Quach (Hrsg.): *Pflege bei Atemnot am Lebensende*, Wiesbaden: Springer VS, S. 15–44.

Grundmann, Susanna & Johann Graf Lambsdorff (2017): "How Income and Tax Rates Provoke Cheating — An Experimental Investigation of Tax Morale," in: *Journal of Economic Psychology* 63, S. 27–42.

Haas, Marita & Sabine T. Koeszegi (2017): „Spiel mit mir: Die Konstruktion von Geschlecht und Professionalität in Organisationen — eine Rahmenanalyse", in: *Forum Qualitative Sozialforschung* 18 (3), S. 1–25 (letzter Aufruf 27.06.2020).

Havercroft, Jonathan, Jeffrey L. Dunoff, Mattias Kumm & Antje Wiener (2018): "Donald Trump as Global Constitutional Breaching Experiment," in: *Global Constitutionalism* 7 (1), S. 1–13 (letzter Aufruf 27.06.2020).

Kern, Holger & Jens Hainmueller (2009): "Opium for the Masses: How Foreign Free Media Can Stabilize Authoritarian Regimes," in: *Political Analysis* 17, S. 377–399 (letzter Aufruf 27.06.2020).

Koopmans, Ruud, Susanne Veit & Ruta Yemane (2018): „Ethnische Hierarchien in der Bewerberauswahl: Ein Feldexperiment zu den Ursachen von Arbeitsmarktdiskriminierung", in: *WZB Discussion Paper* SP VI 2018–104, S. 1–34 (letzter Aufruf 27.06.2020).

Lamnek, Siegfried (2010): „Qualitatives Interview", in: Siegfried Lamnek: *Qualitative Sozialforschung*, Weinheim: Beltz, S. 582–593.

Liebig, Stefan, Carsten Sauer & Stefan Friedhoff (2015): „Empirische Gerechtigkeitsforschung mit dem faktoriellen Survey", in: Marc Keuschnigg & Tobias Wolbring (Hrsg.): *Experimente in den Sozialwissenschaften* (Soziale Welt 22), Baden-Baden: Nomos, S. 321–339 (letzter Aufruf am 26.06.2020).

Paulus, Jochen (2017): „Gefühlte Fairness", in: Steve Ayan (Hrsg.): *Rätsel Mensch: Expeditionen im Grenzbereich von Philosophie und Hirnforschung*, Berlin/Heidelberg: Springer, S. 297–303 (letzter Aufruf am 26.06.2020).

Schedler, Andreas (2019): "The Breaching Experiment: Donald Trump and the Normative Foundations of Democracy," in: *Zeitschrift für Vergleichende Politikwissenschaft* 13 (4), S. 433–460 (letzter Aufruf am 26.06.2020).

Schwieren, Christiane & Doris Weichselbaumer (2010): "Does Competition Enhance Performance or Cheating? A Laboratory Experiment," in: *Journal of Economic Psychology* 31 (3), S. 241–253 (letzter Aufruf am 26.06.2020).

5 Die Beobachtung als sozialwissenschaftliche Methode

Wir wenden uns nun dem zweiten Erhebungsverfahren in der qualitativen Sozialforschung zu: der Beobachtung. Bei diesem Verfahren müssen wir nicht so kreativ sein wie bei der Durchführung eines Experimentes. Es ist aber in der Durchführung sehr anspruchsvoll und anstrengend. Dennoch ist es ein Königsweg, um Handelnde in Aktion zu sehen und deren Relevanzen beim Handeln zu rekonstruieren.

5.1 Einleitung

Beobachtungen werden in den Sozialwissenschaften zwar immer wieder durchgeführt, aber keineswegs in dem Maße, wie es viele Fragestellungen erfordern. Denn Beobachtungen sind oft zeitintensiv, anstrengend und auch fehleranfällig. Gerade bei qualitativen Beobachtungen ist ihre Auswertung häufig schwer, z. B. wenn nur nachträgliche Protokolle angefertigt und keine Aufzeichnungen vorgenommen werden können.

> **Lernziel:** Wir wollen im Folgenden verstehen, welche Bedeutung Beobachtungen in der qualitativen Sozialforschung haben, wie sie durchgeführt werden können und für welche Fragestellungen sie sich eignen.

Doch die Beobachtung hat auch viele Vorteile. Nehmen wir an, wir wollen etwas über die Sozialisation von kleinen Kindern im Elternhaus erfahren. Sozialisation bezieht sich darauf, welche Normen, Werte und ungeschriebenen Regeln absichtslos verinnerlicht werden und ist von Erziehung zu unterscheiden, einer Kommunikation mit Vermittlungsabsicht, wie Luhmann dies so schön bezeichnet[11] (vgl. Luhmann 1987, 2002: 48–72, 2012).

Wenn wir die Eltern interviewen, werden wir vielleicht etwas über die Erziehung, die Schwierigkeiten der Kinder und jene der Eltern mit den Kindern erfahren. Mit z. B. kleinen Kindern zu sprechen, wäre ein schwieriges Unterfangen mit zu hohen Anforderungen, die Aussagen sachgerecht und der kindlichen Interpretationslogik folgend zu deuten. Wahrscheinlich werden wir daher durch Interviews etwas über die Vorstellungen der Eltern und über ihre Selbstbeschreibung in der Frage der Erziehung erfahren. Da dies ein emotional hoch aufgeladenes Thema mit stark eingeschränkten Selbst-Reflexionsmöglichkeiten ist, müssen wir mit Antwortverzerrungen rechnen, also damit, dass beispielsweise nach Maßgabe der „sozialen Erwünschtheit" auf unsere Fragen geantwortet wird. Wer berichtet schon gerne von sich, dass er z. B. ständig gestresst ist, dass er immer das Mobiltelefon in der Hand hat, wenn er sich um die Kinder kümmert und ihm überhaupt diese Hyperaktivität der Kleinen große Schwierigkeiten bereitet. Eine Inhaltsanalyse lässt sich auch nicht durchführen, weil Dokumente zu diesen Situationen fehlen. Auch eine standardisierte Befragung würde voraussichtlich nur Artefakte produzieren, wenn sie nicht vorrangig auf die Erfassung von Werthaltungen und Erziehungsidealen der Eltern fokussiert ist. Zur Analyse der Sozialisation selbst, die sich maßgeblich daran orientiert, was bei den Kindern ankommt und was diese im Austausch mit den Eltern, der Peergroup und anderen Sozialisationsinstanzen für Werthaltungen, Gewohnheiten und Normen entwickeln, könnte eine standardisierte Befragung nur wenig beitragen.

Man sieht also, dass die Beobachtung hier eine Königsmethode ist. Aber natürlich wäre ihr Nutzen eingeschränkt, wenn wir als „Fremde" nur für ein bis zwei Stunden zu Besuch bei der Familie wären. Dann hätte man Vorführeffekte und würde eher die außeralltäglichen Verhaltensweisen

---

11 Erziehung wird als ein sozialer Prozess identifiziert, der seine personenbezogenen Änderungsabsichten mitthematisiert. Als Erziehung haben alle Kommunikationen zu gelten, die in der Absicht des Erziehens in Interaktionen aktualisiert werden (vgl. Luhmann 2012: 287). „Damit ist klargestellt, was durch den Begriff der Erziehung ausgeschlossen werden soll, nämlich absichtslose Erziehung, also Sozialisation. Die andere, mit der Form Erziehung nicht beleuchtete, unmarkiert bleibende Seite ist zunächst die stets mitlaufende Sozialisation. Erziehung wird eingerichtet, um das zu ergänzen oder zu korrigieren, was als Resultat von Sozialisation zu erwarten ist" (Luhmann 2012: 287).

5.1 Einleitung

erfassen. Wenn wir aber als „Au-pair" ein paar Wochen oder gar Monate bei der Familie verbringen würden, hätten wir wahrscheinlich die Gelegenheit, mittels Beobachtung sehr gute Einblicke zu bekommen und die Beobachtereffekte hätten sich verloren. Man könnte dann zum Beispiel feststellen (und das ist ein sehr einfach gewähltes Beispiel), dass die älteren Kinder Schimpfworte benutzen und die Beine auf den Tisch legen, auch wenn die Eltern ständig vermitteln (Erziehung), dass man keine Füße auf den Tisch legt und keine Schimpfworte gebraucht. Sie tun dies u. a., weil es auch die Eltern häufig tun, ohne darüber nachzudenken. Man kann dann also durch Beobachtung feststellen, dass die Sozialisation gelungen ist, weil die Kinder Verhaltensweisen der Eltern bzw. Erwachsenen übernehmen, aber die Erziehung nicht – weil die Kinder sich häufig nicht an die vermittelten Erziehungsregeln halten.

Natürlich stellen sich auch hier Probleme in der Durchführung ein. Wie zeichnet man die Beobachtung auf, wie protokolliert man? In welche ethischen Probleme gerät man? Wie offen oder verdeckt führt man die Beobachtung durch? Es lässt sich aber dennoch schnell erkennen, dass für die Analyse der Sozialisation wie auch spezifischer Milieus oder anderer Kulturen auf die wissenschaftliche Beobachtung kaum verzichtet werden kann.

Zwar beobachten wir auch ständig im Alltag, bei der wissenschaftlichen Beobachtung hat man jedoch Auflagen. So legen wir beispielsweise den Erkenntnisgegenstand fest, den Beobachtungszeitraum, die Aufzeichnung sowie die Art der Auswertung und dies in transparenter und überprüfbarer Weise. Selbiges gilt auch für die qualitative Beobachtung. Am besten geht man zu zweit ins Feld und überprüft hinterher die Beobachtungen, ergänzt und korrigiert sie. Aber das würde hier im Falle der Familie nicht funktionieren. Wir würden als „Au-pair" dennoch zeitnah protokollieren, so dicht wie möglich beschreiben und Zitate rekonstruieren müssen, um so im Zeitverlauf überprüfbares Material zu generieren. Das wäre nicht perfekt, aber ein Anfang. Wir könnten dies dann in verschieden Familien durchführen, variieren und vergleichen und hätten dann eine erste kleine Studie zum Thema „familiale Sozialisation". Aber natürlich wäre dies in der Schule oder im Universitätsseminar ungleich einfacher. Dort könnten wir in Klassen- und Seminarräumen, auf Pausenhöfen, in den Mensen und Cafeterien wissenschaftliche Beobachtungen anstellen, um Effekte sekundärer Sozialisation[12] zu erforschen.

Wie unterscheiden sich qualitative und standardisierte Beobachtungsverfahren?

Wir sehen schon: Die qualitative Beobachtung ist auf die „natürliche" Lebenswelt bezogen. Sie zielt auf den Nachvollzug der Sinngebungen der Handelnden in einer sozialen Situation mittels kommunikativer Interaktion mit den Handelnden. Oft ist sie also teilnehmende Beobachtung, was uns als Forscher*innen nochmals vor besondere Herausforderungen stellt. Als qualitative Beobachtung wird sie nicht standardisiert und unstrukturiert durchgeführt, offen und flexibel reagierend auf das, was in der beobachtenden Situation passiert. Wenn wir mehrere Beobachter*innen sind, können wir hinterher in einer Interpretationsgemeinschaft die Ergebnisse gemeinsam auswerten und unsere Differenzen festhalten.

Standardisiert	Qualitativ
• Festlegung von Beobachtungseinheiten	• Sammeln von Erfahrungen
• nicht kommunikativ	• kommunikativ
• nicht teilnehmend	• teilnehmend
• standardisiertes Vorgehen	• nicht standardisiert
• genauer Beobachtungsplan	• unstrukturiert
• exakte Verlaufsprotokolle	• nachträglich dokumentierend

Tabelle 2: Einige Unterschiede zwischen qualitativer und standardisierter Beobachtung. Orientiert an Lamnek 2010: 506f.

Wir sehen also auch hier wieder große Unterschiede zu einem standardisierten Beobachtungsverfahren. Aber natürlich gibt es viele Mischformen und die Unterschiede werden hier idealtypisch dargestellt, um die verschiedenen Logiken dahinter verstehen zu können.

---

12 Mit der sekundären Sozialisation ist eine Sozialisationsphase gemeint, bei der die Verhaltensmuster, die sich bei der ersten Sozialisation herausgebildet haben, durch neue Sozialisationsagenten weiterentwickelt und variiert werden. Lehrer*innen spielen z. B. bei der sekundären Sozialisation eine wichtige Rolle (vgl. Miller 2000).

Bei der standardisierten Beobachtung haben wir eine Theorie und Hypothesen, legen die Beobachtungseinheiten exakt fest und führen die Beobachtung non-reaktiv durch, d. h. ohne eigene Beteiligung. Wir erstellen einen Beobachtungsplan und exakte Verlaufsprotolle. In einem standardisierten Beobachtungsverfahren könnten wir also z. B., wenn die Familie einverstanden ist, über fünf Tage hinweg 30-minütige Videoaufzeichnungen an zufällig gewählten Zeitpunkten aus dem Wohn- und Esszimmer der Familie anfertigen lassen und diese dann nach dem Beobachtungsplan auswerten. Dabei darf es den Beobachter*innen nicht überlassen bleiben, welches kindliche Spielverhalten beispielsweise als „kooperativ" oder „aggressiv" klassifiziert werden kann, sondern diese Entscheidung muss im Beobachtungsschema so weit wie möglich vorstrukturiert sein (vgl. Bortz & Döring 2006: 264 ff.)

Methodenmix 3: Qualitative und quantitative Beobachtungen

Auch hier erscheint eine Kombination von qualitativen und stärker standardisierten Beobachtungsmethoden vielversprechend. So lassen sich in einer unstrukturierten qualitativen Beobachtung viele Mechanismen der Sozialisation entdeckt und wir können eine Sozialisationstheorie induktiv entwickeln. Darauf aufbauend könnten wir dann für eine standardisierte Beobachtung kritische Standardsituationen heraussuchen – z. B. abends beim Essen, wenn alle müde und erschöpft sind –, die man gezielt beobachtet. Aber auch umgekehrt können z. B. die 30-minütigen Videoaufzeichnungen an zufällig gewählten Zeitpunkten aus dem Wohn- und Esszimmer auf Problem- und Kristallisationspunkte hinweisen, welche dann einer qualitativen Analyse unterzogen werden, um die zur Geltung kommenden Sozialisationsmechanismen genauer, dichter und offener zu erfassen. Hier könnte man die Methodenkombination also im Sinne einer Triangulation mit der gleichen Fragestellung oder eines eingebetteten Designs mit aufeinander aufbauenden Fragestellungen durchführen.

Standardisierte Beobachtungen gelten beispielsweise in Pädagogik und Psychologie als eines der wichtigsten Instrumente, um die gesetzlich verankerten Aufträge zur Bildung, Erziehung und Betreuung in frühen Fremdbetreuungseinrichtungen zu erfüllen (siehe auch SGB VIII (KJHG) § 22). Im Fokus steht hier die „gerichtete Aufmerksamkeit". Gerade bei der individuellen Entwicklungsbegleitung bedürfe es einer klaren Struktur und Übersicht; erst wenn man weiß, wo ein Kind gerade steht, kann man ihm ein optimales Lernumfeld bieten (vgl. Bostelmann 2010; Pauen 2011; Heilig 2013). „Sehen lernen, was ein Kind gerade lernt und ihm die entsprechende Lernumgebung bieten – vielleicht ist dies die wichtigste Aufgabe der Erzieherinnen in der Krippe" (Bostelmann 2010: 7; vgl. auch Heilig 2013).

Aber man sieht, dass auch hier typische Probleme der Beobachtung auftreten. Wenn Erzieherinnen und Erzieher dies tun, fehlt ihnen oft die Distanz zum Erkenntnisgegenstand, die Beobachtung wird abhängig von der emotionalen Lage und dem Stress der Erzieher. Auch das alltägliche Protokollieren nach Beobachtungskategorien ist in der Praxis kaum durchzuhalten. Auch hier gilt: Beobachtung ist ein vielversprechendes Verfahren, das jedoch zeitintensiv und mit vielen potenziellen Fehlerquellen versehen ist.

Übung 6: Beobachtung

Beginnen wir wieder mit einer kleinen Übung. Wir beobachten eine japanische Patientin im offenen Wartezimmer eines Arztes. Die Arzthelferin hat die Patientenakte der Patientin in der Hand, während sie ein Telefonat führt. Die japanische Patientin soll als Nächste aufgerufen werden. Die Arzthelferin klopft nervös mit der Akte immer wieder auf den Tisch und knickt sie immer wieder zusammen, als das Telefonat in einen heftigen Disput mündet. Wir sprechen hinterher mit der japanischen Patientin und erfahren, dass dies für sie ein ganz schlimmes Erlebnis gewesen ist.

Welcher Interpretationsrahmen könnte hier zur Geltung gekommen sein und mit welcher Bedeutung wurde diese Situation für die japanische Patientin versehen?

Hinweise zur Beantwortung 6: Beobachtung

Wir merken, dass wir nun ohne Kenntnisse der japanischen Kultur teilnehmende Beobachtung und Kommunikation brauchen, um den Sinnzusammenhang nachvollziehen zu können. Unsere eigenen kulturellen Werthaltungen müssen wir dabei zurückstellen.

Für deutsche Patient*innen ist es vielleicht nicht so wichtig, was die Arzthelferin mit ihrer Akte macht und der telefonische Disput amüsiert sie höchstens. Allenfalls stört sie, dass der Streit ihre Wartezeit verlängert. Denn sie sind krank und wollen möglichst schnell aus dieser Situation wieder herauskommen – der Rest ist für sie eher unwichtig. Wenn wir aber versuchen, die Sinngebung der japanischen Patientin nachzuvollziehen, kommen wir vielleicht darauf, dass der „Raum" und die Interaktion in diesem „Raum" in der japanischen Kultur eine andere Bedeutung haben. Die japanische Patientin ist noch nicht lange in Deutschland und empfindet einen Disput in ihrer Anwesenheit als ausgesprochen unhöflich. Für sie bedeutet er mangelnden Respekt ihrer Person gegenüber. Die Tatsache, dass sie mit dem Streit belästigt wird, zeigt an, wie wenig Achtung man vor ihrer Anwesenheit hat. Zugleich wünscht sie sich im Umgang mit ihrer Akte ebenfalls Vorsicht und Respekt. In dieser stehen wichtige Daten über sie und irgendwie gehört sie zu ihr, repräsentiert sie. Ihre Akte auf diese Weise zu behandeln, ist daher für sie der Gipfel der Unhöflichkeit. Noch Jahre später kann sie sich an dieses Ereignis lebhaft erinnern.

Wie auch im Beispiel der teilnehmenden Beobachtung von Girtler, welches wir in Kapitel 3 behandelt haben, wird auch an diesem Beispiel erkennbar, dass teilnehmende Beobachtungen oft mit Gesprächen einhergehen, die helfen, die Sinngebung der Beteiligten nachzuvollziehen. Dies kann auch systematisch in einer Kombination von Methoden im Sinne eines Triangulationsdesigns (siehe auch Kapitel 3) vorgenommen werden.

Methodenmix 4: Beobachtungen und Interviews
Sehr häufig gehen Beobachtungen und Interviews Hand in Hand. Gerade die Kombination von beiden eröffnet die Möglichkeit, die Deutungsweisen der teilnehmenden Expert*innen mit jenen der wissenschaftlichen Beobachter*innen zu vergleichen und damit zu verstehen, welche fremdkulturellen Deutungsweisen ins Spiel kommen und wie die beobachtete Handlungsweise in einer Situation mit dem rekonstruierten Selbstverständnis einer Person korrespondiert.

OOPS! Die qualitative Beobachtung hat ihren Ursprung in der Ethnologie, Ethnographie sowie im symbolischen Interaktionismus. Sie versucht herauszufinden, wie die Teilnehmer*innen in einer Situation diese interpretieren, bewerten und handelnd produzieren. Dabei ist nicht interessant, wie wir selbst die Situation wahrnehmen oder bewerten („Was stellt sich die Patientin denn so an?"), sondern dass wir den subjektiven Sinn und die soziale Bedeutung des „Raumes" zutreffend zu verstehen.

5.2 Der symbolische Interaktionismus

Damit lernen wir eine weitere qualitative Schule in der Soziologie und einen weiteren Ansatz in der qualitativen Sozialforschung kennen: den symbolischen Interaktionismus. Wir konzentrieren uns hier auf den symbolischen Interaktionismus und nicht auf die Ethnographie, da wir einen weiteren soziologischen Theorieansatz in der Praxis kennenlernen wollen.

Information 3: Ethnographie

Die Ethnographie bezeichnet ein sozialwissenschaftliches Forschungsprogramm, bei dem mehr oder weniger unbekannte ethnische, kulturelle oder soziale Gruppen, Gemeinschaften, Institutionen oder andere soziale Einheiten sowie deren Handlungsweisen, Wissensformen und materiale Kulturen untersucht werden. Im Mittelpunkt steht dabei die teilnehmende Beobachtung, doch umfasst die Ethnographie darüber hinaus auch andere qualitative und gelegentlich sogar quantitative Methoden der Datenerhebung, die zu sehr unterschiedlichen Datensorten führen und deswegen jeweils eigene Formen der Auswertung erfordern (vgl. Knoblauch & Vollmer 2019).

Der symbolische Interaktionismus betrachtet die Bedeutung eines „Gegenstandes" weder als den Ausfluss der inneren Beschaffenheit des Dinges, das diese Bedeutung hat, noch ist für ihn die Bedeutung das Ergebnis der psychologischen Beschaffenheit der Individuen. Vielmehr geht für ihn die Bedeutung aus dem Interaktionsprozess zwischen verschiedenen Personen hervor. Die Bedeutung eines Dinges für eine Person ergibt sich symbolisch

5.2 Der symbolische Interaktionismus

generalisiert aus der Art und Weise, in der andere Personen ihr gegenüber in Bezug auf dieses Ding handeln. Ihre Handlungen dienen der Definition dieses Dinges für diese Person (vgl. Blumer 1973).

Für den symbolischen Interaktionismus sind Bedeutungen daher soziale Produkte. Sie sind Schöpfungen, die durch die definierenden Aktivitäten miteinander interagierender Personen hervorgebracht werden (vgl. Blumer 1973: 5). Einfach ausgedrückt, so Blumer, müssen Menschen, die miteinander interagieren, darauf achtgeben, was der jeweils andere tut oder tun will; sie sind gezwungen, im Rahmen der Dinge, denen sie Beachtung schenken, ihr Handeln auszurichten oder ihre Situationen zu handhaben (vgl. Blumer 1973: 11).

> **Information 4: Der räuberische Überfall oder: Die „Bedeutung" als soziales Produkt**
>
> Der Befehl eines Räubers an sein Opfer, die Hände hochzunehmen, ist (a) ein Hinweis auf das, was das Opfer tun soll, (b) ein Hinweis darauf das, was der Räuber zu tun beabsichtigt, nämlich das Opfer, um sein Geld zu erleichtern und (c) ein Hinweis auf die sich entwickelnde gemeinsame Handlung – in diesem Beispiel ein Überfall. Falls es Verwirrung oder ein Missverständnis an einer dieser drei Linien der Bedeutung gibt, ist die Kommunikation unwirksam, die Interaktion verhindert und die Entwicklung einer gemeinsamen Handlung blockiert (vgl. Blumer 1973: 13). Um dem Opfer zu befehlen, die Hände hochzunehmen, muss der Räuber diese Antwort im Bezugsrahmen des Opfers sehen, das diese Reaktion vornimmt. Entsprechend hat das Opfer den Befehl vom Standpunkt des Räubers aus zu sehen, der den Befehl gibt; es muss die Absicht und die bevorstehende Handlung des Räubers erfassen. Solch gegenseitige Rollenübernahme ist das sine qua non von Kommunikation und wirksamer symbolischer Interaktion (vgl. Blumer 1973: 14).

Blumer gründet seine Perspektive auf den Arbeiten von George Herbert Mead. Der Akteur sieht sich nach Mead ab einem bestimmten Alter selbst aus der Sicht des anderen und reflektiert, welche Reaktion sein Verhalten in seinem Gegenüber auslösen wird (vgl. Sander 2016). Er selbst sieht sich als Objekt aus der Sicht des anderen an. In einem Fußballspiel sind die Spieler*innen nur handlungsfähig, wenn sie die Erwartungen an die eigene

Rolle sowie an die der anderen Spieler*innen kennen. Diese Sicht aus der Perspektive des „generalisierten Anderen" gilt auch für die Normen in einer Gesellschaft. Die objektivierten Haltungen der anderen bilden das organisierte „ME", es enthält die Normen und Ansprüche der Gesellschaft an den Akteur. Die Instanz des „I" dient der Selbstbehauptung; in ihm werden eigene Ansprüche und Gefühle artikuliert. Das „SELF" versucht, die Ansprüche von ME und I in ein Gleichgewicht zu bringen. Das Individuum bringt auf diese Weise seine Identität durch die Interaktion mit anderen Individuen hervor (vgl. Mead 1967: 174 ff.; Sander 2016).

Bildquelle: Wikipedia.org

George Herbert Mead (1863–1931) hat an der Harvard University studiert, 1888/89 Stipendien für Studienaufenthalte in Leipzig und Berlin erhalten und seit 1891 als Dozent für Psychologie, Philosophie, Evolutionstheorie an der University of Michigan gearbeitet. Er wechselte 1894 an die University of Chicago und übernahm zunächst eine Assistenzprofessur bei John Dewey (vgl. Miller 2009: xii–xix). Einer seiner Schüler war Herbert Blumer, der Begründer des symbolischen Interaktionismus. Herbert Blumer selbst hat an der University of Missouri studiert und 1925 ein Doktorat an der University of Chicago aufgenommen. Bemerkenswert ist, dass er parallel von 1925–1933 eine professionelle Football-Karriere bei den Chicago Cardinals durchlaufen hat. Er hat dann zunächst als Assistent von George Herbert Mead von 1927–1952 an der University of Chicago gearbeitet und danach von 1952-1986 an der University of California, Berkeley (vgl. Merrione 2007: 318 ff.).

Die Erwartungen der anderen (z. B. von wichtigen Bezugspersonen), so Blumer im Anschluss an Mead, sind wie Symbole zu verstehen (vgl. Sander 2016). Sie haben daher immer eine Bedeutung, werden von Ego und Alter immer interpretiert und so ins interne Handlungsprogramm übersetzt. Beziehungen zwischen Ego und Alter werden dann und in dem Maße zu sozialen Beziehungen, wenn Ego und Alter bereit sind, wechselseitig die Erwartungen (Perspektiven) der anderen zu übernehmen.

5.2 Der symbolische Interaktionismus

Wenn Eltern von ihren Kindern erwarten, dass sie pünktlich nach Hause kommen, dann muss die Botschaft (Erwartung) von Ego und Alter halbwegs einheitlich verstanden (wann genau?) sowie von Alter auch beachtet werden und es muss klar sein, was zu tun ist, wenn es mit der Zeit knapp wird oder Unvorhergesehenes dazwischenkommt (Rückruf per Handy). Da die Bedeutungen unterschiedliche Interpretationsspielräume zulassen, lernen die Akteure, mit den Unterschärfen von Erwartungen und Normen situationsbezogen und sozial sinnvoll umzugehen (Ambiguitätstoleranz) (vgl. Mead 1967; Sander 2016).

Was folgt daraus für die qualitative Sozialforschung?

Wir müssen die Objekte so sehen, wie die zu untersuchenden Menschen sie sehen und ihnen in ihren Interaktionen Bedeutung zuweisen. Nur auf diese Weise können wir deren Handlungen richtig verstehen. Da soziales Handeln ein Produkt der Interaktion ist, kann dessen empirische Erfassung nur aus dem Ablauf der Interaktionen heraus erfolgen. Auch kollektive Gebilde wie Krankenhäuser, Unternehmen oder Staaten sind Anordnungen von Personen, die ihre jeweiligen Handlungen miteinander verketten und auf diese Weise fortlaufend Bedeutungszurechnungen hervorbringen. Die Forschenden verstehen sich vor diesem Hintergrund als Lernende und erfahren eine „zweite Sozialisation", indem sie sich auf die Welt des Untersuchungsgegenstandes einlassen. Gerade in der Interaktion lernen sie Normen und Werte kennen, die sich auch in Erwartungen an sie übersetzen.

Man sieht hier auch den Hintergrund der Herangehensweise in der Ethnologie sowie der Kulturanthropologie. Ziel ist das Fremdverstehen einer anderen Kultur mit deren Regeln, Deutungsweisen, Normen und Erwartungen bei gleichzeitiger Wahrung von analytischer Distanz. Denn je länger man sich in einer fremden Welt aufhält und ihre Regeln und Deutungen übernimmt, desto weniger kann man sie gleichsam von außen aus der Beobachterperspektive betrachten.

Toolbox 7: Qualitative Forschung im symbolischen Interaktionismus

Was bedeutet dies für die qualitative Beobachtung?

1. Wir nehmen am Alltagsleben der interessierenden Personen und Gruppen teil.
2. Wir müssen möglichst unstrukturiert beobachten, um viele verschiedene Bedeutungszuweisungen nachvollziehen zu können.
3. Wir sollten uns auch an Interaktionen beteiligen, um etwas über die Erwartungen und Normen in Erfahrung zu bringen, welche dann auch auf die eigene Person bezogen sind.
4. Wir können auch Gespräche führen, um im Zuge der Interaktion deren Regeln im Feld nachvollziehen zu können.

5.3 Das Problem der sogenannten „Beobachtungsfehler"

Nehmen wir an, wir beobachten einen Autounfall. Dann gibt es dabei eine kognitiv-betrachtende, eine pragmatisch handelnde sowie eine emotional-teilnehmende Beobachtungsform. Je nach Art der Involviertheit in das Geschehen gibt es unterschiedliche Wahrnehmungsselektivitäten. Es macht einen gravierenden Unterschied, ob mein Mann bzw. mein Freud oder mein Kind in dem Auto saßen, ein Freund oder ein Bekannter oder jemand gänzlich Fremdes. Starke Emotionen können z. B. einen höchst selektiven Fokus auf das Geschehen nach sich ziehen. Dies schafft Selektivitäten in der Beobachtung, welche dann – aus der ebenfalls selektiven Beobachtungsperspektive eines wissenschaftlichen Beobachters – teilweise als Beobachtungsfehler eingestuft werden. Damit ist aber nur gemeint, dass wir sehen, was ein anderer nicht sieht, aber das gilt umgekehrt auch.

Kein Mensch kann zeitgleich alles beobachten, sondern jeder ist aufgrund der Komplexität des Beobachteten auf selektive Wahrnehmungen verwiesen. Hinzu kommt, dass auch unser Gedächtnis keine „Wirklichkeitsabbildungen" speichert oder verfügbar hält, sondern wir uns emotional bestimmte Erinnerungen (besonders schreckliche oder besonders schöne) einprägen und andere vergessen, verdrängen oder bestimmte Dinge in unserem Sinnausschnitt gar nicht vorkommen. Aus diesem Grund sind z. B. Zeugenaussagen so notorisch unzuverlässig und Sozialpsychologen können sogar zeigen, dass man uns zu falschen Erinnerungen veranlassen kann: dass wir uns also an etwas erinnern können, was wir gar nicht erlebt haben.

> **Information 5: Gefälschte Erinnerungen**
> Katarina hat noch nie in ihrem Leben auf einem Elefanten gesessen. Forscher*innen fälschen ein Kindheitsfoto von ihr und nach einigen Gesprächen erinnert sie sich sogar an Details des Elefanten-Ritts-Details, die nie passiert sind: „Ich kann mich daran erinnern, dass das Draufklettern cool war. Aber dass meine Eltern mich fotografieren wollten, das fand ich irgendwie ein bisschen lästig" (Holderer 2018). Das kann sogar mit Erinnerungen an kriminelle Handlungen funktionieren, wie eine Studie von Shaw und Porter (2015) zeigt. So wurde Proband*innen erzählt, sie hätten eine kriminelle Tat begangen: etwas gestohlen, jemanden geschlagen oder mit einer Waffe bedroht. Eine erstaunliche Zahl von 70 Prozent der Proband*innen erinnerte sich nach nur drei Sitzungen detailliert an das Ereignis, obwohl sie es selbst nie erlebt hatten (siehe auch Laney & Loftus 2013; Kaplan et al. 2015; Bookbinder & Brainerd 2016).

Das heißt, jedes Beobachten ist konstituiert durch den Rahmen unserer eigenen Sinngebung, unserer eigenen Selektivität. Daraus ergibt sich auch eine selektive Aufmerksamkeit. Wenn wir selbst Beobachtungen durchführen, richten wir unser Augenmerk sehr selektiv aus, ohne dass uns dies jederzeit bewusst ist. Unsere Gedanken schweifen ab, wir sind unkonzentriert oder abgelenkt. Das kennen wir nicht nur aus Vorlesungen – zumal wenn sie online durchgeführt werden –, sondern ist ein Begleitumstand der meisten alltäglichen Beobachtungen, die länger andauern.

Stellen wir uns vor, wir schlendern durch eine Einkaufsstraße, sehen in ein Schaufenster und hinter uns kracht es plötzlich – ein Autounfall. Dann kann es passieren, dass unser Gehirn konstruiert, wie es zu diesem Unfall kommen konnte. Ohne dass wir den Vorfall gesehen haben, speichert es die Konstruktion als echte Erinnerung ab (vgl. Hauschild 2013).

Die Frage lautet vor diesem Hintergrund: Wie können wir uns vor ungewollt selektiven Beobachtungen – sogenannten Beobachtungsfehlern –, vor Trugschlüssen und Überinterpretationen schützen?

Die Antwort der qualitativen Sozialforschung lautet: Das ist schwierig. In einer wissenschaftlichen Beobachtung können wir aber unser eigenes

Relevanzsystem (das der Beobachtung zugrunde liegt) reflektieren, es hintanstellen und nach Maßgabe des Erkenntnisinteresses in der Situation lernen, d. h., die Relevanzsysteme der anderen Welt verstehen, nachvollziehen und intersubjektiv validieren. Dies setzt zwar ein Vorverständnis voraus, über welches wir uns klar werden müssen, das wir aber immer weiter modifizieren, erweitern und vertiefen können (hermeneutischer Zirkel).

> **Information 6: Hermeneutischer Zirkel**
> Zentrale Grundregel des hermeneutischen Vorgehens ist, beim Verstehen eines Textes das Ganze aus dem Einzelnen und das Einzelne aus dem Ganzen zu verstehen. Mit einem Vorverständnis und Vermutungen über den Sinn des Textes geht man an diesen heran, liest ihn in seiner Gänze und erarbeitet ihn sich, was zu einer Weiterentwicklung des ursprünglichen Vorwissens führt – natürlich immer vorausgesetzt, dass man bei der Bearbeitung des Textes Offenheit an den Tag legt und bereit ist, vorher bestehende Urteile zu verändern. Jeder Versuch, einen Text zu verstehen, setzt ein gewisses Vorverständnis beim Interpreten voraus. Wenn man mehrere Durchgänge durch den Text bzw. seine einzelnen Teile vornimmt, ist das Bild einer sich im Raum höherschraubenden Spirale wohl zutreffender als das Bild des Zirkels (vgl. Klafki 2001: 145), denn man kehrt ja nicht zum Ausgangspunkt zurück, sondern entwickelt ein fortschreitendes Verständnis des Textes (vgl. Kuckartz 2018: 18).

Aber erinnern wir uns an unsere erste Lerneinheit (Kapitel 2): Wir müssen den Anspruch aufgeben, dass Beobachtungen so etwas sein können wie „objektive Wiedergaben der Realität an sich". Selbst wenn wir Fotos machen oder Videokameras mitlaufen lassen, sind diese notwendigerweise selektiv, also erfassen und konstruieren damit Wirklichkeit in einer ganz spezifischen Art und Weise. Aber wir können uns unseren eigenen Zugang klar machen, wir können eigene Relevanzsetzungen zurückhalten und unseren Fokus auf die Art ausrichten, wie andere beobachten, werten und sich in einer Situation zurechtfinden. Darauf kommt es in der qualitativen Beobachtung und Sozialforschung an. Und diesen Zugang können wir intersubjektiv prüfen, im Vergleich validieren und stete Kontrollen einbauen, um typische Problemfelder der qualitativen Beobachtung im Forschungsprozess präsent zu halten. Zu diesen gehören:

- **Ethnozentrismus:** Wir unterlegen unser eigenes Sinnverständnis der Interpretation der beobachteten Situation.
- **Fehlinterpretationen:** Wir beachten geltende Sinn- und Bedeutungszusammenhänge nicht, weil wir sie nicht verstehen.
- **Überinterpretationen:** Wir beobachten nur bestimmte, im Vorhinein wertbezogene Sinn- und Bedeutungszusammenhänge aufgrund der emotionalen Bedeutung, die diese für uns haben.

Dies sind klassische Probleme der qualitativen Beobachtung, die im Rahmen des Verfahrens beachtet werden und thematisch präsent bleiben sollten. Sie schränken aus Sicht einer quantitativ verfahrenden Sozialforschung die Validität der qualitativen Beobachtung ein.

Zu diesen klassischen Problemen gehören auch Verzerrungseffekte, welche allein durch die Tatsache entstehen, dass wir beobachtet werden (siehe dazu auch Kapitel 3.2). Angenommen, wir wollen untersuchen, zu welchen Regelabweichungen es in Krankenhäusern kommt und führen dazu Beobachtungen durch, dann könnte ein naheliegender Effekt darin bestehen, dass wir diese kaum finden werden. Denn es ist anzunehmen, dass allein die Tatsache, dass wir es beobachten, zu regelkonformen Verhalten führt. Das wäre also eine Art „self-destroying observation". Zum Glück können wir aber aus unserer eigenen Forschung berichten, dass sich dieser Effekt spätestens nach ein paar Stunden verliert und die Leute genauso Regelabweichungen vornehmen, als würden sie nicht beobachtet. Dies kann man über Insidergespräche validieren. Wenn wir länger beobachtet werden, vergessen wir das offenbar und/oder können nicht umhin, bestimmte Dinge zu tun, die zu Routinen geworden sind.

5.4 Die Vorgehensweise der qualitativen Beobachtung

Um an einem Beispiel die Vorgehensweise bei einer qualitativen Beobachtung Schritt für Schritt durchzuführen, nehmen wir im Folgenden an, dass wir die Lebensweisen und Lebensstile der „feinen Leute" bzw. der Eliten in einer Gesellschaft untersuchen wollen (vgl. Girtler 2002). Wir wollen dazu auch qualitative Beobachtungen einsetzen. Aber wie gehen wir dabei vor?

5.4.1 Wir bestimmen den „Gegenstand" der Beobachtung

Das ist bei diesem Beispiel, wie wir merken werden, gar nicht so einfach. Denn wen und was wir beobachten, geht aus dem allgemeinen Erkenntnisinteresse selbst noch nicht hervor. Zudem kann sich vieles hinter den Wörtern „feine Leute" und „Eliten" verbergen. Auch in der qualitativen Sozialforschung brauchen wir bei einem solchen Erkenntnisinteresse ein wissenschaftliches Vorverständnis. Wir könnten also sagen, wir laufen durch die Hamburger Fußgängerzone und beobachten, wer bei den teuren Geschäften einkauft. Aber sind das die feinen Leute, die Eliten? Dazu können wir im Zweifel gar nichts sagen. Wir können nur beobachten, dass Leute in teuren Geschäften einkaufen. Wir müssen also auch in dem qualitativen Verfahren an dieser Stelle wissenschaftlich informierte Vorentscheidungen treffen. Für uns — und Sie können das gerne anders sehen und begründen — wäre es zunächst einmal sinnvoll, den eher literarischen Begriff der „feinen Leute" ad acta zu legen und uns auf den soziologischen Begriff der „Elite" zu konzentrieren. Da substanzielle Elitebegriffe normativ überfrachtet und forschungstechnisch kaum zu operationalisieren sind, wie z. B. die Rede von der geistig oder moralisch „Überlegenen" oder den „Mächtigen", werden wir uns auf einen formalen Zugang nach dem Positionsansatz konzentrieren.

Eliten sind demzufolge Personen, die in einem festgelegten sozialen und geographischen Raum die höchsten Positionen innehaben, unabhängig davon, ob sie diese verdient haben, ob sie geistig überlegen oder mächtig sind.

Eine solche Herangehensweise erspart uns viele Bewertungsprobleme und schafft einen klaren Zielpunkt. Eliten können nach dieser Definition in der Wirtschaft die Vorstände großer Banken oder Unternehmer bzw. Top-Manager*innen in den 100 größten Unternehmen sein, in der Wissenschaft Leiter*innen großer Forschungseinrichtungen, in der Politik Regierungsmitglieder und Leitungen der Ministerialbürokratie, in der Justiz Richter*innen an den obersten Gerichtshöfen, in der Religion Kirchenoberhäupter, Bischöfe und Kardinäle etc. Aber das sind auch mit dieser Eingrenzung immer noch zu viele. Also wählen wir einen Bereich aus: Nehmen wir z. B. die Wirtschaft und mit ihr die ökonomischen Eliten – einfach aus dem Grund, weil man über die Lebensstile der Top-Manager*innen nur wenig weiß. Aber was genau möchten wir nun wissen und beobachten? Auch „Lebensstile" ist noch ein sehr weiter Begriff, aus dem sich nicht ohne

5.4 Die Vorgehensweise der qualitativen Beobachtung

weiteres ein konkretes Erkenntnisinteresse ableiten lässt. Interessieren wir uns für den „Habitus" im Bourdieu´schen Sinne oder für das Milieu und seine Prägekraft, und was heißt das genau für unsere Herangehensweise?

> **Information 7: Der Habitusbegriff bei Bourdieu**
> Habitus bezeichnet bei Bourdieu die „Wahrnehmungs-, Denk- und Handlungsschemata" eines Menschen, in denen seine früheren sozialen Erfahrungen, insbesondere die Erfahrungen im Elternhaus sowie in der Statusordnung der Gesellschaft zum Tragen kommen (Bourdieu 1970: 153). Dabei ist der Habitus vor allem durch die spezifische gesellschaftliche Position geprägt, die Angehörige einer sozialen Gruppe innerhalb einer Sozialstruktur einnehmen (vgl. Lenger et al. 2013).

Welche Literatur wurde im Elternhaus und von den Proband*innen gelesen, welche Musik gehört, mit wem traf man sich, wie viel Geld war zur Verfügung, wurden öffentliche Reden gehalten, wie wurde in der Familie gesprochen etc. Durch diese „feinen Unterschiede" wird man für Bourdieu in der Statusordnung der Gesellschaft, insbesondere in seinen herrschenden „Klassen" eingeordnet und ordnet sich durch (freiwillige und unfreiwillige) Statusunterscheidungen (Distinktion) selbst ein (vgl. Bourdieu 1982; siehe auch Bourdieu & Wacquant 1992; Bremer et al. 2014; Weiss 2004).

Können wir also herausbekommen, wie Bankdirektor*innen oder Vorstände großer Unternehmen dies tun? Wie sie sprechen, was sie essen, wie sie sich anziehen, wie viel Geld sie haben, welche Musik sie hören? Wir könnten es versuchen.

Bevor wir uns jedoch dafür entscheiden, müssen wir überlegen, ob wir überhaupt einen Zugang zu den ökonomischen Eliten finden, d. h., wo wir sie finden und ob wir sie zum Mitmachen bewegen können. Schließlich finden wir ökonomische Eliten nicht in „freier Wildbahn". Wenn wir keine persönlichen Kontakte haben, können wir sie auch schlecht zu Hause aufsuchen. Wir haben zudem in Erfahrung gebracht, dass sie — wenn sie nicht im Unternehmen sind oder durch die Welt fliegen — versuchen, die meist sehr knappe Zeit mit ihrer Familie zu verbringen. Auch ihre typischen Hobbies, Bergwandern und Segeln, geben keine guten Anhaltspunkte. Wir finden sie also in der Regel nicht auf dem Golfplatz, wo wir ein Praktikum als „Caddie" machen könnten, um mit ihnen in Kontakt zu kommen. Der hauptsächliche Lebensraum dieser „Spezies" ist das Unternehmen. Können wir hier ansetzen? Der Zugang hat zwar Einschränkungen hinsichtlich einer Beobachtung des Habitus, aber er eröffnet auch die Möglichkeit der Beobachtung der ökonomischen Eliten in ihrem „natürlichen Lebensraum". Dies hat auch Vorteile: Der Beobachtungseffekt wird sich dadurch vergleichsweise schnell verlieren.

Also verfolgen wir vor diesem Hintergrund die Idee, Hospitationstage im Zuge eines Praktikums für Studierende zu organisieren, sodass diese die Möglichkeit haben, bei einem*r Vorstandsvorsitzenden in einem Top-100-Unternehmen in der Region einmal „mitzulaufen". Der*die zuständige Professor*in erklärt sich bereit, zehn Vorstände persönlich anzuschreiben und anzusprechen. Das Thema ist: Die Welt der Unternehmen. Einblicke in die Führungsetagen großer Unternehmen. Wir haben dazu einen Flyer erstellt, den wir mitschicken.

Wir haben bei drei Vorständen Glück. Sie erlauben es den Studierenden, für einen Tag „mitzulaufen". Bedingung ist, dass sie angemessen gekleidet sind, eine Datenschutzvereinbarung unterzeichnen und sich im Hintergrund halten. Sie dürfen protokollieren, aber keine Audio- oder Videoaufzeichnungen vornehmen. Sie dürfen Fragen stellen, aber nicht zu viele. Damit ist der Zugang abgesichert.

5.4.2 Wir wählen Ort, Zeit und Dauer der Beobachtung

Die zweite Entscheidung fällt nun leicht, denn die drei Vorstände geben die Tage bekannt, an denen die Hospitation stattfinden kann. Bei einem der Vorstände ist sogar ein Inlandsflug mit inbegriffen. Dennoch müssen wir einige Dinge überlegen. Können wir einen Tag durchgehend beobachten? Oder wird das zu anstrengend?

Noch wissen wir nicht genau, was die Beobachtungseinheit ist, d. h., worauf wir unsere Beobachtung fokussieren. Wir brauchen bei einer qualitativen Beobachtung zwar keinen exakten Beobachtungsplan wie bei der systematischen Beobachtung, aber wir müssen schon ungefähr wissen, was wir beobachten wollen.

Information 8: Die systematische Beobachtung
Die systematische Beobachtung setzt einen genauen Beobachtungsplan voraus, der vorschreibt, was (und bei mehreren Beobachter*innen auch von wem) zu beobachten ist, was für die Beobachtung unwesentlich

ist, ob bzw. in welcher Weise das Beobachtete gedeutet werden darf, wann und wo die Beobachtung stattfindet und wie das Beobachtete zu protokollieren ist (vgl. Bortz & Döring 2006: 263).

Wir können auch in einer qualitativen Beobachtung nicht alles beobachten. Wir nehmen also die Hinweise von Bourdieu auf und erstellen einen Beobachtungsleitfaden:

Toolbox 8: Beispiel für einen Beobachtungsleitfaden, inspiriert von Bourdieu

1. Wie, wo, wie viel und was wird gegessen? Worüber wird gesprochen, falls es z. B. zu einem Essen mit Geschäftspartner*innen, Angestellten etc. kommt, sofern es sich nicht um Firmenbelange handelt.
2. Wie wird gesprochen? Welche Ausdrucksweisen werden gewählt, welche Sprachformen, welcher Duktus?
3. Falls im Dienstwagen oder im Flugzeug Musik gehört wird, welche Musik wird gehört, wie wird ggf. über Musik oder Kunst gesprochen?
4. Gibt es persönliche Kunstgegenstände im Büro, und wenn ja, welcher Art?
5. Falls Familien- und Freizeitaktivitäten zum Thema werden, wie wird darüber gesprochen?
6. Welche Statusmerkmale tauchen im Kleidungsstil, in den Accessoires, in der Büroausstattung auf?
7. Welche sozialen Netzwerke werden angesprochen, erkennbar oder bildlich symbolisiert, z. B. ein Foto mit Frau Merkel etc.

Das bedeutet, dass wir in den Beobachtungsrichtlinien festhalten, dass der Hauptteil dessen, was an diesen Tagen stattfinden wird, nicht direkt zum Gegenstand der Beobachtung wird – also Gespräche und Interaktionen zu Firmenbelangen und Geschäftsinteressen –, sondern das „Drumherum". Immer dann schalten wir unsere innere Kamera ein und protokollieren, was wir können.

5.4.3 Wir legen die Art der Beobachtung fest

Ein paar Dinge haben wir jetzt bereits mitentschieden. Wir haben uns mit einer solchen Vorgehensweise für eine hinsichtlich der Erkenntnisinteressen verdeckte, aber in Bezug auf die Durchführung offene, teilnehmende Beobachtung entschieden (vgl. Lamnek 2010: 513). Es ist keine naive Beobachtung, weil wir vorher spezifizierte Erkenntnisinteressen haben, aber auch keine systematische, da wir auf einen exakten Beobachtungsplan verzichtet haben. Wir führen die Beobachtung weitgehend unstrukturiert, aber entlang eines Beobachtungsleitfadens durch. Es ist eine passiv-teilnehmende, direkte Beobachtung im Feld. Wenn wir eine standardisierte Beobachtung planen würden, hätten wir im Feld nicht die erforderliche Flexibilität, auf alle möglichen sich einstellenden Umstände angemessen zu reagieren. Ein systematischer Beobachtungsplan würde ganz anders aussehen (vgl. Bortz & Döring 2006: 271).

Dimensionen	Ausprägungen	
Vorwissen	naiv	systematisch
Standardisierung	unstrukturiert	strukturiert
Erkennbarkeit	offen	verdeckt
Teilnahme	teilnehmend	nicht-teilnehmend
Art der Teilnahme	aktiv	passiv
Zugang	direkt	indirekt
Ort	Feld	Labor

Tabelle 3: Formen der Beobachtung nach Lamnek. Orientiert an Lamnek 2010: 513

5.4.4 Wir legen fest, wie die Beobachtung aufgezeichnet/ protokolliert wird

Uns stehen keine anderen Aufzeichnungsmöglichkeiten zur Verfügung als handschriftliche oder elektronische Notizen. Gegebenenfalls können wir nach Absprache auch einen Laptop nutzen – in diesem Umfeld ist das unproblematisch. Wir versuchen beim Protokollieren eine dichte Beschreibung des „Drumherums" anzufertigen, welches uns nach Bourdieu interessiert. Dabei ist es wichtig, dass wir uns immer bemühen, den O-Ton des Vorstandes festzuhalten und zu rekonstruieren. Wir setzen im Protokoll Zeitmarkierungen, um die Abfolge festzuhalten. Auch hier gelten einige einfache Regeln aus der systematischen Beobachtung: Beobachte und berichte so vollständig wie möglich die Situation des Subjektes. Ersetze niemals die Last der Deskription durch Interpretationen.

Information 9: Systematische Beobachtung – Regeln für ein Verhaltensprotokoll nach Bortz & Döring

Die nachfolgend wiedergegebenen Regeln folgen einer bestimmten Tradition in Beobachtungsstudien, welche das Ziel hat, das zu untersuchende Verhalten möglichst lückenlos in einem natürlich belassenen Umfeld zu erfassen. Barker als ein bekannter Vertreter dieser „ökologischen Schule" (vgl. Barker 1963) verfasste zusammen mit Wright (vgl. Barker & Wright 1954) eine Studie über die Lebensbedingungen im amerikanischen Mittelwesten, der die nachfolgenden Regeln für Verhaltensprotokolle (nach einer Überarbeitung und Übersetzung von Faßnacht 1979) entnommen sind.

Inhaltsregeln für Verlaufsprotokolle:

1. Schaue auf das Verhalten und die Situation des Subjektes.
2. Beobachte und berichte so vollständig wie möglich die Situation des Subjektes.
3. Ersetze niemals die Last der Deskription durch Interpretationen.
4. Gib an, wie ein Subjekt etwas macht (z. B.: Das Kind geht. Wie? Langsam, schlendernd, mit festem Schritt, auf Zehenspitzen etc.).
5. Gib an, wie eine Person etwas macht, die mit dem Subjekt interagiert.
6. Berichte in der endgültigen Version der Reihe nach alle (auch selbstverständlich erscheinende) Hauptschritte während des Verlaufes jeder Aktion.
7. Wenn möglich sollen Verhaltensbeschreibungen positiv, d. h. ohne Verneinungen formuliert sein (z. B. falsch: Fritz sprach nicht sehr laut).
8. Beschreibe zu Beginn der Beobachtung detailliert die Szene, wie sie sich darbietet.
9. Fasse nicht mehr als eine Aktion des Subjektes in einem Satz zusammen.
10. Fasse nicht mehr als eine Aktion anderer Personen, die mit dem Subjekt interagieren, in einem Satz zusammen.

11. Rapportiere Beobachtungen nicht mittels Zeitintervallen. Zeitmarken werden unabhängig von den Aktionen ungefähr im Minutenintervall am Protokollrand festgehalten (Bortz & Döring 2006: 264).

Verfahrensregeln für Verlaufsprotokolle:

1. Beobachtungsperiode pro Beobachter*in: Maximum 30 Minuten. In diesem Rhythmus werden die Beobachter*innen ausgewechselt.
2. Notierung an Ort und Stelle, d. h. parallel zum Ereignis. Die verbale Kommunikation soll so genau wie möglich aufgeschrieben werden.
3. Zeitmarkierung: ungefähr jede Minute am Rand.
4. Nach der Beobachtung: Diktat des Manuskriptes auf Band. Hier können Manuskriptlücken gefüllt werden; genaue zeitliche Folgekorrekturen werden später angebracht. Diktat sofort nach der Beobachtung. Erinnerungen, die nicht im Rohmanuskript stehen, können beigefügt werden.
5. Fragesitzung: Nach der Anfertigung des Manuskripts auf Band hört eine zweite Person das Diktat an und befragt den*die Beobachter*in über unklare Stellen bzw. Lücken. Dies führt zu Korrekturen und Ergänzungen.
6. Geschriebene Revision: Nachdem der diktierte Bericht transkribiert wurde, soll er von dem*der Beobachter*in sobald als möglich revidiert werden, d. h. Korrekturen unklarer Aussagen, Richtigstellung der zeitlichen Ordnung, Füllen von Lücken, Weglassen von doppelt Aufgezeichnetem.
7. Zusätzliche Fragesitzung: Diese wird wieder mit einer zweiten Person durchgeführt, die klärende Fragen stellt. Falls nötig: Modifikation und danach endgültige Niederschrift; diese endgültige Niederschrift bildet das Ausgangsmaterial zum Episodieren.
8. Die auf diese aufwendige Weise zustande gekommenen Protokolle werden in Episoden unterteilt und anschließend einer weiteren Auswertung unterzogen (vgl. Bortz & Döring 2006: 149 ff.; ein Beispielprotokoll findet sich bei Faßnacht 1979 und Bortz & Döring 2006: 264 f.).

Wenn auch nicht so exakt wie bei der systematischen Beobachtung, bestimmt das chronologische System den Rahmen, in dem die Beobachtung stattgefunden hat (vgl. Lamnek 2010: 564). Während der Beobachtung wird die soziale Interaktion und zugleich die Interpretation der sozialen Wirklichkeit festgehalten. Im Vordergrund steht die Definition der sozialen Situation, sodass eine Handlung nie losgelöst von der jeweiligen Situation betrachtet werden kann (vgl. Lamnek 2010: 573). Am Ende des Beobachtungszeitraumes beginnt für uns die eigentliche Arbeit. Dann fertigen wir das ausführliche Protokoll an. Auch wenn es spät ist, warten wir nicht bis zum nächsten Tag, weil dann viele Eindrücke verblasst und viele Details verloren sind.

5.4.5 Wir wählen die Anzahl, das Training und die Rolle der Beobachter*innen aus

In unserem Beispiel sind wir bei der Anzahl der Beobachter*innen auf eine Person beschränkt. Im Idealfalle würden wir zwei Beobachter*innen bevorzugen, weil dies bereits eine intersubjektive Validierung der Beobachtung möglich macht und sich die Beobachtungsprotokolle wechselseitig ergänzen können. Besonders wenn die Beobachtung einen ganzen Tag lang dauert, ist dies wichtig. Ein spezielles Training der Beobachter*innen entfällt, aber wir würden einige Übungseinheiten vorschalten, in denen man Zuhören, Zusehen und unauffälliges Protokollieren etwas einübt. Auch die Beobachterrolle ist hier festgelegt: unauffällig im Hintergrund, nur passiv teilnehmend, es sei denn, man führt ein Gespräch mit dem*der Proband*in. In der teilnehmenden Beobachtung erfährt die Rolle als Beobachter*in Dominanz gegenüber der Teilnahme am Alltag der zu Beobachtenden. Eine tendenziell fehlende Identifikation mit dem sozialen Feld kann das Verstehen erschweren (vgl. Lamnek 2010: 530).

Bei der Teilnahme sind solche Rollen für die Beobachter*innen zu wählen, die als natürliche Rollen im Feld selbstverständlich anerkannt sind. Es sollen einfache Rollen mit häufig wechselnden Inhabern sein, weil dann die Rollenerwartung relativ unspezifisch und von den Beobachter*innen leichter erfüllbar ist (vgl. Lamnek 2010: 531).

In diesem Falle wäre dies die im Feld etablierte Rolle eines*r Praktikant*in.

5.4.6 Wir bestimmen, wie die Auswertung vorgenommen wird

Methodenmix 5: Die Auswertung der Beobachtung
Bei der Auswertung können wir uns nun auch für einen Methodenmix entscheiden. Das bedeutet, wir gehen zum einen induktiv vor, d. h., wir ordnen, systematisieren und kategorisieren das Material entlang unserer Leitfragen. Wir beantworten zugleich die Frage, ob wir Elemente des Habitus des Vorstandes entdeckt haben, die wir vorher nicht im Blick hatten. Zum anderen gehen wir deduktiv vor, d. h., wir ordnen und interpretieren das Material entlang einer Habitusanalyse. Hier nur zwei Beispiele für mögliche Indikatoren:
Sprachhabitus: Dialekt, Hochsprache, ggf. geschliffenes britisches Englisch, bildungsbürgerliche Ausdrucksweise, elaborierte Sprachform, Verwendung nicht fach- oder firmenspezifischer Fremdwörter etc.
Essen: geschliffene Manieren, selbstverständliche Umgangsformen, spezielles Essen etc.

Wir sehen, dass hier zunächst Kategorien und Bewertungen aus der Bourdieu'schen Habitusanalyse ins Spiel kommen, welche den sozialen Raum und die Distinktionen kartographieren. Darauf kann man sich in der qualitativen Beobachtung jedoch nicht beschränken, sondern wir wollen selbst das Material nutzen, um eine Theorie der Repräsentationen von Status und Distinktion zu entwickeln, welche bei ökonomischen Eliten ins Spiel kommen. Unser Erkenntnisinteresse ist zwar also inspiriert von der Bourdieu'schen Habitus- und Klassentheorie, aber keinesfalls darauf beschränkt. Ganz im Gegenteil wird im Sinne der Grounded Theory versucht, die laufende fundierte Theorieentwicklung weiter zu treiben (siehe dazu Strübing 2008).

5.4.7 Was könnten die möglichen Ergebnisse einer solchen Beobachtung sein?

Was könnten nach unserer bisherigen Forschung mögliche Ergebnisse einer solchen Beobachtung sein, ohne dass wir diese vorwegnehmen wollen? Sie dienen hier allein der Illustration des Verfahrens (siehe dazu Pohlmann 2009; Pohlmann & Bär 2011; Pohlmann et al. 2002; Pohlmann et al. 2018; siehe auch Pohlmann et al. 2019; Pohlmann & Schöttli 2019).

1. Wir würden wahrscheinlich herausfinden, dass das soziale Feld (hier die Wirtschaft) den Habitus maßgeblich prägt und die Statusmerkmale mitbestimmt.
2. Wir würden merken, dass im Feld der Wirtschaft normale bürgerliche Essgewohnheiten dominieren und auch die Wahl der Lokale der gehobenen Mittelklasse entspricht. Dies ist ein erster Hinweis darauf, dass „demonstrativer Konsum" und „Luxus" abgelehnt werden, selbst dann, wenn dies die Firmenpolitik erlaubt oder man sich außerhalb des Firmenkontextes bewegt.
3. Obgleich hohe Bildungsvoraussetzungen in Deutschland mit einer solchen Position verbunden sind, also häufig mit einem Doktorgrad, sind die Sprache und Ausdrucksweise nicht bildungsbürgerlich-elaboriert, sondern der Sprachhabitus ist pragmatisch-authentisch, knapp und präzise ausgeprägt.
4. Musik und Kunst spielen als „objektiviertes Kulturkapital" eine geringe Rolle. Auch wenn die Firma hier aus PR-Gründen einiges bereithält, werden außerhalb „normaler" individueller Vorlieben keine diesbezüglichen Distinktionsprofite realisiert.
5. Familien- und Freizeitaktivitäten sind ein knappes Gut. Sie werden nach Maßgabe der Zeit mit Kindern akzentuiert. Freizeitaktivitäten finden nicht im öffentlichen Raum statt, beziehen sich nicht auf symbolisches, soziales oder kulturelles Kapital, sondern auf einen diskret geschützten Rückzugsraum von Privatheit.
6. Für Statusmerkmale und Accessoires gilt ebenfalls die Ablehnung demonstrativen Konsums. Der Kleidungsstil ist schlicht und hochwertig – in der Firma „Business", aber auch im Privaten nie extravagant oder besonders teuer. Auffällige Accessoires fehlen weitgehend.
7. Die sozialen Netzwerke sind durch die Firmenaktivitäten bestimmt. Ab und an tauchen Bilder mit hochstehenden Persönlichkeiten auf, aber auch dies ist eher Teil der PR als ein Angeben mit dem sozialen Kapital.

Wir könnten dann als ein mögliches Ergebnis festhalten:

Die Arbeit steht für die ökonomischen Eliten im Vordergrund. Luxuskonsum hält in ihrem Lebensstil nur auf und gehört nicht zur sozialen Praxis. Die Herkunft aus gehobenen Schichten verpflichtet eher zur Diskretion und zum Understatement. Demonstrativer Luxus gehört daher nicht zum Lebensstil der ökonomischen Eliten.

OOPS!

5.5 Schlussbemerkung

Beobachtungen sind ein hervorragendes wissenschaftliches Verfahren, das immer noch viel zu selten zum Einsatz kommen, wenn man etwas über Handlungsweisen und ihre Bedeutungen in der Interaktion wissen möchte. Interviews sind hier häufiger, auch wenn sie im Erkenntnisgewinn deutlich eingeschränkt sind. Qualitative Beobachtungen sind ebenso anstrengend wie voraussetzungsvoll. Daher müssen wir uns auch in der qualitativen Forschung sehr gut überlegen, wie sie durchgeführt werden können, ohne dass sie uns und andere überfordern. In der Kombination mit Interviews sind Beobachtungen jedoch unschlagbar, um etwas über die „natürlichen" bzw. kultürlichen Lebenswelten von Akteuren oder Gruppen zu erfahren oder herauszufinden, welche Regeln in Organisationen, Familien, Schulen oder Kindergärten faktisch Geltung erlangen.

Fragen zur Vertiefung 4

1. Welche Möglichkeiten gibt es, wissenschaftlich mit der Selektivität in der Beobachtung umzugehen?
2. Sie wollen mittels Beobachtung herausfinden, wie Menschen während einer Pandemie mit Maßnahmen umgehen, welche eine physische Distanz vorschreiben. Bitte schlagen Sie vor, wie Sie bei einer solchen Beobachtungsstudie vorgehen wollen.
3. Was gilt es zu beachten, wenn man das Protokoll einer qualitativen Beobachtung schreibt?
4. Welche ethischen Probleme können bei teilnehmenden Beobachtungen auftreten?

Übung für Zuhause 5: Die Beobachtung eines Experiments

Eine Videoanalyse zum Selbststudium: Das "Blue Eyes Experiment":

1. Sehen Sie sich bitte die Dokumentation zum Alltagsrassismus basierend auf dem Experiment von Jane Elliot an.
2. Entwickeln Sie eine Fragestellung zum Thema und formulieren diese aus. Wählen Sie bitte eine zehnminütige Sequenz aus dem

Video aus, die Sie für die Beobachtung vorsehen wollen. Entscheiden Sie sich für die Art der Beobachtung sowie die Art der Protokollierung.

Video zur Übung:
ZDFneo (2019): Der Rassist in uns (letzter Aufruf 08.12.2020).

Quellen:

Barker, Roger G. (1963): "The Stream of Behavior as an Empirical Problem," in: Roger G. Barker & Louise Shedd Barker (Hrsg.): *The Stream of Behavior: Explorations of its Structure and Content*, East Norwalk: Appleton-Century-Crofts, S. 1–22.

Barker, Roger G. & Herbert F. Wright (1954): *Midwest and its Children: The Psychological Ecology of an American Town*, Row: Peterson and Company.

Blumer, Herbert (1973): „Der Methodologische Standort des Symbolischen Inter aktionismus", in: Arbeitsgruppe Bielefelder Soziologen (Hrsg.): *Alltagswissen, Interaktion und Gesellschaftliche Wirklichkeit*, Band 1, Wiesbaden: VS Verlag für Sozialwissenschaften, S. 80–146 (letzter Aufruf 27.06.2020).

Bookbinder, Sarah H. & Charles J. Brainerd (2016): "Emotion and False Memory: The Context–Content Paradox," in: *Psychological Bulletin* 142 (12), S. 1315–1351 (letzter Aufruf 08.12.2020).

Bortz, Jürgen & Nicola Döring (2006): *Forschungsmethoden und Evaluation für Human- und Sozialwissenschaftler*, Berlin/Heidelberg: Springer.

Bostelmann, Antje (2010): *Stufenblätter für die Krippe: Das Arbeitsmaterial für die individuelle Entwicklung mit dem Portfolio*, Berlin: Bananenblau.

Bourdieu, Pierre (1970): *Zur Soziologie der symbolischen Formen*, Frankfurt am Main: Suhrkamp.

Bourdieu, Pierre (1982): *Die feinen Unterschiede: Kritik der gesellschaftlichen Urteilskraft*, Frankfurt am Main: Suhrkamp.

Bourdieu, Pierre & Loic Wacquant (1992): *An Invitation to Reflexive Sociology*, Chicago: University of Chicago Press.

Bremer, Helmut, Andrea Lange-Vester & Michael Vester (2014): „Die feinen Unterschiede", in: Gerhard Fröhlich & Boike Rehbein (Hrsg.): *Bourdieu-Handbuch: Leben – Werk – Wirkung*, Stuttgart: J.B. Metzler, S. 289–312.

Faßnacht, Gerhard (1979): *Systematische Verhaltensbeobachtung: Eine Einführung in die Methodologie und Praxis*, München/Basel: E. Reinhardt.

Girtler, Roland (2002): *Die feinen Leute: Von der vornehmen Art, durchs Leben zu gehen*, Wien: Böhlau.

Hauschild, Jana (2013): „Augenzeugen vor Gericht: Wenn die Erinnerung trügt", in: *Spiegel Wissenschaft*, am 27.10.2013 (letzter Aufruf 27.06.2020).

Heilig, Lena (2013): Entwicklungsbeobachtung mit MONDEY. Überprüfung eines Programms zur Dokumentation frühkindlicher Entwicklung in Kindertageseinrichtungen, eine Dissertation vorgelegt im Fach Psychologie an der Fakultät für Verhaltens- und Empirische Kulturwissenschaften der Ruprecht-Karls-Universität Heidelberg (letzter Aufruf 27.06.2020).

Holderer, Ildiko (2018): „So leicht lassen sich Erinnerungen fälschen", in: *WDR1*, am 26.04.2018 (letzter Aufruf 27.06.2020).

Kaplan, Robin L., Ilse Van Damme, Linda J. Lavine & Elizabeth F. Loftus (2015): "Emotion and False Memory," in: *Emotion Review*, am 23.10.2015 (letzter Aufruf 08.12.2020).

Klafki, Wolfgang (2001): „Hermeneutische Verfahren in der Erziehungswissenschaft", in: Christian Rittelmeyer & Michael Parmentier (Hrsg.): *Einfuhrung in die pädagogische Hermeneutik*, Darmstadt: Wissen Bildung Gemeinschaft, S. 125–148.

Knoblauch, Hubert & Theresa Vollmer (2019): „Ethnographie", in: Nina Baur & Jörg Blasius (Hrsg.): *Handbuch Methoden der empirischen Sozialforschung*, Wiesbaden: Springer VS, S. 599–617.

Kuckartz, Udo (2018): *Qualitative Inhaltsanalyse: Methoden, Praxis, Computerunterstützung*, Weinheim/Basel: Beltz Juventa.

Lamnek, Siegfried (2010): *Qualitative Sozialforschung*, Weinheim: Beltz.

Laney, Cara & Elisabeth F. Loftus (2013): "Recent Advances in False Memory Research," in: *South African Journal of Psychology*, am 24.05.2013 (letzter Aufruf 08.12.2020).

Lenger, Alexander, Christian Schneickert & Florian Schumacher (2013): „Pierre Bourdieus Konzeption des Habitus", in: Alexander Lenger, Christian Schneickert & Florian Schumacher (Hrsg.): *Pierre Bourdieus Konzeption des Habitus: Grundlagen, Zugänge, Forschungsperspektiven*, Wiesbaden: Springer VS, S. 11–41.

Luhmann, Niklas (1987): „Sozialisation und Erziehung", in: Niklas Luhmann: *Soziologische Aufklärung 4*, Wiesbaden: VS Verlag für Sozialwissenschaften, S. 173–181.

Luhmann, Niklas (2002): *Das Erziehungssystem der Gesellschaft*, Frankfurt am Main: Suhrkamp.

Luhmann, Niklas (2012): „Sozialisation und Erziehung", in: Niklas Luhmann: *Handbuch Bildungs- und Erziehungssoziologie*, Wiesbaden: VS Verlag für Sozialwissenschaften, S. 283–300.

Mead, George Herbert (1967 [1934]): *Mind, Self, and Society*, hrsg. von Chafrles W. Morris, Chicago: Chicago University Press.

Merrione, Thomas (2007): "Blumer, Herbert George (1900–1987)," in: George Ritzer (Hrsg.): *The Blackwell Encyclopedia of Sociology*, Malden/Oxford/Carlton: Blackwell Publishing, S. 318–321.

Miller, David (2009): *George Herbert Mead: Self, Language, and the World*, Austin: University of Texas Press.

Miller, Rudolf (2000): „Sekundäre Sozialisation", in: *Spektrum der Wissenschaft* (letzter Aufruf am 08.12.2020).

Pauen, Sabina (2011): *Vom Baby zum Kleinkind Entwicklungstagebuch zur Beobachtung und Begleitung in den ersten Jahren*, Berlin/Heidelberg: Springer.

Pohlmann, Markus (2009): „Globale ökonomische Eliten? Eine Globalisierungsthese auf dem Prüfstand der Empirie", in: *KZfSS – Kölner Zeitschrift für Soziologie und Sozialpsychologie* 61 (4), S. 513–534.

Pohlmann, Markus, Rudi Schmidt & Hans-Joachim Gergs (Hrsg., 2002): *Managementsoziologie: Perspektiven, Theorien, Forschungsdesiderate*, München/Mering: Rainer Hampp Verlag.

Pohlmann, Markus & Stefan Bär (2011): „Familie, soziale Herkunft und Karrieren", in: Markus Pohlmann & Georg Lämmlin (Hrsg.): *Neue Werte in den Führungsetagen? Kontinuität und Wandel in der Wirtschaftselite der Spitzenmanager in Deutschland*, Karlsruhe: Evangelische Akademie Baden, S. 24–47.

Pohlmann, Markus, Renate Liebold, Stefan Bär, Sita Schanne & Gert Schmidt (2018): *Anatomie einer Elite – Top-Manager in Deutschland: Deutungsmuster, Ethik- und Organisationskonzepte*, Wiesbaden: VS Verlag für Sozialwissenschaften.

Pohlmann, Markus & Jiva Schöttli (2019): "India Inc. and globalization. The rise of neo-liberalism and a transnational managerial elite?" In: *India Review* 18 (1), S. 8–31.

Pohlmann, Markus, Jaok Kwon & Jiva Schöttli (2019): "Transnational Corporate Elites in Japan: International Career Mobility in East and South Asia," in: *International Journal of Japanese Sociology* 28 (1), S. 132–148.

Sander, Wolfgang (2016): „Der Symbolische Interaktionismus", in: *bpb* (letzter Aufruf 27.06.2020).

Shaw, Julia & Stephan Porter (2015): "Constructing Rich False Memories of Committing Crime," in: *Psychological Science*, am 14.01.2015 (letzter Aufruf 08.12.2020).

Strübing, Jörg (2008): *Grounded Theory: Zur sozialtheoretischen und epistemologischen Fundierung des Verfahrens der empirisch begründeten Theoriebildung*, Wiesbaden: VS Verlag für Sozialwissenschaften.

Weiss, Anja (2004): „Unterschiede, die einen Unterschied machen. Klassenlagen in den Theorien von Pierre Bourdieu und Niklas Luhmann", in: Armin Nassehi & Gerd Nollmann (Hrsg.): *Bourdieu und Luhmann: Ein Theorienvergleich*, Frankfurt am Main: Suhrkamp, S. 208–232.

Weiterführende Literatur:

Abels, Heinz (2009): „Ethnomethodologie", in: Georg Kneer & Markus Schroer (Hrsg.): *Handbuch Soziologische Theorien*, Wiesbaden: VS Verlag für Sozialwissenschaften, S. 87–110 (letzter Aufruf: 27.06.2020).

Behr, Rafael (2017): „Lebenswelt Polizei: Ein ethnografischer Zugang zur Berufsidentität von Polizeibeamten", in: *Forum Qualitative Sozialforschung* 3 (1/13) (letzter Aufruf 27.06.2020).

Bergmann, Jörg & Bruno Hildenbrand (2018): „Rezeption des Symbolischen Interaktionismus und der Ethnomethodologie in der deutschsprachigen Soziologie", in: Stephan Moebius & Andrea Ploder (Hrsg.): *Handbuch Geschichte der deutschsprachigen Soziologie*, Wiesbaden: Springer VS, S. 619–635.

Bremer, Helmut, Andrea Lange-Vester & Michael Vester (2014): „Die feinen Unterschiede", in: Gerhard Fröhlich & Boike Rehbein (Hrsg.): *Bourdieu-Handbuch: Leben – Werk – Wirkung*, Stuttgart: J.B. Metzler, S. 289–312.

Finger, Sascha (2016): „Carpe noctem: Forschen auf dem Strich – Reflexion ethischer und methodologischer Hürden", in: *Geographica Helvetica* 71 (3), S. 199–209 (letzter Aufruf 27.06.2020).

Harrison, Anthony Kwame (2018): *Ethnography* (Understanding Qualitative Research), New York: Oxford University Press.

Heiser, Patrick (2019): „Die Methodik: Ethnografie und teilnehmende Beobachtung", in: Patrick Heiser: *Meilensteine der qualitativen Sozialforschung: Eine Einführung entlang klassischer Studien*, Wiesbaden: Springer VS, S. 62–73.

Kliche, Helena & Vicki Täubig (2016): „Eine Ethnographie zu Schule in der Heimerziehung zwischen teilnehmender Beobachtung und beobachtender Teilnahme", in: Roland Hitzer, Simone Kreher, Angelika Poferl & Norbert Schröer (Hrsg.): *Old School – New School? Zur Frage der Optimierung ethnographischer Datengenerierung*, Essen: Oldib, S. 357–366 (letzter Aufruf 27.06.2020).

Kochinka, Alexander (2010): „Beobachtung", in: Günter Mey & Katja Mruck (Hrsg.): *Handbuch Qualitative Forschung in der Psychologie*, Wiesbaden: Springer, S. 449–461.

König, Anke (2013): „Videographie", in: Margrit Stamm & Doris Edelmann (Hrsg.): *Handbuch frühkindliche Bildungsforschung*, Wiesbaden: Springer VS, S. 817–829.

Lamnek, Siegfried (2010): „Teilnehmende Beobachtung", in: Siegfried Lamnek: *Qualitative Sozialforschung*, Weinheim: Beltz, S. 498–565.

Lautmann, Rüdiger (2011): *Justiz – die stille Gewalt: Teilnehmende Beobachtung und entscheidungssoziologische Analyse*, Wiesbaden: VS Verlag für Sozialwissenschaften.

Lüders, Christian (2009): „Teilnehmende Beobachtung und Ethnografie", in: *online Schrift von Fernuniversität in Hagen*, Fachbereich Kultur- und Sozialwissenschaften, Institut für Soziologie (letzter Aufruf 27.06.2020).

Reichertz, Jo & Carina Jasmin Englert (2011): *Einführung in die qualitative Videoanalyse*, Wiesbaden: VS Verlag für Sozialwissenschaften.

Schindler, Larissa & Michael Liegl (2013): „Praxisgeschulte Sehfertigkeit: Zur Fundierung audiovisueller Verfahren in der visuellen Soziologie", in: *Soziale Welt: Zeitschrift für Sozialwissenschaftliche Forschung und Praxis* 64 (1/2), S. 51–67.

Schmidt, Robert & Basil Wiesse (2019): „Online-Teilnehmer*innenvideo – ein neuer Datentyp für die interpretative Sozialforschung?" In: *Forum Qualitative Sozialforschung* 20 (2/22) (letzter Aufruf 27.06.2020).

Schnettler, Bernt & Alejandro Baer (2013): „Perspektiven einer Visuellen Soziologie: Schlaglichter und blinde Flecken einer aktuellen soziologischen Debatte", in: *Soziale Welt: Zeitschrift für Sozialwissenschaftliche Forschung und Praxis* 64 (1/2), S. 7–15.

Schupp, Maria Chaya (2019): *Die brothel-Prostitution in Mumbai (Indien): Blick in das Innere einer unbekannten Lebenswelt*, Berlin: Logos.

Schütze, Fritz (1994): „Ethnographie und sozialwissenschaftliche Methoden der Feldforschung: Eine mögliche methodische Orientierung in der Ausbildung und Praxis der Sozialen Arbeit?" In: Norbert Groddeck & Michael Schumann (Hrsg.): *Modernisierung sozialer Arbeit durch Methodenentwicklung und -reflexion*, Freiburg im Breisgau: Lambertus, S. 189–297.

Spittler, Gerd (2001): „Teilnehmende Beobachtung als Dichte Teilnahme", in: *Zeitschrift für Ethnologie* 126 (1), S. 1–25 (letzter Aufruf 27.06.2020).

Thierbach, Cornelia & Grit Petschick (2019): „Beobachtung", in: Nina Baur & Jörg Blasius (Hrsg.): *Handbuch Methoden der empirischen Sozialforschung*, Wiesbaden: Springer VS, S. 1165–1181 (letzter Aufruf 27.06.2020).

Wagner, Hans-Josef (2013): *Rekonstruktive Methodologie: George Herbert Mead und die qualitative Sozialforschung*, Wiesbaden: VS Verlag für Sozialwissenschaften.

Weigl, Matthias, Thomas Händl, Markus Wehler & Anna Schneideret (2020): „Beobachtungsstudie ärztlicher und pflegerischer Aktivitäten in der Notaufnahme", in: *Medizinische Klinik-Intensivmedizin und Notfallmedizin*, S. 1–8 (letzter Aufruf 27.06.2020).

6 Die Inhaltsanalyse

Wie die Beobachtung knüpft die Inhaltsanalyse an alltägliche, gewohnte Alltagspraktiken an. Sie ist allerdings in der Durchführung einfacher als die Beobachtung und im Zugang in der Regel an keine hohen Voraussetzungen geknüpft. Zudem findet sie oft en passant und unkontrolliert statt. Allerdings gibt es viele gut etablierte wissenschaftliche Verfahren, um Inhaltsanalysen durchzuführen. Sie bilden im Folgenden den zentralen Gegenstand dieses Kapitels.

Lernziel: Wir wollen in dieser Lerneinheit Einblicke geben, welche Bedeutung Inhaltsanalysen in der qualitativen Sozialforschung haben, wie sich qualitative und quantitative Inhaltsanalysen unterscheiden und wie sie sich kombinieren lassen.

6.1 Einleitung

Wer lesen gelernt hat oder Verkehrszeichen verstehen möchte, hat es bereits im Alltag mit Inhaltsanalysen zu tun. Die wissenschaftliche Form der Inhaltsanalyse geht ähnlich vor, nur auf einem wissenschaftlichen Interpretations- und Auswahlverfahren basierend und mit einem wissenschaftlichen Erkenntnisinteresse versehen.

Anders als die Beobachtung ist die Inhaltsanalyse kein aufwendiges oder besonders fehleranfälliges Verfahren, weshalb sie in den Sozialwissenschaften allgegenwärtig ist. Andere Fächer, wie z. B. die Geschichts- oder die Rechtswissenschaft und erst recht die Theologie, sind ganz und gar auf hermeneutische, auslegende Verfahren der Inhaltsanalyse angewiesen. Auch wenn sie in den Sozialwissenschaften allgegenwärtig ist, findet sie oft genug unkontrolliert und unsystematisch statt. So beenden wir z. B. nicht selten die Text- oder Studienauswahl für eine Haus- oder Abschlussarbeit, ohne uns beispielsweise hinreichend über die Auswahlkriterien oder über die Ein- und Ausschlusskriterien der Studien Gedanken gemacht zu haben.

Warum Inhaltsanalysen?

Inhaltsanalysen bieten uns Zugänge zur Beantwortung von Forschungsfragestellungen, welche schwer zu ersetzen sind. Protokolle, Gerichtsakten, Personalakten, Verwaltungsvorgänge, Autobiografien und Memoiren, aber auch Leaks und die sozialen Medien liefern oft Informationen, welche auf anderem Wege kaum in Erfahrung zu bringen wären. Wenn wir etwas über gesellschaftliche Entwicklungen wissen wollen, können wir z. B. akzidentelle Dokumente heranziehen und im Zeitverlauf analysieren.

Um zwei aktuelle Beispiele herauszugreifen: Wir können uns z. B. mit dem Einverständnis der katholischen Kirche Kirchenakten zu Missbrauchsvorwürfen der letzten 50 Jahre ansehen und so herausfinden, wie sich die Zahl von Beschuldigten und Betroffenen über die Zeit verändert hat und auch der Umgang der Kirche damit (vgl. Dreßing et al. 2018). Oder wir können Reden von führenden Vertreter*innen der NSDAP während des Nationalsozialismus, der NPD von 1996 bis 2008 und von Vertreter*innen der AfD heute vergleichen, um festzustellen, ob und inwiefern sich Wortschatz und Sprachgebrauch ähneln (vgl. Gebhard & Höcke 2019).

Viele Sachverhalte sind mittels Interviews z. B. mit Beschuldigten oder Opfern von Missbrauch ungleich schwerer herauszufinden und diese hätten den Nachteil, dass wir es mit retrospektiven Verarbeitungsformen der Befragten sowie Rechtfertigungsstrategien zu tun bekommen. Wenn wir überhaupt einen Zugang bekämen, müssten wir die Aussagen auch vor dem Hintergrund großer emotionaler Verzerrung analysieren. Wir würden dabei sicherlich viel über die Relevanzen der Interviewpartner*innen lernen, aber ein davon unabhängiger Zugang zum Sachverhalt würde uns fehlen. Panelbefragungen, also im zeitlichen Abstand wiederholte Befragungen derselben Personen, können zwar diese Defizite in Bezug auf das Nachzeichnen von Entwicklungen mittels Interviews teilweise korrigieren, sind aber sehr aufwendig in der Durchführung. Zugleich hätte man mit der „Panelmortalität" zu kämpfen, also z. B. damit, dass Proband*innen häufiger aus den sich wiederholenden Befragungen aussteigen. Man sieht somit, dass Inhaltsanalysen einen vergleichsweisen einfachen und in der Erhebung wenig fehleranfälligen Zugang für die empirische Sozialforschung eröffnen.

Da sich Inhaltsanalysen auf alles und jedes beziehen können, also z. B. auch auf Interviews oder selbstgeschriebene Texte, müssen wir zunächst festlegen, worauf wir uns in dieser Einführung in die Methode der qualitativen Inhaltsanalyse beziehen. Da wir die Auswertungsmethoden von

Interviews und von zu Zwecken der wissenschaftlichen Analyse angefertigten Dokumenten im Kapitel 8 dieses Buches besprechen, wollen wir uns in diesem Kapitel auf Dokumente beziehen, welche gerade nicht zum Zwecke der wissenschaftlichen Analyse erstellt wurden (sog. akzidentelle Dokumente), sondern für ganz andere, von der wissenschaftlichen Analyse unabhängige Zwecke.

Was sind akzidentelle Dokumente und wie gehen wir mit ihnen um?

Wenn man sich auf akzidentelle Dokumente konzentriert, bezieht sich die Methode der Inhaltsanalyse also auf Daten, die nicht wissenschaftlich, sondern z. B. durch die Praxis von Polizei, von Ermittlungsbehörden, Kirchen, Parteien etc. generiert sind. Solche Angaben z. B. in Strafakten, Personalakten oder Presseberichten können sehr weitgehend von tatsächlichen Ereignissen und Vorkommnissen abweichen (vgl. dazu Peter & Bogerts 2010: 46; Kersting & Erdmann 2014: 10), teilweise ohne dass wir bestimmen können, in welchem Ausmaß sie dies tun. Es kann sogar sein, dass sie wie z. B. bei „Fake News" gar nichts mit irgendwelchen Tatsachen zu tun haben. Wichtig ist es daher, die Ausrichtung und die Erfassungsmodalitäten der Agenturen, Organisationen oder Personen, welche die Daten generieren, zu analysieren. Nur so kann die Datenlage bei einer Inhaltsanalyse eingeschätzt und können die Dokumente in ihren Kontext eingeordnet werden. Wenn wir es z. B. mit Parteidokumenten, Presseberichten, Emails, Blogposts oder TikToks etc. zu tun bekommen, müssen wir immer die Darstellungslogik und die Relevanzsysteme in diesem Feld mit bedenken, welche das Material hervorbringen. Eine Inhaltsanalyse der akzidentellen Dokumente erlaubt zunächst einmal Rückschlüsse auf die Medien, Organisationen, Akteure und wie diese bestimmte Themen darstellen, nach welchen Verfahren sie Texte oder Bilder generieren sowie welche Relevanzen von ihnen gesetzt werden. Erst in aufwendigen qualitativen Verfahren kann man – immer noch mit großer Vorsicht – auf dahinterliegende gesellschaftliche Deutungsmuster oder individuelle Sinngebungen schließen. Wenn z. B. Gerichte durch Urteile Fakten schaffen, dann können wir in einer Inhaltsanalyse der Gerichtsurteile viel über die vom Gericht geschaffenen Fakten sagen. Doch wenn das Gericht zum Beispiel die festgestellten Motive des*der Angeklagten konstatiert, so sagt dies womöglich nichts über die „wahren Motive" aus, sondern eben nur über die vom Gericht juristisch zugerechneten. Diese Differenz gilt es im Blick zu behalten. Auch Presseberichte arbeiten zum Beispiel mit

Motivzurechnungen, die nicht mit den empirisch tatsächlich zur Geltung kommenden Motivlagen zu verwechseln sind. Das hört sich einfach an, jedoch kommt es in inhaltsanalytischen Arbeiten immer wieder zu solchen Verwechslungen.

6.2 Qualitative und quantitative Inhaltsanalyse

Die Inhaltsanalyse ist allgemein eine Methode, welche z. B. sprachliche Eigenschaften eines Textes „objektiv" und „systematisch" identifiziert und beschreibt, um daraus Schlussfolgerungen auf nicht-sprachliche Eigenschaften von Personen und gesellschaftlichen Aggregaten zu ziehen (vgl. Mayntz et al. 1974: 151).

Quantitativ	Qualitativ
• hohe Zahl an Dokumenten	• geringe Zahl an Dokumenten
• Auszählungsvorgänge	• Möglichkeit hermeneutischer Interpretation
• explizierte, manifeste Kommunikationsinhalte	• latente, manifeste Kommunikationsinhalte
• häufig ohne Kontextbezug	• kontextbezogen
• Festlegung von Dimensionen, Kategorien und Codierungen	• Entwicklung von Dimensionen, Kategorien und Codierungen

Tabelle 4: Inhaltsanalyse Qualitativ-Quantitativ. Orientiert an Lamnek 2010: 445

In der quantitativen Herangehensweise richtet sich die Inhaltsanalyse vorrangig auf akzidentelle Dokumente und zieht diese in großer, möglichst repräsentativer Anzahl heran. Für qualitative Analysen reicht oft eine geringere Zahl an Dokumenten, z. B. genau so viele, bis eine theoretische Sättigung erreicht ist.

Die quantitative Herangehensweise konzentriert sich auf Auszählungs- und Bewertungsvorgänge von manifesten Kommunikationsinhalten. So kann sie zum Beispiel zählen, wie oft in AfD-Verlautbarungen die Wörter „Lebensraum" oder „Volk" oder „Flüchtlinge" vorkommen, und daraus versuchen, auf die Programmatik der AfD zu schließen. Oder sie kann in Reden und Twitter-Nachrichten von Kandidat*innen in einem demokratischen

6.2 Qualitative und quantitative Inhaltsanalyse

Wahlverfahren (z. B. Trump und Biden) zählen, wie oft politische Gegner mit negativen Attributen versehen werden, dies mit den Gegenkandidat*innen vergleichen und so etwas über die Wahlkampfstrategien von Kontrahenten lernen. Dies könnte man dann im gleichen Vorwahlzeitraum mit dem Wahlkampf z. B. von Donald Trump und Hillary Clinton vergleichen oder auch mit den Wahlkampfstilen anderer populistischer Regenten wie jenem Jair Bolsonaros in Brasilien. Demgegenüber würde eine qualitative Inhaltsanalyse keine Wörter zählen, sondern die Sinngebungen zu dechiffrieren versuchen, die mit dem Gesagten verbunden sind.

Nicht nur was manifest gesagt wird, ist von Bedeutung, sondern auch, was latent gemeint ist. Dazu bedarf es der Kunst der Auslegung, also eines hermeneutischen Aktes, der methodisch kontrolliert und intersubjektiv validiert in der systematischen Interpretation des Gesagten vollzogen wird.

Für die quantitative Herangehensweise ist es nicht selten der Fall, dass die Kontexte, in denen diese Reden, Verlautbarungen oder Twitter-Nachrichten stehen bzw. in welchen diese entstanden sind, nicht ausführlicher in die Analyse einbezogen werden. Dies ist in der qualitativen Inhaltsanalyse anders: Hier ist der Kontextbezug substanziell. Nur aus dem Kontext heraus kann man das Gemeinte rekonstruieren und dieser muss den hermeneutischen Akt anleiten.

Allerdings können die Kontexte auch in der Interpretation der Ergebnisse der quantitativen Inhaltsanalyse wieder wichtig werden, insbesondere wenn man z. B. akzidentelle Dokumente im längeren Zeitverlauf auswertet. Wie in der quantitativen Sozialforschung üblich, geht man an Theorien und Hypothesen orientiert vor und legt die Kategorien und die Codierung im Vorhinein fest. Es gibt genaue Anweisungen, wie z. B. „negative Attribute" operationalisiert wird, also ob z. B. ironische Diffamierungen als „negative Attribute" kategorisiert werden. In der qualitativen Inhaltsanalyse hingegen werden die Kategorien und Dimensionen aus dem Material heraus entwickelt. Dazu gibt es verschiedene Verfahren der Codierung, von denen wir eines bereits bei der Grounded Theory (siehe Toolbox 3: Codierverfahren im Kontext der Grounded Theory) kennengelernt haben.

Wie lassen sich qualitative und quantitative Verfahren der Inhaltsanalyse kombinieren?

Aufgrund dieser Unterschiede in der Vorgehensweise zwischen quantitativ und qualitativ verfahrender Inhaltsanalyse gibt es auch viele Kombinationsmöglichkeiten beider Verfahren. Wir wollen im Folgenden kurz aufzeigen, wie eine solche Kombination aussehen könnte. Wir beziehen uns dabei auf eine quantitative Inhaltsanalyse von akzidentellen Dokumenten, welche in den letzten Jahren weltweit großes Aufsehen erregt hat. Es ging dabei um die Erhebung und Analyse von Kirchenakten zu den Missbrauchsvorwürfen in der katholischen Kirche. Sie wurde u. a. von Dieter Dölling, Harald Dreßing, Dieter Hermann und Andreas Kruse durchgeführt. Sie war zugleich mit einer qualitativen Interviewstudie verbunden und kann deshalb hier als ein Beispiel für eine Methodenkombination von quantitativer und qualitativer Inhaltsanalyse herangezogen werden.

Methodenmix 6: Missbrauch in der katholischen Kirche – Zur Verbindung von qualitativen und quantitativen Inhaltsanalysen

Mittels der Sichtung von Personalakten der katholischen Kirche wurde in dieser Studie im Zeitraum von 1946–2014 bei 1.670 katholischen Geistlichen in Deutschland Vorwürfe des sexuellen Missbrauchs von Minderjährigen festgestellt – das entspricht einem Anteil von 4,4 %. Die Zahl der Betroffenen belief sich auf 3.677 Kinder und Jugendliche — 62,8 % davon waren Jungen und 34,9 % Mädchen. Die quantitative Analyse der Akten brachte damit zum ersten Mal Zahlen zu dem Ausmaß des Missbrauchs in der deutschen katholischen Kirche zum Vorschein, welche allgemein mit Erschrecken zur Kenntnis genommen wurden. Aber nicht so sehr diese Zahlen und ihre Auswertung stehen hier im Vordergrund, sondern wir konzentrieren uns im Folgenden auf den Umgang der katholischen Kirche mit den des Missbrauchs beschuldigten katholischen Priestern. Auch dazu liefert die quantitative Inhaltsanalyse Daten. So stellen die Autoren fest, dass 53 % dieser Vorwürfe kein kircheninternes kanonisches Verfahren durchliefen (vgl. Dreßing et al. 2018: 294) und nur 19,4 % in Strafanzeigen von Vertretern der katholischen Kirche mündeten (vgl. Dreßing et al. 2018: 297). Mehr als 13 Jahre vergingen von der Tat bis zur Ermittlung und sogar 22 Jahre bei den innerkirchlichen Verfahren (vgl. Dreßing et al. 2018: 298). Damit wurde klar, dass die katholische Kirche in Deutschland den Missbrauchsvorwürfen nicht konsequent nachging. Mehr noch: Angeklagte Diözesanpriester wurden häufiger in der Diözese (durchschnittlich 4,4-mal im Vergleich zu 3,6-mal) und zwischen den Diözesen versetzt (vgl. Dreßing et al. 2018: 304). Und noch gravierender: Die Mehrzahl der Versetzungen fand ohne Information der aufnehmenden Diözese statt (für den ganzen Bericht siehe Dreßing et al. 2018; siehe auch Pohlmann & Höly 2019). Diese Vorgehensweise der katholischen Kirche ist soziologisch erklärungsbedürftig. Da die Taten bzw. Tatvorwürfe einen hohen moralischen Aufforderungscharakter haben, ist sowohl das langjährige Schweigen der Kirchenangehörigen erklärungsbedürftig als auch dass die Kirche als Organisation teilweise mit Versetzungen der Beschuldigten in andere Diözesen reagierten, ihnen also praktisch wieder neue Opfer zuführte. Geht man davon aus, dass in der kirchlichen Administration und Hierarchie keine Sadisten sitzen, die sich am Missbrauch von Kindern erfreuen, müssen sich Regeln, Normen und Deutungsroutinen etabliert haben, welche die Ignoranz gegenüber den Folgen einer Versetzung erst möglich gemacht haben. Die einfache Annahme, dass es sich dabei nur um ein gezielt strategisches Handeln von Entscheidungsträgern der Kirche handelte, unterschätzt unseres Erachtens den moralischen Aufforderungscharakter der Taten und überschätzt den Zynismus der Kirchenverantwortlichen.

Eine Erklärung dafür gibt es in der Studie selbst nur in Ansätzen. Bei diesem Erklärungsproblem kann nun eine Methodenkombination ansetzen. Um diese Vorgehensweise der katholischen Kirche besser zu verstehen, kann man z. B. eine qualitative Inhaltsanalyse nicht nur von Personalakten, sondern auch von internen Protokollen, internen Verlautbarungen sowie innerkirchlichen Stellungnahmen – soweit diese mit dem Einverständnis der katholischen Kirche verfügbar sind – durchführen. Auch Sekundärauswertungen der qualitativen Interviews mit Kirchenangehörigen und Priestern, welche ebenfalls in der Studie zu einem anderen Thema durchgeführt wurden, können sich bei diesem Erklärungsproblem als sehr hilfreich erweisen.

In der hier angestrebten Kombination verschiedener Methoden liefert uns die quantitative Inhaltsanalyse also die genaue Bestimmung des Erklärungsproblems sowie des Ausmaßes, in dem dieses Problem auftritt. Wir können es auf ihrer Grundlage exakt fassen und die Fragen konkret und evidenzbasiert stellen: Warum wurden nur in rund der Hälfte der Fälle interne Verfahren eingeleitet und ist es nur in rund einem Fünftel der Fälle zu Strafanzeigen gekommen? Welche Mechanismen sorgten in der Organisation der Kirche dafür, dass in einer relevanten Zahl von Fällen eine Versetzung der Beschuldigten praktiziert wurde, welche das Missbrauchsrisiko nicht verminderte? Warum schweigen die Kirchenangehörigen in der Mehrzahl der Fälle gegenüber der aufnehmenden Diözese? Diese Fragen kann die quantitative Inhaltsanalyse selbst jedoch nicht beantworten, weil dazu in der Regel keine manifesten Inhalte in den Personalakten vorhanden sind.

Mit einer solchen Vorgehensweise wählen wir eine sequenzielle Vorgehensweise der Methodenkombination. Das heißt, die einzelnen Erhebungsschritte werden von uns nicht gleichzeitig durchgeführt, sondern nacheinander (vgl. Hussy et al. 2010: 285). Die Datenarten sind in diesem Mixed-Methods-Design nicht gleichgewichtet, sondern die quantitative Inhaltsanalyse hat „Vorfahrt". Die qualitative Inhaltsanalyse sowie die Sekundäranalyse der Interviews können erst nachgelagert stattfinden. Zuvor besteht kein Wissen über diese Praxis der katholischen Kirche. Damit orientieren wir uns an einem **eingebetteten Design** der Methodenkombination. Wir verfolgen also kein Triangulationsdesign, bei dem beide Untersuchungsschritte gleichzeitig stattfinden und sich auf den gleichen Untersuchungsgegenstand beziehen. Wir stellen stattdessen verschiedene Forschungsfragen, die aber aufeinander aufbauen. Wir wollen Aufschluss über die Mechanismen erhalten, die den quantitativ ermittelten Zusammenhängen zugrunde liegen (vgl. Hussy et al. 2010: 291). Diese Variante des eingebetteten Designs wird in der Methodenkombination „korrelatives Design" genannt und würde sich u. E. in diesem Falle besonders anbieten (siehe dazu auch Kapitel 3.5, Information 2: Vier Designs von Methodenkombinationen).

Eine qualitative Inhaltsanalyse von internen Protokollen und Stellungnahmen kann dann u. E. weiterhelfen, die formalen Mechanismen in der Organisation katholische Kirche, ihre Begründungen sowie ihre informelle Handhabung offenzulegen und genauer zu bestimmen, welchen kognitiven und normativen Mustern diese folgen. Dies zeigt auch das jüngst vorgelegte Rechtsgutachten der Kanzlei Gercke und Wollschläger zum Umgang mit Missbrauchsvorwürfen im Erzbistum Köln (siehe dazu Gercke et al. 2021; Gercke & Stirner 2021; Pohlmann & Höly 2021). Eine qualitative Interviewanalyse mit Beschuldigten und Kirchenangehörigen kann ergänzend einen Zugang zur informellen Seite der Organisation eröffnen, also zu den ungeschriebenen Regeln und selbstverständlich gewordenen Deutungsmustern, welche hier ins Spiel kommen. Sie muss sich auch auf die latenten Inhalte beziehen

6.2 Qualitative und quantitative Inhaltsanalyse

und diese mit einer anders ausgerichteten Fragestellung sowie einem qualitativen Verfahren analysieren.

Wie lassen sich manifeste und latente Kommunikationsinhalte unterscheiden?

In der qualitativen Herangehensweise stehen nicht nur manifeste, sondern auch latente Kommunikationsinhalte im Vordergrund. Es wird also entlang der alltäglichen Operation des Verstehens nicht nur analysiert, was in einem Text steht (manifest), sondern auch, was zwischen den Zeilen zu lesen ist (latent). Bei latenten Kommunikationsinhalten werden auch implizite Botschaften oder hintergründige Deutungsmuster in den Vordergrund gerückt.

Zwischen den Zeilen zu lesen oder die Unterscheidung zwischen der Sachinformation und Mitteilung – beispielsweise im Falle von Ironie – handhaben zu können, gehört zu unserem Alltag. Nehmen wir an, dass ein Teenager aufgefordert wird, sein Zimmer aufzuräumen und er wirft einfach seine Sachen in den Schrank. Wir sind die Eltern und sagen, als wir es entdecken: Das hast du ja wieder super gemacht! Dann ist das – für viele erkennbar und den Teenager einfach verstehbar – Ironie. Während jüngere Kinder das noch nicht verstehen können, dechiffrieren ältere Kinder, dass die Sachinformation (man wird gelobt) von der Mitteilung ins Gegenteil verkehrt wird. Die Botschaft der Eltern ist: Das hast du (mal wieder) nicht so gut gemacht. Das ist Alltag in der Kommunikation und daher ist man mit dem Erwachsenwerden darauf angewiesen, Mitteilungen verstehen zu können. Insofern gibt es einen alltäglichen Druck auf die Entwicklung unserer hermeneutischen Kompetenzen. Wir können uns dies an einem weiteren Übungsbeispiel verdeutlichen:

Übung 7: Der Mülleimer steht noch draußen – Information, Mitteilung und Verstehen

Machen wir also wieder eine kleine Übung, um „Verstehen" besser zu verstehen. Nehmen wir an, eine Frau sagt zu ihrem Ehemann, als dieser nach Hause kommt: „Der Mülleimer steht noch draußen." Welche Information enthält diese Aussage Ihres Erachtens und welche Mitteilung bzw. Botschaft oder welchen Appell? Wie könnte der Ehemann antworten?

Hinweise zur Beantwortung 7: Der Mülleimer steht noch draußen – Information, Mitteilung und Verstehen

Wenn wir mit Luhmann Informationen als Daten oder Aussagen mit Neuigkeitswert betrachten, beinhaltet diese Information im Sachaspekt die Neuigkeit, dass der Mülleimer noch draußen steht (Luhmann 1984: 194f.). Aber wir alle verstehen, ohne groß darüber nachzudenken, dass hinter dieser Information auch eine Mitteilung steckt und wir können sie aufgrund unserer lebensweltlichen Erfahrung – auch wenn wir alleine leben – einfach dechiffrieren: Bringe (bitte) den (geleerten) Mülleimer an seinen Ort zurück.

Diese Handhabung von Information und Mitteilung ist für uns im gleichen kulturellen Kontext einfach. Darum können wir auch – allerdings in unterschiedlichen Ausmaßen – Ironie verstehen. Erst wenn die Mitteilung verstanden wird, ist auch das Verstehen als Nachvollzug des gemeinten Sinnes vollzogen. Wir können dabei natürlich nicht wissen, ob die Ehefrau dies wirklich so gemeint hat, aber wir arbeiten einfach mit der Unterstellung, dass dem so sei – bis auf Widerruf. Das macht jedes Verstehen oder jede Kommunikation leichtgängig (vgl. Luhmann 2001: 130).

Versetzen wir uns nun in die Rolle des Ehemannes. Was könnten wir an seiner Stelle antworten, wenn wir der Meinung sind, dass dies nicht unsere Aufgabe sei, aber wir die Situation nicht eskalieren lassen wollen?

Eine Reaktion auf der Sachebene, welche die Information bestätigt („Ja, es stimmt, der Mülleimer steht draußen"), würde wahrscheinlich auf der Mitteilungsebene als Provokation aufgefasst (vgl. Luhmann 1992: 25; Watzlawick et al. 1969: 53ff.; siehe dazu auch das das Kommunikationsquadrat von Schulz von Thun 1981). Auch der negative Bezug auf die Mitteilungsebene („Bringe ihn doch bitte selbst ins Haus!") wäre nicht sehr elegant und könnte zur Eskalation führen. Vielleicht könnte der Ehemann signalisieren, dass er die Mitteilung verstanden hat und sagen: „Es tut mir leid. Aber ich hatte heute so viel zu tun, dass ich ziemlich fertig bin". Damit negiert er indirekt den Appell, appelliert selbst an ihr Mitgefühl und lässt diplomatisch offen, wie es jetzt weitergeht – in der Hoffnung, dass er es nicht tun muss.

In jeder Kommunikation bedeutet Verstehen unter Erwachsenen, dass wir den Unterschied zwischen Information und Mitteilung handhaben können. Wir können dabei nicht mit Sicherheit wissen, was in einer anderen Person vor sich geht. Wir müssen verstehen, d. h. den gemeinten Sinn nachvollziehen, weil wir genau das nicht wissen können.

Wir wollen uns im Folgenden dem „Zwischen-den-Zeilen-Lesen" und dem Auslegen von Texten als Basis der qualitativen Inhaltsanalyse weiter annähern und dabei ein erstes hermeneutisches Verfahren der Inhaltsanalyse kennenlernen, ohne dass wir dieses gleich in aller Ausführlichkeit durchführen wollen. Es dient vielmehr der Sensibilisierung dafür, wie die qualitative Inhaltsanalyse vorgeht und wie sie unsere Auslegungskompetenzen zum Einsatz bringt.

6.3 Qualistative Inhaltsanalyse eines Politikerinterviews im ZDF – ein Anwendungsbeispiel

Um dies zu verdeutlichen, nehmen wir das Beispiel des AfD-Politikers Björn Höcke auf. Wir beziehen uns auf das, was dieser in einem abgebrochenen ZDF-Interview 2019 zu seiner Sprache und seinem Wahlkampf sagte (vgl. Gebhard & Höcke 2019). Unser Ziel ist es, mehr über die Sprache und die Deutungsweisen rechtsorientierter Politiker*innen in Deutschland zu erfahren und zugleich die Herangehensweise bei einer qualitativen Inhaltsanalyse mit hermeneutischem Anspruch näherungsweise kennenzulernen.

In der qualitativen Inhaltsanalyse sehen wir uns zunächst den Text in seinem manifesten Gehalt genauer an und vollziehen dann „hermeneutisch" die zugrundeliegende, mehr oder weniger hintergründige Sinngebung nach. Wir orientieren uns zu Übungszwecken dazu an der Sequenzanalyse, auch wenn wir diese nicht in allen Einzelschritten durchführen werden.

> **Information 10: Die Sequenzanalyse**
>
> Die Sequenzanalyse ist ein Interpretationsverfahren, so fassen es Kurt und Herbrik (2019: 481) zusammen, „das den Sinn jeder Art menschlichen Handelns Sequenz für Sequenz, also Sinneinheit für Sinneinheit, in der Linie des ursprünglichen Geschehens zu rekonstruieren versucht.

Geleitet wird die Sequenzanalyse von der Annahme, dass sich im Nacheinander des Handelns – also auch des Sprechens, Schreibens und Filmens – Sinnzusammenhänge realisieren. Der hermeneutische Ansatz, das Einzelne als Teil eines Ganzen zu denken, überspannt in der Sequenzanalyse das konkrete menschliche Handeln hypothetisch mit einer alle Handlungsschritte umfassenden Sinngestalt". Wir müssen dazu eine hermeneutische Haltung einnehmen, d. h. nicht schnell verstehen wollen, interesselos und distanziert vorgehen, alles infrage stellen und nicht Neues auf Bekanntes zurückführen, sondern umgekehrt das scheinbar Selbstverständliche als fremd und unbekannt ansehen. Auch hier geht es wieder um die Herstellung von Naivität, um eine Abkehr von der „natürlichen Einstellung" (siehe dazu Übung 2: Durch Reduktion zum naiven Blick). Wir streben im Verfahren nach Mehrdeutigkeit und nicht nach Eindeutigkeit. Die Sequenzanalyse dient nicht der Verarbeitung großer Datenmengen, sondern ist umgekehrt darauf ausgerichtet, dichte „Schlüsselsequenzen" intensiv auszudeuten.

Toolbox 9: Erste Schritte im Verfahren einer hermeneutischen Sequenzanalyse

1. **Sequenzbestimmung**: Wir wählen eine Sequenz des Textes (oder Videos etc.) aus. Wir können dabei willkürlich vorgehen und eine Sequenz auswählen, die unseren Forschungsinteressen am meisten zu entsprechen scheint.
2. **Hypothesenentwicklung**: Wir stellen unser Vorwissen und unser Kontextwissen zurück und entwickeln am ausgewählten Material verschiedene Lesarten. Mit diesen Lesarten entwickeln wir unsere möglichen Interpretationshypothesen:
    - *Grammatische Interpretation:* Wortbedeutung (etymologischer, buchstäblicher, metaphorischer Sinn), Satzbau, Textart etc. analysieren und Paraphrasierungen formulieren: Wie hätte das Gleiche alternativ ausgedrückt werden können?
    - *Sachliche Interpretation:* Worum geht es?
    - *Soziologische Interpretation:* Wer sagt das wann, wo, wie, zu wem, warum in welcher Situation? Was könnte vorangegangen sein? Was könnte nun folgen? Auf welches soziale Problem wird wie reagiert?

- *Psychologische Interpretation:* Was denkt, fühlt, will der Handelnde? Welche Weil-Motive und welche Um-zu-Motive liegen seinem Verhalten zugrunde (Schütz 2004) und was hätte der Handelnde stattdessen wollen oder tun (bzw. lassen) können?
- *Kulturelle Interpretation:* Wie ist die Handlungssituation kulturell codiert? (Hier ist nach Werten, Ideen, Symbolen und Weltanschauungen zu fragen.)
3. **Hypothesenprüfung**: Überprüfung der Interpretationshypothesen entlang der verschiedenen Lesarten:
    - anhand der Folgesequenzen (innerer Kontext) und/oder
    - anhand des Handlungskontextes (äußerer Kontext).
4. **Verallgemeinerung**: Wir fragen uns, ob hinter diesem Fall ein allgemeiner Typus im Umgang mit einem gesellschaftlichen Bezugsproblem steckt bzw. wofür dieser Fall und unsere Interpretationshypothesen stehen.

Wir haben ein Interview aus dem AfD-Kontext als Beispiel ausgewählt, weil sie uns geeignet erschien, um mehr über die Sprache und die dem Rechtspopulismus zugrundeliegenden Deutungsmuster in Erfahrung zu bringen und zu verstehen, mit welchen Sinngebungen dieser einhergeht.[13] Wir illustrieren im Folgenden die Durchführung einiger der Schritte. Eine

---

13 „Neuere Analysen der Abteilung Demokratie und Demokratisierung zeigen, dass die AfD auf der Ebene ihrer Kandidaten und ihres politischen Programms im Vergleich zu anderen Parteien eindeutig als rechtspopulistisch einzustufen ist" (Vehrkamp 2017: 17 f.). „Diese Analyse ergab für die empirische Verortung von AfD-Wählern vor der Bundestagswahl 2017 folgendes Bild: Deutlich mehr als die Hälfte (56 Prozent) sind nach der hier verwendeten Definition Populisten, ein weiteres Drittel (32 Prozent) ist populismusaffin. Das heißt: Fast neun von zehn aller AfD-Wähler vertreten populistische Einstellungen" (Vehrkamp 2017: 18). „Zusammenfassend zeigt sich: Fast neun von zehn AfD-Wählern sind populistisch eingestellt, und mehr als zwei Drittel verorten sich rechts von der Mitte. Die Wahrscheinlichkeit, dass ein Wahlberechtigter die AfD wählt, steigt mit seinem zunehmenden Grad der Rechtsorientierung und seiner Populismusneigung von nahe null Prozent bei linken Nicht-Populisten auf mehr als 60 Prozent bei stark rechtsorientierten Populisten. Ein typischer Rechtspopulist hat damit eine um mehr als sechsfach höhere Wahrscheinlichkeit, die AfD zu wählen, als der Durchschnitt aller Wähler. Umgekehrt formuliert: Der typische AfD-Wähler ist ein Rechtspopulist, die AfD ist auch mit Blick auf ihre Wählerschaft eine eindeutig rechtspopulistische Partei" (Vehrkamp 2017: 20).

komplette Durchführung und Wiedergabe der Analyse würde den Rahmen dieses Buches sprengen (siehe dazu Lösung der Übung für Zuhause 6: Die Inhaltsanalyse).

1. **Sequenzbestimmung:** Die Auswahl einer Sequenz orientiert sich dann an dem erwarteten Beitrag zur Fragestellung. Die Auswahl kann willkürlich erfolgen und ist nicht problematisch, weil ohnehin der gesamte Beitrag analysiert wird. Um das Bedeutungspotential einer gewählten Sequenz zu ergründen, wird diese zunächst isoliert betrachtet.[14] Eine Sequenz zu isolieren, bedeutet praktisch, alle folgenden Sequenzen abzudecken bzw. sie gedanklich nicht zu berücksichtigen.

„Und ich finde es gut, wenn wir wieder Politiker haben, die auch den Mut haben, sich originell zu äußern und vielleicht auch eine Sprache verwenden, die manchmal vielleicht etwas zu sehr ins Poetische geht, auch das muss zulässig sein. Das darf nicht alles glatt geschmirgelt sein und einem zeitgeistigen Formalismus unterworfen sein und dann noch moralisiert werden. Das geht nicht. Das widerspricht meinem Gefühl von Freiheit, die ich auch leben möchte. Und ich glaube, das ist auch, was die meisten Menschen im Land gern wieder leben wollen. Freiheit" (Gebhard & Höcke 2019: 19:20 min).

Der gesamte, teilweise bekannte Kontext des Handlungszusammenhangs von Björn Höcke, in dem dieses Interview mit ihm im ZDF steht, wird nun ausgeblendet. Wir tun so, als ob wir nicht wüssten, in welchen Kontext die Sequenz gehört und in welchem Zusammenhang sie geäußert wurde. Wir versuchen also, möglichst unbedarft, unwissend und frei von Vorurteilen an den Text heranzugehen. Normalerweise würden wir dies in einer Interpretationsgemeinschaft und ausführlich tun. Hier müssen ein paar Hinweise und Fingerzeige genügen.

2. **Hypothesenentwicklung:** Wir setzen die Sequenzanalyse als interpretativen Durchgang durch verschiedene Lesarten fort.

(a) Wenn wir zunächst auf die Sprache eingehen (siehe dazu Niehr & Reissen-Koch 2018), also mit einer grammatischen Lesart beginnen, stellen

---

14 Wo Sequenzen beginnen und enden, bestimmen die Interpretierenden. Je nach Datenmaterial kann eine Sequenz beispielsweise ein Wort, ein Halbsatz oder ein ganzer Satz sein. Häufig ist es sinnvoll, zu Beginn einer Interpretation sehr kurze Sequenzen auszuwählen und erst im Fortgang des hermeneutischen Prozesses etwas längere Sequenzen zu definieren (vgl. Kurt & Hebrik 2019: 483).

sich folgende Aufgaben: Wir müssen die Wortbedeutung (etymologischer, buchstäblicher, metaphorischer Sinn), Satzbau, Textart etc. analysieren und Paraphrasierungen formulieren: Wie hätte das Gleiche alternativ ausgedrückt werden können?

Ohne hier auf alle Aspekte eingehen zu wollen, fällt uns z. B. in einem ersten Zugriff auf, dass das explizierte „Ich" bereits zu Anfang des Textes mit einem Diktum verbunden wird: „Und ich finde es gut". Dies leitet eine Stellungnahme ein. In jedem weiteren Satz taucht ein solches Diktum auf: „das muss zulässig sein", „Das darf nicht alles glatt geschmirgelt sein", „Das geht nicht" usf. Es ist also in einer ersten Lesart ein Text, in welchem die demonstrative Pointierung mit einem: Ich weiß, was ich will und was andere wollen! das zentrale Stilmittel ist. Alternativ hätte das Gleiche z. B. mit stärkerem Ich-Bezug und geringerem Allgemeinbezug ausgedrückt werden können, z. B. mit Formulierungen wie: Für mich stellt sich das so und so dar! Für andere mag das anders sein. Zudem hätten die Aussagen auch mit mehr Vorsicht und Zweifel erfolgen können. Aber die explizierte Meinungsbekundung ist klar und bestimmt. Sie wird ohne artikulierte „Selbstzweifel" oder „Unsicherheiten" formuliert. Die Sprache ist vergleichsweise elaboriert („Zeitgeistiger Formalismus") und die Metaphern („glatt geschmirgelt") entgleisen nicht. Die grammatische Lesart lässt auf die Sinngebung in einem gebildeten Umfeld schließen, in der das „Zu-Sagen-haben" eine zentrale Rolle spielt.

(b) Neben der Sprache wollen wir daher in der sachlichen Lesart (Frage: Worum geht es?) die drei zentralen Argumente bzw. Botschaften hervorheben: 1. Politiker, die den Mut haben, sich auch in der Sprache originell zu äußern, sind gut. 2. Eine moralisierte Unterwerfung unter einen „zeitgeistigen Formalismus" geht nicht. 3. Der Autor und die meisten Menschen im Land wollen wieder in Freiheit leben. In dieser sachlichen Lesart kommt zum Ausdruck, dass der Text in seiner Aussagenlogik von der Gegenüberstellung mutiger Politik und unterdrückender Verhältnisse lebt und sich damit einer Rhetorik des Freiheitskampfes bedient. Dieser findet zwar nur gemäßigt Ausdruck, aber ist zugleich klar und abgeklärt in Botschaft und Rhetorik.

(c) In der soziologischen Lesart geht es darum: Wer sagt das wann, wo, wie, zu wem, warum in welcher Situation? Was könnte vorangegangen sein? Was könnte nun folgen? Auf welches soziale Problem wird wie reagiert? Der Text geht von einer Person aus, die sich auf eine Gemeinschaft bezieht („wir") und für diese spricht. Der Adressat ist die Allgemeinheit; der Text scheint zum einen ein Rechtfertigungstext zu sein und zum anderen eine politische Positionierung im Raum der Unterdrückung. Ort und Zeit gehen aus dem Text nicht hervor. Vorangegangen könnte eine Kritik von außen sein, nachfolgen könnte eine Konkretisierung der politischen Positionierung der Person. Im Mittelpunkt steht das soziale Problem der Unterdrückung. Darauf reagiert der Text.

Die Sequenzanalyse sieht hier noch weitere Lesarten vor, welche hermeneutisch ausprobiert werden können (siehe Toolbox 9: Erste Schritte im Verfahren einer hermeneutischen Sequenzanalyse). Dazu gehören u. a. die *psychologische Interpretation* sowie die *kulturelle Interpretation*, auf welche wir hier verzichten. Die Anwendung dieser Lesarten kann je nach Forschungsinteresse erweitert oder reduziert werden.

Die verschiedenen Lesarten stellen, wie in unserem Fall, bereits erste Interpretationshypothesen dar oder können weiter als Interpretationshypothesen formuliert werden.

3. **Hypothesenprüfung:** Sie bezieht sich darauf, wie diese Lesart im Text weitergehen könnte und welche Lesarten dann durch den Text falsifiziert werden. Nun geht es nicht mehr um die Generierung neuer Deutungen, sondern um die Suche nach Textstellen, mit denen die favorisierte Deutung falsifiziert werden kann (vgl. Kurt & Herbrik 2019: 486). Der Text dient damit als objektive Korrekturinstanz für die Lesarten (vgl. Kurt & Herbrik 2019: 485; siehe auch Information 10: Sequenzanalyse und Schütze 1982).
Diese Hypothesenprüfung findet im zweiten Schritt auch entlang des Handlungskontextes statt. In der qualitativen Inhaltsanalyse muss also auch eine Kontextuierung vollzogen werden, um besser verstehen und erklären zu können, wie es zu solch einer Darstellungsform in einem medialen Interview kommt. Der Bezug auf den faktischen Kontext ist deswegen wichtig, weil „die strukturelle inhaltliche Beschreibung die einzelnen zeitlich begrenzten Prozeßstrukturen des Lebenslaufs […] herausarbeitet" (Schütze 1983: 286): So ist der Autor zu diesem Zeitpunkt AfD-Fraktionsvorsitzender in Thüringen und gilt als Vertreter des rechten Flügels dieser Partei. Die AfD wird aufgrund rechtsextremer Tendenzen zwei Jahre später vom Verfassungsschutz beobachtet (vgl. Zimmermann 2021). Sie gewinnt in der dem Interview nachfolgenden Landtagswahl in Thüringen 23,8 % und wird damit die zweitstärkste Partei im Landtag nach ‚Die Linke'.

Aber ebenso wird nun auch der Bezug zum wissenschaftlichen Kontext der Analyse des Rechtspopulismus hergestellt. Hier wird Faktenwissen und wissenschaftliches Wissen einbezogen. So werden in der Sequenz sowie im gesamten Interviewtext drei typische Elemente eines rechtspopulistischen Diskurses aufgenommen: der Bezug zum Volk, dem ein Negativbild der „politischen Eliten", des Establishments gegenübergestellt wird; eine Identitätspolitik, in der eine bedrohte Gemeinschaft konstruiert wird, und ein Bezug auf starke Führerpersönlichkeiten, welche dem Prozess der Wiederherstellung der Gemeinschaft eine Richtung geben soll (vgl. 8.4 Deutungsmuster des Rechtspopulismus: Ein Anwendungsbeispiel; siehe dazu auch Schellenberg 2014; Salzborn 2018; Makovec 2020: 185–347; Quent 2020).

4. **Generalisierung:** Ist schließlich eine Lesart und mit dieser eine Strukturhypothese gefunden, die dem Text standhält, so Kurt und Herbrik (2019), dann wird der Fallvergleich mit anderen Interviews des Politikers sowie aus dem Kontext des Rechtspopulismus durchgeführt, bis eine theoretische Sättigung erreicht ist. Zugleich werden nach einer solchen Fallanalyse auch in fallvergleichender Weise andere Dokumente herangezogen, wenn auch in viel geringerer Anzahl als bei einem quantitativen Verfahren. Die Dimensionen, Kategorien und Codierungen werden im Durchgang durch das Material entwickelt. Im Anschluss daran werden Deutungshypothesen formuliert, anhand von weiteren Dokumenten vergleichend geprüft und zu einer Theorie (in diesem Fall: der rechtspopulistischen Darstellungsformen) verdichtet.

Wir können und wollen an dieser Stelle diese Schritte nicht im Einzelnen durchführen, sondern an diesem Beispiel nur darstellen, wie ein hermeneutischer Umgang im Verfahren der Sequenzanalyse – auch hier gibt es viele verschiedene Varianten (siehe dazu ausführlich bei Erhard & Sammet 2018) – aussehen kann. Zum Abschluss wollen wir aber dennoch kurz etwas zur Strukturhypothese sagen, zu der wir bezogen auf dieses Interview (ohne Fallvergleich mit anderen Interviews) gelangt sind.

Wenn wir die hermeneutische Analyse der Äußerungen in eine Strukturhypothese „überführen", dann sehen wir zunächst die Botschaft des „Eigenlobs" und der Selbstbehauptung, die sich durch den Text sieht. Der Autor findet es gut, dass es Leute wie ihn gibt. Dass er dies sagen muss, hat damit zu tun, dass er häufigen Anfeindungen ausgesetzt ist (Einbezug des Kontextes). Denn demonstrative Selbstbehauptungen gehen oft mit gesellschaftlich prekären Positionierungen einher (vgl. Pelizzari 2009: 49) (Einbezug des wissenschaftlichen Wissens). Als Sozialwissenschaftler wollen wir an dieser Stelle nicht zu möglichen psychologische Zurechnungen wie Egozentrismus oder Narzissmus Stellung nehmen. Die Mitteilung ist, dass es gut ist, dass es „uns" (Politiker wie ihn) gibt. Warum? Weil wir (das Volk als politischer Bezugspunkt der AfD) unterworfen werden oder es bereits sind. Der „Zeitgeist", das sind die anderen (der mediale Mainstream und die Mainstream-Politik), ist „formalisiert", d. h., er lässt materiale Wertbezüge kaum mehr zu und moralisiert auch noch Abweichungen von ihm. Hier wird der Appel noch verstärkt: Erhebt euch dagegen, steht dagegen auf mit mir. Denn: Das geht nicht. Deutlich wird in dieser Botschaft auch die Pose eines Anführers: Ich kann euch sagen, wo es langgeht. Aber, wo geht es lang? In die Freiheit. Denn die meisten wollen doch in der Freiheit leben. Das setzt voraus, dass wir nicht bereits in der Freiheit leben. Damit wird eine über die Jahrtausende beliebte Rhetorik angewandt: der Kampf gegen die Unterdrückung durch das herrschende System, angeführt von Politikern, welche den Unterdrückten den Weg in die Freiheit aufzeigen.

Sie müssen selbstverständlich diese (noch sehr einfach gehaltene) Strukturhypothese nicht teilen und dürfen auch gerne zu anderen Schlussfolgerungen kommen. An dieser Stelle war für uns nur wichtig, einen ersten Eindruck davon zu vermitteln, wie sehr und auf welche Weise eine hermeneutische Interpretation über die manifesten Kommunikationsinhalte hinausgeht.

6.4 Die Theorie der Hermeneutik

Damit bewegen wir uns bereits mitten in der Hermeneutik. Die Hermeneutik leitet sich ab von Hermes, dem Götterboten in der griechischen Mythologie. Als Götterbote verkündet er die Beschlüsse des Zeus und führt die Seelen der Verstorbenen in den Hades (Unterwelt). Da diese Beschlüsse den Sterblichen immer deutungsbedürftig waren, übte sich der Götterbote auch in der Kunst der Weissagung, z. B. mittels Kieselsteinen (vgl. Huss 2008). Auch wenn die Sozialwissenschaften an solche Formen der Weissagung nicht anknüpfen können, ist die Kunst der Auslegung und des Verstehens zu einem bedeutenden Metier in der qualitativen Sozialforschung geworden (siehe Allan 2018).

6.4 Die Theorie der Hermeneutik

Unseren Ausflug in die Hermeneutik beginnen wir mit **Wilhelm Dilthey** (1833–1911). Er hat in Heidelberg und Berlin Theologie, Geschichte und Philosophie studiert, zur Ethik Schleiermachers promoviert und zum Thema des „moralischen Bewusstseins" habilitiert. Er erhielt dann Rufe u. a. nach Basel, Breslau und Kiel.

Bildquelle: Wikipedia.org

Als Methode der Geisteswissenschaften formulierte Dilthey die Hermeneutik neu aus und befreite sie unter Anknüpfung an Schleiermacher (vgl. Dilthey 1990 [1924]: 12–30; siehe auch Damböck 2016: 102) aus der bloßen Textinterpretation. Vielmehr seien, so Dilthey, vielfältige Prozesse des „Verstehens" angesprochen, die sich keineswegs nur auf Texte bezögen (vgl. Dilthey 1992 [1927]: 259).

Dilthey bemühte sich dabei, das Verstehen zu verstehen und kam zu dem Schluss, dass man auch in der Metaphysik das Allgemeine im Verständnis voraussetzen müsse, um das Einzelne verstehen zu können und umgekehrt das Verständnis des Einzelnen nicht ohne das Ganze möglich sei (vgl. Dilthey 1991 [1931]: 3). Dieser „hermeneutische Zirkel", den wir bereits kennengelernt haben (siehe Information 6: Hermeneutischer Zirkel), war für ihn ganz normal für alle Prozesse des Verstehens.

Nicht nur erhält jedes Wort seine Bedeutung allein im Zusammenhang mit dem Text, sondern auch der Kontext sei zu beachten. Bedeutung ist damit für Dilthey immer kontextabhängig und niemals absolut. Menschliche Gesten, Kunstwerke, architektonischer Stil, Gesetze, Ordnungen oder religiöse Vorstellungen sind nur im größeren Sinnzusammenhang verständlich. Im Gegensatz zu den Naturwissenschaften, denen ein Nacherleben nicht möglich ist und welche den Einzelfall nur unter Anwendung allgemeiner, logischer Gesetze behandeln können, ist Verstehen in den Geisteswissenschaften nicht nur möglich, sondern auch notwendig, um zum Allgemeinen zu gelangen (siehe dazu Schreiter 1988).

Unser Handeln, so schreibt Dilthey 1900, setzt das Verstehen anderer Personen überall voraus; ein großer Teil menschlichen Glückes entspringt aus dem Nachfühlen fremder Seelenzustände; die ganze philologische und geschichtliche Wissenschaft ist auf die Voraussetzung gegründet, dass dieses Nachverständnis des Singulären zur Objektivität erhoben werden könne (vgl. Dilthey 1973). Der Dreischritt von Erleben, Ausdruck, Verstehen ist dabei das grundlegende Modell von Diltheys Hermeneutik.

1. Wir nennen den Vorgang, in welchem wir aus Zeichen, die von außen sinnlich gegeben sind, ein Inneres erkennen, „Verstehen".
2. Das kunstmäßige Verstehen von dauernd fixierten Lebensäußerungen nennen wir Auslegung oder Interpretation, d. h. Hermeneutik.
3. Verstehen in dem nun anzugebenden weiten Umfang ist das grundlegende Verfahren für alle weiteren Operationen der Geisteswissenschaften.

Dieser Dreischritt bewährt sich bereits in den alltäglichen Interaktionen, den elementaren Formen des Verstehens (vgl. Stangl 2020). Jeder von uns kann Mimik und Gestik einfach deuten. Wir verstehen schnell, wann ein Lächeln oder Freundlichkeit nur aufgesetzt sind, wann jemand traurig ist, ohne dies zeigen zu wollen. Dilthey konzentriert sich neben diesem elementaren Verstehen auch auf die höheren Formen des Verstehens, auf die dauernden geistigen Schöpfungen [...] oder die beständigen Objektivierungen des Geistes in gesellschaftlichen Gebilden. Auch das „höhere" Verstehen vollzieht sich wesentlich als Hineinversetzen, Nachbilden, Nacherleben, eine Art Wiederholung und Nachvollzug des ursprünglichen Erlebnisausdrucks bzw. Schaffensvorgangs. Es wird durch intersubjektive Gemeinsamkeiten der Interaktionspartner in den Interpretationen als „objektiver Geist" verallgemeinert (vgl. Dilthey 1968: 254).

Daraus ergeben sich, inspiriert von Dilthey, folgende Perspektiven und Ziele der qualitativen Inhaltsanalyse:

Aus dem oberflächlichen Informationsgehalt der Texte, Bilder oder Dokumente sollen methodisch kontrolliert „tieferliegende" Sinn- und Bedeutungsschichten rekonstruiert werden. Dabei richtet sich der Zweifel gegen die Selbstverständlichkeit unserer Sinngebungen im Alltag sowie gegen eine bloße Einordnung in unsere mitgebrachten Denkmuster. Ziel der Rekonstruktion ist es, durch Vergleiche der Fallanalysen zu fallübergreifenden Mustern und Typenbildungen zu kommen.

6.5 Die Analyse von Kontaktanzeigen – Ein Anwendungsbeispiel in der Kombination quantitativer und qualitativer Inhaltsanalyse

Methodenmix 7: Die Analyse von Kontaktanzeigen

Im Folgenden wollen wir das Spektrum der Inhaltsanalysen – von quantitativ zu qualitativ und zurück – am Beispiel von Kontaktanzeigen in einem deutschsprachigen Medium, der Wochenzeitschrift „Die Zeit", durchgehen.
Wir wählen dazu das Mixed-Methods-Modell der Triangulation. Ein **Triangulationsdesign** ist dadurch gekennzeichnet, dass zugleich qualitative und quantitative Verfahren der Datenerhebung zur Anwendung kommen, die Daten sich auf denselben Untersuchungsgegenstand beziehen und damit in ihrem Erklärungsbeitrag verglichen werden können. Dabei kommt beiden Verfahren dasselbe Gewicht bzw. dieselbe Bedeutung zu. Auch in diesem Beispiel kombinieren wir also wieder qualitative und quantitative Verfahren der Inhaltsanalyse. Um dies tun zu können, gehen wir bereits von einer klar definierten, auf Vorwissen basierenden Fragestellung aus. Dies unterscheidet sich von rein qualitativen Vorgehensweisen, ist aber in der Praxis der qualitativen Sozialforschung häufig der Fall.

Information 11: Kontaktanzeigen als akzidentelle Dokumente

Kontaktanzeigen dienen der Partnerwahl. Sie werden heute maßgeblich durch digitale Dating-Portale, sog. Singlebörsen, ergänzt. Die Texte, Bilder oder Beschreibungen, die eingestellt werden, sind zum einen Darstellungsformen des Angebots und zum anderen Wünsche in Bezug auf die eigene Nachfrage. Bei dieser Form der Partnerwahl wird für die Auswahl und Kontaktaufnahme oft auf — ggf. bezahlte — Dienstleistungsagenturen zurückgegriffen, seien dies Zeitungen, Internetanzeigen, Internetplattformen etc. Diese Formen der Kontaktaufnahme gibt es für alle möglichen Arten von Beziehungen – sexuelle Kontakte, Prostitution, Seitensprünge, Hobbies etc. (siehe dazu Reichertz & Nagler 1986).

6.5.1 Welche Fragestellung verfolgen wir?

Bevor wir uns entscheiden, in die Methodenkombination von Inhaltsanalysen hineinzugehen, müssen wir wissen, was unser Erkenntnisinteresse ist und welches Material dafür infrage kommt. Im Folgenden interessieren wir uns für Statusmerkmale und Statusdarstellungen in Kontaktanzeigen. Der Hintergrund unseres Interesses ist, dass wir wissen wollen, inwiefern die sozialstrukturelle Regel des „Gleich und Gleich gesellt sich gerne" („Homophilie") Gültigkeit hat. Spielt der Status eine Rolle, und wenn ja, gibt es Signale in Richtung gewünschter Statusgleichheit?

In einer Kombination der verschiedenen inhaltsanalytischen Methoden können wir dabei nicht wissenschaftlich unbedarft in das Thema hineingehen, sondern brauchen für den Teil der quantitativen Inhaltsanalyse eine Operationalisierung und Dimensionierung der Herangehensweise. Diese können wir, aber müssen wir nicht für die qualitative Inhaltsanalyse übernehmen.

6.5.2 Welche Dimensionen kommen zur Anwendung?

Die Frage nach den Dimensionen führt uns zu der gewählten theoretischen Orientierung. Diese deduktive Herangehensweise öffnet den Weg zu ersten Dimensionen und Kategorien, ohne dass dies bedeutet, dass wir uns in der Methodenkombination darauf beschränken müssen. Wir können induktiv aus dem Material heraus weitere Dimensionen herausarbeiten und Kategorien bilden. Beide Verfahren und Zugänge ergänzen sich auf diese Weise.

Wir orientieren uns hier nochmals an Bourdieu (siehe Information 7: Der Habitusbegriff bei Bourdieu) und operationalisieren „Status" zunächst entlang von Indikatoren für die Akzentuierung der verschiedenen Kapitalarten sowie von Lebensstilelementen, die dieses Kapital ausdrücken. Wir suchen also zur Beantwortung unserer Fragestellung, ob die Homogamie-Orientierung bei der Anbahnung von Kontakten von Bedeutung ist, Inspiration bei Bourdieu, ohne dass wir in der qualitativen Inhaltsanalyse nur deduktiv mit seiner Theorie umgehen. Dennoch stellt diese theoretische Orientierung bereits eine Vorgabe dar, welche dem Postulat der Offenheit sowie der „Grounded Theory" widerspricht. Wir bewegen uns also mit einem solchen Vorschlag bereits in einem Methodenmix, der deduktiv und induktiv gewonnene Dimensionen und Kategorien miteinander in Beziehung setzt.

Gehen wir in einer deduktiven Herangehensweise zunächst noch einmal die verschiedenen Kapitalsorten durch: (1) **Ökonomisches Kapital** bezieht sich auf das unmittelbar in Geld konvertierbare Kapital. Es beinhaltet Vermögen, materielle Dinge, Zeit und materielle Ressourcen. (2) **Das soziale Kapital** bezieht sich auf Ressourcen, die auf der Zugehörigkeit zu einer Statusgruppe beruhen. Damit sind konkret die sozialen Netzwerke, aber auch der Status der Personen in den sozialen Netzwerken angesprochen. (3) **Das kulturelle Kapital** besteht aus dem institutionalisierten Kapital, also z. B. Bildungstitel, aus dem objektivierten Kapital, also z. B. Bücher, Skulpturen, Kunstwerke etc. sowie aus dem inkorporierten Kapital, also ob man auch die kognitive Kompetenz und Bildung hat, über all diese Dinge zu sprechen. (4) **Das symbolische Kapital** bezieht sich auf die öffentliche Anerkennung, die man mit seiner Kapitalausstattung erfährt, also darauf, dass das Wort Gewicht hat und dass man in der Öffentlichkeit geehrt wird. Auch wenn dieser Zugang noch etwas einfach ist, öffnet er bereits ein grundlegendes Verständnis der deduktiv gewonnenen Dimensionen des in Kontaktanzeigen dokumentierten und gewünschten Status, der uns interessiert (siehe dazu Bourdieu 1983: 183–198, 1986: 241–258, 1992: 49–80).

6.5.3 Welche Auswahl treffen wir?

Aber bevor wir losstarten können, müssen wir jetzt die Medien auswählen, in denen Kontaktanzeigen platziert oder Kontaktanbahnungen durchgeführt werden.

Auswahlverfahren: Für die Zwecke einer quantitativen Inhaltsanalyse müssten die Medien möglichst repräsentativ für den Kontaktanbahnungsmarkt oder zufällig ausgewählt werden. Wenn wir bei unserer Entscheidung für ein analoges Medium, in unserem Falle „Die Zeit" bleiben, dann könnten wir uns aus Aktualitätsgründen für einen Zeitraum der letzten 10 Jahre entscheiden, also von 2010–2020. In diesem Zeitraum ist das Medium zugleich digital verfügbar. Dennoch wären dies für eine Vollerhebung zu viele Kontaktanzeigen, da „Die Zeit" eine Wochenzeitschrift mit wöchentlich ca. 40 bis 50 Kontaktanzeigen ist. Wir könnten uns daher für eine jährliche Zufallsauswahl entscheiden und z. B. in jedem Jahrgang mit einem Zufallsgenerator 20 Kontaktanzeigen ziehen und hätten dann eine Stichprobe von 200 Kontaktanzeigen, die wir einer Inhaltsanalyse unterziehen.

Für eine qualitative Inhaltsanalyse können wir bei einem Medium und einer willkürlich gewählten Kontaktanzeige beginnen und in einem kontrastierenden, theorieentwickelnden Verfahren die Medien und die Anzeigen weiter vergleichend auswählen, bis wir eine theoretische Sättigung erreicht haben. Wir folgen damit dem Auswahlverfahren des "theoretical sampling." Das heißt, entlang unserer Fortschritte in der Interpretation und Theoriebildung wählen wir maximal und minimal kontrastierende Kontaktanzeigen aus, um die Interpretationshypothesen weiter zu validieren und zu differenzieren (siehe dazu 3.4 Die Grounded Theory).

Art der Texte: Da wir uns im Kontext der Homophilie-Diskussion bewegen, wählen wir Kontaktanzeigen oder Kontaktanbahnungsplattformen aus, welche als seriös gelten können und für die Anbahnung langfristiger Partnerschaften gedacht sind. Je nach Medium oder Internet-Plattform gibt es häufig auch eine Vorselektion entlang der anfallenden Kosten. Für unsere Zwecke hier wählen wir zunächst eine klassische Variante aus, bei der wir Statusmerkmale in der Darstellung erwarten können und vergleichen sie dann mit einer beliebig aus dem Internet gezogenen Kontaktanzeige. In Bezug auf die Dating-Portale ziehen wir bereits vorhandene Analysen zum Vergleich heran.

Zeitraum: Um eine Fragestellung nach der Entwicklung der Homophilie-Orientierung beantworten zu können, bräuchten wir für beide Verfahren zwei unterschiedliche Zeitpunkte – t1 und t2 –, die lange genug auseinanderliegen, um eine Entwicklung feststellen zu können. So könnten wir z. B. eine Generationsspanne festlegen, also ca. 25 Jahre, welche zwischen beiden Erhebungszeitpunkten liegen. Da wir dies hier jedoch nur zu Illustrationszwecken durchführen, verzichten wir auf die beiden Erhebungszeitpunkte und fragen einfach nur, ob und in welcher Form Statusmerkmale bei Kontaktanzeigen in „Die Zeit" von Bedeutung sind.

6.5.4 Welche Analyseverfahren führen wir durch?

Da wir der Überzeugung sind, dass sich quantitative und qualitative Inhaltsanalysen in dieser Frage gut kombinieren lassen, führen wir hier ein Analyseverfahren in drei Schritten durch und versuchen dabei aber, jeden Schritt so einfach wie möglich zu halten:

a. Frequenzanalyse der Erwähnung von Statusmerkmalen im Anzeigentext
b. Inhaltsanalyse nach Mayring
c. Hermeneutische Analyse der Texte in den Kontaktanzeigen

6.5 Die Analyse von Kontaktanzeigen

Wir ziehen dazu insgesamt drei klassische Kontaktanzeigen zur Illustration der Verfahren heran und ergänzen sie durch Ergebnisse anderer Analysen von Dating-Portalen.

Zeit online: Kennenlernen am 13.6.13, zuerst angebotene Kontaktanzeigen:
1. APOTHEKERIN, 45/168
eine familiär unabhängige u. schicke Dame mit fröhl. Naturell, wünscht sich einen verlässlichen Gefährten zum gegens. Verwöhnen u. Liebhaben. Näheres zu ihren Lebenszielen, Partnerwunschvorstellung u. Hobbys kann man auf nachstehender Website unter "Anzeigen" nachlesen. Tel. 0800/5208501 (vgl. Zeit Online: Kennenlernen 2020).
2. PROF. DR. MED., 61/181,
Witwer; berufl. ist er eine Koryphäe, privat Liebhaber der schönen Künste mit großzügigem u. nächstenliebendem Naturell (Ärzte ohne Grenzen). Behutsam möchte er die Bekanntschaft einer (herzens-)gebildeten Dame machen. Seine Partnervorstellung ist weniger auf das Aussehen seiner Partnerin ausgerichtet, sondern mehr auf eine passende Kommunikationsebene, Herzensbildung u. Freude an den schönen Möglichkeiten, die das Leben bietet. Mehr zu seinem Background u. Interessen auf nachstehender Page unter "Anzeigen"! Gebührenfrei 0800/5208501 auch Sa./So (vgl. Zeit Online: Kennenlernen 2020).
www.markt.de: Kleinanzeigenplattform mit „seriösen Kontaktanzeigen" unter „Partnerschaften" am 19.05.2020, kostenlos, Raum Rhein-Neckar, zuerst angebotene Kontaktanzeigen:
3. „Glücklich geschiedener Mann, sucht eine ebenso glücklich geschiedene Frau, oder glücklich getrennt-lebende. Evtl. unglücklich verheiratete, oder sonst wie unglücklich liierte. Das Leben dauert nicht ewig. Das was noch zum Leben bleibt, möchte ich gerne in Harmonie genießen. Auch wenn man nicht gleich über alles gleicher Meinung sein muss. Gerne diskutiere ich kontrovers. Aber alles mit viel Empathie. Ein empathisches Wesen liest hoffentlich die Anzeige und meldet sich" (vgl. markt.de: SUCHEN & FINDEN 2020).

6.5.5 Die Vorgehensweise bei einer Frequenzanalyse

Frequenzanalysen beschränken sich auf eine deskriptive Auszählung der Worthäufigkeiten. Das hört sich einfach an, hat aber seine Tücken. Die Frequenzanalyse wird oft als automatische Zählung auf Wortebene (per elektronischer Volltextsuche und mit z. B. online-Artikeln als Zähleinheit) angelegt. Bei Frequenzanalysen steht im Mittelpunkt, wie häufig Nennungen den Kategorien zugeordnet werden konnten. Sie unterstellt, dass die Häufigkeit, mit der bestimmte Nennungen in den Texten auftauchen, ein Indikator für die Wichtigkeit der Kategorie bezüglich der Untersuchungsfrage ist.

Eine Zuordnung der Kontaktanzeigen zu Kategorien auf Basis dessen, ob eine bestimmte Kontaktanzeige den sozialen Status auch tatsächlich indiziert, ist nicht immer einfach möglich. Häufig gibt es Wortgleichheiten mit ganz anderen Bedeutungshorizonten. Wenn man sich mit dem Gegenstand nicht gut auskennt, muss man der Frequenzanalyse eine qualitative Exploration vorschalten. Man sieht dann z. B. die in den Trefferlisten ausgegebenen online Artikel anhand der Titelüberschriften und/oder der direkten Begriffsumgebung durch. Im Falle einer ausführlicheren Befassung mit dem Stichwort werden diese dann qualitativ analysiert.

Information 12: Selbstoptimierung und Burnout in den Wirtschaftsmedien – ein Beispiel für eine Frequenzanalyse

In einem Artikel haben wir die Frage behandelt, ob der neoliberale Diskurs der Selbstoptimierung in den großen deutschsprachigen Wirtschaftszeitschriften Einzug gehalten hat. Dazu wurden die sechs der auflagenstärksten Wirtschaftsmagazine Deutschlands, Österreichs und der Schweiz von 2000 bis 2015 analysiert. In einer explorativen Phase wurden rd. 1.000 Artikel geprüft, um die Suchbegriffe für die Frequenzanalyse in 4.500 Artikeln zu operationalisieren. Zunächst führten wir eine induktiv angelegte Exploration von (nach Stichtagen in jedem Jahr) zufällig ausgewählten Artikeln in allen Zeitschriften durch. Mit diesen ca. 1.000 Artikeln aus den drei Ländern wurde zum einen eine Operationalisierung der aus der Managementliteratur gewonnenen Dimensionen durchgeführt, sodass wir mittels der Exploration die dann in die Frequenzanalyse eingeführten zentralen Suchbegriffe gewannen (vgl. dazu auch Früh 2011: 88 ff.). Zum anderen wurde geprüft, ob weitere Dimensionen operationalisiert und

Suchbegriffe eingeführt werden müssen, um den „neoliberalen Diskurs" frequenzanalytisch erfassen zu können. Daran anschließend wurde anhand der in der Exploration induktiv und deduktiv festgelegten Suchbegriffe eine Frequenzanalyse durchgeführt. Die Frequenzanalyse wurde als automatische Zählung auf Wortebene (per elektronischer Volltextsuche und mit Artikeln als Zähleinheit) angelegt. Für die Frequenzanalyse der 4.500 Artikel diente uns die Dimension der Selbstoptimierung als theoretisches Konstrukt. Der Begriff der Selbstoptimierung selbst kommt in den untersuchten Wirtschaftsmagazinen und -zeitschriften nicht vor (Wert 0 über alle hinweg). Die Frequenzanalyse hatte zum Ergebnis, dass auch andere akademisch verbreitete Schlagworte wie *Arbeitskraftunternehmer, Intrapreneur* oder *unternehmerisches Selbst* im Diskurs der herangezogenen Medien keinerlei Stellenwert haben. Dies zeigt, wie sehr es sich im Diskurs der Wirtschaftsmagazine und dem akademischen Diskurs der Sozialwissenschaften um getrennte Diskursformationen handelt. Auf Basis der Exploration zogen wir Suchworte heran, mit denen die „Selbstoptimierung" positiv beschrieben wird sowie Suchworte, mit welchen ihre negativen Folgen gefasst wurden. Es zeigte sich bei der Operationalisierung der Dimension der Selbstoptimierung in analysetaugliche Suchbegriffe, dass die *negative Thematisierungsform* sehr viel einfacher mit konkreten, den Begriff der Selbstoptimierung vielleicht sogar erschöpfenden Suchbegriffen aufzufüllen ist als die *positiv-deskriptiven Thematisierungsformen*. Während in die Dimension *negativ* offensichtlich eine überschaubare Menge von leicht zu deduzierenden Begriffen wie *Erschöpfung, Burnout, Schlafstörung* etc. gehört, kommen für die *positiv-deskriptive Seite* sämtliche Bezeichnungen für Fähigkeiten, Eigenschaften oder Maßnahmen, die in irgendeiner Form als aktive Steigerung des Werts der eigenen Arbeitskraft auf dem Arbeitsmarkt gelten können, in Betracht. Dies ließ sich nur schwer operationalisieren. Auch erwies sich z. B. bei Themen wie „Stress" oder „Sport", dass ein vielfältiger und oft für die Fragestellung ungeeigneter Thematisierungshorizont Schwierigkeiten bereitete, sodass erst durch die Exploration spezifische Suchworte ausgewählt werden konnten (siehe dazu Pohlmann et al. 2017).

Neben der Frequenzanalyse gibt es viele weitere Verfahren der quantitativen Inhaltsanalyse. Sie sind hier nicht Gegenstand der exemplarischen Analyse von Kontaktanzeigen, können aber in vielen Studien und Lehrbüchern nachvollzogen werden (siehe dazu Rössler 2005; Mayring & Gläser-Zikuda 2008; Mayring 2015; Früh 2015).

Wir beschränken uns an dieser Stelle auf die Nennung einiger Beispiele für weitere quantitative Inhaltsanalysen: Bei **Valenzanalysen** wird zusätzlich erfasst, ob die Inhalte positiv oder negativ bewertet werden. Die **Intensitätsanalyse** erhebt die Intensität von Bewertungen mithilfe geeigneter Skalen. Die **Kontingenz- oder Bedeutungsfeldanalyse** bezieht das Textumfeld bei der Analyse mit ein.

Toolbox 10: Codierung bei quantitativ orientierten Inhaltsanalysen

In einem **Codebuch** werden alle zur Beantwortung der Forschungsfrage notwendigen Kategorien dargelegt. In der **Codierung** werden dann die empirischen Merkmale numerisch dargestellt, die Textinhalte den Ausprägungen der Kategorien zugeordnet und der statistischen Auswertung zugeführt. Auf den **Codebogen** sind Variablen und Codes festgelegt, sie werden ähnlich wie ein Fragebogen vom Codierer ausgefüllt bzw. meist computergestützt mithilfe statistischer Programme verarbeitet (z. B. SPSS).

In unserem Falle könnten wir zunächst die **formalen Kategorien** festhalten, wie Zeitpunkt des Erscheinens, Art des Mediums, Länge der Anzeigen in Zeilen etc.

Die **inhaltlichen Kategorien** lassen sich in unserem Falle z. B. in die auf den Status bezogenen Merkmale aufteilen. Aber es sind natürlich viele andere Kategorisierungen möglich und denkbar, immer in Abhängigkeit von der Fragestellung.

Bei den Statusmerkmalen würden wir uns im Falle der quantitativen Inhaltsanalyse deduktiv auf die Kapitalsorten von Bourdieu beziehen:

6.5 Die Analyse von Kontaktanzeigen

Kategorie	Auf Kontaktanzeigen bezogene Merkmale	Auf Kontaktanzeigen bezogene Operationalisierungen
Kulturelles Kapital Institutionalisiert	Bildungstitel, Studium, Ausbildung etc.	Erwähnung von Bildungsabschlüssen (Dr., MA, BA, Meister*in etc.), Positionstiteln (Prof., Direktor*in, Selbständig etc.), Zusatzausbildungen etc.
Objektiviert	Kunst, Kulturgüter	Erwähnung von Bezügen zu Kunst und Kultur, Kulturgüter wie z. B. Skulpturen, Gemälde, Bücher etc.
Inkorporiert, verinnerlicht	Ausdrucksweise, Symbolisierung von Bildung, kulturelle Aktivitäten	Gebrauch einer elaborierten Sprache, Fremdwörter, Metaphern, literarische Ausdrucksweisen, Angaben zu kulturellen Aktivitäten
Ökonomisches Kapital	Bezug zu Reichtum, Vermögen, ökonomischen Ressourcen etc.	Angaben zum ökonomischen Status, zu Aktivitäten, die ökonomische Ressourcen voraussetzen (z. B. Reisen)
Soziales Kapital	Netzwerke, soziale Kreise, Zugehörigkeit zu Vereinen etc.	Angaben zu Vereinen, Verbänden, Clubs, denen man angehört
Symbolisches Kapital	Ehrentitel, öffentliche Anerkennung	Angaben zu erfahrenen Ehrungen, zu öffentlicher Anerkennung etc.

Tabelle 5: Inhaltliche Kategorisierungen einer auf den sozialen Status nach Bourdieu bezogenen Analyse

Kategorie	(1) APOTHEKERIN, 45/168	(2) PROF. DR. MED., 61/181	(3) Glücklich geschiedener Mann
Gesamt N der Nennungen	1	9	3
Stichworte für die Volltextsuche	Apotheker*in	Professor, Dr., Doktor, med., berufl., Koryphäe, Arzt/Ärzte, Kunst/Künste, großzügig	Fremdwörter: Harmonie, kontrovers, Empathie
Kulturelles Kapital, institutionalisiert	Apothekerin (Studium)	Dr. med. (Studium); Prof. (Position)	

Kulturelles Kapital, objektiviert		Liebhaber der schönen Künste	
Kulturelles Kapital, inkorporiert/verinnerlicht		Liebhaber der schönen Künste Zwei Fremdwörter (Koryphäe, Kommunikation)	Drei Fremdwörter (Harmonie, kontrovers, Empathie)
Ökonomisches Kapital		mit großzügigem.... Naturell	
Soziales Kapital		mit ... nächstenliebendem Naturell (Ärzte ohne Grenzen)	
Symbolisches Kapital		Koryphäe (Anerkennung)	

Tabelle 6: Ergebnisse der explorativen Frequenzanalyse

Wir sehen sogleich, dass die herangezogenen Kontaktanzeigen unterschiedlich ergiebig sind und dass große Zurechnungsprobleme auftreten. Für eine Frequenzanalyse im Rahmen einer Volltextsuche von zunächst 200 Kontaktanzeigen stellt sich das Problem der Suchbegriffe, die zum Einsatz kommen. Während allgemeine Bildungstitel sich noch einfach in der elektronischen Suche finden lassen, stellen sich bereits bei konkreten Informationen über Beruf und Bildung wie der „Apothekerin" die Frage, mit welchen Suchbegriffen diese erfasst werden können. Auch die Erfassung von Fremdwörtern oder von speziellen Bezeichnungen wie „Koryphäe" bereitet Schwierigkeiten. Selbst einfache Suchworte wie Kunst bzw. Künste schaffen keine eindeutigen Zurechnungen. So könnte in einer Kontaktanzeige z. B. stehen: „Es ist keine Kunst, eine Kontaktanzeige zu schreiben, wohl aber ist es eine Kunst, den richtigen Partner zu finden". In der elektronischen Volltextsuche hätten wir dann zwei Nennungen in Bezug auf das indizierte inkorporierte kulturelle Kapital, obwohl keine von diesen mit dem Feld der Kunst zu tun hätte und in der Zuordnung berechtigt wäre. Bei 200 Kontaktanzeigen könnten wir das jeweilige Bedeutungsfeld der Nennung von „Kunst" noch einzeln prüfen, schon bei 2.000 Anzeigen wäre dies aber kaum mehr möglich. Auch das Suchwort „großzügig" birgt ähnliche Probleme. In einer Kontaktanzeige könnte beispielsweise stehen, dass „ich gelernt habe, großzügig über die Fehler der anderen hinwegzusehen und eine ähnliche Großzügigkeit bei meinem Partner erwarte", sodass die indizierte ökonomische Großzügigkeit hier gänzlich fehlen würde.

Wir sehen also, dass die Durchführung einer einfachen Frequenzanalyse bereits bei der Festlegung der Suchbegriffe vor großen Herausforderungen stünde und sich im Kern wahrscheinlich auf die explizite Nennung von Bildungstiteln konzentrieren müsste. Unser Erkenntnisinteresse wäre damit nur in Teilen zufriedenzustellen und auf den Bourdieu'schen Rahmen der Analyse könnte weitgehend verzichtet werden. Darüberhinausgehende Informationen, wie z. B. die Ausdrucksweise im Text der Kontaktanzeige, können, wenn überhaupt, nur qualitativ erfasst und mit eindeutigen Codieranweisungen versehen einbezogen werden.

Wir können aber hier mit Bezug auf unsere explorative Frequenzanalyse unter dem Aspekt der Statusmerkmale festhalten, dass nur in den beiden Kontaktanzeigen in der Zeit online Hinweise auf Bildungstitel erfolgten und dass dies in der anderen Kontaktanzeige gänzlich fehlte. Nur in Kontaktanzeige 2 häuften sich die manifest erfassten Statusmerkmale. Für Schlussfolgerungen im Sinne einer quantitativen Inhaltsanalyse ist die Anzahl der Kontaktanzeigen natürlich viel zu gering und auch die Erfassung eines Untersuchungszeitraumes fehlt. Wir wollten hier nur etwas über die Vorgehensweise in Erfahrung bringen sowie über die Codier- und Zurechnungsschwierigkeiten, welche typisch für eine solche Analyse sind.

Da wir in Bezug auf die Quantität und Repräsentativität hier mit drei Kontaktanzeigen keine Aussagen treffen können, ziehen wir eine umfassende quantitative Analyse des Online-Datings von Schulz, Skopek und Blossfeld aus dem Jahr 2010 heran (vgl. Schulz et al. 2010). Sie konnte die allgemeine Homophilie-These im Sinne einer erhöhten Wahrscheinlichkeit mit ähnlichen Menschen in Kontakt zu treten, bestätigen.

Information 13: Ergebnisse einer quantitativen Untersuchung des Online-Datings

Die Autoren Schulz, Skopek und Blossfeld (vgl. Schulz et al. 2010) haben den Datenbankauszug einer deutschsprachigen Internetkontaktbörse (kurz „Dating-Seite") für den zufällig ausgewählten Zeitraum von Januar bis Juni 2007 herangezogen. Der Datensatz der Analyse enthält die Steckbriefinformationen der Nutzer*innen sowie zeitbezogene Information darüber, zwischen welchen Profilen Nachrichten ausgetauscht wurden. Er enthält 116.138 Erstkontakte von Initiator*innen, die mit Offerten um eine Kontaktaufnahme bei den jeweiligen Empfänger*innen werben. Die 116.138 Erstkontakte wurden insgesamt von 10.440 Initiator*innen (6.831 Männern und 3.609 Frauen) im Beobachtungszeitraum versendet. 84 % aller Erstkontaktereignisse bleiben unbeantwortet. Die versendeten Erstkontakte wurden dazu zeitbezogen den jeweiligen Empfänger*innen zugeordnet und daraus eine binäre Variable generiert, ob ein Erstkontakt beantwortet wurde (1) oder nicht (0). Die abhängige Variable ist mithin die nutzerspezifische Wahrscheinlichkeit der Beantwortung eines Erstkontakts. Mit dieser Information konnten die Autoren die symmetrischen und asymmetrischen Mechanismen der Partnerwahl überprüfen (Homophilie- und Heterophilie-Hypothesen).

Dabei wurde die „Homophilie-Hypothese" bestätigt. Soziale Homophilie bezeichnet die Wahrscheinlichkeit, mit anderen Menschen in Interaktion zu treten, wenn diese ihnen ähnlich sind. Die Ähnlichkeitsattraktion kann sich dabei auf diverse Kriterien wie Geschlecht, ethnische Herkunft, sozioökonomischen Status oder den Bildungsgrad beziehen (vgl. Cohen 1977; McPherson et al 2001). Und tatsächlich zeigte sich, dass ein ähnliches Bildungsniveau, eine tendenzielle Altersgleichheit und vergleichbare physische Attraktivität die Wahrscheinlichkeit einer Kontaktaufnahme signifikant erhöhten. Frauen ließen sich nach wie vor selten auf Angebote von Männern ein, die ein niedrigeres Bildungsniveau haben als sie selbst. Männer hingegen haben weniger Probleme, auf die Angebote höhere qualifizierter Frauen zu antworten. Zugleich findet kein Austausch von physischer Attraktivität gegen Bildungsressourcen bei der Partnerwahl statt, d. h. Personen mit geringerer physischer Attraktivität, aber höherer Bildung kommen nicht signifikant häufiger mit Personen mit höherer physischer Attraktivität, aber geringerer Bildung zusammen (vgl. Schulz et al. 2010).

6.5.6 Die Inhaltsanalyse nach Mayring
(unter Mitarbeit von Jan Peter Hoffmann und Meira Hilbertz)

Deutlich mehr Spielraum in der Erfassung manifester Kommunikationsinhalte bietet die qualitative Inhaltsanalyse nach Mayring. Sie ist sicherlich eines der am häufigsten durchgeführten Verfahren der Inhaltsanalyse – nicht nur in der Psychologie, sondern auch in den Sozialwissenschaften (Mayring 2019: 4 ff.). Manche ordnen das Verfahren selbst bereits dem Methodenmix zu, aber wir folgen Mayring darin, dass der qualitative Schritt der Zuordnung von Kategorien zu Textstellen zentral bleibt und die Analyse von Kategorienhäufigkeiten nicht notwendig ist (vgl. Mayring 2019: 1). Aber das Verfahren liegt sicherlich zwischen der qualitativ und quantitativ orientierten Inhaltsanalyse und kann für beide Analyseformen zum Einsatz kommen oder beide kombinieren – das macht ihr breites Einsatzspektrum aus. Die qualitative Inhaltsanalyse von Mayring setzt an einem klaren Bezug zur Fragestellung an und unterscheidet sich dadurch z. B. von einer Grounded Theory mit ihrem rein explorativen Zugang. Sie geht dabei durch Kategorien geleitet vor. Mit Kategorien sind, so Mayring, Bedeutungsaspekte des Textes gemeint, die auf sprachliche Kurzformeln gebracht sind. „Die Textauswertung ist damit selektiv auf das Kategoriensystem beschränkt. Textgehalte, die nicht in Kategorien angesprochen werden, ebenso wie ein ganzheitlicher Eindruck des Textes, werden nicht berücksichtigt" (Mayring 2019: 2).

Unser Forschungsinteresse halten wir hier weiterhin gleich. Wir wollen herausfinden, inwiefern die Darstellungen in den Kontaktanzeigen Statusmerkmale beinhalten und inwiefern diese sich im Kontext einer Bourdieu'sche Analyse interpretieren lassen. Spielt der Status eine Rolle, und wenn ja, gibt es Signale in Richtung gewünschter Statusgleichheit?"

Unsere Analysestrategie ist die **zusammenfassende qualitative Inhaltsanalyse** nach Mayring. Ihr Ziel ist eine inhaltliche Reduzierung des manifesten Textmaterials auf seine Grundbestandteile. Die induktiv entwickelten Kategorien sind also eine Abstraktion des Ausgangsmaterials, dessen zentralen Inhalte weitestgehend enthalten bleiben sollen (Mayring 2015: 67).

Zur Beantwortung der Fragestellung wollen wir also im Rahmen der qualitativen Inhaltsanalyse zunächst induktiv vorgehen, indem wir die dargestellten Statusmerkmale der Inserierenden selbst und die zum Ausdruck gebrachten präferierten Statusmerkmale der zukünftigen Partner*innen aus dem Text herausarbeiten. Dabei greifen wir zunächst nicht auf Statuskonzepte einer bestehenden Theorie zurück, sondern entwickeln die Kategorien induktiv, also aus dem Material heraus. Diese Offenheit ermöglicht es uns darüber hinaus, neben Statusbezügen auch weitere Formen der Selbstbeschreibung und Erwartungen an den zukünftigen Partner*innen zu berücksichtigen. So können wir in Anknüpfung an unsere Homophilie-These das Verhältnis von Statusbezügen und darüberhinausgehende, nicht statusbezogene Eigenschaften der Inserent*innen bzw. der präferierten Partner*innen untersuchen.

Allerdings hat unsere Untersuchung auch einen deduktiven Aspekt, indem wir zur Zusammenfassung der Paraphrasen in Kategorien auf die Kapitalformen Bourdieus zurückgreifen. Durch die Kombination einer induktiven und deduktiven Analysestrategie können wir mit den Dimensionen des Sozialkapitals unsere Untersuchung an ein etabliertes Konzept zur Dimensionierung von Statusunterschieden anknüpfen und zugleich offen sein für mögliche Dimensionen der Homophilie, die über Bourdieus Kapitalsorten hinausgehen.

Ergänzend nutzen wir die Explikation (Mayring 1994: 164, 167, 169, 173), um bei unklaren Textsequenzen weitere Informationen aus dem Kontext zu erhalten.

In der untenstehenden Tabelle sind einige Rahmenbedingungen der Analyse festgehalten, welche vor Beginn geklärt werden müssen.

Rahmenbedingung	Inhalt
Fragestellung:	Inwiefern hat die Annahme einer sozialstrukturelle Homogamie im Sinne von „Gleich und Gleich gesellt sich gerne" Gültigkeit? Spielt dabei der Status eine Rolle, und wenn ja, gibt es Signale in Richtung gewünschter Statusgleichheit?
Richtung der Analyse: *Im Rahmen einer qualitativen Inhaltsanalyse können ganz unterschiedliche Aspekte untersucht werden (vgl. Mayring 2015: 58). Indem wir die Richtung der Analyse festlegen, bestimmen wir wohin die Reise geht: Sollen etwa Inhalte oder Emotionen oder Motive im Vordergrund stehen?*	Die Redensart „Gleich und Gleich gesellt sich gerne" verweist auf die Annahme, dass die Ähnlichkeit der Partner*innen ein zentrales Moment der Partnerwahl darstellt (Homogamie). Um die Gültigkeit dieser Annahme zu überprüfen, sollen Selbstdarstellungen der Inserent*innen sowie die präferierten Eigenschaften der zukünftigen Partner*innen analysiert werden. Dabei soll insbesondere das Augenmerk auf Statusdarstellungen und auf eine gewünschte Statusgleichheit gerichtet werden.

6.5 Die Analyse von Kontaktanzeigen

Codiereinheit *„Die Kodiereinheit legt fest, welches der kleinste Materialbestand ist, der ausgewertet werden darf, was der minimale Textbestandteil ist, der unter eine Kategorie fallen kann"* (Mayring 2015: 61).	Da die Kontaktanzeigen zum Teil eine eher stichwortartige Form aufweisen, entscheiden wir uns dazu, **einzelne Wörter** als die kleinste codierbare Einheit festzulegen.
Kontexteinheit *„Die Kontexteinheit legt den größten Textbestandteil fest, der unter eine Kategorie fallen kann"* (Mayring 2015: 61).	Als Kontexteinheit gilt die jeweilige Kontaktanzeige. Wir können also alle verfügbaren Informationen der Anzeige hinzuzuziehen, um ein einzelnes Textsegment zu codieren.
Auswertungseinheit *„Die Auswertungseinheit legt fest, welche Textteile jeweils nacheinander ausgewertet werden"* (Mayring 2015: 61).	Unser Kategoriensystem soll sich nach Abschluss der Analyse auf alle Kontaktanzeigen erstrecken. Daher ist die Kontexteinheit das „ganze Material" (Mayring 2015: 88).

Tabelle 7: Rahmenbedingungen für die Inhaltsanalyse nach Mayring

Nachdem wir die grundlegenden Rahmenbedingungen der Inhaltsanalyse (Fragestellung, Analyseeinheit etc.) in Tabelle 7 festgehalten haben, beginnen wir die eigentliche Analyse mit der Paraphrasierung.

(1) **Paraphrasierung:** Die Paraphrasen sind prägnante Beschreibungen des Inhalts. „Ausschmückende und inhaltlich nicht relevante Textbestandteile klammern wir bereits aus" (Mayring 2015: 71). Da in unserem Fall die Kontaktanzeigen viele Stichwörter und Kurzformen enthalten, versuchen wir durch die Paraphrasierung eine einheitliche Sprachebene herzustellen (vgl. Mayring 2015: 71). Das Ergebnis dieses Analyseschritts ist in der untenstehenden Tabelle in der dritten Spalte zu sehen.

Toolbox 11: Explizierende Inhaltsanalyse bei Verständnisschwierigkeiten

Bei der Paraphrasierung der zweiten Kontaktanzeige des Prof. Dr. med. stoßen wir auf zwei Begriffe, bei denen Verständnisschwierigkeiten auftreten können: Zum einen „Herzensbildung" bzw. „(herzens-)gebildet" (Stellen 2.7 & 2.10) und zum anderen die „schönen Künste" (Stelle 2.5). Wie können wir diese Textstellen trotz ihrer Uneindeutigkeit paraphrasieren? Dazu schlägt Mayring die explizierende Inhaltsanalyse vor, die es erlaubt, bei uneindeutigen bzw. unverständlichen Textsequenzen ergänzende Informationen zu nutzen, welche die betreffende Textstelle erläutern (vgl. Mayring 2015: 67).

Die Explikation ist ein mehrstufiger Prozess, welcher von dem Rückgriff auf lexikalische Definitionen über eine enge und weite Kontextanalyse zu einer explizierenden Paraphrase verläuft. Wenn bereits die lexikalische Definition eine ausreichende Erklärung der zweifelhaften Textstelle bietet, ist es jedoch möglich, die weiteren Schritte der Explikation zu überspringen (vgl. Mayring 2019: 94). Beginnen wir mit der ersten Textstelle (2.5): „privat Liebhaber der schönen Künste". Eine Recherche im Brockhaus (2021) bietet uns die folgende lexikalische Definition: *„schöne Künste, im 18. Jahrhundert nach dem französischen Ausdruck ‚beaux-arts' aufgekommene Bezeichnung für Dichtkunst, Musik, darstellende, bildende und reproduzierende Künste".* Folglich handelt es sich bei den schönen Künsten eher nicht um Floristik, Malen nach Zahlen oder asiatische Kampfkunst. Es sind wohl eher hochkulturelle Güter mit dem Begriff gemeint. Für den Zweck unserer Beispielanalyse scheint die lexikalische Definition ausreichend erklärend zu sein, sodass sich folgende explizierende Paraphrase für die Textstelle (2.5) festhalten lässt: *Freude am Konsum anspruchsvoller Kultur*. Diese Paraphrase können wir nun in Tabelle 8 einsetzen.

Ebenso verfahren wir mit den zwei weiteren verbleibenden Textstellen, in denen es um Herzensbildung geht:

„Behutsam möchte er die Bekanntschaft einer (herzens-)gebildeten Dame machen" (2.7). Und „Seine Partnervorstellung ist weniger auf das Aussehen seiner Partnerin ausgerichtet, sondern mehr auf eine passende Kommunikationsebene, Herzensbildung u. Freude an den schönen Möglichkeiten, die das Leben bietet" (2.8–2.11).

Im Rahmen der lexikalischen Definition lässt sich aus dem Digitalen Wörterbuch der deutschen Sprache folgende Definition entnehmen (2021): *„Bildung, die zum verständnisvollen Umgang mit Menschen befähigt, Taktgefühl. Beispiele: [...] es erfordert viel Umsicht und Herzensbildung, sich in dieser Situation richtig zu benehmen".*

Es geht also bei Herzensbildung weniger um formelle Bildung, sondern um Empathiefähigkeit und Taktgefühl. Wenn wir berücksichtigen, dass durch die Einklammerung „(herzens-)gebildete" sowohl

6.5 Die Analyse von Kontaktanzeigen

> Bildung als auch Herzensbildung angesprochen werden, könnte die explizierende Paraphrase lauten: *Wunsch nach dem Kennenlernen einer Frau, welche gebildet ist, sowie über Empathie und Taktgefühl verfügt.* Analog können wir Textstelle 2.10 wie folgt paraphrasieren: *Partnerin sollte Empathie und Taktgefühl haben.*

(2) **Generalisierung und erste Reduktion:** Im Rahmen der Generalisierung wollen wir nun alle Paraphrasen auf ein einheitliches Abstraktionsniveau bringen (vgl. Mayring 2015: 71). Dieses müssen wir zunächst unter Berücksichtigung unserer Forschungsfrage definieren: *Das angestrebte Abstraktionsniveau umfasst allgemeine Statusmerkmale und weitere Eigenschaften der Inserent*innen, welche in ihren Selbstdarstellungen zum Ausdruck kommen sowie die allgemein präferierten Eigenschaften der gesuchten Partner*innen.*
Ziel ist es also, allgemeine, d. h. abstrakte Dimensionen der Selbstdarstellung und Anforderungen an die Partner*innen herauszuarbeiten. Alle Paraphrasen, die noch zu spezifisch sind, müssen in diesem Schritt verallgemeinert (generalisiert) werden. Bedeutungsleiche Paraphrasen können wir streichen, ebenso wie Paraphrasen, welche für die Beantwortung unserer Frage nicht von Relevanz sind (vgl. Mayring 2015: 71).
So können wir etwa „akademische Qualifikation" unter der Textstelle 2.1 streichen, da diese identisch mit Textstelle 1.1 ist. Nicht relevant für unsere Analyse sind beispielsweise auch die Angaben der Telefonnummern (1.9 & 2.12) oder die Aussage, dass das Leben endlich sei (3.4), weswegen diese gestrichen werden können.

(3) **Zweite Reduktion:** Im Schritt der zusammenfassenden Inhaltsanalyse können nun verschiedene miteinander in Bezug stehende Paraphrasen in einer Kategorie gebündelt werden (vgl. Mayring 2015: 71). Die Paraphrasen, welche wir im Rahmen der Generalisierung und der 1. Reduktion gewonnen haben, können dabei sowohl durch eine ähnliche Aussage als auch durch einen gemeinsamen Gegenstand miteinander in Beziehung stehen (vgl. Mayring 2015: 72).
In unserer Analyse hat die zweite Reduktion zugleich auch ein *deduktives Element*, indem wir für die Bildung der Kategorien „Status" (K1) und „präferierter Status" (K2) als theoretisches Konzept die Kapitalsorten

Bourdieus heranziehen. Denn mit ihrer Hilfe bündeln wir Paraphrasen, welche einen Bezug zu einer der vier Kapitalsorten aufweisen.

Toolbox 12: Fallspezifische und fallübergreifende Reduktion

Da wir in unserer Beispielanalyse nur sehr wenige Kontaktanzeigen analysieren können und diese einen geringen Textumfang haben, erfolgt die Bündelung in Kategorien hier bereits *fallübergreifend*. Mayring sieht an dieser Stelle zunächst ein *fallspezifisches* Vorgehen vor. Erst im Anschluss erfolgt dann ein zweiter Durchlauf mit erneuter Generalisierung und Reduktion, an dessen Ende ein fallübergreifendes Kategoriensystem steht (Mayring 2015: 83–85).

Die Ergebnisse dieses Schrittes der zusammenfassenden Inhaltsanalyse sind in der nachfolgenden Tabelle wiedergegeben.

6.5 Die Analyse von Kontaktanzeigen

Kontakt-anzeige Nr.	Text	Paraphrase	Generalisierung/ 1. Reduktion	2. Reduktion (fallübergreifend)	Kommentar
1.1	APOTHEKERIN	Beruf bzw. Abschluss als Apothekerin	Akademische Qualifikation	K 1: Statusmerkmale • Akademische Qualifikation • Anerkannter beruflicher Erfolg • Hochkulturelles Interesse • Altruistisches gesellschaftliches Engagement	
1.2	45/168	45 Jahre alt und 1,68 Meter groß	~~Biometrische Daten~~	K2: Eigener Beziehungsstatus • ungebunden • verwitwet • geschieden K3: Präferierte Persönlichkeit • Verlässlichkeit • Empathie • Lebenslust • Kommunikation auf Augenhöhe • Nicht Aussehen • Heterogene Auffassungen/Meinungen	Im Rahmen dieser Analyse wollen wir davon ausgehen, dass sich die Homogamie-These auf sozial erworbene oder zugeschriebene Faktoren bezieht. Zudem scheint die Angabe von Alter und Größe durch die Redaktion der Zeit vorgeschrieben zu sein und ist weniger eine bewusste Selbststoffenbarung. Daher können wir diese Passage streichen.
1.3	eine familiär unabhängige u.	Es bestehen keine familiäre Verpflichtungen gegenüber anderen.	Ungebundenheit	K4: Attraktivität • Äußerliche Attraktivität	

		äußerlich attraktiv	äußerliche Attraktivität		
1.4	schicke Dame				
1.5	mit fröhl. Naturell,	positive Ausstrahlung	positive Ausstrahlung	K5: Persönlichkeit • Positive Ausstrahlung	
1.6	wünscht sich einen verlässlichen Gefährten	Gesucht wird ein zuverlässiger Partner.	Präferenz: Verlässlichkeit	K6: Präferierte Statusmerkmale • Bildung	
1.7	zum gegens. Verwöhnen u. Liebhaben.	Gemeinsame Zärtlichkeit als Zentrum der Beziehung	~~Zärtlichkeit als Basis~~		Auch diese Paraphrase dürfen wir streichen, da kein Bezug zur Fragestellung besteht.
1.8	Näheres zu ihren Lebenszielen, Partnerwunschvorstellung u. Hobbys kann man auf nachstehender Website unter "Anzeigen" nachlesen.	Weitere Informationen zu der Inserentin und ihren Erwartungen an den zukünftigen Partner finden sich auf zusätzlicher Webseite.	~~Verweis auf weitere Informationen~~		Hier besteht keine erdenkliche Beziehung zwischen Textmaterial und Fragestellung. Wir dürfen die Sequenz streichen.
1.9	Tel. 0800/5208501	Angabe der Telefonnummer	~~Angabe der Telefonnummer~~		Inhaltlich irrelevant, daher streichen
2.1	PROF. DR. MED.	Promotion und Habilitation in Medizin	~~Akademische Qualifikation~~		Bedeutungsgleich mit Paraphrase 1.1, kann daher gestrichen werden.
2.2	61/181	61 Jahre alt und 1,81 Meter groß	~~Körpermaße~~		Siehe 1.2
2.3	Witwer;	Nach dem Tod der Partnerin verwitwet	Familienstatus: verwitwet		
2.4	berufl. ist er eine Koryphäe	Weitgehende Anerkennung des beruflichen Erfolgs	Anerkannter beruflicher Erfolg		

6.5 Die Analyse von Kontaktanzeigen

2.5	privat Liebhaber der schönen Künste	Freude am Konsum anspruchsvoller Kultur	Hochkulturell interessiert	Was die „schönen Künste" sind, ist aus dem Text nicht verständlich. Hier nutzen wir die Explikation Mayrings (2015: 90ff.).
2.6	u. nächstenliebendem Naturell (Ärzte ohne Grenzen)	Menschenfreundliche und altruistische Persönlichkeit, welche sich durch Engagement in Ärzte ohne Grenzen ausdrückt	Altruistisches gesellschaftliches Engagement	
2.7	Behutsam möchte er die Bekanntschaft einer (herzens-)gebildeten Dame machen.	Wunsch nach dem Kennenlernen einer Frau, welche gebildet ist, sowie über Empathie und Taktgefühl verfügt	Präferenz: Bildung	
2.8	Seine Partnervorstellung ist weniger auf das Aussehen seiner Partnerin ausgerichtet,	Die körperliche Attraktivität ist von untergeordneter Bedeutung.	Präferenz: nicht Aussehen	
2.9	sondern mehr auf eine passende Kommunikationsebene,	Kommunikation auf Augenhöhe ist wichtig.	Präferenz: Kommunikation auf Augenhöhe	
2.10	Herzensbildung	Partnerin sollte Empathie und Taktgefühl haben.	Präferenz: Empathie	

2.11	u. Freude an den schönen Möglichkeiten, die das Leben bietet.	Partnerin soll das Schöne im Leben sehen.	Präferenz: Lebenslust	
2.12	Mehr zu seinem Background u. Interessen auf nachstehender Page unter "Anzeigen"! Gebührenfrei 800/5208501 auch Sa./So	Weitere Informationen zu dem Inserenten finden sich auf zusätzlicher Webseite.	~~Verweis auf weitere Informationen~~	Vgl. 1.7
2.13	Gebührenfrei 800/ 5208501 auch Sa./So	Angabe der Telefonnummer	~~Angabe der Telefonnummer~~	Vgl. 1.8
3.1	Glücklich geschiedener Mann,	Der Inserent ist geschieden und glücklich mit diesem Familienstatus.	Familienstatus: geschieden	**K 7: Präferierter Beziehungsstatus** • geschieden/getrennt • nachgeordnet auch unerfolgreiche Beziehung
3.2	sucht eine ebenso glücklich geschiedene Frau, oder glücklich getrennt-lebende.	Gesucht wird eine Partnerin mit beendeter Ehe.	Präferenz: Familienstatus geschieden/getrennt	
3.3.	Evtl. unglücklich verheiratete, oder sonst wie unglücklich liierte.	Grundsätzlich ist auch eine Beziehung vorstellbar, wenn eine „unglückliche" Partnerschaft besteht.	Präferenz: nachgeordnet auch unerfolgreiche Beziehung	

6.5 Die Analyse von Kontaktanzeigen

3.4	Das Leben dauert nicht ewig.	Die Lebenszeit ist begrenzt.	~~Begrenzte Lebenszeit~~	Mit dieser Textpassage werden weder der eigene Status bzw. Eigenschaften kommuniziert, noch bietet sie Aufschluss darüber, welchen präferierten Status bzw. Eigenschaften die zukünftige Partnerin haben soll. Nach Mayring dürfen wir diese Sequenz getrost streichen.
3.5	Das was noch zum Leben bleibt, möchte ich gerne in Harmonie genießen. Auch wenn man nicht gleich über alles gleicher Meinung sein muss. Gerne diskutiere ich kontrovers.	Harmonie soll das zukünftige Leben prägen. Unterschiedliche Meinungen und Diskussionen stehen dem nicht entgegen, sondern bereichern.	Präferenz: Heterogene Meinungen als Bereicherung	
3.6	Ein empathisches Wesen liest hoffentlich die Anzeige und meldet sich" (vgl. http://markt.de SUCHEN & FINDEN 2020).	Es besteht der Wunsch, dass eine empathische Frau auf die Anzeige reagiert.	~~Präferenz: Empathie~~	Vgl. 2.10

Tabelle 8: Durchführung der Analyse nach Mayring

Anzeige 1	• akademische Qualifikation		• ungebunden		• positive Ausstrahlung	• Verlässlichkeit	• äußerliche Attraktivität
Anzeige 2	• akademische Qualifikation • anerkannter beruflicher Erfolg • hochkulturelles Interesse • altruistisches gesellschaftliches Engagement	• Bildung	• verwitwet			• Empathie • Lebenslust • Kommunikation auf Augenhöhe • nicht Aussehen	
Anzeige 3			• geschieden	• geschieden/ getrennt • nachgeordnet auch unerfolgreiche Beziehung		• Empathie • heterogene Meinungen/Auffassungen	

Tabelle 9: Ergebnisübersicht der zusammenfassenden Inhaltsanalyse. Orientiert an Kuckartz 2015: 112 f.

(4) **Ergebnisse:** Im Fokus unserer Analyse stand die Frage, ob die sozialstrukturelle Regel „Gleich und Gleich gesellt sich gerne" in den Statussignalen des Textes der Kontaktanzeigen erkennbar wird und welche Rolle der Status in den Kontaktanzeigen spielt. Einen Überblick über die Ergebnisse bietet Tabelle 9 (in Anlehnung an Kuckartz 2015: 112 f.). Auf den ersten Blick fallen zwei Dinge auf: Neben Statusmerkmalen im Sinne von Bourdieus Kapitalsorten sind mit Beziehungsstatus, Persönlichkeitseigenschaften und Attraktivität weitere Aspekte zur Selbstbeschreibung und als präferierte Eigenschaften der zukünftigen Partner*innen von Bedeutung. So geben etwa alle drei ihren eigenen Beziehungsstatus an und auch persönliche Eigenschaften, welche die zukünftigen Partner*innen mitbringen sollten. Zudem deuten die vielen Leerstellen in der Tabelle darauf hin, dass unsere drei untersuchten Inserent*innen dies in unterschiedlicher Weise tun.

Statusbezüge im Sinne von Bourdieus Theorie finden sich in Anzeige 1 (Apothekerin) und 2 (Prof. Dr. med.). Vorausgreifend kann bereits an dieser Stelle festgehalten werden, dass sich keine einheitliche Tendenz zu Homophilie abzeichnet.

Mit der Nennung ihres universitären Abschlusses als Apothekerin wird ein entsprechend hohes institutionalisiertes kulturelles Kapital in Anzeige 1 deutlich. Obwohl sich dieses in weitere Kapitalsorten, etwa ökonomisches Kapital, umwandeln ließe, werden keine weiteren von diesen genannt. Auch ergab die Analyse der Anzeige keine Hinweise auf entsprechend hohe Statuserwartungen gegenüber dem gesuchten Partner. Die Homophilie-Signale hielten sich also in Grenzen, sodass die Hypothese nur teilweise zutrifft.

Auch in Anzeige 2 wird auf ein äußerst hohes institutionalisiertes kulturelles Kapital verwiesen (Prof. Dr. med.). Zusätzlich wird mit dem ehrenamtlichen Engagement ein hohes soziales Kapital, mit der Anerkennung seines beruflichen Erfolgs ein entsprechendes symbolisches Kapital und mit seinem Interesse an hochkulturellen Gütern ein hohes inkorporiertes kulturelles Kapital signalisiert. Auf Seite der Statuserwartungen gegenüber einer zukünftigen Partnerin sollte diese gebildet sein, also zumindest ein Mindestmaß an institutionalisiertem kulturellem Kapital mitbringen. Weitere Erwartungen gegenüber anderen Kapitalformen konnten durch die Analyse nicht identifiziert werden. Dennoch zeigen sich in diesem Fall im Text der Kontaktanzeige starke Homophilie-Signale.

In der dritten Kontaktanzeige konnte unsere Untersuchung keinerlei Statusbezüge identifizieren – weder in Form der Selbstdarstellung noch in Hinsicht auf die präferierten Eigenschaften der zukünftigen Partnerin. Folglich scheint Statushomogenität kein zentraler Faktor der Partnerwahl zu sein.

Auch wenn man z. B. die Homophilie-Annahme um nicht-statusbezogene Merkmale erweitert, kann unsere zusammenfassende Inhaltsanalyse diese nicht für alle drei Kontaktanzeigen bestätigen. Lediglich im dritten Interview zeigen sich in puncto Beziehungsstatus deutliche Hinweise auf Homogamie: Der Inserent selbst schreibt, geschieden zu sein und gibt ausdrücklich an, eine geschiedene bzw. eine getrennt lebende Partnerin zu suchen. Diese Homophilie-Vorstellung bezieht sich aber nicht auf den sozialen Status.

6.5.7 Die hermeneutische Analyse

In der hermeneutischen Analyse gibt es viele unterschiedliche Verfahren, welche in der Literatur gut dokumentiert sind (siehe dazu Reichertz 1986; Soeffner 1989, 1992; Hitzler & Honer 1997; Hitzler et al. 1999; Heinze-Prause 2001: 213–269; Reichertz & Schröer 2003; Kurt 2004; Grondin 2012). Wir beziehen uns auch hier auf die oben bereits im Vorgehen erläuterte Sequenzanalyse (siehe Information 10: Sequenzanalyse). Das erlaubt uns, nicht mehr ausführlich auf die einzelnen Schritte einzugehen, sondern uns stärker auf die Ergebnisse der einzelnen Schritte zu konzentrieren.

(1) Sequenzbestimmung

Bei der Auswahl der Sequenzen beziehen wir uns auf die beiden Kontaktanzeigen in der Wochenzeitschrift „Die Zeit", weil wir uns vor allem für Statussignale in Kontaktanzeigen interessieren. Dies bedeutet jedoch nicht, dass deren Abwesenheit in der dritten Kontaktanzeige übergangen wird, sondern es ist nach den vorangegangenen Schritten bereits hinreichend klar geworden, dass nicht in allen Kontaktanzeigen Statusmerkmale eine Rolle spielen und dass wir annehmen, dass deren Bekundungswahrscheinlichkeit auch sehr stark mit dem Medium variiert, in dem diese Kontaktanzeigen erscheinen.

(2) Hypothesenentwicklung

(a) Wenden wir uns der sprachlichen Lesart des kommunikativen Aktes zu. Wir greifen hier das Beispiel der Kontaktanzeige 1 der Apothekerin heraus: Ohne die sprachliche Lesart hier ausführlich diskutieren zu wollen, fallen uns zunächst neben den Abkürzungen die in der heutigen Zeit ungewohnt erscheinende Wortwahl und die gewählte Sprache auf. „Schicke Dame" und „fröhl. Naturell" sind Semantiken der Selbstbeschreibung, die heute – unserer Annahme nach – eher selten geworden sind. Zugleich folgt auch die Beschreibung der Nachfrage nach einem „verlässlichen Gefährten" zum „Verwöhnen und Liebhaben" diesem Muster. Die Wortwahl erscheint uns als einfach, bodenständig, aber zugleich als präzise und gewählt.

(b) In der sachlichen Lesart wollen wir uns als Beispiel auf die Kontaktanzeige 2 beziehen. Wie auch bei der Kontaktanzeige „Apothekerin" fällt bei dieser auf, dass die Überschrift und damit der Anfangspunkt des kommunikativen Aktes mit einer Positionierung im sozialen Raum beginnen. Die Kontaktanzeige hat ihren Ausgangspunkt praktisch in einer „sozialen Visitenkarte", die zugleich noch Alter und Größenangaben enthält. Es geht dabei gut erkennbar um die Anbahnung einer langjährigen Partnerschaft, die genau in jenem sozialen Raum stattfinden soll, den die Kontaktanzeige signalisiert: in einem scheinbar gehobenen sozialen Milieu.

(c) In der soziologischen Lesart fällt auf, dass mit „Professor" eine Berufsbezeichnung angegeben ist, mit „Doktor" ein Bildungstitel und mit „Medizin" das Fach, in dem die Person diesen Bildungstitel erworben hat. Dieses institutionalisierte kulturelle Kapital bildet den Einstieg und avisiert soziale Exklusivität. Offensichtlich haben wir es mit einer im sozialen Raum hochstehenden Person zu tun, welche dies auch gleich zum Einstieg signalisiert. Damit fällt hier bereits eine Demonstration des sozialen Status ins Auge, die für die einen Türen öffnet, für die anderen Türen schließt. Als Arbeiterin oder einfache Angestellte gehört man „objektiv" nicht zu den Adressat*innen dieser Anzeige. Das Signal der sozialen „Klasse", die man sich wünscht, ist bereits im Einstieg nicht zu übersehen.

Wie bei der Kontaktanzeige „Apothekerin" auch kommen jetzt Angaben zum Familienstand hinzu. In diesem Fall: Witwer. Das bedeutet, dass Klarheit über „familiale Altlasten" geschaffen wird, zumindest was vergangene, langjährige Partnerschaften angeht. Mit der Trennung von beruflich und privat werden weitere Signale des sozialen Status platziert. Zum einen taucht hier das Fremdwort „Koryphäe" auf. Wer nicht weiß, was eine Koryphäe ist, gehört offenbar nicht zum anvisierten sozialen Kreis der Kontaktanzeige. Denn damit wird inkorporiertes Bildungskapital vorausgesetzt. Das aus dem Griechischen stammende Fremdwort bezeichnet jemanden, der an der Spitze steht und darin Anerkennung erfährt, womit dies zugleich ein Fingerzeig auf das symbolische und soziale Kapital ist, das der Text der Kontaktanzeige signalisiert. Damit ist scheinbar klar, von wem die Anzeige kommt und an wen sie gerichtet ist.

(3) Hypothesenprüfung

Im Vergleich der Kontaktanzeigen ist deutlich geworden, dass es zu großen Varianzen in den Statusbekundungen kommt, welche ganz offensichtlich auch mit dem gewählten Medium variieren. Starke Statussignale habe sich vor allem in den beiden Kontaktanzeigen in „Die Zeit" gefunden, die beide den Berufsstatus und den damit implizierten oder offengelegten Bildungstitel in der Kontaktanzeige voranstellten.

(a) **Der Kontext des Mediums:** Der kommunikative Akt selbst findet in unserem Falle in dem klassischen Medium einer wöchentlichen Zeitschrift: „Die Zeit" statt. Auch wenn wir hier keine Zielgruppen- und Leseranalyse vorgeschaltet haben – was wir tun müssten (siehe dazu exemplarisch Hartmann 2006) –, können wir das Medium als ein „Organ" der wirtschaftsliberalen Presse mit einem eher akademischen Zielpublikum identifizieren (vgl. Maurer & Reinemann 2006: 129 ff.). Das Zielpublikum wird unserer Annahme nach eher älter und eher gebildeter sein. Das heißt, die Kontaktanzeigen sind, auch wenn sie online geschaltet werden, bereits in einem sozialstrukturell eingeschränkten Raum angesiedelt. Das Medium selbst erscheint als analoges Medium „altertümlich" und so werden auch die Kontaktanzeigen — das zumindest ist unsere Annahme – eher von einem älteren, eher gebildeten Zielpublikum geschaltet werden (vgl. IQ Media Marketing 2021: DIE ZEIT – Leserschaftsdaten).
Da der sprachliche Markt durch den Kontext der Wochenzeitschrift „Die Zeit" mit definiert ist, können wir von einem gehobenen Bildungs-

niveau ausgehen, das diesen Markt dominiert. 71 % der Zeit-Leser*innen hatten 2013 mindestens Abitur, 49 % sogar ein Studium. Damit verfügt die Wochenzeitung über eine deutlich gebildetere Leserschaft als „Spiegel" (56 % mit Abitur), „Focus" (45 %) und „stern" (39 %) (vgl. MEEDIA 2021: Print-Analyse: der typische Zeit-Leser).

(b) **Der gesellschaftliche Kontext:** In einer hermeneutischen Analyse machen wir uns auch Gedanken darüber, mit welcher Art von Kommunikation wir es zu tun haben. In welchem Kontext steht diese und welche Bedeutung entfaltet sie im vorliegenden Handlungskontext? Wir gehen also zunächst vom „Ganzen" aus und versuchen, von dort ausgehend die „Singularität", wie es Dilthey ausgedrückt hat, zu verstehen. Dabei spielt weniger der subjektive Bedeutungshorizont eine Rolle, über den wir bei einer Kontaktanzeige ohnehin kaum etwas wissen können, als vielmehr der objektive Bedeutungshorizont.

Vor dem Hintergrund der Reproduktionsnotwendigkeiten der Gattung haben Gesellschaften in der Vergangenheit zwar mehrere Alternativen entwickelt, die zwischen 15 und 25 Jahre dauernde Fürsorgephase zu organisieren. Aber in vielen westlichen Gesellschaften ist die Institution der monogamen Ehe entstanden, welche im Zuge der bürgerlichen „Romantisierung" dieser Institution mit Liebes- und Treuegeboten aufgeladen wurde. Auch wenn sich dies über die Jahrhunderte hinweg verändert hat, sind Ehen und langjährige Partnerschaften, welche diese Form annehmen, auch heute noch fest institutionalisiert.

Zwar hat die kulturelle Pluralität zu- und die Selbstverständlichkeit abgenommen, aber nicht die gesellschaftliche Geltungskraft dieser Form (vgl. Möhle 2001: 57–74; siehe auch Lenz 2009). Sie ist so fest etabliert, dass sie ihre Geltungskraft auch auf „Paarungen" jenseits der Fortpflanzungsnotwendigkeiten ausübt (vgl. Hill & Kopp 2001: 11–33; siehe auch Skopek 2011; Nave-Herz 2013; Trübner 2017). Auch die serielle Monogamie – man lässt sich scheiden und heiratet wieder – bestätigt deren feste Etablierung (vgl. Klein 1999).

Während früher aber Ehen arrangiert wurden oder es in der Gesellschaft Personen gab, welche das offizielle, gesellschaftliche „Paaren" mit Hinweisen erleichterten, ist dies in den meisten westlichen Gesellschaften überwiegend in die Perspektive der eigenen Lebensführung übergegangen (vgl. Luhmann 1974: 24). An die Stelle der arrangierenden Eltern sind nun Gelegenheitsstrukturen getreten oder Agenturen, welche Gelegenheiten zur Partnerwahl schaffen. Die Kriterien der

Partnerwahl wirken nun stärker individualisiert und romantisiert. Das heißt, Besitz und Vermögen, Politik und Macht spielen nicht mehr die direkte vorrangige Rolle, wie früher bei den arrangierten Ehen, sondern z. B. physische Anziehungskraft oder gesellschaftlich positiv konnotierte „Charaktereigenschaften" wie Humor, Treue, Originalität etc. rücken in den Vordergrund. Zugleich gehören nun auch Hobbies, Familienplanung oder berufliche Orientierungen zu den Auswahlkriterien (vgl. Klein & Lengerer 2001: 265–285; Häring et al. 2014).

Kontaktanzeigen sind vor diesem Hintergrund eine spezifische Art von Kommunikation, welche, unter dem Label „seriöse" Kontaktanzeigen rubriziert, auch auf die Anbahnung langjähriger Partnerschaften zielen können. Hier spiegeln sie das geltende Kulturmodell langjähriger Partnerschaften mit Treue- und Liebesgeboten, auch wenn daneben eine vielfältige Welt der Anbahnung flüchtiger, kurzlebiger Kontakte oder geschäftsmäßig organisierter Kontakte (z. B. Prostitution) entstanden ist.

Der kommunikative Akt, den wir in den Blick genommen haben, ist also derjenige einer selbstarrangierten Partnerwahl, häufig durchgeführt mit Unterstützung kommerzieller Agenturen, Internetportalen etc., welche die „natürlichen" Gelegenheitsstrukturen in der Gesellschaft funktional ersetzen oder ergänzen. Er vollzieht die gesellschaftliche Institution langjähriger Partnerschaften mit Treue-, Liebes- und Fürsorgeverpflichtungen – auch dann, wenn man bereits biologisch den Lebenszyklus der natürlichen Fortpflanzung verlassen hat.

Während „natürliche Gelegenheitsstrukturen" im Sportverein, der Nachbarschaft, an der Schule oder der Universität etc. einen deutlichen Effekt der Schicht- oder Klassenreproduktion sowie von Homogamie oder Homophilie aufweisen, stellt sich uns hier die Frage, ob die „Freiheiten" der kommerziellen, selbstarrangierten Kontaktanbahnung durch gerahmte kommunikative Akte diesen Klassen- oder Schichteffekt abmildern oder ob sich auch diese Akte – bei aller „Liebe" und Individualität – als konventionelles Substitut oder „funktionales Äquivalent" der elterlich oder gemeinschaftlich arrangierten Ehen innerhalb von deren sozialen Kreisen erweisen. Und genau darauf weisen die beiden Kontaktanzeigen in „Die Zeit" in unterschiedlicher Stärke hin. Der Effekt des Mediums selbst verweist auf diese Homophilie-Orientierung, d. h. auf einen Kontaktmarkt, den man anvisiert, wenn man auf bestimmte soziale Kreise treffen möchte.

(c) **Der Bezug auf Bourdieu:** Dabei sticht in Kontaktanzeige 2 die Unbescheidenheit in der Selbstdarstellung des Textes ins Auge, die, folgen wir Bourdieu, darauf schließen lässt, dass es eine Notwendigkeit gibt, den Status so zu dokumentieren. Diese Deutungshypothese wird weiter bestärkt, wenn wir uns den nachfolgenden Hinweis auf „Liebhaber der schönen Künste" ansehen. Hier wird sowohl auf das objektivierte kulturelle Kapital als auch auf das inkorporierte soziale Kapital aufmerksam gemacht. Es ist ein Lebensstilelement, das wiederum demonstrativ vorangestellt wird. Man sieht förmlich die Museen vorbeiziehen und die Person im Kunstverein bedeutende Worte über bedeutende Werke sprechen. Das Statussignal wird hier also weiter verstärkt, geradezu mit Fanfaren verkündet.

Auch das „Großzügige" spricht nicht nur ökonomisches Kapital im Hintergrund an — man muss es sich schließlich leisten können, großzügig zu sein — sondern auch das Weltmännische, Edle, Nonchalante dieses Angebotes. Und dann auch noch „nächstenliebend". Der Bezug zu „Ärzte ohne Grenzen" dokumentiert weiter das soziale Kapital des Angebotes und spielt weiter auf der Tastatur sozialer Erwünschtheit und Distinktion.

Alles in allem symbolisiert der Text in massiver Weise Statusmerkmale, die in allen Kapital-sorten Bourdieus akzentuiert werden. Er signalisiert soziale Exklusivität, welche unweigerlich auf Homophilie sowie Homogamie zielt. Es lässt sich keine Öffnung für andere Statusgruppen bzw. Statusmerkmale erkennen.

In der demonstrativen Betonung der Statusmerkmale des Textes wird aber zugleich offensichtlich, dass der Text im Sinne der Bourdieu'schen Klassentheorie keinen großbürgerlichen Hintergrund hat. Wie wir bereits gesehen haben (siehe Information 7: Der Habitusbegriff bei Bourdieu), sind hier Diskretion und die Ablehnung alles Demonstrativen Merkmale des Lebensstiles. Mit dem Interpretationsrahmen von Bourdieu kann man erkennen, dass wir hier einen Text, einen kommunikativen Akt vorliegen haben, der eher im Kleinbürgertum verankert ist. Er zielt auf die Anbahnung einer langjährigen Partnerschaft im Kontext eines eng gefassten sozialen Kreises, der aber wahrscheinlich nicht großbürgerlich konstituiert ist. Dennoch ist die Kontaktanzeige hier ein Substitut für das Arrangieren der Ehe, ohne dass sie Pluralität und Öffnung erkennen lässt. Sie antwortet auf das objektive Handlungsproblem im klassischen Kanon der gesellschaftlichen Institution und verbleibt – trotz des signalisierten Aufstieges – im sozialstrukturellen Segment der sozialen Herkunft: dem Kleinbürgertum.

(4) Generalisierung und Strukturhypothese

Wenn wir weitere Kontaktanzeigen im Medium „Die Zeit" heranziehen und analysieren, so ist vergleichsweise schnell eine theoretische Sättigung erreicht. Es zeigt sich, dass entgegen der ersten Deutungshypothese, die wir aus den beiden Kontaktanzeigen gezogen haben, die Betonung in den meisten Kontaktanzeigen vielmehr auf charakterlichen und emotionalen Werten wie Liebe und Zärtlichkeit als auf Statusgleichheit liegt. Statusdarstellungen und indirekte Hinweise auf Statusmerkmale sind aber dennoch wichtig in jeder der Kontaktanzeigen. Bildungstitel, symbolisches Kapital und inkorporiertes sowie objektiviertes kulturelles Kapital stehen dabei im Vordergrund, während soziales und ökonomisches Kapital kaum signalisiert wird. Im Mittelpunkt steht eine symbolisierte Innerlichkeit mit Beschäftigungen im Bereich Kunst, Kultur, Reisen, Bewegung, Reden, welche die Darstellung des Angebotes sowie der Nachfrage in den Texten der Kontaktanzeigen bestimmen. Anders als in der Kontaktanzeige 2 des Prof. Dr. med. kommen die feinen Unterschiede stärker zum Tragen und spielen Lebensstilelemente eine wichtige Rolle.

6.5.8 Was lernen wir aus der Kombination der verschiedenen inhaltsanalytischen Methoden?

Wir können im Vergleich sehen, dass alle drei Verfahren unterschiedliche methodische Voraussetzungen und Herausforderungen haben, aber die vorläufigen explorativen Befunde der drei Analyseformen in eine ähnliche Richtung weisen: Merkmale des sozialen Status lassen sich teilweise finden, aber die soziale Homophilie prägt diese weder durchgängig noch umfassend. Die Platzierung von sozialen Statussignalen variiert zum einen stark mit dem Medium und zum anderen werden diese von einem Konzert zahlreicher anderer Signale einer dargestellten Innerlichkeit gerahmt. Diese aus der Exploration gewonnene Annahme müsste nun natürlich sowohl qualitativ als auch ggf. quantitativ validiert und generalisiert werden.

Wir haben nun aber auch die Grenzen der einzelnen Verfahren und die Möglichkeiten ihrer Kombination besser kennengelernt. Wir haben gesehen, dass eine quantitativ angelegte Frequenzanalyse große Probleme dabei hätte, die Bourdieu'schen Kategorien in Suchbegriffe einer elektronischen Volltextsuche zu übersetzen. Sie fiele zurück auf die explizite Nennung von Bildungstiteln und -abschlüssen in Kontaktanzeigen, die sie auch ohne Bezug zu Bourdieu auswerten könnte. Sie könnte dann z. B. zum Ergebnis haben, dass in einem Viertel der Kontaktanzeigen in „Die Zeit" von 2010 bis 2020 Bildungstitel und -abschlüsse explizit genannt werden, während in der Kleinanzeigenplattform www.markt.de dies nur in 5 % der Kontaktanzeigen zur Partnerschaftssuche der Fall war. Sie könnte dann auch die genannten Bildungsabschlüsse in eine soziale Hierarchie bringen und Effekte der Medien sowie auch Entwicklungen im Zeitverlauf in einem Medium in Erfahrung bringen. Auf dieser Grundlage hätten wir erste Ergebnisse, welche uns im Vergleich etwas über die Nennung von Bildungsabschlüssen und -titeln sagen könnte.

Das liefert uns ebenfalls erste Ergebnisse über die Verteilung der Nennungen von Bildungstiteln in unserer Grundgesamtheit je nach Medium und könnten dann auf dieser Basis mithilfe einer qualitativen Inhaltsanalyse nach Mayring weiter fragen, welche anderen Homophilie-Signale in Kontaktanzeigen noch auftauchen. Hier müssten wir die Anzahl der herangezogenen Kontaktanzeigen natürlich weiter einschränken und hätten zum Ergebnis, dass die Kontaktanzeigen eine Vielzahl an Homophilie-Signalen enthalten, welche sich zum Teil auch entlang der Kapitalien von Bourdieu sortieren lassen. Insbesondere die benannten Freizeitaktivitäten und Hobbies stechen hier als Homophilie-Signale ins Auge.

An dieser Stelle können wir uns dann die sozialen Statussignale genauer ansehen und uns mittels einer Sequenzanalyse hermeneutisch auf die latenten Kommunikationsinhalte konzentrieren. Hier gehen wir dann weiter auf eine geringe Anzahl von Kontaktanzeigen zurück, welche wir einer hermeneutischen Analyse unterziehen. Wir sehen dann zum einen, dass die Einordnung der manifesten Signale teilweise fehllaufend ist und korrigiert werden muss, wenn man z. B. einbezieht, dass diese (wie z. B. im Falle der Kontaktanzeige 2) demonstrativ und unbescheiden, ja angeberisch in den Vordergrund gerückt wurden. Wenn man diese Ergebnisse am Ende des hermeneutischen Verfahrens auf Bourdieus Perspektiven rückbezieht, sieht man sofort, dass eine Einordnung in eine gehobene Klasse hier nicht richtig wäre, weil Understatement und Diskretion als deren Erkennungszeichen fehlen. Das Ostentative lässt eher auf eine Herkunft aus dem Kleinbürgertum schließen und spricht bestenfalls Adressat*innen aus dieser Statusgruppe an. Eine quantitative Analyse der manifesten Kommunikationsinhalte würde eine Einordnung in ein oberes gesellschaftliches Segment nahelegen, was auch bezogen auf die „objektiven" Merkmale stimmt, aber eine qualitative Analyse der latenten Kommunikationsinhalte würde dies im Rückschluss auf den im Text repräsentierten Habitus korrigieren oder, auf die soziale Herkunft aus dem Kleinbürgertum bezogen, ergänzen. Zum anderen erkennen wir eine Vielzahl von Lebensstilelementen als Teil einer symbolisierten Innerlichkeit, welche feine Unterschiede zur Geltung bringen, die wir vorher nicht als solche eingeordnet haben.

Wir sehen also, dass die Methodenkombination in der Inhaltsanalyse im wechselseitigen Bezug der Verfahren aufeinander durch Ergänzungen, Korrekturen und zusätzliche Informationen und Interpretationen zur Validierung der Ergebnisse beiträgt als auch ihre Generalisierung auf verschiedenen Ebenen erlaubt. Jedoch zeigt sie auch, dass bestimmte Ziele z. B. der Übersetzung der qualitativen Erkenntnisse in eine quantitative Frequenzanalyse nicht erreicht werden können, sodass hier auf anderem Wege versucht werden müsste, eine quantitative Generalisierung zu erreichen.

6.6 Schlussbemerkung

Inhaltsanalysen gibt es in vielen verschiedenen Formen und Verfahren. Sie sind einfach im Zugang und in der Regel auch in ihrer Durchführung. Auch ist ihre Fehleranfälligkeit gering bzw. sind sie einfach zu überprüfen, wenn der Zugang zum Material mehrfach möglich ist. Natürlich können die Inhalte immer wieder unterschiedlich interpretiert und verstanden werden – das liegt in der Natur der Sache. Wissenschaftliche Verfahren versuchen daher, die jeweiligen Schritte der Interpretation transparent und nachvollziehbar zu gestalten. Wie wir gesehen haben, empfiehlt es sich auch, je nach Erkenntnisinteresse und Fragestellung verschiedene Verfahren der Inhaltsanalyse zu kombinieren. Auch hier ergänzen sich wieder quantitative und qualitative Verfahren in ihrem Beitrag zur Beantwortung der Fragestellung.

Fragen zur Vertiefung 5

1. Sie wollen herausfinden, ob sich verschiedene Alterskohorten im Sprachgebrauch sowie in der Verwendung von Zusatzzeichen (Smileys, Symbole) in den sozialen Medien unterscheiden. Sie wäh-

len dazu WhatsApp-Textnachrichten für eine Inhaltsanalyse aus. Wie gehen Sie dabei vor?
2. Welche Probleme treten bei einer quantitativen Inhaltsanalyse auf, die man bei einer qualitativen Inhaltsanalyse vermeiden kann?
3. Wie wählt man die Sequenzen für eine hermeneutische Sequenzanalyse aus?

Übung für Zuhause 6: Die Inhaltsanalyse

Rufen Sie in der Zeitschrift „Die Zeit", er sucht sie oder sie sucht ihn, Kontaktanzeigen auf und wählen Sie entweder die ersten 10 Anzeigen, die im Internet wiedergegeben werden oder suchen Sie diese zufällig aus (Zeit Online 2020: Kennenlernen):

1. Entwickeln Sie eine Fragestellung. Was interessiert Sie an diesen Kontaktanzeigen? Welches soziologische Interesse besteht an ihrer Analyse?
2. Wählen Sie für ihre Analyse ein Verfahren aus. Weit verbreitet in der Soziologie ist die qualitative Inhaltsanalyse nach Mayring.

Quellen:

Allan, Arlene (2018): *Hermes* (Gods and Heroes of the Ancient World), London/New York: Routledge.
Bourdieu, Pierre (1982): *Die feinen Unterschiede: Kritik der gesellschaftlichen Urteilskraft*, Frankfurt am Main: Suhrkamp.
Bourdieu, Pierre (1983): „Ökonomisches Kapital, kulturelles Kapital, soziales Kapital", in: Reinhard Kreckel (Hrsg.): *Soziale Ungleichheiten* (Soziale Welt 2), Göttingen: Schwartz, S. 183–198.
Bourdieu, Pierre (1986): "The Forms of Capital," in: John G. Richardson (Hrsg.): *Handbook of Theory and Research for the Sociology of Education*, New York: Greenwood, S. 241–258.
Bourdieu, Pierre (1992): „Ökonomisches Kapital – Kulturelles Kapital – Soziales Kapital", in: Pierre Bourdieu: *Die verborgenen Mechanismen der Macht*, Hamburg: VSA, S. 49–80.
Brockhaus.de (2021): schöne Künste (letzter Aufruf 26.05.2021).

Cohen, Jere M. (1977): "Sources of Peer Group Homogeneity," in: *Sociology of Education* 4, S. 227–241.

Damböck, Christian (2016): „Epistemische Ideale bei Dilthey und Cohen", in: Christian Damböck & Hans-Ulrich Lessing (Hrsg.): *Dilthey als Wissenschaftsphilosoph*, Freiburg/München: Verlag Karl Alber.

Digitale Wörterbuch der deutschen Sprache (2021): Herzensbildung (letzter Aufruf 26.05.2021).

Dilthey, Wilhelm (1968): *Der Aufbau der geschichtlichen Welt in den Geisteswissenschaften*, Frankfurt am Main: Suhrkamp.

Dilthey, Wilhelm (1973): „Die Entstehung der Hermeneutik", in: Gunter Reiß (Hrsg.): *Materialien zur Ideologiegeschichte der deutschen Literaturwissenschaft, Band 1: Scherer bis zum Ersten Weltkrieg*, Tübingen: Max Niemeyer-Verlag, S. 55–68 (letzter Aufruf 27.06.2020).

Dilthey, Wilhelm (1990 [1924]): *Gesammelte Schriften, Band 5: Die geistige Welt: Einleitung in die Philosophie des Lebens*, Leipzig/Berlin: Teubner.

Dilthey, Wilhelm (1991 [1931]): *Gesammelte Schriften, Band 8: Weltanschauungslehre*, Leipzig/Berlin: Teubner.

Dilthey, Wilhelm (1992 [1927]): *Gesammelte Schriften, Band 7: Der Aufbau der geschichtlichen Welt in den Geisteswissenschaften*, Leipzig/Berlin: Teubner.

Dreßing, Harald, Hans Joachim Salize, Dieter Dölling, Dieter Hermann, Andreas Kruse, Eric Schmitt & Britta Bannenberg (2018): Sexueller Missbrauch an Minderjährigen durch katholische Priester, Diakone und männliche Ordensangehörige im Bereich der Deutschen Bischofskonferenz, ein Forschungsprojekt der Universität Mannheim, Universität Heidelberg und Universität Gießen (letzter Aufruf 27.06.2020).

Erhard, Franz & Kornelia Sammet (2018): *Sequenzanalyse praktisch*, Weinheim/Basel: Beltz Juventa.

Früh, Werner (2015): *Inhaltsanalyse: Theorie und Praxis*, Konstanz: UVK.

Gebhard, David & Björn Höcke (2019): „Ein Interview mit Björn Höcke", in: *zdfheute*, am 11.09.2019 (letzter Aufruf 27.06.2020).

Gercke, Björn & Kerstin Stirner (2021): Pflichtverletzungen von Diözesanverantwortlichen des Erzbistums Köln im Umgang mit Fällen sexuellen Missbrauchs von Minderjährigen und Schutzbefohlenen durch Kleriker oder sonstige pastorale Mitarbeitende des Erzbistums Köln im Zeitraum von 1975 bis 2018. Verantwortlichkeiten, Ursachen und Handlungsempfehlungen, ein Vortrag zum Gutachten (letzter Aufruf 26.05.2021).

Gercke, Björn, Kerstin Stirner, Corinna Reckmann, Max Nosthoff-Horstmann, Helmuth Pree & Stefan Korta (2021): Pflichtverletzungen von Diözesanverantwortlichen des Erzbistums Köln im Umgang mit Fällen sexuellen Missbrauchs von Minderjährigen und Schutzbefohlenen durch Kleriker oder sonstige pastorale Mitarbeitende des Erzbistums Köln im Zeitraum von 1975 bis 2018. Verantwortlichkeiten, Ursachen und Handlungsempfehlungen, ein Gutachten der Kalzlei Gercke und Wollschläger (letzter Aufruf 26.05.2021).

Grondin, Jean (2012): *Einführung in die philosophische Hermeneutik*, Darmstadt: wbg.

Häring, Armando, Thomas Klein, Johannes Stauder & Kristian Stoye (Hrsg., 2014): *Der Partnermarkt und die Gelegenheiten des Kennenlernens: Der Partnermarktsurvey*, Wiesbaden: Springer VS.

Hartmann, Philip (2006): *Was ist dran an Harald Schmidt? Eine qualitative Studie zu den Nutzungsmotiven der Zuschauer von Harald Schmidt*, Münster: Lit.

Heinze-Prause, Roswitha (2001): „Das Konzept der objektiven (strukturalen) Hermeneutik", in: Roswitha Heinze-Prause & Thomas Heinze (Hrsg.): *Qualitative Sozialforschung: Einführung, Methodologie und Forschungspraxis*, Wiesbaden: VS Verlag für Sozialwissenschaften, S. 213–269.

Hill, Paul B. & Johannes Kopp (2001): „Strukturelle Zwänge, partnerschaftliche Anpassung oder Liebe – einige Überlegungen zur Entstehung enger affektiver Beziehungen", in: Thomas Klein (Hrsg.): *Partnerwahl und Heiratsmuster: Partnerwahl und Heiratsmuster*, Opladen: Leske + Budrich, S. 11–33.

Hitzler, Ronald & Anne Honer (Hrsg., 1997): *Sozialwissenschaftliche Hermeneutik: Eine Einführung*, Opladen: Leske + Budrich.

Hitzler, Ronald, Jo Reichertz & Norbert Schröer (Hrsg., 1999): *Hermeneutische Wissenssoziologie: Standpunkte zur Theorie der Interpretation*, Konstanz: UVK.

Huss, Bernhard (2021): „Hermes", in: Maria Moog-Grünewald (Hrsg.): *Der Neue Pauly Supplemente, Band 5: Mythenrezeption: Die antike Mythologie in Literatur, Musik und Kunst von den Anfängen bis zur Gegenwart*, Stuttgart: Metzler (letzter Aufruf 26.05.2021).

Hussy, Walter, Margrit Schreier & Gerald Echterhoff (2010): „Mixed-Methods-Designs", in: Walter Hussy, Margrit Schreier & Gerald Echterhoff: *Forschungsmethoden in Psychologie und Sozialwissenschaften für Bachelor*, Berlin/Heidelberg: Springer, S. 285–296.

IQ Media Marketing (2021): DIE ZEIT: Preisliste 2021 (letzter Aufruf 26.05.2021).

Kersting, Stefan & Julia Erdmann (2014): „Analyse von Hellfelddaten – Darstellung von Problemen, Besonderheiten und Fallstricken anhand ausgewählter Praxisbeispiele", in: Stefanie Eifler & Daniela Pollich (Hrsg.): *Empirische Forschung über Kriminalität, Methodologische und methodische Grundlagen*, Wiesbaden: Springer VS, S. 9–29.

Klein, Thomas (1999): „Pluralisierung versus Umstrukturierung am Beispiel partnerschaftlicher Lebensformen", in: *KZfSS – Kölner Zeitschrift für Soziologie und Sozialpsychologie* 51 (3), S. 469–490.

Klein, Thomas & Andrea Lengerer (2001): „Gelegenheit macht Liebe – die Wege des Kennenlernens und ihr Einfluss auf die Muster der Partnerwahl", in: Thomas Klein (Hrsg.): *Partnerwahl und Heiratsmuster: Partnerwahl und Heiratsmuster*, Opladen: Leske + Budrich, S. 287–313.

Kuckartz, Udo (2015): *Qualitative Inhaltsanalyse: Methoden, Praxis, Computerunterstützung*, Weinheim/Basel: Beltz Juventa.

Kurt, Roland & Regine Herbrik (2014): „Sozialwissenschaftliche Hermeneutik und hermeneutische Wissenssoziologie", in: Nina Baur & Jörg Blasius (Hrsg.): *Handbuch Methoden der empirischen Sozialforschung*, Wiesbaden: VS Verlag für Sozialwissenschaften, S. 473–491.

Kurt, Ronald (2004): *Hermeneutik*, Konstanz: UVK.

Lenz, Karl (2009): *Soziologie der Zweierbeziehung: Eine Einführung*, Wiesbaden: VS Verlag für Sozialwissenschaften.

Luhmann, Niklas (1974): *Liebe als Passion: Zur Codierung von Intimität*, Frankfurt am Main: Suhrkamp.

Luhmann, Niklas (1984): *Soziale Systeme: Grundriß einer allgemeinen Theorie*, Frankfurt am Main: Suhrkamp.

Luhmann, Niklas (1992): *Die Wissenschaft der Gesellschaft*, Frankfurt am Main: Suhrkamp.

Luhmann, Niklas (2001): „Wie ist Bewußtsein an Kommunikation beiteiligt?" In: Oliver Jahraus (Hrsg.): *Aufsätze und Reden*, Stuttgart: Reclam, S.111–136.

Makovec, Max (2020): „Die Analyse des Diskurses um den Rechtsextremismus", in: Max Makovec: *An den Grenzen der Demokratie: Theorie und Praxis der Diskursforschung*, Wiesbaden: Springer VS, S. 185–347 (letzter Aufruf 26.05.2021).

markt.de (2020): SUCHEN & FINDEN (letzter Aufruf am 27.06.2020).

Maurer, Marcus & Carsten Reinemann (2006): *Medieninhalte: Eine Einführung*, Wiesbaden: VS Verlag für Sozialwissenschaften.

Mayntz, Renate, Kurt Holm & Peter Hübner (1974): *Einführung in die Methoden der empirischen Soziologie*, Opladen: Westdeutscher Verlag.

Mayring, Philipp (1994): „Qualitative Inhaltsanalyse", in: Andreas Boehm, Andreas Mengel & Thomas Muhr (Hrsg.): *Texte verstehen: Konzepte, Methoden, Werkzeuge*, Konstanz: UVK, S. 159–175.

Mayring, Philipp (2015): *Qualitative Inhaltsanalyse*, Weinheim: Beltz.

Mayring, Philipp (2019): „Qualitative Inhaltsanalyse – Abgrenzungen, Spielarten, Weiterentwicklungen", in: *Forum Qualitative Sozialforschung* 20 (3), S. 1–15.

Mayring, Philipp & Michaela Gläser-Zikuda (Hrsg., 2008): *Die Praxis der qualitativen Inhaltsanalyse*, Weinheim: Beltz.

McPherson, Miller, Lynn Smith-Lovin & Cook & James M. Cook (2001): "Birds of a Feather: Homophily in Social Networks," in: *Annual Review of Sociology* 27, S. 415–444.

MEEDIA (2021): Print-Analyse: Der typische Zeit-Leser (letzter Aufruf 26.05.2021).

Möhle, Sylvia (2001): „Partnerwahl in historischer Perspektive", in: Thomas Klein (Hrsg.): *Partnerwahl und Heiratsmuster: Partnerwahl und Heiratsmuster*, Opladen: Leske + Budrich, S. 57–74.

Nave-Herz, Rosemarie (2013): *Ehe- und Familiensoziologie: Eine Einführung in Geschichte, theoretische Ansätze und empirische Befunde*, Weinheim/Basel: Beltz Juventa.

Niehr, Thomas & Jana Reissen-Kosch (2018): *Volkes Stimme? Zur Sprache des Rechtspopulismus*, Berlin: Dudenverlag.

Pelizzari, Alessandro (2009): *Dynamiken der Prekarisierung: Atypische Erwerbsverhältnisse und milieuspezifische Unsicherheitsbewältigung*, Konstanz: UVK.

Peter, Eileen & Bernhard Bogerts (2010): „Sexualstraftaten an Kindern – Wer sind die Täter?" In: *Neue Kriminalpolitik, Forum für Praxis, Recht und Kriminalwissenschaft* 22 (2), S. 45–51.

Pohlmann, Markus & Kristina Höly (2019): „Der Skandal hinter dem Skandal – warum die Kirche den missbrauchenden Priestern neue Opfer zuführte", in: *Corporate Crime Stories*, am 15.03.2019 (letzter Aufruf 26.05.2021).

Pohlmann, Markus & Kristina Höly (2021): „Wenn die Kirche als Organisation versagt – zum Umgang mit missbrauchsvorwürfen im Erzbistum Köln", in: *Corporate Crime Stories*, am 26.03.2021 (letzter Aufruf 26.05.2021).

Pohlmann, Markus, Volker Helbig & Stefan Bär (2017): „Ein neuer Geist des Kapitalismus? Selbstoptimierung und Burnout in den Wirtschaftsmedien", in: *Österreichische Zeitschrift für Soziologie* 42 (1), S. 21–44.

Quent, Matthias (2020): *Rechtsextremismus: 33 Fragen – 33 Antworten*, München: Piper.

Reichertz, Jo (1986): *Probleme qualitativer Sozialforschung: Zur Entwicklungsgeschichte der Objektiven Hermeneutik*, Frankfurt am Main: Campus-Verlag.

Reichertz, Jo, & Kerstin Nagler (1986): „Kontaktanzeigen – auf der Suche nach dem anderen, den man nicht kennen will", in: Stefan Aufenanger & Margit Lenssen (Hrsg.): *Handlung und Sinnstruktur: Bedeutung und Anwendung der objektiven Hermeneutik*, München: Kindt, S. 84–122.

Reichertz, Jo & Norbert Schröer (Hrsg., 2003): *Hermeneutische Polizeiforschung*, Opladen: Leske + Budrich.

Rössler, Patrick (2005): *Inhaltsanalyse*, Konstanz: UVK.
Salzborn, Samuel (2018): *Rechtsextremismus, Erscheinungsformen und Erklärungsansätze*, Baden-Baden: Nomos.
Schellenberg, Britta (2014): *Die Rechtsextremismus-Debatte: Charakteristika, Konflikte und ihre Folgen*, Wiesbaden: Springer VS.
Schreiter, Jörg (1988): *Hermeneutik – Wahrheit und Verstehen: Darstellung und Texte. Studien zur spätbürgerlichen Ideologie*, Berlin: Akademieverlag.
Schulz von Thun, Friedemann (1981): *Miteinander reden, Band 1: Störungen und Klärungen. Allgemeine Psychologie der Kommunikation*, Reinbek: Rowohlt.
Schulz, Florian, Jan Skopek & Hans-Peter Blossfeld (2010): „Partnerwahl als konsensuelle Entscheidung", in: *KZfSS – Kölner Zeitschrift für Soziologie und Sozialpsychologie* 62 (3), S. 485–514 (letzter Aufruf 27.06.2020).
Schütze, Fritz (1982): „Narrative Repräsentation kollektiver Schicksalsbetroffenheit", in: Eberhard Lämmert (Hrsg.): *Erzählforschung: Ein Symposium*, Stuttgart: Metzler, S. 568–590.
Schütze, Fritz (1983): „Biographieforschung und narratives Interview", in: *Neue Praxis* 13 (3), S. 283–293 (letzter Aufruf 26.05.2021).
Skopek, Jan (2011): *Partnerwahl im Internet: Eine qualitative Analyse von Strukturen und Prozessen der Online-Partnersuche*, Wiesbaden: VS Verlag für Sozialwissenschaften.
Soeffner, Hans-Georg (1989): *Auslegung des Alltags – Der Alltag der Auslegung: Zur wissenschaftlichen Konzeption einer sozialwissenschaftlichen Hermeneutik*, Frankfurt am Main: Suhrkamp.
Soeffner, Hans-Georg (1992): *Auslegung des Alltags – der Alltag der Auslegung, Band 2: Die Ordnung der Rituale*, Frankfurt am Main: Suhrkamp.
Stangl, Werner (2020): „Die Entstehung der Hermeneutik", in: *[werner stangl]s arbeitsblätter* (letzter Aufruf 27.06.2020).
Trübner, Miriam (2017): „Soziologie der Partnerwahl", in: *KZfSS – Kölner Zeitschrift für Soziologie und Sozialpsychologie* 69, S. 715–717.
Vehrkamp, Robert (2017): „Rechtspopulismus in Deutschland: Zur empirischen Verortung der AfD und ihrer Wähler vor der Bundestagswahl 2017", in: *WZB Mitteilungen* 156, S. 17–20.
Zeit Online (2020): Kennenlernen (letzter Aufruf 27.06.2020).
Zimmermann, Felix (2021): „Blamage für den Verfassungsschutz", in: *ZDFheute*, am 05.03.2021 (letzter Aufruf 26.05.2021).

Schlussbemerkung

Weiterführende Literatur:

Decker, Frank (2018): „Was ist Rechtspopulismus?" In: *Politische Vierteljahresschrift* 59 (2), S. 353–369 (letzter Aufruf 27.06.2020).
Dürscheid, Christa (2017): „Beziehungsanbahnung im Netz: Text, Bild und Gatekeeping", in: Angelika Linke & Juliane Schröter (Hrsg.): *Sprache und Beziehung*, Berlin: De Gruyter, S. 49–71 (letzter Aufruf 27.06.2020).
Flick, Uwe (2011): *Triangulation: Eine Einführung*, Wiesbaden: VS Verlag für Sozialwissenschaften.
Frey, Tamara (2016): „Strengste Verschwiegenheit auf Manneswort" – Eine Analyse von Heiratsannoncen im Kaiserreich, eine Dissertation vorgelegt an der Philosophischen Fakultät der Georg-August-Universität Göttingen (letzter Aufruf 27.06.2020).
Gerke, Mareike (2012): Anforderungen an Partnerschaften Eine qualitative Inhaltsanalyse von Kontaktanzeigen aus dem Internet, eine Dissertation vorgelegt an der Fakultät Wirtschafts- und Sozialwissenschaftlichen Fakultät der Universität zu Köln (letzter Aufruf 27.06.2020).
Kelle, Udo (2001): "Sociological Explanations Between Micro and Macro and the Integration of Qualitative and Quantitative Methods," in: *Forum Qualitative Sozialforschung* 2 (1) (letzter Aufruf 27.06.2020).
Klein, Markus, Fabian Heckert & Yannic Peper (2018): „Rechtspopulismus oder rechter Verdruss? Eine empirische Analyse der Unterstützung der *AfD* im Vorfeld der Bundestagswahl 2017", in: *KZfSS – Kölner Zeitschrift für Soziologie und Sozialpsychologie* 70 (3), S. 391–417 (letzter Aufruf 27.06.2020).
Lamnek, Siegfried (2010): „Inhaltsanalyse" in: Siegfried Lamnek: *Qualitative Sozialforschung*, Weinheim: Beltz, S. 434–497.
Lohja, Bora (2010): „Beziehungs- und Partnerschaftsmuster im Spiegel von Kontaktanzeigen: Eine kontrastive Analyse zwischen Albanien und Österreich", in: *Zeitschrift für Balkanologie* 46 (2), S. 253–275 (letzter Aufruf 27.06.2020).
Mayring, Philipp (2012): „Mixed Methods – ein Plädoyer für gemeinsame Forschungsstandards qualitativer und quantitativer Methoden" in: Michaela Gläser-Zikuda, Tina Seidel, Carsten Rohlfs, Alexander Gröschner & Sascha Ziegelbauer (Hrsg.): *Mixed Methods in der empirischen Bildungsforschung*, Münster u. a.: Waxmann, S. 287–300 (letzter Aufruf 27.06.2020).
Mayring, Philipp & Thomas Fenzl (2008): „Qualitative Inhaltsanalyse", in: Nina Baur & Jörg Blasius (Hrsg.): *Handbuch Methoden der empirischen Sozialforschung*, Wiesbaden: Springer VS, S. 633–648.

Merten, Klaus: *Inhaltsanalyse: Einführung in Theorie, Methode und Praxis*, Opladen: Westdeutscher Verlag.

Mertens, Donna M. & Sharlene Hesse-Biber (2012): "Triangulation and Mixed Methods Research: Provocative Positions," in: *Journal of Mixed Methods Research* 6 (2), S. 75–79.

Möller, Kurt (2002): „Qualitative Forschung über Rechtsextremismus bei Jugendlichen: Ansatzpunkte und Erfahrungen", in: *Zeitschrift für qualitative Bildungs-, Beratungs- und Sozialforschung* 3 (1), S. 93–114 (letzter Aufruf 27.06.2020).

Rinnekangas, Arja (2013): Das persönliche Glück auf dem unpersönlichen Markt Deutsche und finnische Kontaktanzeigen im 20. Jahrhundert: Eine kontrastive und diachrone Textsortenuntersuchung, eine Dissertation vorgelegt der Universität Åbo Akademi Tyska språket och litteraturen Åbo, Finland (letzter Aufruf 27.06.2020).

Schmitt-Beck, Rüdiger, Jan W. Van Deth & Alexander Staudt (2017): „Die AfD nach der rechtspopulistischen Wende: Wählerunterstützung am Beispiel Baden-Württembergs", in: *Zeitschrift für Politikwissenschaft* 27, S. 273–303 (letzter Aufruf am 28.06.2020).

Schreier, Margrit: „Varianten qualitativer Inhaltsanalyse: Ein Wegweiser im Dickicht der Begrifflichkeiten", in: *Forum Qualitative Sozialforschung* 15 (1/18) (letzter Aufruf 27.06.2020).

Schulz, Florian, Jan Skopek & Hans-Peter Blossfeld (2010): „Partnerwahl als konsensuelle Entscheidung", in: *KZfSS – Kölner Zeitschrift für Soziologie und Sozialpsychologie* 62 (3), S. 485–514 (letzter Aufruf 27.06.2020).

Stecker, Christian & Marc Debus (2019): „Refugees Welcome? Zum Einfluss der Flüchtlingsunterbringung auf den Wahlerfolg der AfD bei der Bundestagswahl 2017 in Bayern", in: *Politische Vierteljahresschrift* 60, S. 299–323 (letzter Aufruf am 28.06.2020).

von Beyme, Klaus (2018): *Rechtspopulismus: Ein Element der Neodemokratie?* Wiesbaden: Springer VS.

Vorländer, Hans, Herold Maik & Steven Schäller (2017): „Entfremdung, Empörung, Ethnozentrismus: Was PEGIDA über den sich formierenden Rechtspopulismus verrät", in: Dirk Jörke & Oliver Nachtwey (Hrsg.): *Das Volk gegen die (liberale) Demokratie* (Leviathan 22), S. 138–160.

Welker, Martin & Carsten Wünsch (Hrsg.): *Die Online-Inhaltsanalyse: Forschungsobjekt Internet* (*Neue Schriften zur Online-Forschung* 8), Köln: Herbert von Halem Verlag.

Zöllner, Oliver (Hrsg., 2019): Liebe in Profilen: Dating im Internet. Motive und Reflexion der Nutzung von Plattformen zur Partnerschaftsanbahnung: Sechs Fallstudien, eine Studie der Hochschule der Medien Stuttgart (letzter Aufruf 27.06.2020).

7 Das Interview als qualitatives Erhebungsverfahren

Das Interview gilt nach wie vor als Königsdisziplin der empirischen Sozialforschung und hat diesen Ruf zurecht. Viele Primärerhebungen nutzen Interviews und sie sind unerlässlich, um etwas über die Relevanzen, Sichtweisen und Bedeutungszuweisungen von Akteuren in einem spezifischen Kontext in Erfahrung zu bringen. Zugleich knüpfen sie, insbesondere als qualitative Interviews, an etwas an, das wir alle sehr gut kennen: Gespräche führen. Es spricht also viel dafür, dieses im Alltag erprobte Instrument auch in der Wissenschaft zur Anwendung zu bringen. Wie dies gehen kann und worin sich wissenschaftliche Interviews von alltäglichen Gesprächen unterscheiden, darum geht es in diesem Kapitel. Wir beschäftigen uns hier insbesondere mit qualitativen Interviews als Erhebungsform und erörtern dann im nachfolgenden Kapitel 8, wie sich diese Interviews danach auswerten und analysieren lassen.

Lernziel: Wir wollen in dieser Lerneinheit Einblicke geben, welche Bedeutung Interviews als Erhebungsform in der qualitativen Sozialforschung haben, wie sich qualitative und standardisierte Interviews unterscheiden und wie sie sich kombinieren lassen.

7.1 Einleitung

Das Interview ist sicherlich neben der Inhaltsanalyse die am weitesten verbreitete Erhebungsmethode in den Sozialwissenschaften. Es eignet sich für sehr viele Sachverhalte und kann ganz unterschiedlich gestaltet zur Anwendung kommen: Von groß angelegten Surveys mit tausenden Befragten und standardisierten Erhebungsformen bis hin zu einigen wenigen qualitativen, offen geführten Interviews. Ebenso wie die Einsatzbreiten variieren auch die Durchführungsformen: Von Fragen, die im Wortlaut allen Befragten exakt gleich gestellt werden, bis hin zu Interviews, in denen nur die Eingangsfrage festgelegt wird, sog. „narrativen Interviews".

Gerade wenn man die Bedeutungszuweisungen von Akteuren, deren Sinngebungen und Handlungsorientierungen eines Systems maßgeblich konstituieren, nachvollziehen möchte, sind qualitative Interviews die Methode der Wahl. In der Gegenwartsdiagnose öffnen sie der qualitativen Sozialforschung wichtige Türen und sie wäre ohne diese Zugänge kaum vorstellbar. Wenn wir uns z. B. mit Fragen beschäftigten, was Jugendliche und junge Erwachsene zu extremen Bewegungen hinführt, gibt es wenig andere Möglichkeiten, als Interviews bzw. Befragungen durchzuführen. Auch bei Fragen, wie z. B., was hinter jugendlicher Gewalt steckt oder wie Konflikte in Schulen, Universitäten oder Unternehmen entstehen, blieben die Antworten darauf ohne Interviews oft eher blass und unzureichend. Grund genug also, ihnen dieses Kapitel zu widmen.

Was verstehen wir in den Sozialwissenschaften unter Interviews?

Das Wort Interview kommt vom französischen „entrevoir" und spricht in der Ursprungsbedeutung einfach eine Begegnung, eine verabredete Zusammenkunft an.

Ein Interview ist vor diesem Hintergrund eine Gesprächssituation, welche von den Beteiligten gezielt hergestellt wird, damit eine Seite Fragen stellen kann, die von der anderen Seite beantwortet werden sollen (vgl. Lamnek 2010).

Wie lassen sich qualitative von standardisierten Interviews unterscheiden?

Dabei gibt es sehr viele verschiedene Varianten von Interviews, welche zum Teil auch in diesem Kapitel behandelt werden. Doch zunächst wollen wir wieder fragen, was die Besonderheiten von qualitativen Interviews sind und wie sie sich von standardisierten Befragungen unterscheiden lassen. Wir ziehen dazu neben allgemeinen Unterscheidungskriterien insbesondere auch Kategorien heran, die sich auf die Gesprächsführung beziehen.

1. Bezogen auf die Gestaltung der Interviewfragen sind bei qualitativen Interviews eher geringe Standardisierungsformen vorherrschend. Es ist lediglich ein thematischer Rahmen vorgegeben und die Fragen werden offen und flexibel dem Gesprächsverlauf folgend gestellt. Bei einem standardisierten oder vollständig strukturierten Interview hingegen sind Wortlaut und Abfolge der Fragen eindeutig vorgegeben und für jede*n Interviewer*in verbindlich.
2. Die Gesprächsführung ist bei qualitativen Interviews also oft nicht festgelegt, d. h., es bleibt der Fähigkeit des*der Interviewer*in überlassen, ein

7.1 Einleitung

Gespräch in Gang zu bringen und es in Gang zu halten. Die Äußerungen der Befragten werden mitprotokolliert oder — das Einverständnis der Befragten vorausgesetzt — aufgezeichnet (vgl. Bortz & Döring 2010: 238). Das standardisierte Interview verlangt hingegen präzise formulierte Fragen, die von den Befragten möglichst kurz zu beantworten sind. Aufgrund der vorgegebenen Antworten in geschlossenen Fragen, bei denen die Interviewer*innen nur die von den Befragten genannten Alternativen anzukreuzen brauchen, kann das wörtliche Mitprotokollieren teilweise entfallen (vgl. Bortz & Döring 2010: 238).

Qualitativ	Quantitativ
geringe Standardisierung	hohe Standardisierung
offene Gesprächsführung	geschlossene Gesprächsführung oder schriftlich/online
direkter Kontakt unter Anwesenheit	oft indirekter oder vermittelter Kontakt (telefonisch/online)
weiche oder neutraler Führungsstil	neutraler Führungsstil oder schriftlich/online
ein*e bis höchstens zwei Interviewer*innen	einzeln durchgeführte Interviews mit insgesamt größerer Zahl an Interviewer*innen oder schriftlich/online
geringe Zahl an Befragten	hohe Zahl an Befragten
explorativ und theoriegenerierend	hypothesenprüfend aufgebaut

Tabelle 10: Qualitative und standardisierte Befragungen. Orientiert an Lamnek 2010: 303

3. Wichtig ist für das qualitative Interview, dass der Kontakt direkt ist, also das Gespräch unter Anwesenheit der Gesprächspartner*innen stattfindet. Es kann zwar auch telefonisch oder online durchgeführt werden, aber physische Anwesenheit ist oft vorteilhaft für die Herstellung einer möglichst „natürlichen", ungestörten Interaktionssituation. Viele teilstandardisierte oder standardisierte Interviews werden hingegen telefonisch oder als Online-Befragungen durchgeführt. Dies kann allerdings für bestimmte sensitive Themen auch Vorteile haben, weil dadurch Anonymität und

Distanz gewahrt werden können.[15] Telefoninterviews sind ansonsten nur für Gegenstandsbereiche geeignet, die sich in einem relativ kurzen Gespräch erkunden lassen. Das gesamte Interview (einschließlich Begrüßung, Vorstellung, Verabschiedung etc.) sollte in der Regel nicht mehr als 20 Minuten und die Erfragung der eigentlich interessierenden Inhalte nicht mehr als 10 Minuten erfordern (vgl. Bortz & Döring 2010: 242). Häufig werden heute auch Telefon- und Onlinebefragungen kombiniert, um online z. B. Zugang zu bestimmten Skalen mit vielen Items zu ermöglichen, welche die Befragten dann mitlesen können.

4. In der Art der Gesprächsführung unterscheidet man weiche, neutrale und harte Arten im Umgang mit den Interviewten. Das weiche Interview hat seinen Ursprung aus den Prinzipien der Gesprächspsychotherapie (vgl. z. B. Rogers 1942), die eine betont einfühlsame, entgegenkommende und emotional beteiligte Gesprächsführung nahelegen. Man hofft, den Befragten auf diese Art ihre Hemmungen zu nehmen und sie zu einem „natürlichen" Antwortverhalten anzuregen. Die harte Interviewform kommt hingegen in den Sozialwissenschaften selten zur Anwendung, während sie im Journalismus häufiger praktiziert wird. Sie würde die Dominanz des*der Interviewer*in in den Vordergrund stellen, um festgefahrene Antwortmechanismen außer Kraft zu setzen. Zwischen diesen beiden extremen Interviewarten ist die neutrale Art der Gesprächsführung einzuordnen. Bei dieser wird die informationssuchende Funktion des Interviews betont und unter Verweis auf das allgemeine wissenschaftliche Anliegen der Untersuchung um die Mitarbeit des*der Befragten gebeten. Wenn standardisierte Befragungen unter Anwesenheit oder am Telefon durchgeführt werden, ist dies der am häufigsten gewählte Führungsstil der Interviewer*innen.

---

15 Anders als bei persönlichen Interviews, bei denen der*die Befragte ggf. eine fremde Person in die Wohnung lassen muss, wird das telefonische Interview als anonymer und persönlich weniger bedrängend erlebt (vgl. Bortz & Döring 2010: 239). Für bestimmte Fragestellungen, insbesondere bei sensitiven Fragen, ist dies unerlässlich. So sind frühere Befragungen zum Umgang mit Aids beispielsweise mit besseren Ergebnissen als Telefonbefragungen oder, alternativ dazu, mit einem schriftlichen Teil für „sensitive Fragen" durchgeführt worden. Durch die Anonymität geschützt und nicht von Angesicht zu Angesicht, werden oft offenere Hinweise zu riskantem Sexualverhalten gegeben werden (vgl. z. B. Bundeszentrale für gesundheitliche Aufklärung 1991). Sensitive Fragen werden von Tourangeau und Yan (2007: 860) als solche definiert, deren wahrheitsgemäße Beantwortung eine sozial unerwünschte Antwort verlangt und bei denen Befragte in diesem Zusammenhang gebeten werden, die Verletzung einer sozialen Norm zuzugeben (vgl. dazu Krug et al. 2014).

7.1 Einleitung

5. Solange man Interviewereffekte (siehe dazu 7.6 Das Problem der Antworttendenzen/-verfälschungen) vermeiden kann, ist es in qualitativen Interviews empfehlenswert, dieses zu zweit durchzuführen. Für ein Interviewer*innen-Tandem spricht, dass qualitative Interviews wenn möglich aufgenommen oder, falls nicht möglich, ausführlich protokolliert werden. Bei einem Interviewer*innen-Tandem kann sich eine Person um die Technik, das Protokoll (welches immer auch bei aufgenommenen Gesprächen angefertigt wird) und die Nachfragen kümmern, während die andere Person das Gespräch führt.[16] Mehr als zwei Interviewer*innen können allerdings die Herstellung einer vertrauten Gesprächsatmosphäre bereits empfindlich stören. Für standardisierte Befragungen reicht zumeist ein*e einzelne*r Interviewer*in.[17]
6. Insgesamt zielt man bei qualitativen Befragungen auch ein kleineres N als bei standardisierten Befragungen an – schon allein deshalb, weil die Auswertung ungleich aufwendiger ist als bei standardisierten Befragungen. Bei der Anzahl der Befragten in der konkreten Interviewsituation ist in der Regel zu beachten, dass für qualitative Interviews Interaktionssituationen hergestellt werden sollten, in denen ein*e einzelne*r Befragte*r ungestört interviewt werden kann. Ungestört bedeutet, dass man Sorge dafür trägt, dass entsprechende Räumlichkeiten zur Verfügung stehen und ebenso, dass man allein mit dem*der Befragten sprechen kann. Das Gespräch und auch das, was erzählt wird, ändert sich sofort, sobald andere Mitglieder einer Familie, einer Gruppe, eines Unternehmens zugegen sind.[18] Nur in Gruppendiskussionen zielt man den Effekt an, das kollektive geteilte Wissen oder Differenzen zwischen Personengruppen zu erheben. Auch bei standardisierten Befragungen ist zu beachten, dass – falls sie unter

---

16 Insbesondere wenn Interviews zum ersten Mal durchgeführt werden oder noch nicht viele Interviews geführt wurden, ist die Aufregung bei den Interviewer*innen nicht selten groß. Auch deswegen spricht vieles dafür, eine zweite Person mitzunehmen, die sich ganz auf das Gesagte konzentrieren kann.
17 Wenn standardisierte Befragungen unter Anwesenheit oder telefonisch durchgeführt werden, kommen in der Regel viele verschiedene Interviewer*innen zum Einsatz, um eine höhere Fallzahl zu gewährleisten, aber sie führen die Interviews nicht selten nur allein durch. Diese Interviewer*innen müssen ein ausführliches Interviewertraining durchlaufen, damit die hergestellte Befragungssituation nicht zu sehr variiert und gesichert ist, dass die Fragen in ähnlicher oder gleicher Weise gestellt sowie Interviewereffekte möglichst vermieden werden können.
18 Manchmal lässt es sich zwar nicht verhindern, dass mehrere Personen zugegen sind. Aber in der Regel ist dies Teil der Vorbereitung eines Interviews, dass man dafür Sorge trägt und erklärt, warum man allein mit dem*der Befragten sprechen möchte.

Anwesenheit durchgeführt werden – andere Anwesende die Befragungssituation verändern oder diese stören können.
7. Die offene Anlage des qualitativen Interviews als Erhebungsform entspricht der Absicht, dieses für die Exploration eines Feldes sowie in der Grounded Theory zur Theorie- und Hypothesenentwicklung einzusetzen. Aber qualitative Interviews können auch in einer Methodenkombination zur Hypothesenüberprüfung eingesetzt werden. In der standardisierten Form ist dies aber ihr Hauptzweck. Ziel ist es, entlang der gewählten Theorie Hypothesen zu formulieren, Dimensionen und Indikatoren zu entwickeln, welche dann z. B. mittels Skalen operationalisiert werden. So sollen möglichst repräsentative Daten generiert werden, die dann statistischen Auswertungsverfahren unterzogen werden.

Wir sehen hier also bereits einige zentrale Unterschiede zwischen standardisierten und qualitativen Befragungen. Qualitative Befragungen legen in der Regel weder die genaue Formulierung der Frage fest noch operieren sie üblicherweise mit Antwortvorgaben. Je nach Art des Interviews sind z. B. außer der Eingangsfrage gar keine weiteren Fragen von vorneherein festgelegt, sondern sie ergeben sich aus der Erzählung der Befragten (narratives Interview). Aber auch wenn man mit einem Leitfaden vorgeht, welcher die anzusprechenden Themen festlegt (problemzentriertes Interview), kann dieser im Laufe der Interviewserie induktiv je nach Erkenntnisfortschritt wieder verändert werden.

OOPS! **Nicht das Setzen immer gleicher Stimuli ist bei qualitativen Interviews entscheidend, sondern der Zugang zur Sinngebung der Befragten als Element des interessierenden Phänomens.**

Wenn wir beispielsweise etwas über Machtprozesse in einer Gemeinde wissen wollen, also wie z. B. Grundstücke oder Immobilien unter der Hand in der Gemeinde verteilt werden, dann können ganz verschiedene Gesprächsanlässe, wie z. B. die Karnevalsfeier im letzten Jahr oder das Ausscheiden einer Person aus der Gemeinde, zu Erzählungen führen, welche – ohne dass dies die Befragten zu Anfang wollen – die hintergründigen Relevanzsysteme der Akteure bei der Verteilung der Immobilien erkennen lassen. Maßgebend ist nicht der Fragebogen, sondern das Erkenntnisinteresse sowie die sukzessive Erschließung und Erkundung des Feldes. Wenn andere Fragen einen besseren Zugang zu den Relevanzstrukturen der Befragten ermöglichen, dann können diese genommen werden.

7.2 Die Wissenssoziologie

Wenn man sich für diese interessiert, rücken auch die lebensweltlichen Selbstverständlichkeiten und der kollektive Wissensvorrat in den Blick, welche für bestimmte Ausprägungen von Relevanzstrukturen und Bedeutungszuweisungen sorgen. Das Feld für eine solche Herangehensweise hat daher insbesondere auch die Wissenssoziologie bereitet – ein theoretischer Ansatz, den wir uns im Folgenden genauer ansehen wollen.

7.2 Die Wissenssoziologie

Peter L. Berger und **Thomas Luckmann** haben bereits in den sechziger Jahren des vergangenen Jahrhunderts ein grundlegendes Werk für die Soziologie geschaffen: „Die gesellschaftliche Konstruktion der Wirklichkeit". In diesem Werk nahmen sie zentrale Gedanken von Alfred Schütz auf und schufen, zusammen mit den Arbeiten von Schütz, die Wissenssoziologie. In ihr steht nicht nur das Alltagswissen im Vordergrund, sondern auch die Vorstellung, dass die darauf gründenden institutionellen Ordnungen der Gesellschaft von uns selbst geschaffen sind und uns gleichzeitig objektiviert als vermeintlich fremde Ordnungen wieder entgegentreten.

Bildquelle: Wikipedia.org

Bildquelle: Wikipedia.org

Dieser bereits früh bei Karl Marx (1953: 225 ff., 1959: 9; Marx & Engels 1846: 9) und Emile Durkheim (1895: 99 f.) ausgearbeitete Gedanke, dass der Mensch die Verhältnisse oder sozialen Tatsachen selbst schafft, die ihm dann als fremde Zwänge gegenübertreten, wurde bei Schütz und Berger und Luckmann nochmals genauer in den Blick genommen. Letztere studierten und arbeiteten teilweise an der New School of Social Research, an der auch Alfred Schütz 1956 ein "full professorship" antrat. In diesem breiteren Bezugsrahmen zur klassischen soziologischen Literatur formulieren Schütz (1971/82, 1979/94) und Berger und Luckmann

(1969) die zentralen Ideen für die Wissenssoziologie aus. Für Schütz ist die Lebenswelt der für selbstverständlich gehaltene „gesunde Menschenverstand" in der sozialen Welt. Im Laufe ihres täglichen Lebens produzieren Individuen typisierende Konstrukte der Handlungen ihrer Mitmenschen, welche, obwohl sie häufig fehlerhaft oder kurzsichtig sind, die Grundlage für ihr weiteres Handeln schaffen. Sie sind auch die einzig legitime Grundlage, auf der Sozialwissenschaftler zu einer „sinnadäquaten" Erklärung des sozialen Handelns (Max Weber) gelangen können (vgl. Weber 1972: 5). Gewohnheitsmäßige Handlungen werden Berger und Luckmann zufolge als Routinen in den allgemeinen Wissensbestand der Gesellschaft eingebettet, als selbstverständlich verinnerlicht und für zukünftige Handlungsprobleme bereitgehalten.

Durch **Gewohnheitsbildung** wird also der Wissensbestand einer bestimmten Gesellschaft geschaffen und reproduziert (vgl. Legewie 1998/99; Weiß 2014). Dabei werden Routinen und Regeln für die Interpretation (Muster, Schemata) und Handlungen (Skripte) bereitgestellt. Sie bilden den gesellschaftlichen Wissensbestand. Dieser gesellschaftliche Wissensbestand wird durch Kommunikation und Interaktion, also mittels mündlicher und schriftlicher Symbole **externalisiert.** Das heißt, er wird von der Sphäre unserer Individualerfahrung in jene des gesellschaftlichen, intersubjektiv für uns alle „verfügbaren" lebensweltlichen Wissensvorrats transformiert. Durch diesen Prozess kommt es zur **„Objektivierung".** Es wird objektiv verständlich und nachvollziehbar, dass wir Dinge genau so und nicht anders machen. Dieses Wissen wird dann wiederum fortwährend von Individuen angeeignet und verinnerlicht. Dadurch wird die selbst geschaffene institutionelle Ordnung als „natürliche Umwelt" über viele Generationen hinweg als selbstverständlich vorausgesetzt, ohne dass deren Herkunft noch hinterfragt wird oder nachvollzogen werden kann.

Diese Lebenswelt ist aber auch „Wirkwelt" – eine Welt, die von unserem Handeln beeinflusst wird (Schütz 1979/94). Sie besteht aus kollektiv anerkannten Ideen, Praktiken und Skripten, die von den Akteuren im Umgang mit der Notwendigkeit des Handelns umgesetzt werden. Durch jede Aneignung werden die kulturell vererbten Ideen, Praktiken und Skripte aber nicht nur reproduziert, sondern auch geändert, wenn eine erhebliche Anzahl von Akteuren in einer Kultur eine Transformation der verwendeten Wissensbestände bewirkt.

7.2 Die Wissenssoziologie

Ziehen wir wieder kurz ein Beispiel heran, dass uns helfen soll, diese wissenssoziologische Herangehensweise besser zu verstehen. Nehmen wir an, wir sind ungebunden und lernen an der Universität jemanden kennen. Man ist sich sympathisch, verliebt sich. Was sind jetzt die nächsten Schritte? Wir sind in dieser Situation mit einem objektiven Handlungsproblem auf kulturelle Habitualisierungen verwiesen, welche den gesellschaftlichen Wissensvorrat bilden. Wie oft treffen wir uns und wo? Wann gehen wir zum Küssen über, wann zu mehr und falls die Beziehung dann länger dauert: Ziehen wir ggf. irgendwann zusammen?

Auch wenn es für uns so scheint, als sei der Umgang damit vollkommen individuell und gründe sich auf eigene Vorlieben und Entscheidungen, wie die Verliebtheit auch, gibt es in jeder Kultur einen gesellschaftlichen Wissensvorrat, wie mit diesem objektiven Handlungsproblem umgegangen wird. Dieser muss gar nicht reflexiv verfügbar sein. Aber vielleicht hat man – abseits der flüchtigen sexuellen Begegnungen – im Falle von Verliebtheit ein komisches Gefühl, wenn man beim ersten „Date" gleich im Bett landet. Man redet mit Freunden und Vertrauten darüber und stellt fest, dass es nicht nur gesellschaftliche Gewohnheiten im Umgang mit diesem Handlungsproblem gibt, sondern dass diese auch objektiviert sind, also dass man verschiedene Ratschläge bekommt, was zu tun ist.

Es gibt also einen kollektiven Wissensvorrat, auf den man – im Alltag oft gänzlich unreflektiert – zurückgreift, weil man beim Aufwachsen in der Kultur bereits einige Regeln kennengelernt und unwissentlich verinnerlicht hat. Diese kollektiven Deutungsmuster, die sich im Zeitverlauf verändern, strukturieren die Erwartungen, was wann passieren sollte, vor. Dies ist nicht deterministisch gedacht, kann also von jedem Einzelnen und jedem Paar ganz anders gedacht und gehandhabt werden, schafft aber dennoch eine kulturelle, gesellschaftliche Regelmäßigkeit, in der solche Erwartungen zum Tragen kommen.

OOPS!

Ein berühmt gewordenes Beispiel wird von Paul Watzlawick in seinem Buch „Anleitung zum Unglücklichsein" (1969) geschildert. Es dient nur zur Illustration und wird hier nicht auf seine wissenschaftliche Fundierung hinterfragt. Dieses Beispiel beschäftigt sich mit der Erklärung, warum es zwischen britischen und amerikanischen Männern und Frauen während und nach der Zeit des zweiten Weltkrieges zu vergleichsweise wenig Ehen und Kindern kam. Watzlawick schreibt:

„Während z. B. das Küssen in Amerika relativ früh kommt, tritt es im typischen Paarungsverhalten der Engländer relativ spät auf. Praktisch bedeutete dies, dass eine Engländerin, die von ihrem amerikanischen Soldaten geküsst wurde, sich nicht nur um einen Großteil des für sie intuitiv ‚richtigen' Paarungsverhaltens betrogen fühlte, sondern zu entscheiden hatte, ob sie die Beziehung an diesem Punkt abbrechen oder sich dem Partner sexuell hingeben sollte. Entschied sie sich für die letztere Alternative, so fand sich der Amerikaner einem Verhalten gegenüber, das für ihn durchaus nicht in dieses Frühstadium der Beziehung passte und nur als schamlos zu bezeichnen war. Die Lösung eines solchen Beziehungskonflikts durch die beiden Partner selbst ist natürlich deswegen praktisch unmöglich, weil derartige kulturbedingte Verhaltensformen und -abläufe meist völlig außerbewusst sind" (Watzlawick 1969: 20; siehe hier auch Meißner 2015).

Wenn wir dieses Beispiel soziologisch deuten, dann können wir sehen, dass sich beide – die Engländerin und der Amerikaner – an einem selbstverständlich gewordenen kollektiven Wissensvorrat orientieren, welcher sowohl eine spezifische Taktung des Flirtverhaltens, ein Ablaufschema sowie eine Deutung der Abweichungen davon bereithält. Dieses ist nirgendwo niedergeschrieben und den meisten Akteuren auch nicht bewusst, sondern gehört zum lebensweltlichen Selbstverständnis. Man redet vielleicht ab und an mit Freund*innen darüber, findet Argumente für Abweichungen und hört, wie sie ankommen. So verfestigen sich Handlungsschemata und werden zu einem intersubjektiven Gerüst des Flirtverhaltens in einer bestimmten Kultur. Daran binden sich Erwartungen, die regelmäßig aktualisiert werden und auf diese Art bildet sich ein Set an ungeschrieben Regeln, kognitiven, normativen und evaluativen Mustern aus, welche uns als Institutionen wiederum objektiviert entgegentreten. Wir merken dies daran, dass wir abweichendes Verhalten erklären sollen oder sogar durch negative Zuschreibungen von anderen in die Enge getrieben werden.

Wichtig ist für uns an diesem Beispiel der Bezug auf die lebensweltlich selbstverständlichen Wissensvorräte, welche zur Geltung kommen und welche u. a. auch in Interviews erschlossen werden sollen. Bevor wir uns im Folgenden der Gestaltung und Durchführung von Interviews ausführlicher zuwenden wollen, möchten wir noch ein paar Hinweise darauf geben, was vor der Durchführung von Interviews zu beachten ist.

7.3 Die Vorbereitung qualitativer Interviews

Bevor wir an die Gestaltung und Durchführung von Interviews denken, müssen wir natürlich unser Erkenntnisinteresse festgelegt haben. Nehmen wir an, wir interessieren uns dafür, wie stark die Unterstützung bei jungen Erwachsenen (18–29-Jährigen) für den Rechtspopulismus bzw. rechtspopulistische/rechtsextreme Bewegungen und Parteien ist. Wir halten das für relevant, weil wir die Annahme haben, dass der Rechtspopulismus bereits früh in der politischen Sozialisation greift und der an den Rechtspopulismus anknüpfende Rechtsextremismus zu einem bedeutenden Anteil von gewaltbereiten Jugendlichen und jungen Erwachsenen getragen wird. Wir teilen also auch die Annahme, dass der Rechtspopulismus zum einen von rechtsradikalen Bewegungen unterfüttert und zum anderen oft Wegbereiter für den Übergang zum Rechtsradikalismus ist (vgl. Proester 2010, siehe dazu noch Häusler 2008; Grumke 2012; Decker et al. 2015; Decker 2017; Milbradt et al. 2017; Quent 2019).

Wenn wir uns über die Fragestellung klar geworden sind, müssen wir uns über die Untersuchungsform, die Auswahlmethoden, die Erhebungsmethoden und die Analyseverfahren Gedanken machen. Nehmen wir, bezogen auf den Aspekt der Erhebungsmethoden, weiter an, dass wir bei unseren Erhebungen qualitative Interviews einsetzen wollen. Dies erscheint uns als eine geeignete Methode, weil wir etwas über die Prozesse, welche zum Rechtspopulismus führen, und über die Perspektiven derer, die ihn unterstützen, erfahren wollen. Bevor wir dann weiter überlegen, welche Art von qualitativem Interview wir führen wollen, möchten wir hier noch darauf eingehen, welche Schritte wir zur Vorbereitung der Interviews und ihrer Durchführung gehen müssen.

Wir wollen hier noch einige Hinweise dazu geben, was wir im Forschungsprozess bedenken und vorbereiten müssen, bevor wir Interviews durchführen können. Diese Vorbereitungsmaßnahmen werden selten thematisiert, sind aber außerordentlich wichtig, um die Erhebungsphase erfolgreich gestalten zu können.

1. Um einen ausgewählten Personenkreis anzusprechen, sollten wir eine Kurzdarstellung zu unseren Forschungsabsichten zur Verfügung stellen oder diese ggf. telefonisch oder mündlich vermitteln. Diese sollte allgemein gehalten sein und keine detaillierte Vorbereitung auf das Interview

zulassen. Wir zielen auf Stegreiferzählungen ab, nicht auf vorbereitete Auskünfte oder Argumentationen.
2. Auch der Datenschutz bzw. die Datenschutzerklärung muss im Vorfeld eines Interviews ggf. geklärt werden.
3. Bei der Terminvereinbarung muss darauf geachtet werden – und auch dies kann in der Vorbereitung geklärt werden –, dass der zur Verfügung stehende Zeitraum möglichst großzügig bemessen wird (mindestens eine Stunde) und dass die Räumlichkeiten eine vertrauliche und ungestörte Gesprächsatmosphäre zulassen. Gewünscht ist, dass die Befragung mit dem*der Interviewpartner*in allein durchgeführt wird und dass der Raum dafür geeignet ist, das Gespräch aufzunehmen. Dies kann nicht immer arrangiert werden, ist aber ein wichtiger Punkt der Vorklärung.
4. Die Interviewpartner*innen bekommen eine Information darüber, wer das Interview führt, indem die Personen kurz vorgestellt werden. Dies kann telefonisch oder via E-Mail geschehen.
5. Vor den ersten Interviews findet eine Interviewer*innenschulung statt. Der Fragebogen wird eintrainiert, die Anfangserklärung sowie aktives Zuhören werden eingeübt.

Toolbox 13: Die Interviewer*innenschulung für die qualitative Sozialforschung

Für die Interviewer*innenschulung in der qualitativen Sozialforschung stehen viele Übungen zur Verfügung. Empfehlenswert sind zunächst Übungen, welche sich auf die Förderung des aktiven Zuhörens beziehen. Denn das aktive Zuhören ist eine Schlüsselkompetenz in einem qualitativen Interview.

(a) Wir können zum Beispiel mit einem einfachen Rollenspiel beginnen. Drei Rollen werden vergeben, alle anderen Teilnehmenden der Veranstaltung sind Beobachtende. Die Personen werden über ihre Rollen jeweils unter Ausschluss aller anderen instruiert. Eine Person erzählt fünf Minuten ein Erlebnis, welches sie in letzter Zeit bewegt hat. Eine weitere Person übernimmt als erstes die Rolle eines*r gleichgültigen Zuhörenden (negative Zuhörerrolle). Als zweites erzählt die Person ihr Erlebnis nochmals (oder ein anderes, falls gewünscht) und eine dritte Person nimmt jetzt die Rolle eines*r aktiven Zuhörenden (positive Zuhörerrolle) ein. In der negativen Rolle wird kein Bezug zum Gesagten genommen, der*die

7.3 Die Vorbereitung qualitativer Interviews

Zuhörende geht anderen Interessen nach, hält keinen Blickkontakt und vermeidet Nicken und aktive Kopfbewegungen. In der positiven Rolle wird der Blickkontakt gehalten, der Körper ist zugewandt, durch stetes Nicken wird Interesse signalisiert. Danach wird der*die Erzählende gefragt, ob er*sie einen Unterschied gemerkt hat und auch die Beobachtenden, welche ebenfalls nicht instruiert sind, werden gebeten zu sagen, was ihnen aufgefallen ist.

(b) In einem zweiten Rollenspiel tun sich alle Seminarteilnehmer*innen in Dreiergruppen zusammen. Es gibt in diesen Gruppen immer drei Rollen, welche im 10-Minutentakt wechseln. Jede*r ist einmal Erzählende*r, einmal Zuhörende*r und einmal Beobachtende*r. Bevor es losgeht, suchen sich die Seminarteilnehmer*innen ein allgemeines, aber kontroverses Thema aus. Dies kann aus unterschiedlichen Bereichen stammen, also z. B., ob alle vegan essen sollten oder ob es eine Frauenquote bei den Professor*innen geben sollte oder ob der Datenschutz zur Bekämpfung einer Pandemie eingeschränkt werden darf. Die Themen sind dabei nicht wichtig, sondern nur, dass sie kontroverse und komplexe Stellungnahmen provozieren. Der*die Erzählende legt dann seine*ihre Argumente in fünf Minuten dar und der*die Zuhörende muss zum einen aktiv zuhören und zum anderen versuchen, die Argumente des*der Erzählenden ohne Notizen in zwei Minuten wiederzugeben. Der*die Beobachtende teilt dann mit, was ihm*ihr in Bezug auf Mimik und Gestik beim aktiven Zuhören aufgefallen ist und wie angemessen die Wiedergabe der Argumente war. Nach 10 Minuten werden dann die Rollen gewechselt, sodass jeder einmal jede Rolle eingenommen hat. Nach 30 Minuten werden dann die Erfahrungen gemeinsam reflektiert.

Die nachfolgenden Übungen beziehen sich dann auf die Warming-up-Phase sowie die Erklärung der Forschungsabsichten etc.

(c) Alle Teilnehmer*innen der Interviewerschulung werden gebeten, selbstständig ein Eingangsstatement zu verfassen. Diese werden dann vorgestellt, sodass alle Teilnehmer*innen eine erste Übung darin hat. Die Eingangsstatements werden dann korrigiert und ergänzt, bis alle ein angemessenes Eingangsstatement vorliegen haben. In der zweiten Runde werden dann 2er-Gruppen gebildet und die Gruppen aufgefordert, wechselseitig das Eingangsstatement vorzutragen, sich dabei zu beobachten und dem*der anderen ein Feedback zu geben.

(d) Bei problemzentrierten Interviews und Expert*inneninterviews werden danach Teile des Frageleitfadens eingeübt. Dies findet in Dreiergruppen statt; im Mittelpunkt steht jeweils der*die Interviewer*in. Dabei werden an die Befragten verschiedene Rollenbeschreibungen verteilt. Die Rollenbeschreibungen beziehen sich z. B. auf den Kommunikationsstil (einsilbig, präzise, korrekt, weitschweifig etc.), auf den sozialen Status (Arbeiter*in, ungelernte*r Angestellte*r, Facharbeiter*in, Selbständige*r, Direktor*in etc.) oder das Herkunftsland (Deutschland, Österreich, Schweiz, EU-Raum, arabisches Land, Ostasien etc.). Damit können sich die Interviewer*innen auf verschiedene Befragte einstellen. Die Teile des Frageleitfadens werden vorher eingeübt. Zugleich gibt es wieder Beobachterrollen, welche dem*der Interviewer*in Feedback geben.

1. Wenn der Interviewtermin bevorsteht, muss die Technik vorbereitet und überprüft werden. Das Aufnahmegerät wird getestet und die Interviewer*innen machen sich mit ihm vertraut. Zusätzliche Batterien oder Ladegeräte werden mitgeführt. Falls ein Mobiltelefon zum Einsatz kommt, ist auf ausreichende Akkuladung zu achten und ggf. ein Zusatzgerät (z. B. eine Ladebank) einzupacken. Für Gespräche, welche z. B. auf Flughäfen, Bahnhöfen oder in Restaurants stattfinden müssen, braucht man in der Regel ein gutes Mikrophon, das Außengeräusche abschirmt. Auch darauf müssen wir achten.
2. Vor dem Interviewtermin findet ein kurzes Briefing statt, mit wem das Gespräch stattfindet, in welchem Kontext sowie in welchen Räumlichkeiten. Geklärt wird auch, welcher Dresscode verlangt ist. Dabei gilt, dass die Interviewten der Maßstab sind, wir aber immer in neutraler, angemessener Kleidung das Interview führen. Manchmal kann bei Interviews ein Anzug oder ein Kostüm verlangt sein, manchmal reichen Jeans und Hemd oder Bluse. Die Kleidung sollte immer so sein, dass Interviewereffekten möglichst vorgebeugt werden kann, d. h., dass die Befragten nicht bereits auf die Erscheinung der Interviewer*innen reagieren.
3. Wer Schwierigkeiten hat, Smalltalk zu halten, sollte sich im Vorfeld auch ein oder zwei Themen heraussuchen, um das erste Warming-up zu gestalten. Es fällt in verschiedenen Ländern und Kulturen ganz anders aus, aber erfüllt immer eine ähnliche Funktion: eine erste

Beziehung zwischen Fremden herzustellen und die Anspannung in der neuen Situation etwas zu zerstreuen. Es ist nur ein Anfang, aber ein wichtiger. Die Rede von etwas Unverfänglichem und Unbedeutendem ist ein Höflichkeitsritual, das ein erstes Kennenlernen ermöglicht. Wenn der Smalltalk gelingt, kann er die Tür etwas öffnen und einen Vertrauensvorschuss schaffen, der in die erste Phase des Gesprächs hineingenommen werden kann.

4. Wir beginnen dann das Gespräch, indem sich die Interviewer*innen kurz vorstellen und danach etwas Smalltalk pflegen. Nach spätestens fünf Minuten kommen wir zum Eingangsstatement. Wir beginnen zunächst mit einer Erklärung unseres Erkenntnisinteresses, der Ansiedelung der Studie, ihrer hundertprozentigen Wissenschaftlichkeit sowie dem Datenschutz. Danach holen wir uns die Erlaubnis ein, das Gespräch aufzeichnen zu dürfen und sagen nochmals etwas zur ausschließlich anonymisierten und maskierten Verwendung der Daten. Auch wenn wir zuvor Informationen und eine Kurzdarstellung zugesandt haben, dürfen wir diese nicht als gelesen voraussetzen. Sehr oft werden solche Informationen bei ihrer Ankunft kurz überflogen und dann wieder vergessen.

Toolbox 14: Das Eingangsstatement bei einem Interview

Das Eingangsstatement bei einem Interview muss gut vorbereitet sein und flüssig beherrscht werden. Es sollte nicht vorgelesen werden, weil es bei einem qualitativen Interview auf die Herstellung und Aufrechterhaltung einer Gesprächsatmosphäre ankommt. Es enthält mindestens folgende Bestandteile:

a. kurze Vorstellung der Interviewer*innen (Name, Funktion, Position, Kontext)
b. Vorstellung des Grundes für das Interview (Erkenntnisinteresse, Fragestellung allgemein)
c. kurze Vorstellung, wie das Gespräch geführt wird
d. Einholen des Einverständnisses für die Aufzeichnung
e. Erklärung zum Datenschutz mit einer zu unterzeichnenden Einwilligungserklärung (am besten vor dem Interviewtermin erledigen)
f. Erklärung zum Umgang mit den Ergebnissen

Eine solche Erklärung wird individuell angepasst, könnte aber wie folgt aussehen:

> **Erklärung:** Wir sind eine Studierendengruppe an der Universität Pellworm, Fachbereich Sozialwissenschaften. Das ist Herr Rudolph und mein Name ist Frau Naoko. Wir studieren beide im Masterstudiengang Soziologie (a). Wir interessieren uns im Rahmen einer wissenschaftlichen Studie (ggf. genauere Angaben dazu) für Wege, die heutzutage zu einer Orientierung an einer Partei oder zu einem Engagement in einer Partei führen (b). Wir führen dazu ein ganz offenes Gespräch, welches zum Abschluss einige wenige Fragen mit Antwortvorgaben hat (c). Wenn Sie einverstanden sind, würden wir das Gespräch gerne aufzeichnen (d). Das Gespräch dient rein wissenschaftlichen Erkenntnisinteressen. Die Auswertung erfolgt vollständig anonymisiert, sodass keine Personendaten rückverfolgt werden können. Wir unterliegen dabei strengen datenschutzrechtlichen Richtlinien. Wir brauchen dazu eine Einwilligungserklärung von Ihnen und würden uns freuen, wenn Sie diese unterzeichnen könnten. Das dient zu Ihrer und unserer Absicherung (e). Wenn wir die Studie beendet haben, können wir Ihnen gerne, falls gewünscht, ein kostenloses Exemplar der Studie zukommen lassen (f).

Wenn die Eingangserklärung abgegeben wurde, kann dann das eigentliche Interview beginnen. Wir wissen jedoch bisher nur, dass wir ein qualitatives Interview führen wollen, aber noch nicht genau, für welche Art von Interview wir uns entscheiden sollen und wie diese gestaltet werden. Diese Frage soll das folgende Kapitel behandeln.

7.4 Die Durchführung von qualitativen Interviews: Drei Arten von Interviews

Wir wissen also noch nicht genau, welche Art von Fragen wir stellen und auf welche Textsorten wir mit unserer Befragung zielen wollen. Um die Gestaltung des Interviews zu vereinfachen, wollen wir im Folgenden einige grundlegende Informationen zu den Voraussetzungen qualitativer Befragungen sowie zu den drei am häufigsten eingesetzten Interviewarten in der qualitativen Sozialforschung darlegen.

Um uns für eine Interviewart entscheiden zu können, müssen wir überlegen, welche Aussagen wir generieren wollen. Welche Textsorten wollen wir am ehesten nach Abschluss der Interviews vorliegen haben? Wollen wir eher Erzählungen generieren, Beschreibungen oder Argumentationen – oder alles auf einmal? Und welche Art von Fragen müssen wir stellen, um dies zu erreichen? Wir können auf Argumentationen zielende Fragen stellen. Wir können aber auch auf Beschreibungen zielen oder versuchen, Erzählungen zu generieren. Je nach Erkenntnisinteresse werden auf verschiedene Textformen zielende Fragen kombiniert oder ist das Interview beispielsweise ausschließlich auf Erzählungen ausgerichtet.

Information 14: Die verschiedenen Textsorten im qualitativen Interview

Textsorten in Interviews	Erläuterungen
Erzählung	Bericht über die Abfolge von tatsächlichen oder fiktiven Ereignissen sowie Erlebnissen und Erfahrungen, welcher Anfang und Ende hat und in zeitlicher oder kausaler Reihenfolge erfolgt. Der Bericht ist nah an den Erlebnissen selbst gehalten.
Beschreibung	Aussagen werden zu einer stark verdichteten Erzählung zusammengefügt, welche der Darstellung von Sachverhalten, Dingen, Situationen etc. dient. Sie wirken komprimiert und statisch, haben keinen Verlaufs- oder Prozesscharakter und sind weiter von den erzählten Ereignissen entfernt.
Argumentation	Die Aussagen dienen der Bekundung allgemeiner Vorstellungen. Es wird eine Behauptung bzw. These aufgestellt, die durch eine oder mehrere Aussagen, welche die eigene Meinung stützen, näher begründet wird, um z. B. eine andere Person zu überzeugen. Dabei spielt der logische Zusammenhang der Aussagen eine Rolle.

Tabelle 11: Die verschiedenen Textsorten im qualitativen Interview. Orientiert an Kallmeyer & Schütze 1977 und Fischer-Rosenthal & Rosenthal 1997; siehe auch Wollny & Marx

Toolbox 15: Beispielfragen für bestimmte Textsorten

Textsorten in Interviews	Beispiele für Fragen, die auf bestimmte Textsorten zielen
Erzählung	„Wie hat sich Ihre politische Orientierung seit den Anfängen in Ihrer Familie oder in Ihrer Schulzeit, in Vereinen etc. entwickelt?"
Beschreibung	„Wenn Sie von rechtspopulistischen Aussagen hören oder sich ggf. mit den Vertretern rechtspopulistischer Aussagen beschäftigen, können Sie uns bitte die Situation und den Ort (ggf. auch im Internet) beschreiben, an dem dies passiert?"
Argumentation	„Hat der Rechtspopulismus Ihres Erachtens in den letzten Jahren in Deutschland an Bedeutung gewonnen, und wenn ja, warum?"

Tabelle 12: Beispielfragen für bestimmte Textsorten

Um diese Textsorten zu generieren, gibt es ganz verschiedene Interviewtechniken und Arten, ein Interview zu führen (vgl. Lamnek 2010: 326). Wir wollen hier nur drei im Kontext der Sozialwissenschaften sehr häufig verwendete Formen genauer vorstellen: das narrative Interview (Schütze 1977), das problemzentrierte Interview (Witzel 1982) sowie das (teilstandardisierte) Expert*inneninterview (Meuser & Nagel 1991). Abgesehen vom narrativen Interview gibt es in der qualitativen Sozialforschung viele verschiedene Meinungen darüber, auf was genau ein problemzentriertes Interview oder ein Expert*inneninterview ausgerichtet ist, wie diese strukturiert sind und an wen sie adressiert werden. Diese Vielfalt an Meinungen entspricht der Vielfalt in der qualitativen Sozialforschung insgesamt. Wir stellen hier die Interviewformen in möglichst hoher analytischer Klarheit und Unterscheidbarkeit dar, auch wenn wir wissen, dass es in der realen Praxis der Durchführung sicherlich sehr viele verschiedene Zwischenformen und Varianten gibt. Uns ist hier aber wichtig, ein grundlegendes Verständnis des

7.4 Die Durchführung von qualitativen Interviews: Drei Arten von Interviews

Typus der Interviewform zu generieren, ohne welche die Entscheidung für die Art der Erhebung schwerfällt. Auf diese Weise gewinnen wir klare Orientierungspunkte, die jedoch keinesfalls dogmatisch zu verstehen sind. Eine Interviewtechnik ist immer nur so gut, wie sie in einem wissenschaftlichen Verfahren dazu beiträgt, Antworten auf eine Forschungsfrage zu geben.

Die Dimensionen und Unterscheidungskriterien, die wir hier zur Typisierung der drei verschiedenen Interviewformen vorschlagen, orientieren sich an den graduellen Abstufungen von einem ganz offenen Interview (narrativ) bis hin zu einem teilstandardisierten Expert*inneninterview, welches bereits auch Skalen wie in einer standardisierten Befragung verwenden kann.

Interview	Narratives Interview	Problemzentriertes Interview	Teilstandardisiertes Expert*inneninterview
Angezielte Textsorten	Erzählung	Erzählung/ Beschreibung	Beschreibung/ Argumentation
Voraussetzungen	keine	offenes Konzept	genaues Konzept
Standardisierung	keine	keine	teilstandardisiert
Gesprächsart	offen	kontrolliert offen	fokussiert
Themenvorgabe	keine	grob strukturiert	fein strukturiert
Frageformulierung	offen	ungefährer Wortlaut	genauer Wortlaut
Nachfragen	immanent	immanent/exmanent	exmanent

Tabelle 13: Drei Typen des qualitativen Interviews

7.4.1 Das narrative Interview

Wenn wir uns für den Rechtspopulismus interessieren, so interessieren wir uns auch dafür, wie dieser entstanden ist, welche Leute von ihm beeindruckt werden und welche nicht, sowie welche Anknüpfungspunkte er im Alltag findet. Um zu verstehen, welche Anhänger er findet, würde ein Zugang über standardisierte Fragen uns voraussichtlich nur Aufklärung über die Sozialstruktur der Anhänger*innen bringen können, wenig aber über die biografischen Wege, welche zu einer solchen Anhängerschaft führen können. Um diese zu erfassen, bietet sich ein narratives Interview an.

Die erzählte Geschichte des Heranwachsens und Entfaltens der ersten politischen Meinungen und Stellungnahmen sowie ihrer weiteren Entwicklung eröffnet einen Zugang zu den Relevanzsetzungen der Befragten. Es bietet ihnen großen Raum zur Darstellung ihrer Perspektive und macht so deren Nachvollzug möglich. Dabei kommt es nicht auf objektive Wahrheiten an, sondern gerade die subjektive Erzählung eröffnet einen Zugang dazu, wie die Befragten ihre eigene Biografie konstruieren.

Darin, wie die Befragten ihre eigene Biografie konstruieren, können wir gesellschaftliche und soziale Bestimmungen ablesen, denen ihr soziales Handeln in der autobiografischen Erzählung folgt. Wir können rekonstruieren und Hypothesen dazu entwickeln, wie ihre Familie und ihr soziales Umfeld, also ihre Verortung im sozialen Raum ihre Darstellungsformen und Relevanzen beeinflussen. Dahinter können wir die Mechanismen des sozialen Raumes am Werke sehen, welche die Darstellungsformen der Befragten beeinflussen. Wir können erkennen, wie diese zu bestimmten Darstellungsformen der politischen Orientierung und der politischen Präferenzen führen. Darin können wir dann verschiedene Erzählungen vergleichen und Ähnlichkeiten sowie Unterschiede festhalten. Von diesen nehmen wir z. B. an, dass sie mit ähnlichen oder verschiedenen Positionierungen im sozialen Raum zu tun haben. Wir können z. B. auch die Darstellung biografischer Brüche in Beziehung setzen mit den gesellschaftlichen Regeln, welcher einer solchen Darstellung zugrunde liegen. Wir konzentrieren uns in einer sozialwissenschaftlichen Perspektive dabei nicht auf die Psyche oder ggf. die Traumata der Befragten – dazu kennen wir die Person viel zu wenig –, sondern auf die Art der Erzählung, die Relevanzen der Befragten und die Formen der gewählten Darstellung. Sie sagen uns z. B. sehr viel darüber, was für die Person als legitim und akzeptabel erscheint und was nicht. In der Art dieser „Relevanzproduktion", wie es Sloterdijk nennt (Sloterdijk 1978: 6), offenbart eine autobiografische Erzählung, *wofür die Präsentation einer Person Anerkennung beansprucht und damit auch, mit welcher Unterstellung von „Wichtigkeit" diese operiert*. Auch dies macht die autobiografische Erzählung zu einer wichtigen soziologischen Quelle. Wir lernen damit sehr viel über die gesellschaftlichen Bezüge, welche sie als Person aktiviert, und darüber, in welchem sozialen Umfeld sie sich damit positioniert. Ausgehend davon ist der Schritt zur Analyse, welche politischen Bezüge damit einhergehen und wie diese die biografische Erzählung organisieren, nur noch ein kleiner.

In diesen Formen des Erzählens und Darstellens sind wir als Person nicht frei, sondern diese sind gesellschaftlich, sozial und kulturell bestimmt.

Und genau über diese Bestimmungen können wir sehr viel erfahren. Doch das führt bereits in die Analyse der Interviews hinein, mit der sich das nachfolgende Kapitel beschäftigt.

Hier soll nur deutlich werden, welche Möglichkeiten das narrative Interview eröffnet und wie verschieden diese von standardisierten Befragungen sind. Die Realisierung dieser Möglichkeiten gelingt nur über erzählgenerierende Fragen, welche eine längere Erzählung auslösen, der wir als Zuhörer*innen eine längere Zeit folgen. Das heißt, wir unterbrechen die Erzählung nicht durch andere Relevanzen von außen, die z. B. aus unserer Forschungsperspektive resultieren, sondern wir bleiben, ggf. mittels immanenter Nachfragen, so lange wie möglich an der Erzählung. Wir sind „Geburtshelfer*innen", begleiten sie, fördern den Erzählfluss, wenn er ins Stocken gerät, möglichst ohne seine Richtung zu beeinflussen. Dazu gehören aktives Zuhören und immanentes Nachfragen. Aktives Zuhören bedeutet hier, dass während des Interviews durch unterstützende Gesten und Laute (Nicken, „mhm") Vertrauen geschaffen und ein würdigender Umgang mit der erzählten Geschichte vermittelt wird (vgl. Wollny & Marx 2010).

Eine vertrauensvolle und offene Gesprächsatmosphäre ermöglicht den Interviewpartner*innen auch von Ereignissen und Handlungen zu erzählen, deren Thematisierung in konventionellen Gesprächen eher vermieden wird und Details einzufügen, deren Erwähnung zuvor nicht geplant war (vgl. Schütze 1976: 224 f.). Schütze nennt solche Mechanismen, die in Stegreiferzählungen zum Tragen kommen, „Erzählzwänge" (vgl. Schütze 1976: 224 f.). Folgende drei Mechanismen werden dabei unterschieden: Gestaltschließungs-, Kondensierungs- und Detaillierungszwang.

Information 15: „Erzählzwänge" in Stegreiferzählungen
Zu diesen „Erzählzwängen" gehört der **Gestaltschließungszwang**. Damit ist gemeint, dass eine erlebte Geschichte so detailliert erzählt werden muss, dass sie für eine fremde Person (hier die Interviewer*innen) verständlich wird. Die Erzählenden sind also aufgefordert, den Gesamtzusammenhang darzustellen, d. h., eine begonnene Geschichte auch zu Ende zu erzählen (Rosenthal & Loch 2002: 4). In diesem Kontext kann es geschehen, dass die Sprechenden zum Verständnis notwendige Hintergrundinfos hinzufügen, deren Thematisierung sie im Vorfeld nicht geplant hatten. Der **Kondensierungszwang** besagt, dass aus der begrenzten Zeit für eine Erzählung die Erwartung resultiert, eine

> Erzählung zu raffen und nur das zu erzählen, was relevant ist (vgl. Rosenthal & Loch 2002: 3 f.). Dies gibt uns Aufschluss über das Relevanzsystem der Erzählenden. Unter **Detaillierungszwang** versteht Schütze (1976: 224) die Notwendigkeit, Erzählungen zum besseren Verständnis der Zuhörenden auch mit kausalen bzw. motivationalen Übergängen auszuschmücken (vgl. Schütze 1976: 225). Die Zuhörenden müssen die Situation kennenlernen sowie die Zeiten, in denen die Geschichten spielen. Sie müssen sich die Personen und ihre Beziehungen vorstellen können (vgl. Rosenthal & Loch 2002: 4).

Durch das Prinzip der Offenheit, so Rosenthal und Loch, wirken diese Erzählzwänge in narrativen Interviews stärker als in vorstrukturierten oder standardisierten Interviews (vgl. Rosenthal & Loch 2002: 5).

Wie bei anderen Interviewtechniken auch, wird das narrative Interview in verschiedene Phasen unterteilt:

(1) ***Erklärungsphase:*** Nach der Vorbereitung des Interviews, dem Smalltalk, beginnen wir mit dem Eingangsstatement (siehe Toolbox 14: Das Eingangsstatement bei einem Interview). Wichtig ist hier insbesondere, dass die Interviewten in der ersten Phase über die Besonderheiten und die Funktion des narrativen Interviews informiert werden sollten (vgl. Lamnek 2010: 327). Gerade bei narrativen Interviews außerhalb des alltäglichen Kontextes, wie z. B. bei Manager*innen in der Wirtschaft oder Ärzt*innen im Krankenhaus, kann es vorkommen, dass mit einem Interview Erwartungen verbunden sind, welche eher in Richtung standardisierter oder journalistischer Fragen weisen. Dies gilt es im Vorfeld aufzuklären. Wir haben dabei die Erfahrung gemacht, dass offene Interviews gerade in Feldern und auf Positionen sehr gut funktionieren, wo normalerweise mit Schwierigkeiten in Bezug auf eine solche Interviewform gerechnet wird. So haben beispielsweise die Top-Manager*innen der 100 größten Unternehmen in verschiedenen Ländern bei unserer Untersuchung die angesetzte Zeit von einer Stunde oft überschritten und, sofern möglich, nachfolgende Termine verschoben, weil für sie selbst die Erzählung z. B. des eigenen Werdeganges in dieser Art ein ungewohntes, aber gleichwohl begrüßtes Erlebnis in der Alltagshektik des Unternehmens war.

(2) **Einleitungsphase:** Nach dem Eingangsstatement stellen wir die erzählgenerierende Eingangsfrage. Sie soll eine Erzählung von ca. einer halben Stunde generieren. Wir haben für unseren Fall drei Varianten einer solchen Eingangsfrage vorbereitet, welche sich in der Offenheit bzw. thematischen Fokussierung unterscheiden:

Toolbox 16: Beispiele für erzählgenerierende Eingangsfragen

1. „Können Sie uns bitte etwas über Ihren Werdegang erzählen, z. B. über Ihre Schulzeit, Ihre Eltern und Ihre beruflichen Erfahrungen, und wie Sie zu Ihren heutigen politischen Orientierungen gekommen sind?" (Offene Erzählaufforderung).
2. „Können Sie uns bitte etwas über Ihre Schulzeit als Teenager und Jugendlicher erzählen, welche Erfahrungen Sie damals sammeln konnten und ggf. wie diese Ihr heutiges Leben und Ihre heutigen Orientierungen beeinflusst haben?" (Zeitlich stark eingegrenzte Erzählaufforderung).
3. „Vielleicht können Sie uns von der Zeit erzählen, als Sie zum ersten Mal wählen durften und was Sie bis zum heutigen Tag in Bezug auf Wahlen und politische Diskussionen erlebt haben. Sie können all die Erlebnisse erzählen, die Ihnen dazu einfallen und sich so viel Zeit dabei nehmen, wie Sie möchten" (zeitlich und thematisch stark eingegrenzte Erzählaufforderung).

Während die erste Variante (1) in der Erzählgenerierung ganz offen ist, setzt die zweite Variante (2) mit der zeitlichen Fokussierung auch eine thematische Fokussierung, welche die Erzählgenerierung einschränkt. Dies wird in der dritten Variante (3) noch konkreter und eingeschränkter, weil nun der Zeitraum noch spezifischer gefasst und die Erzählung auf ein bestimmtes politisches Ereignis gelenkt wird. Obwohl die Form der offenen Erzählaufforderung (1) am ehesten der qualitativen Herangehensweise beim narrativen Interview entspricht, können also auch thematische oder zeitliche Eingrenzungen gesetzt werden ((2) und (3)), wenn sie die Erzählaufforderung nicht so stark einschränken, dass die Erzählgenerierung nicht mehr funktioniert.

(3) *Erzählphase:* Wenn alles gut gegangen ist, schließt sich die eigentliche Erzählphase der Befragten an, die durchaus von Pausen und Schweigen unterbrochen sein kann. Die Erzählphase darf erst dann als beendet gelten, wenn dies die Befragten selbst so meinen. Die Interviewer*innen beschränkt sich auf ihre Rolle als interessierte aktive Zuhörer*innen (Lamnek 2010: 328).

(4) *Nachfragephase:* Während und nach der Erzählung werden dann ausschließlich immanente Nachfragen gestellt, d. h. Nachfragen, die sich aus dem Erzählten ergeben. Es werden keine Nachfragen gestellt, welche aus dem eigenen Erkenntnisinteresse resultieren. Solche Nachfragen könnten lauten:

Toolbox 17: Beispiele für immanente Nachfragen

1. „Sie haben vorher kurz erwähnt, dass Ihre Eltern versucht haben, Sie anfangs in Ihrer politischen Meinung zu beeinflussen. Können Sie bitte kurz erläutern, was Sie damit meinen und wie dies vonstattenging?"
2. „Sie haben vorher erzählt, dass Sie zum Klassensprecher gewählt wurden. Können Sie uns bitte etwas mehr über die Erfahrungen erzählen, die Sie in dieser Funktion gesammelt haben?"
3. „Darf ich nachfragen, was Sie damals dazu bewegt hat, sich stärker mit der Jungen Union und ihren Positionen auseinanderzusetzen?"

(5) *Bilanzierungsphase:* Das Gespräch endet dann mit einer Bilanzierungsphase. Gemeinsam mit dem*der Gesprächspartner*in kann man wichtige Deutungen nochmals absichern oder überprüfen, ob wir alles richtig verstanden haben. Dieser Abschnitt zielt darauf ab, eine Bilanz der Geschichte und den Sinn des Ganzen gemeinsam mit dem*der Befragten zu erörtern und zu entwickeln (Lamnek 2010: 328).

Toolbox 18: Beispiel für eine bilanzierende Frage

„Haben wir das richtig verstanden, dass Ihre Freunde eine wichtige Rolle dabei spielten, wie Sie zu Ihrem Engagement in der Jungen Union gekommen sind?"

Wie einfach zu erkennen, ist das narrative Interview die offenste Interviewform in der Sozialforschung. Es gibt kein Konzept, nur eine Fragestellung. Es werden keine Themen vorgegeben und es gibt keine Standardisierung. Alle Nachfragen orientieren sich am bereits Gesagten, alle Fragen sind offen gestellt. Alles von außen Kommende, alle extern gesetzten Frageimpulse und Forcierungen haben im narrativen Interview keinen Platz. Es soll eine Gesprächsatmosphäre geschaffen werden, welche vom Interesse am Erzählten geprägt ist und der Interviewperson einen geschützten Raum gibt, sich zu öffnen. Das geschieht manchmal von selbst, manchmal ist es die Zugewandtheit der Zuhörer*innen, welche für diese Öffnung sorgt. Die Ängste, die Steifheit und die Anspannung, welche sich auf beiden Seiten zu Anfang einstellen können, lösen sich durch das geschulte aktive Zuhören und das Erzählen selbst in vielen Fällen schnell auf. Auch in offiziellen, steifen Kontexten, welche manchmal nicht vermeidbar sind, bricht sich die Katharsis des Erzählens oft Bahn. Und wir erfahren oft mehr und anderes, als wir zu erfahren erwartet hatten. Wenn es gelegentlich vorkommt, dass die Erzählenden uns bitten, das Aufnahmegerät auszuschalten, tun wir dies ohne Zögern und signalisieren dadurch, dass diese sich in einem geschützten Raum bewegen und uns der Schutz dieses Raumes genauso wichtig ist wie den Befragten. Das narrative Interview zeichnet sich gerade dadurch aus, dass es den Erzählenden einen starken Impuls zur realitätsgetreuen Rekonstruktion vergangener Ereignisse gibt, ohne dass der Druck von den Interviewer*innen auszugehen scheint oder das situative Klima das Interview gefährden könnte (vgl. Lamnek 2010: 329).

7.4.2 Das problemzentrierte Interview

Mit dem problemzentrierten Interview bewegen wir uns bereits in Richtung einer stärkeren Strukturierung des Interviews entlang der Forschungsinteressen der Interviewer*innen. Es kann auch in einem Multimethodenansatz Anwendung finden, indem ein spezieller Problembereich, etwa der Rechtspopulismus, mittels verschiedener Methoden wie z. B. Inhaltsanalysen, Beobachtungen und Interviews analysiert wird. Die verschiedenen Zugänge zum Problembereich werden dann in Form einer Triangulation verglichen und anschließend wird überprüft, welcher Zugang welche Erkenntnisse bringt und wo sich diese ergänzen, überschneiden oder wechselseitig korrigieren (siehe dazu auch Witzel 1982: 230; Lamnek 2010: 332). Wir betrachten das problemzentrierte Interview hier jedoch gesondert, bevor wir weiter unten auf die Kombination verschiedener Interviewtechniken eingehen.

Das problemzentrierte Interview bleibt in der Ausrichtung qualitativ, legt aber eine lose Abfolge der anzusprechenden Themen fest. Bei dieser Interviewart hat man ein offenes Konzept, welches auf der einen Seite der Erzählgenerierung folgt, also großen Raum für Erzählpassagen lässt, aber auf der anderen Seite auch von den Forschenden kommende, exmanente Themen einbringt. Dazu braucht man bereits ein theoretisch-wissenschaftliches Vorverständnis, das danach durch die Interviews und deren Auswertung wieder modifiziert wird. Dieses Vorverständnis mündet in die Festlegung von Themen sowie eines Leitfadens, in dem die Themen und die Nachfragen festgehalten sind. Dabei wird die Themenabfolge zwar festgelegt (grob strukturiert), aber das Gespräch selbst ist nicht darauf festgelegt. Die Themen werden entlang des Gesprächsverlaufes angesprochen, oder wenn sie bereits angesprochen wurden, wird darauf verzichtet, sie nochmals anzusprechen. Im Leitfaden wird der ungefähre Wortlaut festgelegt, der aber nicht wirklich bindend ist. Allerdings sollten wichtige Schlüsselwörter darin vorkommen. Es gibt noch keine Standardisierung; geschlossene Fragen und Antwortskalen kommen nicht zum Einsatz.

Auch dieses Interview beginnt wieder mit einer Erklärung (1) und einer erzählgenerierenden Eingangsfrage (2), der allgemeinen Sondierung. Sie soll wie beim narrativen Interview eine längere Erzählung hervorbringen. Wie im narrativen wird auch im problemzentrierten Interview das Erzählprinzip ins Zentrum gerückt: Die Strukturierungen und Bedeutungszuweisungen bleiben den Befragten allein überlassen. Mit den völlig offenen Fragen zu den festgelegten Themen wird lediglich der interessierende Problembereich eingegrenzt (vgl. Lamnek 2010: 333).

In der spezifischen Sondierung (3) werden dann Formen aktiver Verständnisgenerierung eingesetzt. Diese sind nicht mehr durchgängig so offen wie beim narrativen Interview, sondern können nun auch Forcierungen und Pointierungen enthalten.

Toolbox 19: Beispiele für Nachfragen beim problemzentrierten Interview

1. Zurückspiegeln: „Sie haben vorher erwähnt, dass Ihre Eltern bei der Herausbildung Ihrer politischen Meinung von entscheidender

Bedeutung waren. Haben wir das richtig verstanden oder können Sie Ihre Sichtweise bitte nochmals kurz erläutern?"
2. Verständnisfrage: „Sie haben vorher erzählt, dass Sie zum Klassensprecher gewählt wurden und dies Ihre politischen Orientierungen beeinflusst hat. Können Sie uns bitte etwas mehr über die politischen Erfahrungen erzählen, die Sie in dieser Funktion gesammelt haben?"
3. Konfrontation: „Darf ich nachfragen, warum Sie auf der einen Seite gesagt haben, dass Ihre Mitschüler wichtig waren, aber Sie diese auf der anderen Seite bei der Herausbildung Ihrer politischen Orientierungen kaum erwähnt haben?"

Danach folgen ad-hoc-Fragen (4). Hier können die Interviewer*innen sie direkt interessierende Fragen zu verschiedenen Themen stellen, die sich aus dem Erkenntnisinteresse der Forschenden ergeben.

Mittels eines standardisierten Kurzfragebogens (5) können zum Abschluss dann auch z. B. Personendaten erhoben werden. Nach unserer Erfahrung ist es nicht empfehlenswert, diese Daten am Anfang zu erheben. Oft werden Fragen nach Alter, Ausbildung etc. gestellt, welche abschreckend wirken können. Zugleich wird das Gespräch in eine falsche Richtung gelenkt. Es ist also wichtig, möglicherweise kritische Kurzfragen zu den Daten der Person am Ende des Gespräches zu stellen, nicht am Anfang.

Zusätzlich zum Transkript ist es auch bei problemzentrierten Interviews erforderlich, nach jedem Interview ein Postskript anzufertigen. Dieses enthält Angaben über den Inhalt der Gespräche, die vor dem Ein- und nach dem Abschalten des Tonbandgerätes geführt worden sind, ggf. Angaben über die Rahmenbedingungen des Interviews sowie über nonverbale Reaktionen (Gestik, Mimik, Motorik etc.) der Befragten (vgl. Lamnek 2010: 335).

7.4.3 Das Expert*inneninterview

Über das Expert*inneninterview gehen die Meinungen auseinander (vgl. Merton & Kendall 1946, 1979; Mauser & Nagel 1991, 1994, 1997). Teilweise wird es in der Literatur eher als problemzentriertes Interview mit Fokus auf der Erzählgenerierung dargestellt (siehe z. B. Meuser & Nagel 1991; Liebold & Trincek 2009: 35), teilweise als teilstandardisierte Erhebungsform mit Fokus auf Beschreibungen und Argumentationen. In der Anwendung gibt es zahlreiche Zwischenformen, sodass sich – anders als beim narrativen und problemzentrierten Interview – ein weitgehend einheitlicher Gebrauch nicht feststellen lässt. Bogner und Menz unterscheiden drei verschiedene Typen des Expert*inneninterviews: das explorative, das systematische und das theoriegenerierende (vgl. Bogner & Menz 2002: 37–39). Das explorative Expert*inneninterview zielt dabei auf die Erschließung eines neuen Feldes, das systematische auf die sorgfältig geplante Erhebung vorhandener Wissensbestände und das theoriegenerierende auf eher offene Fragen mit Erzählimpulsen, deren Auswertung eine Theoriegenerierung im Sinne der Grounded Theory erlaubt. Auch hierin wird nochmals die Vielfalt der Anwendungen deutlich.

Wie viele andere auch, sehen wir hier das leitfadengestützte Expert*inneninterview als eine Zwischenform zwischen einer standardisierten und einer qualitativ offenen Herangehensweise an. Der Fokus liegt dabei auf der Erhebung von Wissensbeständen; der biografische Entstehungszusammenhang, die Person und ihre Lebensgeschichte treten davor oft zurück (vgl. Liebold & Trincek 2009: 37). Auch wenn die Erzählgenerierung und Erzählungen eine Rolle spielen, stehen sie nicht im Vordergrund dieser Interviewform. Ziel ist es vielmehr, Expert*innenbeschreibungen von Sachverhalten, von Informationen zu Sachverhalten oder von Argumentationstexten zu erzeugen.

Als Expert*innen gelten dabei alle, die im anvisierten Forschungsfeld und bezogen auf die Forschungsfrage spezialisierte Erfahrungen gesammelt haben. Der Begriff zielt also nicht nur auf eine irgendwie geartete fachliche Expertise, sondern auch auf den Erfahrungsraum der Befragten. Infrage kommen Akteure, die qua Position oder Engagement mutmaßlich gute Kenntnisse von z. B. Regelsystemen, Strukturen und Entscheidungsprozessen im relevanten Forschungsfeld vorweisen können (vgl. Liebold & Trincek 2009: 35). Dies bezieht auch Positionseliten mit ein, beschränkt sich aber nicht auf diese. So würde es in unserem Falle reichen, Anhänger*in einer rechtspopulistischen Bewegung zu sein und Erfahrungen mit dieser gesammelt zu haben, um für ein teilstandardisiertes Expert*inneninterview infrage zu kommen.

Das teilstandardisierte Expert*inneninterview

Da es verschiedene Varianten des Expert*inneninterviews gibt und einige Varianten in ihren Prinzipien stärker an einem problemzentrierten Interview orientiert sind (siehe z. B. Meuser & Nagel 1991; Liebold & Trincek 2009: 35), das wir bereits dargestellt haben, stellen wir hier die Variante eines teilstandardisierten Expert*inneninterviews vor, die stärker zwischen qualitativer und standardisierter Forschung angesiedelt ist.

Das teilstandardisierte Expert*inneninterview wird fokussiert auf die Annahmen und Fragen der Forschenden geführt. Das bedeutet nicht, dass man diese im Gespräch offenlegt, sondern nur, dass sie dem Leitfaden zugrunde liegen. Der Fragebogen ist hier bereits fein strukturiert, d. h., die Fragen sollen möglichst im gleichen Wortlaut und in der festgelegten Reihenfolge gestellt werden. Immanente Nachfragen werden immer gestellt, aber die Fragen sind vorrangig am Erkenntnisinteresse der Forschenden orientiert. Offene und geschlossene Fragen wechseln sich ab und auch Skalen können hier getestet werden, um beispielsweise später in einen Survey Einzug zu halten.

Der Ausgangspunkt ist ein klares Konzept, manchmal auch bereits eine ausgeführte Theorie mit Annahmen und Indikatoren. Insofern gleicht die Herangehensweise jener der quantitativ orientierten Verfahren. Sie ist aber keineswegs nur deduktiv, sondern öffnet auch den Weg zu einer induktiv gewonnenen Reformulierung und Korrektur der Annahmen sowie zu einer Revision der Indikatoren als auch der Hinzunahme neuer Indikatoren. Insofern können Expert*innengespräche zum Beispiel einem Survey vorangestellt werden oder selbst als Belege und Widerlegungen von Annahmen ausgewertet werden. Sie eröffnen ebenso die Möglichkeit eines Pretests von Skalen wie eines substanziellen Erkenntnisgewinns über das Feld.

Im nachfolgenden Anwendungsbeispiel können wir im Rahmen einer Kombination verschiedener Methoden in einem teilstandardisierten Expert*inneninterview sehen, wie man Fragen für eine solches Interview gestalten kann.

7.5 Das teilstandardisierte Expert*inneninterview als Erhebungsform im Methodenmix: Beispiel einer explorativen Untersuchung von Rechtspopulismus bei jungen Erwachsenen

Wie wir gesehen haben, kennt das Interview als Erhebungsform kennt sehr viele Varianten zwischen einem narrativen Interview und einer standardisierten Befragung. Das teilstandardisierte Expert*inneninterview kombiniert offene und geschlossene Fragen sowie erzählgenerierende Fragen mit Fragen, die Antwortskalen vorsehen. Dabei ist nicht immer die Triangulation das Ziel, sondern die Fragen können sich nacheinander in einem eingebetteten Design auf verschiedene Erkenntnisgegenstände beziehen. So können etwa Fragen zum Werdegang der Befragten offen und erzählgenerierend gestellt werden, um dann danach bestimmte Argumente mithilfe einer Skala abzufragen, welche sich z. B. auf den Umgang mit dem Thema des Rechtspopulismus beziehen. Erst die Verbindung zwischen beiden hilft dann beispielsweise herauszufinden, wie stark Sozialstruktur und Sozialisation den Umgang mit dem Thema des Rechtspopulismus prägen (vgl. Rucht 2017; Hilmer 2017: 12).

Sehr oft werden in diesem Zusammenhang auch Dimensionen der Sozialstruktur der Befragten standardisiert abgefragt: Alterskohorte, Geschlecht, Ausbildung, Beruf, Beruf der Eltern etc. In teilstandardisierten Expert*inneninterviews können aber auch im Sinne einer Triangulation offene, erzählungs- und beschreibungsgenerierende Fragen mit geschlossenen Fragen kombiniert werden, um das Erkenntnisinteresse in verschiedenen Herangehensweisen auszuloten. Dabei sollten natürlich manipulative Tendenzen vermieden werden (siehe 7.6 Das Problem der Antworttendenzen/-verfälschungen).

Wir wollen im Folgenden einen teilstandardisierten Fragebogen entwickeln, um z. B. herauszufinden, warum sich engagierte junge Erwachsene für den Rechtspopulismus interessieren.

Wir entwickeln dazu auch die standardisierten Fragen jeweils neu, um die Vorgehensweise bei der Gestaltung eines teilstandardisierten Fragebogens zu lernen. Deswegen übernehmen wir hier, nicht wie sonst üblich, etablierten Skale u. a. aus der Umfrageforschung. Eine solche Vorgehensweise hat Vor- und Nachteile. Zu den Vorteilen gehört, dass wir uns von den Standards der rein quantitativ orientierten Umfrageforschung entfernen, welche das Phänomen zwar standardisiert messen kann, aber Probleme hat, die Hintergründe des Phänomens zu verstehen. Zu den Nachteilen gehört, dass wir improvisierte Skalen entwickeln, welche noch nicht getestet und auf ihre Validität und Reliabilität geprüft sind. Das nehmen wir für die Zwecke dieses Buches in Kauf, da wir Möglichkeiten kennenlernen wollen, wie wir teilstandardisierte Interviews in einem ersten Entwurf entwickeln können. Das ist zunächst „selbstgestrickt" und müsste dann in einem umfassenden Pretest überprüft, angepasst und zugleich mit etablierten Skalen abgeglichen werden. Dies können wir hier jedoch nicht tun. Wir wollen an dieser Stelle nur dazu ermutigen, solche Primärerhebungen mit kombinierten Methoden selbst anzugehen und auszuprobieren, wie weit man damit kommt. Wenn man die Fragen eigenständig entwickelt und die

7.5 Das teilstandardisierte Expert*inneninterview als Erhebungsform im Methodenmix

Primärerhebungen selbst durchgeführt hat, wächst auch das Interesse daran, die Ergebnisse nach qualitativen und statistischen Verfahren sachgerecht auszuwerten und im Vergleich der unterschiedlichen Zugänge zum Thema zu neuen Erkenntnissen zu gelangen.

Damit springen wir hier wieder ins kalte Wasser und improvisieren, um zu lernen, wie wir dabei vorgehen könnten. Es soll hier nicht der wissenschaftliche Stand der Diskussion zum Thema ausführlich wiedergegeben, sondern in einer selbst gestalteten Vorgehensweise illustriert werden, welche Frage- und Interviewformen wir bei einem solchen Thema entwickeln könnten, auch wenn diese noch nicht validiert und als Skala getestet sind.

7.5.1 Wissenschaftlicher Zugang, Fragestellung, Methode und Forschungsdesign

Wie definieren wir das uns interessierende Merkmal?

Wie üblich müssen wir bei einer solchen Vorgehensweise aber einen wissenschaftlichen Zugang zum Thema zugrunde legen, der das Phänomen in einem ersten Zugriff so bestimmt, dass die Fragestellung präzise gestellt sowie die Dimensionen und Aspekte des zu Erfragenden operationalisiert werden können. Bei einer Kombination verschiedener Methoden arbeiten wir mit Vorwissen, ohne dass wir den Weg für eine induktive Ergänzung oder Revision verstellen.

Für einen ersten wissenschaftlichen Zugriff gehen hier zunächst von einigen Gemeinsamkeiten des Rechtspopulismus aus, wie sie in der wissenschaftlichen Literatur zu finden sind (siehe dazu Puhle 1986; Pfahl-Traughber 1994; Decker 2006, 2018; Geden 2006; Kohlstruck 2008; Priester 2008; Reuter 2009; von Beyme 2010; Häusler 2016; Hartleb 2014; Wolf 2017; Niehr Reissen-Kosch 2018, 2020; Auernheimer 2020).

1. Ein grundlegendes Merkmal ist im „Populismus" zu finden, also im Bezug auf eine natürliche, homogene „nationale" Grundmenge in der Bevölkerung, die meist als „das Volk" bezeichnet wird. Diesem „Volk" werden als Bevölkerungsmehrheit positive Werte zugeschrieben, etwa ein „gesunder Menschenverstand", Anständigkeit oder Ehrlichkeit der Masse, in unserem Falle der „Deutschen" oder des „deutschen Volkes". Dem „guten Volk" wird ein Negativbild der „politischen Eliten", des Establishments entgegengestellt, das als volksfern, an Eigeninteressen

orientiert und unverantwortlich dargestellt wird (vgl. Wolf 2017: 13; siehe auch Geden 2006: 21, 41; Reuter 2009: 36; Niehr & Reissen-Kosch 2018; Decker 2018).
Neben diesem Unterscheidungsmuster von Masse (Volk) und Elite (Etablierte, Privilegierte) hat der Rechtspopulismus auch ein klar bestimmbares Muster, Politik zu machen. **Bestimmend ist eine Identitätspolitik, in der eine bedrohte Gemeinschaft konstruiert wird** (vgl. Häusler 2016: 137; siehe auch Priester 2008: 20). Wir unterscheiden im Folgenden eine Sachdimension, eine Sozialdimension und eine Zeitdimension bzw. historische Dimension dieses Politikmusters. [Notabene: Es ist ein Muster, wie Politik betrieben und inszeniert wird, das auf die Darstellungsformen zielt und nicht auf das, was ggf. in unterschiedlichen Anteilen an rechtsextremistischen Strömungen dahinterstehen kann].

2. In der **Sachdimension** enthält dieses Politikmuster auch fremdenfeindliche, antipluralistische und antiegalitäre Komponenten. Dabei steht nicht die Konsistenz eines Programmes oder einer Ideologie im Vordergrund, sondern der flexible politische Umgang mit dem, was diese Bedrohungen der Nation von außen und von innen konstituiert. **Bedrohung und Wiederherstellung nationaler Identität** ist das grundlegende Muster (vgl. Wolf 2017: 15; siehe auch Auernheimer 2020; Priester 2020). Dass dies im Rahmen von Demokratie und starkem Staat eingeordnet wird, ist Teil dieses Musters, das aber oft auch wirtschaftsliberale Elemente enthält (vgl. Wolf 2017: 14).

3. In der **Sozialdimension** ist die bedrohte **Gemeinschaft** der Maßstab (vgl. Wolf 2017: 5; siehe auch Hartleb 2014: 14; Pfahl-Traughber 1994: 17; Puhle 1986: 15–20; Taggart 2000: 48). Dabei versuchen rechtspopulistische Parteien oft Tabus zu brechen und zu provozieren, um diese Gemeinschaft gegen das Establishment zu verteidigen. Die Parteien werfen dabei nicht selten selbst starke Führungspersönlichkeiten in die Waagschale, welche dem Prozess der Wiederherstellung der Gemeinschaft eine Richtung geben.

4. In der **Zeitdimension** betonen rechtspopulistische Parteien oft ihre Distanz zu Rechtsextremismus, Antisemitismus und Nationalsozialismus, also den Bruch mit dem faschistischen Erbe Europas (vgl. von Beyme 2010; siehe auch Kohlstruck 2008). In der Phase der Bedrohung der Gemeinschaft wird sich dagegen auf ein „jüdisch-christliches Erbe" berufen. Oft präsentieren sie sich ausdrücklich ebenso pro-israelisch

wie muslim-feindlich. In den Muslimen wird unter Anknüpfung an dieses historische Erbe die Bedrohung der Gemeinschaft par excellence gesehen. Auch damit wird an religiöse Traditionsbestände des europäisch-christlichen Abendlandes angeknüpft.

Damit haben wir einen ersten, noch provisorischen Zugang zum Thema gewonnen, der sich auch operationalisieren lässt. Er bezieht sich auf die Artikulationsformen von Politik, also auf Politikbekundungen und damit auf die Ideologien, die den Rechtspopulismus kennzeichnen. In einer teilstandardisierten Herangehensweise wollen wir damit herausfinden, inwiefern sich engagierte Befragte verschiedenen Politikbekundungen anschließen können. Für uns ist es hier zunächst nur wichtig, eine erste provisorische Ausgangsbasis zu schaffen, mit der sich in einfacher Weise Merkmale operationalisieren und in Fragen umwandeln lassen.

Welche Fragestellung, welches Erkenntnisinteresse verfolgen wir?

Die Fragestellung könnte lauten: Welche biografischen Wege und sozialstrukturelle Weichenstellungen führen bei jungen Erwachsenen zu einer Ausrichtung an „rechtspopulistischen/rechtsextremen" Einstellungen sowie zu einem Engagement in als rechtspopulistisch angesehenen Bewegungen? Dahinter steckt die Vorstellung, dass die Sozialisation im Lebensverlauf ebenso wie die sozialstrukturelle Lage Einfluss auf die Ausbildung politischer Werthaltungen nehmen.

Welche Untersuchungsform wählen wir?

Da wir dieses Feld neu erkunden und es noch nicht viele Studien dazu gibt, wählen wir die Untersuchungsform einer Exploration. Explorative Untersuchungen (Exploration = Erkundung) werden durchgeführt, so Berger-Grabner, „wenn weitgehend unbekannte Phänomene und Zusammenhänge erforscht werden sollen. Häufig handelt es sich um Voruntersuchungen oder Pretests, die einer Hauptstudie vorgeschaltet werden. Es geht in erster Linie darum, Hypothesen zu generieren, welche in der Hauptstudie überprüft werden. Es kommen vorzugsweise qualitative Methoden zum Einsatz" (Berger-Grabner 2016: 110). Sie eröffnen die Möglichkeit, mehrere methodische Zugänge auszuprobieren und auch Methodenkombinationen zur Erkundung durchzuführen.

Wie wählen wir die zu Befragenden aus?

Wir können in einer der Exploration dienenden Methodenkombination die Auswahl der Befragten in zwei Schritten vornehmen. Wir beginnen mit einem theorieorientierten Sampling, welches uns weiteren Aufschluss über die Zusammenhänge sowie die Hintergründe gibt, um das Phänomen besser zu verstehen. Im ersten Schritt orientieren wir uns bei der Auswahl an der Grounded Theory und dem theoretical sampling. Wir beginnen der Einfachheit halber in der Stadt, in der wir leben oder die am nächsten an unserem Wohnort liegt. Wir sehen uns z. B. die Wahlliste und Mitgliederliste des nächstgelegenen Kreisverbandes der AfD an – wenn wir diese als rechtspopulistisch orientiert einschätzen – und nehmen Kontakt zu jungen Erwachsenen auf, welche unserer angezielten Altersgruppe entsprechen. Dies tun wir offen in der Darstellung unseres Erkenntnisinteresses. Nehmen wir an, wir gewinnen einen jungen Erwachsenen zu einem Interview, dann entscheiden wir nach der Auswertung des Einzelfalles, wen wir nach theoriegenerierenden Kriterien der Kontrastierung (minimaler/maximaler Vergleich) als nächstes kontaktieren. Für einen minimalen Vergleich könnten wir einen in Bezug auf Biografie und sozialstrukturelle Lage ähnlichen jungen Erwachsenen heraussuchen und für einen maximalen Vergleich einen je nach Theoriebildung gänzlich verschiedenen Fall. Nachdem wir die Ergebnisse ausgewertet und unseren Fragebogen angepasst haben, können wir entweder versuchen, eine theoretische Sättigung der gewonnenen Erkenntnisse zu erreichen oder gleich in einen zweiten Schritt des Auswahlverfahrens münden. Daran anschließend können wir z. B. versuchen, wenn wir keine proportional geschichtete Zufallsauswahl realisieren wollen, in einer Berufsschule vor Ort, in einem Fußball-Fanclub vor Ort und an einer Universität einen möglichst heterogenen Zugang zu bekommen und Berufsschüler, Fans und Studierende in der jeweiligen Alterskohorte über Facebook, LinkedIn oder WhatsApp-Gruppen für Interviews zu gewinnen. Da wir Daten zur Grundgesamtheit in Deutschland zur Verfügung haben, können wir für die Exploration eine proportionale Quotenstichprobe anvisieren, d. h. die Interviewauswahl so steuern, dass sie in den Proportionen der Grundgesamtheit entspricht.[19] Mehr als 20 bis 30 Interviews können wir

---

19 Der Unterschied zwischen beiden Verfahren liegt in der Anwendung eines zufälligen oder willkürlichen Auswahlverfahrens für die letztlich in die Stichprobe einbezo-

für eine solche Exploration aber nicht durchführen. Damit bleibt der standardisierte Teil des Interviews eng begrenzt auf eine explorative Stichprobe, welche aber zugleich als umfassender Pretest für eine größere Stichprobe gesehen werden kann.

Welche Art von Interview nutzen wir für die Erhebung?

Bei der Erhebungsmethode haben wir uns, wie bereits dargelegt, für eine Mischform, ein teilstandardisiertes Expert*inneninterview mit offenen, am Anfang erzählgenerierenden Fragen entschieden; das Interview wird mündlich durchgeführt und durch einen standardisierten Befragungsabschnitt ergänzt, in welchem auch geschlossene Fragen sowie am Ende des Interviews Fragen mit standardisierten Antwortvorgaben und Skalen zur Anwendung kommen.

Auch beim teilstandardisierten Expert*inneninterview hat man ein teilweise offenes Konzept, welches der Exploration folgt, also Raum für selbst produzierte Stehgreiferzählungen, Argumente und Beschreibungen lässt, aber dann auch von den Forschenden kommende, exmanente Themen einbringt. Hier braucht man also bereits einen Leitfaden, in dem die Themen sowie die Fragen festgelegt sind. Dabei wird auch die Themenabfolge

---

genen Individuen/Elemente: Die geschichtete Zufallsstichprobe hat eine angebbare Ziehungswahrscheinlichkeit für jedes Element der Grundgesamtheit, während bei der Quotenstichprobe keine solche Ziehungswahrscheinlichkeit angegeben werden kann. Eine willkürliche Auswahl kann zum Beispiel auf Selbstselektion beruhen: Die Untersucher*innen suchen etwa per Annonce nach geeigneten Studienteilnehmer*innen, kontaktieren passende Mitglieder eines Online-Panels, die sich zur Teilnahme an Meinungsumfragen bereiterklärt haben, oder sprechen willkürlich geeignete Passant*innen an, von denen sich nur einige dafür entscheiden, ihnen zu antworten. Das tun sie so lange, bis sie die Quoten für ihre Stichproben erfüllt haben. Sofern nun die Eigenschaften der Teilnehmer*innen, die sie zur Selbstselektion bewogen haben, auch das interessierende Merkmal beeinflussen, werden die Ergebnisse der Quotenstichprobe gegenüber den Ergebnissen einer geschichteten Zufallsstichprobe verzerrt sein (ähnliches passiert bei einer Zufallsstichprobe allerdings durch Antwortausfall (vgl. Cumming 1990). Auch von Seiten der Interviewer*innen kann es bei der Quotenstichprobe zur Stichprobenverzerrung kommen, indem z. B. sympathiebasiert Passant*innen angesprochen werden oder eine Liste von Telefonnummern in einer bestimmten Reihenfolge „abgearbeitet" wird. Quotenstichproben sind billiger, schneller und in ihren Voraussetzungen weniger anspruchsvoll als geschichtete Zufallsstichproben; in vielen Fällen können sie ein praktikabler Ersatz für diese sein. Quotenstichproben sind die Methode der Wahl in der kommerziellen Markt- und Meinungsforschung und werden durchaus auch in der akademischen Forschung eingesetzt (vgl. Meyer & Reutterer 2009: 239; Monette et al. 2011: 152).

bestimmt (fein strukturiert). Im Leitfaden wird der Wortlaut festgelegt, der ebenfalls weitgehend bindend sein soll. Da wir auf eine Methodenkombination zielen, werden in einem zweiten Teil des Leitfadens standardisierte Antwortvorgaben Anwendung finden.

Zur qualitativen Auswertung des Interviews ist es wichtig, dass wir das Interview aufzeichnen und danach zumindest teilweise – bezogen auf die offenen Fragen – transkribieren. Wir kündigen dies entsprechend an, sichern Anonymität zu und halten strenge Datenschutzverpflichtungen ein.

7.5.2 Die Entwicklung des Fragebogens

Auch das teilstandardisierte Expert*inneninterview beginnt mit einer Erklärung und einer offenen Eingangsfrage. Diese soll eine Erzählung hervorbringen, auch um das „Warming-up" zu gewährleisten. Damit beginnt unser Fragebogen.

Das ist für den qualitativen Teil wichtig, weil die Interviewten damit ihre Relevanzsetzung offenlegen und sie zugleich mit der Gesprächsatmosphäre „warm" werden. Fragen, die sich auf den Werdegang beziehen, sind dafür immer gut geeignet, eine solche Erzählgenerierung zu leisten. Dabei kommt es aber nun auf den genauen Wortlaut an, weil die erzählgenerierenden Impulse für alle gleichgesetzt werden sollen.

Ein Beispiel für eine solche Eingangsfrage könnte in unserem Falle sein:

> **Toolbox 20: Erzählgenerierende Eingangsfrage**
>
> „Können Sie uns bitte etwas über Ihren Werdegang erzählen, insbesondere über Ihre Schulzeit und Ihre beruflichen Erfahrungen, und inwiefern diese zu Ihrer politischen Orientierung in dieser Lebensphase beigetragen haben?"

Im Anschluss an die Erzählung können natürlich immanente Nachfragen gestellt werden, d. h. Nachfragen, die sich aus dem Erzählten ergeben. Aber im Vordergrund stehen nun die Fragen, welche aus dem eigenen Erkenntnisinteresse resultieren.

In einem Leitfaden werden daher drei bis fünf Themenkomplexe mit exmanenten Nachfragen aufgelistet, welche die Führung des Interviews anleiten. So könnten wir z. B. in einem zweiten Themenkomplex nun auf die

Rolle und Bedeutung der Peergroup, also der Freund*innen und Bekannten, eingehen. Dies könnten wir wie folgt ebenfalls mit einer offenen Frage einleiten:

Toolbox 21: Beispiele für offene Fragen im teilstandardisierten Experteninterview

1. „Welche Bedeutung haben Freunde und Bekannte für Sie? Können Sie uns bitte Ihren Freundeskreis bzw. Ihre Freundeskreise beschreiben und inwiefern Politik in diesen Kreisen eine Rolle spielt?"
2. „Gab es Mentoren, Freunde oder Bekannte, die Ihnen ggf. den Weg zu Ihrem Engagement für die AfD (oder andere rechtspopulistische Bewegung) einsetzen) geebnet haben?"

Doch diese Fragen sind in dem Antwortspektrum, welches sie eröffnen, noch sehr offen und weit gestellt. In Fragekombinationen und standardisierten Fragen mit Antwortvorgaben kann man dieses Antwortspektrum entlang der Forschungsinteressen weiter einschränken und zuschneiden.

7.5.3 Die Entwicklung von Fragenkombinationen und standardisierten Fragen

Die einfachste Form sind zunächst Items mit **offenen** Antwortmöglichkeiten, die es auch in standardisierten Befragungen gibt. Hier muss aber nun darauf geachtet werden, dass die Fragen eineindeutig gestellt und möglichst auf eine Dimension bzw. ein Merkmal konzentriert sind. Erste Beispiele hierfür könnten sein:

Toolbox 22: Fragen mit offenen Antwortmöglichkeiten

1. „Was halten Sie von der AfD? Bitte begründen Sie Ihre Ansicht" (freie Gestaltung).
2. „Was sagt Ihnen dieses Foto (einer Demonstration von PEGIDA)?" (Freie Deutung).
3. „Welche Sätze fallen Ihnen zum Thema Rechtspopulismus ein?" (Freie Assoziation).

Bei Items mit **halboffener Beantwortung** schränkt man die Antwortmöglichkeiten weiter ein.

Toolbox 23: Fragen mit halboffener Beantwortung

1. „Gibt es zu den unterstehenden Themenbereichen politische Positionen oder Meinungen, welche Sie teilen?"

Themen	
Rolle des Islams in Deutschland	
Flüchtlinge in Deutschland	
Freiheit der Meinungsbekundung	
.....	
......	

2. Gibt es Bewegungen, welche Sie politisch unterstützen oder welche Ihre Meinung vertreten? Welche sind dies?" (Reihen- und Sammelantworten).

Themen	Bewegungen
Kreis/Stadt	
Bundesland	
Deutschland	
International	
Sonstige:	

7.5 Das teilstandardisierte Expert*inneninterview als Erhebungsform im Methodenmix

Um im nächsten Schritt zu überprüfen, ob es bereits getestete Skalen gibt, kann man zum einen Skalenhandbücher heranziehen (siehe dazu exemplarisch Rössler 2011; Rubin et al. 2009). Zum anderen kann man in einschlägigen Untersuchungen zum Thema nachsehen und ggf. getestete Skalen aus aktuellen Untersuchungen übernehmen. Es ist immer vorzuziehen, bereits getestete Skalen zum Einsatz zu bringen, als diese neu zu entwickeln. Allerdings müssen die Fragen und Antwortskalen zur jeweiligen Fragestellung passen, was häufig eine Anpassung bereits getesteter Skalen nach sich zieht, welche dann wiederum einem Pretest unterzogen werden müssen. In unserem Falle aber wir ziehen solche Skalen hier noch nicht heran, weil wir zunächst selbst etwas darüber lernen wollen, wie man solche Fragen entwickelt.

Der Entwurf von Items mit **geschlossenen Antwortvorgaben** führt in die Entwicklung von Skalen hinein. Diese kann hier nur angedeutet werden, weil es ein sehr aufwendiger Prozess ist, neue Skalen zu entwickeln und zu testen. Sie folgen den aus der Theorie und dem Stand der Forschung heraus entwickelten Hypothesen und orientieren sich an Indikatoren, mit welchen versucht wird, diese Hypothesen zu prüfen. Entlang der Indikatoren werden dann die Items entwickelt. Diesen ganzen aufwendigen Prozess wollen und können wir hier nicht nachzeichnen. Die nachfolgenden Beispiele sollen aber ermutigen, Fragen mit geschlossenen Antwortvorgaben selbst zu entwickeln und dies immer dann zu tun, wenn keine etablierten Skalen vorliegen oder diese für die Fragestellung unzureichend sind:

Toolbox 24: Fragen mit geschlossenen Antwortvorgaben

1. **Unter Rechtspopulismus versteht man u. a. eine stark am Wohlergehen des Volkes orientierte politische Bewegung. Finden Sie diese Einschätzung richtig oder falsch? (Alternativantworten)**

    ☐ richtig ☐ falsch (Alternativantworten)

2. **Inwiefern stimmen Sie folgenden Aussagen zu? (von 1= stimme zu bis 5=stimme gar nicht zu)**

	1	2	3	4	5
….					
Die Regierenden vertreten nicht mehr unser Volk.					
Wir haben zu viele Flüchtlinge in Deutschland.					
Wir brauchen in Deutschland keine härteren Gesetze gegen Straftäter.					
Wir müssen das christlich-abendländische Erbe unserer Gesellschaft schützen.					
Eheschließungen von homosexuellen Paaren sind zu befürworten.					
…..					

Dabei gibt es neben der etablierten Likert-Skala noch viele andere Arten, Skalen zu entwerfen. Sie können Beispiele für diese bei Bortz und Döring 2006: 221–230 nachlesen.

Da wir hier keine vollständig entwickelten Skalen präsentieren können und wollen sowie keine Forschungsergebnisse zu diesen Skalen, wollen wir als ein Beispiel für mögliche Skalen und deren Ergebnisse die Leipziger Autoritarismus-Studie heranziehen.

Information 16: Das Beispiel der Leipziger Autoritarismus-Studie

Wenn wir, wie zuvor auch, die Befunde anderer Studien heranziehen, um mögliche Ergebnisse zu verdeutlichen, so bietet sich die Leipziger Autoritarismus-Studie an. Sie beschäftigt sich seit 2002 in repräsentativen Erhebungen, welche alle zwei Jahre stattfinden, mit Rechtsextremismus

7.5 Das teilstandardisierte Expert*inneninterview als Erhebungsform im Methodenmix

in Deutschland (vgl. Decker & Brähler 2018). Diese Herangehensweise ist zwar nicht deckungsgleich mit dem Thema des Rechtspopulismus, aber einzelne Elemente des Rechtspopulismus sind hier in etablierten und getesteten Skalen vorhanden. Die untenstehende Tabelle ist aus dem Buch „Flucht ins Autoritäre" entnommen und gibt anhand einer Likert-Skala die Ergebnisse für 2018 wieder:

	Rechtsextremismus	lehne völlig ab	lehne überwiegend ab	stimme teils zu, teils nicht zu	stimme überwiegend zu	stimme voll und ganz zu
1	Im nationalen Interesse ist unter bestimmten Umständen eine Diktatur die bessere Staatsform.	54,4	19,1	18,6	6,5	1,4
2	Ohne Judenvernichtung würde man Hitler heute als großen Staatsmann ansehen.	53,7	19,4	17,9	7,3	1,7
3	Was Deutschland jetzt braucht, ist eine einzige starke Partei, die die Volksgemeinschaft insgesamt verkörpert.	38,1	18,6	24,0	14,3	5,1
4	Wir sollten einen Führer haben, der Deutschland zum Wohle aller mit starker Hand regiert.	52,4	20,0	16,6	8,1	3,0
5	Wie in der Natur sollte sich in der Gesellschaft immer der Stärkere durchsetzen.	45,2	23,4	21,6	7,9	1,9
6	Die Ausländer kommen nur hierher, um unseren Sozialstaat auszunutzen.	18,1	16,4	29,8	19,5	16,2
7	Auch heute noch ist der Einfluss der Juden zu groß.	45,9	23,4	20,7	6,9	3,2
8	Wir sollten endlich wieder Mut zu einem starken Nationalgefühl haben.	18,7	15,1	29,7	24,5	12,0
9	Eigentlich sind die Deutschen anderen Völkern von Natur aus überlegen.	47,9	20,2	20,5	9,2	2,1
10	Wenn Arbeitsplätze knapp werden, sollte man die Ausländer wieder in ihre Heimat zurückschicken.	27,0	19,9	26,7	15,6	10,9
11	Die Verbrechen des Nationalsozialismus sind in der Geschichtsschreibung weit übertrieben worden.	51,5	21,0	19,5	5,8	2,3
12	Was unser Land heute braucht, ist ein hartes und energisches Durchsetzen deutscher Interessen gegenüber dem Ausland.	17,7	17,3	31,3	21,4	12,2

		stimme voll und ganz zu	stimme überwiegend zu	teils/teils	lehne überwiegend ab	lehne völlig ab
13	Die Juden arbeiten mehr als andere Menschen mit üblen Tricks, um das zu erreichen, was sie wollen.	50,8	20,1	21,5	5,6	2,0
14	Das oberste Ziel der deutschen Politik sollte es sein, Deutschland die Macht und Geltung zu verschaffen, die ihm zusteht.	24,9	21,2	29,2	18,1	6,6
15	Es gibt wertvolles und unwertes Leben.	61,2	14,9	13,8	7,2	2,9
16	Die Bundesrepublik ist durch die vielen Ausländer in einem gefährlichen Maß überfremdet.	19,9	16,4	28,1	20,2	15,4
17	Die Juden haben einfach etwas Besonderes und Eigentümliches an sich und passen nicht so recht zu uns.	49,3	21,5	20,1	6,7	2,4
18	Der Nationalsozialismus hatte auch seine guten Seiten.	49,3	20,5	21,8	6,7	1,7

Daten: Leipziger Autoritarismus-Studie 2018, O. Decker & E. Brähler

Tabelle 14: Der Fragebogen zu rechtsextremen Einstellungen – Zustimmung auf Item-Ebene (in %, N=2.416). Quelle: Decker & Brähler 2018

Wir können hier nicht auf alle Befunde eingehen, aber man sieht, wie Fragen, die auch uns interessieren, operationalisiert wurden und zugleich, welche Tendenzen in dieser Studie festgestellt wurden. Die Teilnehmenden wurden mit einer geschichteten Zufallsstichprobe ausgewählt. Sämtliche Interviews wurden im Zeitraum vom 7. Mai 2018 bis 8. Juli 2018 geführt. Die Rücklaufquote betrug 47,3 % und ist damit als hoch einzuschätzen, besonders im Vergleich zu anderen Verfahren wie Telefonbefragungen. Um das Untersuchungsziel von 2.500 Interviews zu erreichen, wurden insgesamt 5.418 Haushalte aufgesucht. Bei 2.516 von ihnen konnte die Befragung durchgeführt werden" (Decker & Brähler 2018: 68).

In der Dimension „Ausländerfeindlichkeit" fallen die Zustimmungswerte in ganz Deutschland besonders hoch aus (vgl. Decker & Brähler 2018: 73). Die Frage misst die Ausländerfeindlichkeit als Abwertung und Aggression gegenüber einer konstruierten Fremdgruppe, „den Ausländern", denen pauschal und kollektiv das Ausnutzen des Sozialstaates unterstellt wird, die auf dem Arbeitsmarkt nur auf Zeit geduldet werden und deren Anwesenheit als „Überfremdung" der Bundesrepublik wahrgenommen wird. „Auf der einen Seite wird in dieser Dimension also rassistisch motiviertes Konkurrenzdenken auf dem Arbeitsmarkt (ökonomisch motivierte Ausländerfeindlichkeit) erfragt, auf der anderen Seite eine völkische Überfremdungsvorstellung" (Decker & Brähler 2018: 76). Im Zeitverlauf erweisen sich diese Anteile mit Schwankungen als vergleichsweise stabil.

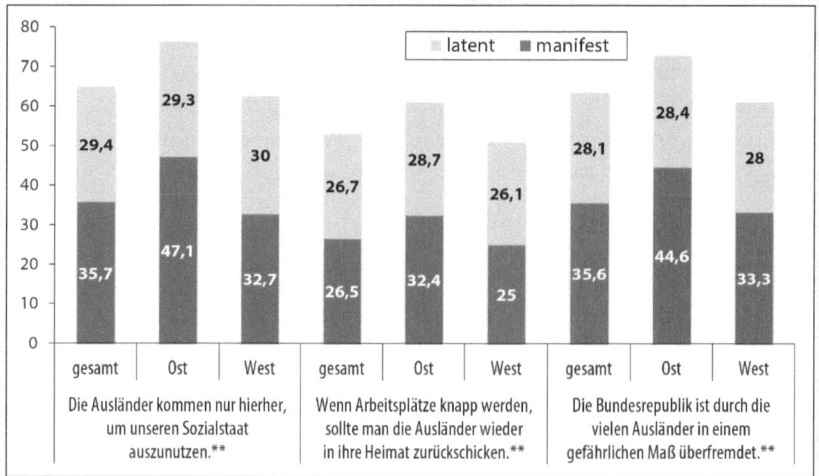

Pearsons Chi-Quadrat: **p < .01
Daten: Leipziger Autoritarismus-Studie 2018, O. Decker & E. Brähler

Abbildung 5: Manifeste und latente Zustimmung zu den Aussagen der Dimension „Ausländerfeindlichkeit" (in %). Quelle: Decker & Brähler 2018

Die Ergebnisse zeigen weiter, in welchen Ausmaß die Muslimfeindschaft in Deutschland zugenommen hat. „Inzwischen bestätigen 44,1 % der Befragten die Aussage, ‚Muslimen sollte die Zuwanderung nach Deutschland untersagt werden'. In den neuen Bundesländern findet diese Ansicht mit 50,7 % sogar eine Mehrheit. Der Anteil derer, die sich ‚durch die vielen Muslime [...] wie ein Fremder im eigenen Land' fühlen, ist 2018 auf 55,8 % angestiegen" (Decker & Brähler 2018: 101).

Junge Menschen haben dabei im Durchschnitt – mit Ausnahme der Ausländerfeindlichkeit in Ostdeutschland – eher geringere Werte als Ältere.

Wir haben nun gesehen, wie wir in einer Methodenkombination Fragen entwickeln können und auch welche Ergebnisse wir aus der Methodenkombination ziehen können. Während uns der standardisierte Teil des Fragebogens Ergebnisse zu den Merkmalsverteilungen und -ausprägungen bringt, können die offenen Frage dazu beitragen, einen tieferen Blick auf die Mechanismen zu werfen, welche zu einem rechtspopulistischen/rechtsextremen Engagement führen.

Allerdings tauchen auch bei qualitativen und teilstandardisierten Befragungen typische Probleme auf, welche alle drei der in diesem Kapitel dargestellten Typen des Interviews betreffen, wenn auch in unterschiedlichem Ausmaß. Darum soll es zum Abschluss gehen.

7.6 Das Problem der Antworttendenzen/-verfälschungen

Antworttendenzen treten auf, wenn Befragte in Interviews nicht nur auf den Inhalt der Frage, den Fragestimulus, reagieren, sondern in ihrer Antwort auch von anderen Faktoren beeinflusst werden. Diese Faktoren finden sich in den verschiedensten Elementen einer Befragung, sie können in der jeweiligen Person der Befragten, in der Interviewsituation sowie im Erhebungsinstrument liegen (vgl. Bogner & Landrock 2015).

1. In die erste Klasse von Antwortverfälschungen fallen „**Interviewereffekte**", welche mit der Reaktion auf die Person oder die Situation, in der das Interview stattfindet, zu tun haben. Antworttendenzen treten dann auf, wenn das Antwortverhalten von der Situation abhängig ist. Es handelt sich um Interviewereffekte, wenn Befragte auf Merkmale oder Verhaltensweisen der Interviewer*innen reagieren. Hier können z. B. Alter, Geschlecht, Aussehen, Kleidung, Frisur, Persönlichkeit, Einstellungen und Erwartungen der Interviewer*innen die Antworten der Befragten beeinflussen, ohne dass die Interviewer*innen dies wissen (vgl. Bortz & Döring 2006: 246 f.).
So zeigte sich z. B. in einer Untersuchung von uns über Langzeitarbeitslose in Deutschland, dass die studentischen Interviewer*innen es immer wieder mit Interviewereffekten zu tun bekamen, weil teilweise das sozio-ökonomische Gefälle in der Zurechnung der Befragten als hoch erschien sowie das erwartete Bildungsniveau als einschüchternd empfunden wurde (vgl. Pohlmann 2010: 23–26). Oder in einer Untersuchung

von Arbeiter*innen in einer Gießerei bekamen die Interviewer*innen die Erwartungen der Befragten zu spüren, dass die Ergebnisse der Geschäftsleitung berichtet würden, sodass einige kaum auf die Fragen reagierten.

Von **Anwesenheitseffekten** (Anwesenheit dritter Personen) spricht man dagegen, wenn das Antwortverhalten der Befragten von anwesenden Dritten abhängig ist. So zeigte sich zum Beispiel in einer Befragung von mittleren Angestellten in einem Unternehmen, wie sehr die manchmal nicht vermeidbare Anwesenheit von Kolleg*innen bei einem Interview dem Antwortverhalten eine andere Richtung gab.

2. Die zweite Art von Antwortverfälschungen resultiert aus den **kognitiven Effekten** in der Beantwortung von Fragen. Wenn Befragte z. B. bei der Beantwortung von Fragen zum Satisficing[20] neigen, wollen sie ihren kognitiven Aufwand reduzieren. Dies spielt insbesondere bei stärker standardisierten Befragungen eine Rolle. Aber auch bei qualitativ offenen Interviews kann dies Probleme bereiten. In der Folge können Antworttendenzen wie Akquieszenz/Zustimmungstendenz oder die **Tendenz zur Mitte** entstehen.

Bei der **sozialen Erwünschtheit** orientieren sich Befragte an sozialen Normen, um so zu antworten, wie sie annehmen, dass es den Erwartungen der Interviewer*innen entspricht. Diese Tendenz zur sozialen Erwünschtheit spielt auch bei qualitativen Interviews eine Rolle. Wenn man Eltern interviewt, Lehrer*innen oder Angestellte in einem Unternehmen – immer wird das Antwortverhalten auch von den Rollenerwartungen mit beeinflusst sein. Nur ist das in der qualitativen Sozialforschung weniger ein Problem, weil dies ein Teil der Relevanzstrukturen der Befragten ist, welche man gerade untersuchen möchte. Und man kann bei der Interpretation darauf Bezug nehmen.

---

20 Der optimale kognitive Prozess, den Befragte bei der Beantwortung einer Frage durchlaufen, umfasst mehrere Schritte (Verstehen der Frage, Gewinnung der relevanten Information aus dem Gedächtnis, Beurteilung der gewonnenen Information hinsichtlich der Vollständigkeit und Relevanz, Antwortgabe). Diese sind mit hohem kognitivem Aufwand verbunden, was in der Summe aller Fragen einer Erhebung unter Umständen eine hohe kognitive Belastung für die Befragten bedeutet (vgl. u. a. Krosnick & Fabrigar, 1997). Dieser Informationenverarbeitung steht ein an einer Reduzierung von Belastung ausgerichteter Prozess gegenüber, welcher als Satisficing bezeichnet wird (vgl. Bogner & Landrock 2015: 1).

Bei der **Tendenz zur Milde/Härte** neigen Befragte dazu, unabhängig vom Inhalt der Frage die Extremkategorien in Ratingskalen anzugeben, also sich in den Antwortvorgaben unabhängig von ihrem Inhalt als besonders hart oder besonders mild zu präsentieren.

3. Der dritte Einflussbereich für Antworttendenzen sind **Effekte des Erhebungsinstrumentes** selbst: Die Formulierung der Fragen im Fragebogen, ihre Reihenfolge sowie die Reihenfolge der Antwortalternativen im Fragebogen können z. B. als **Ausstrahlungseffekte** oder Primacy-bzw. Recency-Effekte das Antwortverhalten beeinflussen und zu Antworttendenzen führen. Diese Ausstrahlungseffekte kann es auch bei qualitativen Befragungen geben. So kann etwa eine Frage nach dem Werdegang, welche eine 30-minütige Erzählung generiert, in einem problemzentrierten Interview auf die Folgefrage ausstrahlen, wie der*die Befragte z. B. dazu gekommen sei, bei der Organisation XY zu arbeiten. Die Antwort auf die Frage nach dem Werdegang kann Konsistenzerwartungen für die Befragten selbst generieren, welche dann die Antwort auf die Folgefrage in Richtung „Folgerichtigkeit" verzerrt. Aber auch auf diese Verzerrung kann in einer Interpretation Bezug genommen werden, während sie in standardisierten Befragungen vielleicht eher unbemerkt bleibt.

In gemischten Fragebogen, in denen offene und geschlossene Fragen verbunden werden, wird dieser Effekt – außerhalb der Wissenschaft – nicht selten gezielt zur Manipulation des Antwortverhaltens eingesetzt. Aber auch in der Wissenschaft lassen sich solche Ausstrahlungseffekte nicht immer verhindern.

Übung 8: Manipulation des Antwortverhaltens durch einen Fragebogentrichter

Nehmen wir an, wir wollten Befragte dazu bringen, möglichst viel für die wirtschaftlich Betroffenen in der Corona-Krise zu spenden. Wie gehen wir dabei vor, wenn wir dazu einen Fragebogen zum Einsatz bringen wollten?

Hinweise zur Beantwortung 8: Manipulation des Antwortverhaltens durch einen Fragebogentrichter

Versuchen wir als kleine Übung mittels des Entwurfes von drei Fragen gezielt Ausstrahlungseffekte zu erzielen, d. h. den Fragebogen

7.6 Das Problem der Antworttendenzen/-verfälschungen

zu manipulieren. Wir bauen einen Fragebogentrichter bzw. nutzen Trichterfragen[21] in anderer Weise als wissenschaftlich üblich, um einen manipulativen Zweck zu erreichen. So könnten wir z. B. zunächst offen fragen, (1) wie man zu Spenden für wirtschaftliche Opfer der Corona-Krise steht. Dies eröffnet ein breites Antwortspektrum, in welchem aber bereits durch die Worte „Opfer" und „Krise" Solidaritätsnormen zum Anklingen gebracht werden und soziale Erwünschtheit getriggert wird. Danach könnten wir in einer zweiten Frage das Antwortspektrum weiter verengen (Verengung des Trichters) und in einer ordinalen Skala, hier eine Likert-Skala, gezielt häufig gewählte „Ausweichmanöver" der Befragten adressieren. So kann eine Frage lauten:

(2) Wie schätzen Sie folgende Aussage ein (Likert-Skala):
In der Corona-Krise ist nicht nur der Staat in der Verantwortung, sondern wir alle müssen zusammenhalten und etwas tun.

    (stimme zu) 1   2   3   4   5 (stimme gar nicht zu)

Auch hier werden wieder Impulse gesetzt, welche die Antwortmöglichkeiten manipulativ weiter verengen. Mit „nicht nur der Staat" wird das Ausweichmanöver angesprochen, vieles auf den Staat zu schieben und mit „wir alle müssen zusammenhalten" der Gemeinschaftsgedanke in den Vordergrund gestellt und mit sozialer Erwünschtheit versehen. Mit „etwas tun" wird nicht nur Passivität negativ konnotiert, sondern auch

---

21   Trichterfragen sortieren in einem mehrstufigen Vorgang alle diejenigen Befragten aus, die keine Antwort auf die eigentliche Testfrage geben können. Wenn man etwas über die Mediennutzungsgewohnheiten von Pay-TV-Nutzer*innen wissen will, wäre die erste Frage, ob die Befragten überhaupt einen Fernseher haben. Im nächsten Schritt würde man den Empfangsmodus erfragen und im dritten Schritt nur noch diejenigen befragen, die tatsächlich Pay-TV nutzen. Alle anderen Befragten überspringen diesen Block. Filterfragen arbeiten mit derselben Logik, wobei man sogenannte Auskoppelungen und Gabelungen unterscheidet. Die Auskoppelung funktioniert nach dem Muster der Trichterfrage: Es werden dann Fragen übersprungen, wenn mit einer Vorfrage festgestellt wurde, dass die Befragten nicht sinnvoll antworten können. Gabelungen werden dann eingebaut, wenn man Auskünfte von der ganzen Stichprobe braucht, jedoch bestimmte Teilpopulationen in unterschiedlicher Formulierung befragen muss. Am Beispiel Pay-TV wird das deutlich. Mittels Trichterfragen wird die Stichprobe in zwei Gruppen geteilt: solche, die Pay-TV anschauen und jene, die nur Free-TV nutzen. Nun könnte man mit einer Gabelung beide Gruppen danach fragen, wie sie die jeweiligen Sendungen oder Genres finden, die typischerweise in dem einen oder anderen Empfangsmodus angeboten werden (vgl. Studlib 2021: Methoden der empirischen Kommunikationsforschung).

die Folgefrage vorbereitet. Mit dieser wird das Antwortspektrum weiter verengt und gezielt auf ein Ja oder Nein zugeschnitten. Damit gehen wir zu „forced choice" über:
Wären Sie bereit, selbst für die Opfer der Corona-Krise zu spenden? Auch ein kleiner Beitrag kann Großes bewirken.

○ Ja   ○ Nein

Wenn man die Spenden in der ersten Frage befürwortet hat (soziale Erwünschtheit), sitzt man als Befragte*r nun in einer Art „Konsistenz-Falle". Sie werden durch Ausstrahlungseffekte in einem Fragebogentrichter mit einem abnehmenden Antwortspektrum gezielt erzeugt. Im letzten Satz wird auch wieder dem Ausweichmanöver vorgebeugt, dass man selbst nicht viel habe. Solche manipulativen Formen der Fragebogengestaltung werden oft in der Praxis des Verkaufs genutzt, kommen aber nicht selten auch unfreiwillig in Umfragen vor.

4. Zu den verschiedenen Effekten, die für die Befragten mit Interviews einhergehen, gehört auch der sog. **Hawthorne-Effekt**. Er bezieht sich darauf, dass das Führen von Interviews mit Arbeiter*innen und Angestellten in Unternehmen bereits als eine Form der Wertschätzung wahrgenommen wird. So hat man zwischen 1924 und 1933 in den USA erkannt, dass mit Interviews, zunächst gänzlich unbeabsichtigt, stimulierende Effekte einhergehen können (vgl. Roethlisberger & Dickson 1939). Man untersuchte z. B., ob die Veränderung des Lichts in einer Fabrik Auswirkungen auf die Arbeitsleistung hat (vgl. Althans 2000: 366). Tatsächlich stieg die Arbeitsleistung der Experimentalgruppe bei verbesserten Lichtverhältnissen (vgl. Lück 2009: 105). Allerdings stieg auch die Leistung in der Kontrollgruppe, die bei unverändertem Licht arbeitete. Die Leistungssteigerung blieb sogar erhalten, als wieder zur ursprünglichen Beleuchtungsstärke zurückgekehrt wurde (vgl. Harvard Business School 2007: Illumination Study, 1926, Western Electric Company Hawthorne Studies Collection). Allein die für die Arbeiter*innen ungewohnte Aufmerksamkeit durch die Gespräche führte zu diesem Effekt. Diese unbeabsichtigte Folge ging als Hawthorne-Effekt in die Geschichte ein (siehe dazu Mayo 1933). Diese Erkenntnis zog in Unternehmen viele Mitarbeiter*innenbefragungen nach sich, welche allein wegen des Produktivitätseffekts durchgeführt, aber niemals ausgewertet wurden (vgl. Mayo's Hawthorne Effect 2017).

Auch andere Effekte, die mit offenen, qualitativen Interviews einhergehen, wurden festgestellt, wie z. B. der sog. **Katharsiseffekt**. So wurde bei Expert*inneninterviews mit Manager*innen von Industrieunternehmen erkannt, dass sich bei diesen ein „Von-der-Seele-Reden" einstellte und die Manager*innen und Expert*innen sich dadurch im Gespräch sehr wohl fühlten und sich mehr Zeit ließen als im Vorhinein beabsichtigt (vgl. Bärbel et al. 1988).

7.7 Schlussbemerkung

Qualitative Interviews können also Zugänge zur Welt der Befragten eröffnen, welche sehr intensiv sein können. Sie erlauben es, hinter die Darstellungsformen der Befragten zurückzugehen und ein Teil ihrer „Wahrheiten" und Relevanzen ausführlich kennenzulernen. Anders als Klicks in vorgegebene Kästchen erlauben qualitative Interviews die Mechanismen und Orientierungen zu verstehen, die zu solchen Klicks führen. Auch für das Interview gewählte Darstellungsformen werden erkennbar und man kann in der Rekonstruktion der Perspektive verstehen, was zu diesen Darstellungsformen führte. Es gibt dabei viele verschiedene Varianten von qualitativen Interviews, die jedoch nicht dogmatisch voneinander unterschieden werden oder philosophisch überhöht werden sollten, sondern die das gemeinsame Interesse eint, entlang einer Fragestellung einen Weg in diese Welten zu ebnen. Dabei bieten sich verschiedene Kombinationen von Methoden an, welche die Früchte unterschiedlicher Zugänge miteinander in Beziehung setzen und helfen, die verschiedenen Erkenntnisse zu validieren und zusammenzufügen.

Fragen zur Vertiefung 6

1. Wieso können narrative Interviews einen Zugang zu Themen bieten, über welche ansonsten nicht offen gesprochen würde?
2. Für welche Fragestellungen sind teilstandardisierte Expert*inneninterviews besser geeignet als narrative Interviews?
3. Sie wollen Interviews zu dem Thema durchführen, dass junge Menschen häufig Kunden von Fast-Fashion-Modeläden (wie z. B. H&M, Primark etc.) sind, auch wenn sie um die soziale Ungleichheit und

mangelnde Nachhaltigkeit eines solchen Konsums wissen. Welche und wie viele Interviews würden Sie mit wem durchführen? Bitte begründen Sie Ihre Vorgehensweise.

Übung für Zuhause 7: Die Manipulation eines Fragebogens

Versuchen Sie bitte selbst einmal einen Fragebogen mit offenen und geschlossenen Fragen zu manipulieren, vielleicht um Ihre Freunde zu einer bestimmten Aussage oder einem bestimmten Verhalten zu bewegen, z. B. mehr vegan zu essen, häufiger Sport zu machen, mehr für die Uni oder sich selbst zu tun etc. Dann können Sie die Ausstrahlungseffekte des Fragebogens gleich testen. Die Übung schärft die Sinne für Ausstrahlungseffekte, wie sie auch in wissenschaftlichen Interviews oft vorkommen und hilft, diese zu vermeiden.

Quellen:

Althans, Birgit (2000): „Der Klatsch in der Organisationstheorie", in: Birgit Althans: *Der Klatsch, die Frauen und das Sprechen bei der Arbeit*, Frankfurt am Main: Campus.

Auernheimer, Georg (2020): *Identität und Identitätspolitik*, Köln: PapyRossa Verlag.

Bärbel, Kern, Horst Kern & Michael Schumann (1988): „Industriesoziologie als Katharsis", in: *Soziale Welt* 39 (1), S. 86–96.

Berger-Grabner, Doris (2016): „Praxis empirischer Sozialforschung und Begrifflichkeiten", in: Doris Berger-Grabner: *Wissenschaftliches Arbeiten in den Wirtschafts- und Sozialwissenschaften: Hilfreiche Tipps und praktische Beispiele*, Wiesbaden: Springer Gabler, S. 109–126 (letzter Aufruf 06.06.2021).

Berger, Peter & Thomas L. Luckmann (1969): *Die gesellschaftliche Konstruktion der Wirklichkeit: Eine Theorie der Wissenssoziologie*, Frankfurt am Main: Fischer.

Bogner, Alexander & Wolfgang Menz (2002): „Das theoriegenerierende Experteninterview", in: Alexander Bogner, Beate Littig & Wolfgang Menz (Hrsg.): *Das Experteninterview*, Wiesbaden: VS Verlag für Sozialwissenschaften, S. 33–70.

Bogner, Kathrin & Uta Landrock (2015): Antworttendenzen in standardisierten Umfragen, Mannheim, GESIS – Leibniz Institut für Sozialwissenschaften (SDM Survey Guidelines), (letzter Aufruf 28.06.2020).

Bortz, Jürgen & Nicola Döring (2006): *Forschungsmethoden und Evaluation für Human- und Sozialwissenschaftler*, Berlin/Heidelberg: Springer.

Bundeszentrale für gesundheitliche Aufklärung (1991): Wissen, Einstellungen und Verhalten zu AIDS in den neuen Bundesländern, Ergebnisse einer Repräsentativbefragung der Bundeszentrale für gesundheitliche Aufklärung in den neunen Bundesländern (letzter Aufruf 28.06.2020).

Cumming, Robert Graham (1990): "Is Probability Sampling Always Better? A Comparison of Results from a Quota and a Probability Sample Survey," in: *Community Health Studies* 14 (2), S. 132–137 (letzter Aufruf 06.06.2021).

Decker, Frank (2006): „Die populistische Herausforderung: Theoretische und ländervergleichende Perspektiven", in: Frank Decker (Hrsg.): *Populismus in Europa: Gefahr für die Demokratie oder nützliches Korrektiv?* (Schriftenreihe der Bundeszentrale für Politische Bildung 547), Bonn: BPB – Bundeszentrale für Politische Bildung.

Decker, Frank (2017): *Rechtspopulismus und Rechtsextremismus als Herausforderungen der Demokratie in der Bundesrepublik* (GWP – Gesellschaft. Wirtschaft. Politik 66 (3)), Opladen: Verlag Barbara Budrich.

Decker, Frank (2018): „Was ist Rechtspopulismus?" In: *Politische Vierteljahresschrift* 59 (2), S. 353–369 (letzter Aufruf 27.06.2020).

Decker, Frank, Bernd Henningsen & Kjetil Jakobsen (Hrsg., 2015): *Rechtspopulismus und Rechtsextremismus in Europa: die Herausforderung der Zivilgesellschaft durch alte Ideologien und neue Medien* (International Studies on Populism 2), Baden-Baden: Nomos.

Decker, Oliver & Elmar Brähler (2018): *Flucht ins Autoritäre: Rechtsextreme Dynamiken in der Mitte der Gesellschaft, Die Leipziger Autoritarismus-Studie 2018*, Gießen: Psychosozial Verlag (letzter Aufruf 28.06.2020).

Durkheim, Emile (1895 [1976]): *Die Regeln der soziologischen Methode*, Neuwied: Luchterhand.

Fischer-Rosenthal, Wolfram & Gabriele Rosenthal (1997): „Narrationsanalyse biographischer Selbstpräsentation", in: Ronald Hitzler & Anne Honer (Hrsg.): *Sozialwissenschaftliche Hermeneutik: Eine Einführung*, Opladen: Leske + Budrich, S. 133–164 (letzter Aufruf 06.06.2021).

Geden, Oliver (2006): *Diskursstrategien im Rechtspopulismus – Freiheitliche Partei Österreichs und Schweizerische Volkspartei zwischen Opposition und Regierungsbeteiligung*, Wiesbaden: VS Verlag für Sozialwissenschaften.

Grumke, Thomas (2012) „Rechtsextremismus und Rechtspopulismus als Herausforderungen für die Demokratie", in: Tobias Mörschel & Christian Krell (Hrsg.):

Demokratie in Deutschland, Wiesbaden: VS Verlag für Sozialwissenschaften, S. 363–387 (letzter Aufruf 06.06.2021).

Hartleb, Florian (2014): *Internationaler Populismus als Konzept – Zwischen Kommunikationsstil und fester Ideologie*, Baden-Baden: Nomos Verlag.

Harvard Business School (2009): Illumination Study, 1926, Western Electric Company Hawthorne Studies Collection (letzter Aufruf 06.06.2021).

Häusler, Alexander (2008) „Rechtspopulismus als Stilmittel zur Modernisierung der extremen Rechten", in: Alexander Häusler (Hrsg.): *Rechtspopulismus als „Bürgerbewegung"*, Wiesbaden: VS Verlag für Sozialwissenschaften, S. 37–51 (letzter Aufruf 06.06.2021).

Häusler, Alexander (2016): „Themen der Rechten", in: Fabian Virchow, Martin Langebach & Alexander Häusler (Hrsg.): *Handbuch Rechtsextremismus*, Wiesbaden: Springer VS, S. 135–180.

Hilmer, Richard, Bettina Kohlrausch, Rita Müller-Hilmer & Jérémie Gagné Einstellung (2017): „Einstellung und soziale Lebenslage: Eine Spurensuche nach Gründen für rechtspopulistische Orientierung, auch unter Gewerkschaftsmitgliedern", in: *Working Paper Forschungsförderung* 44, hrsg. von Hans Böckler Stiftung, S. 1–60 (letzter Aufruf 06.06.2021).

Kallmeyer, Werner & Fritz Schütze (1977): „Zur Konstitution von Kommunikationsschemata der Sachverhaltsdarstellung", in: Dirk Wegner (Hrsg.): *Gesprächsanalysen*, Hamburg: Buske, S. 159–274.

Kohlstruck, Michael (2008): „Rechtspopulismus und Rechtsextremismus: Graduelle oder qualitative Unterschiede?" In: Richard Faber & Frank Unger (Hrsg.): *Populismus in Geschichte und Gegenwart*, Würzburg: Königshausen & Neumann, S. 211–228.

Krosnick, John A., & Leandre R. Fabrigar (1997): "Designing Rating Scales for Effective Measurement in Surveys," in: Lars Lyberg, Paul Biemer, Martin Collins, Edith De Leeuw, Cathryn Dippo, Norbert Schwarz & Dennis Trewin (Hrsg.): *Survey Measurement and Process Quality*, New York: Wiley-Interscience, S. 141–164 (letzter Aufruf 06.06.2021).

Krug, Gerhard, Peter Kriwy & Johann Carstensen (2014): „Mixed-Mode Designs bei Erhebungen mit sensitiven Fragen: Einfluss auf das Teilnahme- und Antwortverhalten", in: *LASER Discussion Papers* 84, S. 1–38 (letzter Aufruf 28.06.2020).

Legewie, Heiner (1998/99): Hermeneutische Diagnostik, 3. Vorlesung: Die alltägliche Lebenswelt am Zentrum Technik und Gesellschaft (ZTG) an der TU Berlin (letzter Aufruf: 21.06.2020).

Liebold, Renate & Rainer Trinczek (2009): „Experteninterview", in: Stefan Kühl, Petra Strodtholz & Andreas Taffertshofer (Hrsg.): *Handbuch Methoden der Or-*

ganisationsforschung, Wiesbaden: VS Verlag für Sozialwissenschaften, S. 32–56 (letzter Aufruf 06.06.2021).

Lück, Helmut E. (2009): „Der Hawthorne-Effekt – ein Effekt für viele Gelegenheiten?" In: *Gruppendynamik und Organisationsberatung* 40, S. 102–114.

Marx, Karl (1953): *Die Frühschriften*, hrsg. von Siegfried Landshut, Stuttgart: Alfred Kröner Verlag.

Marx, Karl (1981 [1959]): „Zur Kritik der Politischen Ökonomie", in: Karl Marx & Friedrich Engels: *Werke*, Band 13, Berlin: Dietz.

Marx, Karl & Friedrich Engels (1981 [1846]): „Die Deutsche Ideologie", in: Karl Marx & Friedrich Engels: *Werke*, Band 3, Berlin: Dietz.

Mauser, Michael & Ulrike Nagel (1991): „ExpertInneninterviews – vielfach erprobt, wenig bedacht: Ein Beitrag zur qualitativen Methodendiskussion", in: Detlef Garz & Klaus Kraimer (Hrsg.): *Qualitativ-empirische Sozialforschung: Konzepte, Methoden, Analysen*, Opladen: Westdeutscher Verlag, S. 441–471 (letzter Aufruf 06.06.2021).

Mauser, Michael & Ulrike Nagel (1994): „Expertenwissen und Experteninterview", in: Ronald Hitzler, Anne Honer & Christian Maeder (Hrsg.): *Expertenwissen: Die institutionalisierte Kompetenz zur Konstruktion von Wirklichkeit*, Wiesbaden: Vieweg + Teubner Verlag, S. 180–192.

Mauser, Michael & Ulrike Nagel (1997): „Das Experteninterview – wissenssoziologische Voraussetzungen und methodische Durchführung", in: Barbara Friebertshäuser & Annedore Prengel (Hrsg.): *Handbuch Qualitative Forschungsmethoden in der Erziehungswissenschaft*, Weinheim/Basel: Beltz Juventa, S. 457–472.

Mayo, Elton (1933): *The Social Problems of an Industrial Civilization*, New York: Macmillan.

Meißner, Joachim (2015): „Der Kuss — Eine kurze Kulturgeschichte", in: *SWR2 MANUSKRIPT* (letzter Aufruf 27.06.2020).

Merton, Robert K. & Patricia L. Kendall (1946): "The Focused Interview," in: *American Journal of Sociology* 51, S. 541–557

Meyer, Michael & Thomas Reutterer (2009): „Sampling-Methoden in der Marktforschung", in: Renate Buber & Hartmut H. Holzmüller (Hrsg.): *Qualitative Marktforschung: Konzepte – Methoden – Analysen*, Wiesbaden: Gabler, S. 229–246.

Milbradt, Björn, Floris Biskamp, Yvonne Albrecht & Lukas Kiepe (2017): *Ruck nach rechts? Rechtspopulismus, Rechtsextremismus und die Frage nach Gegenstrategien*, Opladen: Verlag Barbara Budrich.

Mister Simplify (2017): Mayo's Hawthorne Effect (Employee Motivation) – Simplest Explanation ever (letzter Aufruf 28.06.2020).

Monette, Duane R., Thomas J. Sullivan & Cornell R. DeJong (2011): *Applied Social Research: A Tool for the Human Services*, Boston: Cengage Learning.

Niehr, Thomas & Jana Reissen-Kosch (2018): *Volkes Stimme? Zur Sprache des Rechtspopulismus*, Berlin: Dudenverlag.

Pfahl-Traughber, Armin (1994): *Des Volkes Stimme? Rechtspopulismus in Europa*, Bonn: Dietz.

Pohlmann, Markus (2010): „Die Job-Perspektive der Caritas hilft wieder auf die Beine", in: *Neue Caritas* 2, S. 22–28 (letzter Aufruf 06.06.2021).

Priester, Karin (2008): „Populismus als Protestbewegung", in: Alexander Häusler (Hrsg.): *Rechtspopulismus als „Bürgerbewegung": Kampagnen gegen Islam und Moscheebau und kommunale Gegenstrategien*, Wiesbaden: Verlag für Sozialwissenschaften, S. 19–36.

Priester, Karin (2020): „Umrisse des populistischen Narrativs als Identitätspolitik", in: Michael Müller & Jørn Precht (Hrsg.): *Narrative des Populismus: Erzählmuster und -strukturen populistischer Politik*, Wiesbaden: Springer VS, S. 11–25.

Proester, Karin (2010): „Fließende Grenzen zwischen Rechtsextremismus und Rechtspopulismus in Europa?" In: *Aus Politik und Zeitgeschichte* 44 (letzte Aufruf 02.06.2021).

Puhle, Hans-Jürgen (1986): „Was ist Populismus?" In: Helmut Dubiel (Hrsg.): *Populismus und Aufklärung*, Frankfurt am Main: Suhrkamp, S. 12–32.

Quent, Matthias (2019): *Deutschland rechts außen, wie die Rechten nach der Macht greifen und wie wir sie stoppen können*, München: Piper.

Reuter, Gerd (2009): *Rechtspopulismus in Belgien und den Niederlanden – Unterschiede im niederländischsprachigen Raum*, Wiesbaden: VS Verlag für Sozialwissenschaften.

Roethlisberger, Fritz J., William J. Dickson & Harold A. Wright (Hrsg., 1939): *Management and the Worker: An Account of a Research Program Conducted by the Western Electric Company, Hawthorne Works, Chicago*, Cambridge (MA): Harvard University Press.

Rogers, Carl R. (1942): *Counseling and Psychotherapy: Newer Concepts in Practice*, Boston: Houghton Mifflin.

Rosenthal, Gabriele & Ulrike Loch (2002): „Das Narrative Interview", in: Doris Schaeffer, & Gabriele Müller-Mundt (Hrsg.): *Qualitative Gesundheits- und Pflegeforschung*, Bern: Huber, S. 221–232 (letzter Aufruf 06.06.2021).

Rössler, Patrick (2011): *Skalenhandbuch Kommunikationswissenschaft*, Wiesbaden: VS Verlag für Sozialwissenschaften.

Rubin, Rebecca B., Philip Palmgreen & Howard E. Sypher (2009): *Communication Research Measures II: A Sourcebook*, New York: Routledge.

Rucht, Dieter (2017): „Rechtspopulismus als soziale Bewegung", in: *Forschungsjournal Soziale Bewegungen* 30 (2), S. 34–50.
Schütz, Alfred (1971/82): *Gesammelte Aufsätze*, Band 1–3, Den Haag: Nijhoff.
Schütz, Alfred (1979/94): *Strukturen der Lebenswelt*, Band 1–2, Frankfurt am Main: Suhrkamp.
Schütze, Fritz (1976): „Zur Hervorlockung und Analyse von Erzählungen thematisch relevanter Geschichten im Rahmen soziologischer Feldforschung: dargestellt an einem Projekt zur Erforschung von kommunalen Machtstrukturen", in: Arbeitsgruppe Bielefelder Soziologen (Hrsg.): *Kommunikative Sozialforschung: Alltagswissen und Alltagshandeln, Gemeindemachtforschung, Polizei, politische Erwachsenenbildung*, München: Fink, S. 159–260 (letzter Aufruf 27.06.2020).
Schütze, Fritz (1977): Die Technik des narrativen Interviews in Interaktionsfeldstudien dargestellt an einem Projekt zur Erforschung von kommunalen Machtstrukturen (MS), Universität Bielefeld, Fakultät für Soziologie, Arbeitsgeschichte und Forschungsmaterialien Nr. 1.
Sloterdijk, Peter (1978): *Literatur und Lebenserfahrung: Autobiographien der Zwanziger Jahre*, München: Carl Hanser.
Studlib (2021): Methoden der empirischen Kommunikationsforschung (letzter Aufruf 06.06.2021).
Taggart, Paul (2000): *Populism*, Buckingham: Open University Press.
Tourangeau, Roger & Ting Yan (2007): "Sensitive Questions in Surveys," in: *Psychological Bulletin* 133 (5), S. 859–883 (letzter Aufruf 27.06.2020).
von Beyme, Klaus (2010): „Populismus und Rechtsextremismus in postmodernen Parteiensystemen", in: David Gehne & Tim Spier, (Hrsg.): *Krise oder Wandel der Parteiendemokratie?* Wiesbaden: VS Verlag für Sozialwissenschaften, S. 177–189.
Watzlawick, Paul (1969): *Anleitung zum Unglucklichsein*, München/Zürich: Piper.
Weber, Max (1922 [1972]): *Wirtschaft und Gesellschaft*, 5. Auflage, Tübingen: Mohr Siebeck.
Weiß, Susanne (2014): „Berger/Luckmann: Die gesellschaftliche Konstruktion der Wirklichkeit", in: *Parallele Welten*, am 06.03.2014 (letzter Aufruf am 21.06.2020).
Witzel, Andreas (1982): *Verfahren der qualitativen Sozialforschung. Überblick und Alternativen*, Frankfurt am Main: Campus.
Wolf, Tanja (2017): *Rechtspopulismus: Überblick über Theorie und Praxis*, Wiesbaden: Springer VS.
Wollny, Anja & Gabriella Marx (2010): „Qualitative Sozialforschung–Ausgangspunkte und Ansätze für eine forschende Allgemeinmedizin", in: *ZFA*, S. 331–336.

Weiterführende Literatur:

Baur, Nina (2003): „Die biographische Methode: Ein Verfahren zur qualitativen Analyse individueller Verlaufsmuster in den Sozialwissenschaften", in: Gerhard Schulze & Nina Baur (Hrsg.): *Bamberger Beiträge zur empirischen Sozialforschung, Otto-Friedrich-Universität Bamberg* 3, S. 1–19 (letzter Aufruf 28.06.2020).

Bogner, Alexander, Beate Littig & Wolfgang Menz (Hrsg., 2022): *Experteninterviews: Theorien, Methoden, Anwendungsfelder*, Wiesbaden: VS Verlag für Sozialwissenschaften.

Bohnsack, Ralf (2021): „Das narrative Interview", in: Ralf Bohnsack: *Rekonstruktive Sozialforschung: Einführung in qualitative Methoden*, Opladen/Toronto: Barbara Budrich, S. 95–108.

Drabble, Laurie, Karen F. Trocki, Brenda Salcedo, Patricia C. Walker & Rachael A. Korcha (2016): "Conducting Qualitative Interviews by Telephone: Lessons Learned from a Study of Alcohol Use Among Sexual Minority and Heterosexual Women," in: *Qual Soc Work 15* (1), S. 118–133 (letzter Aufruf am 28.06.2020).

Friese, Susanne (2018): „Computergestützte Analyse: Das Kodieren narrativer Interviews", in: Christian Pentzold, Andreas Bischof & Nele Heise (Hrsg.): *Praxis Grounded Theory, Theoriegenerierendes empirisches Forschen in medienbezogenen Lebenswelten: Ein Lehr- und Arbeitsbuch*, Wiesbaden: Springer VS, S. 277–309 (letzter Aufruf am 28.06.2020).

Froschauer, Ulrike & Manfred Lueger (2020): *Das qualitative Interview: Zur Praxis interpretativer Analyse sozialer Systeme*, Wien: facultas.

Fuß, Susanne & Ute Karbach (2019): *Grundlagen der Transkription: Eine praktische Einführung*, Opladen/Toronto: Barbara Budrich.

Groß, Jochen & Christina Börensen (2009): „Wie valide sind Verhaltensmessungen mittels Vignetten?" In: Peter Kriwy & Christiane Gross (Hrsg.): *Klein aber fein! Quantitative empirische Sozialforschung mit kleinen Fallzahlen*, Wiesbaden: VS Verlag für Sozialwissenschaften, S. 149–178.

Haas, Marita (2019): „Die zentrale Rolle und Position des narrativen Interviews in der Biographieforschung", in: Gerhard Jost & Marita Haas (Hrsg.): *Handbuch zur soziologischen Biographieforschung: Grundlagen für die methodische Praxis*, Opladen/Toronto: Barbara Budrich, S. 107–124.

Heim, Rüdiger, Svenja Konowalczyk, Mariana Grgic, Miriam Seyda, Ulrike Burrmann & Thomas Rauschenbach (2016): „Geht's auch mit der Maus? – Eine Methodenstudie zu Online-Befragungen in der Jugendforschung", in: *Zeitschrift für Erziehungswissenschaft* 19 (4), S. 783–805 (letzter Aufruf 28.06.2020).

Heinze, Thomas (2001): „Das narrative Interview", in: Thomas Heinze: *Qualitative Sozialforschung: Einführung, Methodologie und Forschungspraxis*, München/Wien: Oldenbourg, S. 166–203.

Heinze, Thomas (2001): „Das qualitative Interview", in: Thomas Heinze: *Qualitative Sozialforschung: Einführung, Methodologie und Forschungspraxis*, München/Wien: Oldenbourg, S. 152–165.

Heiser, Patrick (2018): „Die Methodik: Narratives interview und Narrationsanalyse", in: Patrick Heiser: *Meilensteine der qualitativen Sozialforschung: Eine Einführung entlang klassischer Studien*, Wiesbaden: Springer VS, S. 160–186.

Klemm, Matthias & Renate Liebold (2017): „Qualitative Interviews in der Organisationsforschung", in: Stefan Liebig, Wenzel Matiaske & Sophie Rosenbohm (Hrsg.): *Handbuch Empirische Organisationsforschung*, Wiesbaden: Springer Gabler, S. 299–324.

Kruse, Jan (2015): *Qualitative Interviewforschung: Ein integrativer Ansatz*, Weinheim/Basel: Beltz Juventa.

Lamnek, Siegfried (2010): „Qualitatives Interview", in: Siegfried Lamnek: *Qualitative Sozialforschung*, Weinheim: Beltz Juventa, S. 301–371.

Malterud, Kirsti, Volkert Dirk Siersma & Ann Dorrit Guassora (2015): "Sample Size in Qualitative Interview Studies: Guided by Information Power," in: *Qualitative Health Research* 1, S. 1753–1760 (letzter Aufruf am 28.06.2020).

Misoch, Sabina (2019): *Qualitative Interviews*, Berlin/Boston: De Gruyter Oldenbourg.

Nohl, Arnd-Michael (2009): *Interview und dokumentarische Methode: Anleitungen für die Forschungspraxis*, Wiesbaden: VS Verlag für Sozialwissenschaften.

Reinders, Heinz (2016): *Qualitative Interviews mit Jugendlichen führen: Ein Leitfaden*, Berlin: De Gruyter.

Rosenthal, Gabriele (2019): „Biographieforschung", in: Nina Baur & Jörg Blasius (Hrsg.): *Handbuch Methoden der empirischen Sozialforschung*, Wiesbaden: Springer VS, S. 585–598.

Schnurr, Stefan (2003): „Vignetten in quantitativen und qualitativen Forschungsdesigns", in: Hans-Uwe Otto, Gertrud Oelerich & Heinz-Günter Micheel (Hrsg.): *Empirische Forschung und Soziale Arbeit: Ein Lehr- und Arbeitsbuch*, Neuwied: Luchterhand, S. 393–400 (letzter Aufruf 27.06.2020).

Schütze, Fritz (2016): „Biographieforschung und narratives Interview", in: Fritz Schütze: *Sozialwissenschaftliche Prozessanalyse: Grundlagen der qualitativen Sozialforschung*, Leverkusen/Opladen: Barbara Budrich, S. 55–73.

Wimbauer, Christine & Mona Motakef (2017): „Das Paarinterview in der soziologischen Paarforschung: method(olog)ische und forschungspraktische überlegungen", in: *Forum Qualitative Sozialforschung* 18 (2), S. 1–35 (letzter Aufruf am 28.06.2020).

8 Analyseverfahren von Interviews: Die Deutungsmusteranalyse

Im Zuge des Nachdenkens darüber, wie wir unsere Interviews gestalten wollen, müssen wir uns auch darüber Gedanken machen, wie wir sie analysieren wollen. Es gibt viele verschiedene Analysetechniken, wie wir mit Interviewtexten und Interviewmaterial umgehen können (vgl. z. B. nur Bohnsack 2007; Froschauer & Lueger 2020; Ullrich 2020). Von dichten Beschreibungen (vgl. Geertz 1997) bis hin zu typologischen Verfahren (vgl. nur Fleiß 2010; Bohnsack 2003 oder Scheufele & Schieb 2018; Kuckartz 2010) oder statistischen Auswertungen qualitativer Daten (vgl. grundlegend Mayring 2020 und z. B. nur Vogl 2017; Ortner 2018) sind der Fantasie keine Grenzen gesetzt. Die Vielfalt der qualitativen Auswertungsverfahren erscheint noch größer als die Vielfalt der verschiedenen qualitativen Interviewformen. Auch hier müssen wir uns wieder an der Forschungsfragestellung orientieren und darauf konzentrieren, auf welche Ergebnisse die Analyse zielt. Wie wir dies tun, werden wir im Folgenden sehen. Wir werden hier eine Auswertungsmethode genauer vorstellen, welche unseres Erachtens gut geeignet ist, um unseren Pfad der explorativen Beschäftigung mit dem Rechtspopulismus fortzuführen. Es handelt sich dabei um die Deutungsmusteranalyse. Mit der Konzentration auf die Deutungsmusteranalyse verbindet sich keine Wertung oder Vorrangstellung dieses Analyseverfahrens, sondern nur ein Erkenntnisinteresse, das sich auf die kollektiven Wissensbestände hinter dem Rechtspopulismus richtet und versucht, diese mittels der Deutungsmusteranalyse zu rekonstruieren. Andere Erkenntnisinteressen machen andere Erhebungs- und Analyseverfahren notwendig.

Nachdem wir im vorangegangenen Kapitel 7 kennengelernt haben, welche Fragen wir in Interviews zum Thema des Rechtspopulismus stellen können, beschäftigen wir uns nun damit, wie wir mit den Antworten umgehen können, die wir auf unsere Fragen erhalten haben.

Lernziel: Wir wollen in dieser Lerneinheit Einblicke geben, wie Interviews qualitativ ausgewertet werden können und das Auswertungsverfahren der Deutungsmusteranalyse kennen lernen.

8.1 Einleitung

Mit Antworten auf Fragen umzugehen, hört sich zunächst einmal einfach an, ist aber in der Wissenschaft schwieriger als im Alltag. Im Alltag arbeiten wir mit Unterstellungen, die uns bis auf Widerruf helfen, mit unserem Verständnis einer Aussage fortzufahren. Wir denken, das ist die wichtige Information oder das ist gemeint, und reagieren darauf. Dieses „unmittelbare Verständnis" in unserer „natürlichen Einstellung", welches mittels Unterstellungen die Kommunikation so leichtgängig macht, wird in der Wissenschaft durchbrochen. Hier müssen wir uns überlegen, wie wir von der Antwort auf unsere Frage zu einer Interpretation dieser Antwort gelangen sowie zu Schlussfolgerungen, was gemeint war oder was dahintersteckt.

In manchen wissenschaftlichen Abschlussarbeiten bereitet dies Probleme bei der Interpretation. Sie bewegen sich nicht selten in alltagsweltlichen Wiedergabe-Fallen, nach dem Motto: A hat X gesagt, also ist X.

Beginnen wir wieder mit einer kleinen Übung.

Übung 9: Die Schwierigkeiten bei der Interpretation eines Interviews

Wir ziehen ein beliebiges Beispiel aus einer im Internet veröffentlichten Arbeit heran und wenden dieses leicht ab. Bei dieser dreht es sich um das Thema bestimmter operativer Eingriffe im Krankenhaus und dazu wurden Interviews mit Frauen geführt, die eine solche Operation beabsichtigt und durchgeführt haben. Ziel ist es nicht, diese Arbeit schlecht zu machen oder einer weiteren Bewertung zu unterziehen. Wir wollen vielmehr lernen, welche Schwierigkeiten in der Interpretation von Interviews auftauchen und wie wir diese beheben können. Solche Schwierigkeiten können sich in jeder Arbeit einschleichen. Wir haben hier beliebig ein Interviewzitat aus der Arbeit sowie die nachfolgende Interpretation herausgegriffen.

Interviewinterpretation aus Qualifikationsarbeiten:
Zitat: „Wobei ich genau wusste, dass ich eine solche Operation möchte und ich mir sagte, schließlich ist es mein Körper".
Interpretation: Die Frauen kennen die eigenen Wünsche in hinsiecht auf ihren Körper und sie setzen diese Wünsche auch um.

8.1 Einleitung

Wie gehen wir mit einer solchen Interpretation um? Fallen Ihnen Interpretationsfehler auf, und wenn ja, welche?

Hinweise zur Beantwortung 9: Die Schwierigkeiten bei der Interpretation eines Interviews

Wir geben hier, wie üblich, wieder einige Hinweise zur Beantwortung der Fragen.

1. Wir sehen zunächst, dass die Interpretation eine paraphrasierende Wiedergabe des Gesagten ist. Aber die Paraphrasierung ist hier nicht der Ausgangspunkt einer Auswertungsmethode. Das Zitat bzw. die Paraphrasierung wird im Folgenden nicht weiter behandelt.
2. Die Interpretation enthält darüber hinaus erstens eine Verallgemeinerung: „Die Frauen" wird als Verallgemeinerung eingeführt, ohne dass wir etwas über die Basis dieser Verallgemeinerung und ihre Methodologie erfahren. War hier die theoretische Sättigung bereits erreicht oder enthalten alle Interviews solche Aussagen? Offensichtlich soll dieses Zitat für viele andere Interviews stehen und den generellen Befund illustrieren.
3. Drittens wird die Aussage einer Probandin in eine wissenschaftliche Tatsachenaussage verwandelt. Wenn X sagt, dass sie es genau wusste, heißt das nicht, dass „auch wissenschaftliche Beobachter*innen zu dem Schluss kämen, dass es X klar war. Dies sind zwei verschiedene Aussagen. Es muss also richtig heißen, dass X (in der Retrospektive) angibt, dass es ihr klar war, dass sie eine Operation möchte. X erzählt also im Nachhinein etwas über ihre Relevanzen in der damaligen Situation. Das ist ein kleiner, aber wichtiger Unterschied.
4. „Und setzen diese auch um" ist in der Verallgemeinerung ebenfalls ein schwieriger Bestandteil der Interpretation, denn wenn man nur Frauen ausgewählt hat, die Operation beabsichtigt und durchgeführt haben, hat man ja jene nicht im Sample, die davon abgesehen haben.
5. Wir sehen also, es ist ein kleiner interpretativer Satz, der uns als Wissenschaftler*innen in große Schwierigkeiten bringt.

Das soll aber nicht heißen, dass wir in der Wissenschaft Pedant*innen sind, sondern soll nur auf Folgendes aufmerksam machen:

Eine wissenschaftliche Interpretation setzt eine überprüfbare Methode oder Vorgehensweise voraus und der Schluss von der Aussage einer Probandin auf die „objektive" Wirklichkeit ist an die Bedingung der wissenschaftlichen Überprüfung des postulierten Faktums gekoppelt. Das Interview mit X sagt uns zunächst nur, wie X die Welt darstellt und nicht, wie die Welt ist.

Wenn man den Boden der qualitativen Interviewinterpretation für einen Moment verlässt, sieht man ähnliche Probleme in der Interpretation der Daten eines Survey. Das gleiche Problem tritt in der Umfrageforschung auf, wenn z. B. behauptet wird, die Dän*innen „seien glücklicher" als andere. Wissen tun wir dann aber aus den Umfragen nur, dass die Dän*innen im Durchschnitt höhere Zufriedenheitswerte bekunden, wenn man sie auf eine bestimmte, standardisierte Art und Weise fragt. So hat der Züricher Ökonom Bruno Frey mit dafür gesorgt (vgl. Handelsblatt, 01.11.2013), dass Worte wie Glück und Wohlbefinden in der Ökonomie Einzug erhalten haben. Die Befragten bewerten ihr Glück auf einer Skala von eins, sehr unglücklich, bis zehn, wunschlos glücklich. In Deutschland, sagt Frey, seien Antworten zwischen sieben und neun Punkten häufig. Die Deutschen seien im Großen und Ganzen also sehr glücklich (vgl. Handelsblatt, 01.11.2013). Hier lässt sich neben der fragwürdigen Gleichsetzung von Glück und Zufriedenheit derselbe Fehlschluss von der Artikulation von X („Zufriedenheit") auf das Faktum X („Glücklich sein") erkennen. Zwar sieht Bruno Frey dies selbst, wenn er schreibt, dass die Definition von Glück kulturabhängig ist. „So haben die Amerikaner die Tendenz, sich als besonders glücklich einzustufen, da in ihrer Gesellschaft das Glücklichsein positiv gewertet wird. Die Franzosen neigen zum anderen Extrem, ganz nach Charles de Gaulle, der einmal sagte: Nur Idioten sind glückliche Menschen" (Frey & Frey-Marti 2010: 458). Aber dann wird schnell wieder von „Glücklichsein" und darüber gesprochen, wer glücklich ist (vgl. Frey & Frey-Marti 2010: 458.).

Man muss also sehr aufpassen, dass man Bekundungen nicht mit den wissenschaftlich zu konstatierenden Tatsachenbehauptungen verwechselt. Dies ist ein häufiges Problem bei Interviewauswertungen und Umfragen.

Eine dieser wissenschaftlichen Interpretationsformen soll uns in dieser Lerneinheit besonders interessieren: die Deutungsmusteranalyse. Wir haben sie hier auch für die Darstellung ausgewählt, weil diese Methode einen direkten Bezug zur Wissenssoziologie hat und eine genuin soziologische Methode ist. Sie zielt nicht vorrangig auf das Subjekt und den subjektiv gemeinten Sinn, sondern auf die Rekonstruktion der kollektiven, gesellschaftlich und kulturell verankerten Wissensbestände, welche ein Subjekt zum Ausdruck bringt.

8.2 Deutungsmuster

In der Deutungsmusteranalyse interessiert nicht die subjektive Sinngebung an sich. Sie wird vielmehr als Ausgangspunkt genommen, um den „objektiven Sinngehalt" zu rekonstruieren. „Objektiv" heißt dabei nicht, „den wirklichen wahren Sinn" zu erkennen, sondern den Kosmos gesellschaftlicher Regeln zu rekonstruieren, der in der subjektiven Sinngebung, i. e. dem Interviewzitat, zum Ausdruck kommt. Während andere Analysen z. B. auf das sozialstrukturelle Milieu fokussieren, in welchem eine Lebensgeschichte konstruiert wird, spielt in der Deutungsmusteranalyse über dieses hinausgehend der kulturelle Kontext mit seinem Repertoire an „generativen" Regeln eine Rolle. Gemeint sind damit die oft impliziten und ungeschriebenen Regeln, wie Dinge zu sehen und zu machen sind. Sie generieren eine unzählige Vielfalt an Meinungsäußerungen und Sichtweisen, welche ebenso subjektiv einzigartig wie durch das kulturelle Repertoire des kollektiven Wissensvorrates geprägt sind.

Was genau können wir vor diesem Hintergrund unter Deutungsmustern verstehen?

Als soziale Deutungsmuster können ganz allgemein die zeitstabilen und teilweise stereotypen Sichtweisen und Interpretationen von Mitgliedern einer sozialen Gruppe bezeichnet werden, die diese zu ihren alltäglichen Handlungs- und Interaktionsbereichen lebensgeschichtlich entwickelt haben. Sie sind Orientierungsgrößen im Alltag und stellen ein Rechtfertigungspotential von Alltagswissen dar – dies jedoch in Form grundlegender, eher latenter Situations-, Beziehungs- und Selbstdefinitionen, in denen das Individuum seine Identität präsentiert und seine Handlungsfähigkeit aufrechterhält (vgl. Arnold 1983: 894; Ullrich 1999: 2).

1. **Deutungsmuster sind bezogen auf ein „objektives Handlungsproblem", welches sich so oder in ähnlicher Weise in verschiedenen Gesellschaften und Kulturen stellt.** Die Deutungsmusteranalyse wurde als Verfahren am Beispiel der Sozialisation von Ulrich Oevermann entwickelt. Hier erkennt man sogleich das objektive Handlungsproblem, auf welches die Analyse bezogen ist. In allen Gesellschaften taucht das Problem in unterschiedlicher Weise auf, dass die Nachkommen in der Gattung Mensch eine lange Zeit brauchen, bis sie ggf. als „nützliche" Gesellschaftsmitglieder zur Verfügung stehen. Darüber hatten wir schon beim Thema der Inhaltsanalyse von Kontaktanzeigen gesprochen (siehe Kapitel 6.5.6). Das bedeutet, dass in jeder Gesellschaft ein kultureller Wissensvorrat entsteht, wie dieses Heranwachsen gestaltet oder begleitet werden kann.
2. **Unter Deutungsmustern verstehen wir keine Meinungen oder Einstellungen, sondern die kollektiven Muster, Regeln und das kulturelle Repertoire, das zu diesen Meinungen und Einstellungen führt.** Wenn wir Interviewaussagen vor uns haben, fragen wir uns oft: Wie wurde das gemeint? Warum wurde das gesagt? Diese Fragen, welche auf den Nachvollzug der subjektiven Sinngebung zielen, stehen nicht im Mittelpunkt der Deutungsmusteranalyse (vgl. Fischer & Kohli 1987; Kohli 1981; Fischer-Rosenthal & Rosenthal 1997). Vielmehr fragen wir uns, welche kollektiven Regeln haben zu einer solchen Aussage geführt. Die Individuen, die das gesagt haben, sind – von dieser Analyseperspektive ausgehend – austauschbar. Es ist zunächst nicht wichtig, wer X oder Y als konkrete Personen sind, die dies gesagt haben. Wir abstrahieren dabei ebenso von dem, was X damit gemeint haben könnte oder warum X das gesagt haben könnte. Wir fragen vielmehr, was steckt dahinter? Auf welches gesellschaftliche Repertoire an Deutungs- und Handlungsregeln ist die Aussage bezogen, welche kollektiven Deutungsmuster werden mit ihr artikuliert?

In der Beschäftigung mit Reden, Erzählungen und Texten finden wir zunächst Meinungen und Einstellungen vor. Diese sind eher schnell wechselnde Interpretationsmuster, die sich auf eine Vielzahl von Themen beziehen. Sie sind Ausdruck einer individuellen Persönlichkeit und individuell veränderbar. Sie sind in der empirischen Forschung leicht herauszufinden. Im Gegensatz dazu sind kollektive Deutungsmuster die kollektiven Formen unseres Hintergrundwissens. Sie verändern sich je nach unserer Kultur und sind als Teil des kollektiven Wissensbestandes nicht einfach individuell veränderbar. Sie wurzeln nicht in der Psychologie von Akteuren, sondern in der Geschichte von sozialen Gruppen, Kulturen oder Gesellschaften. Sie sind nicht „talk", sondern die Grammatik des Wissens darüber, wie soziale Probleme in einer bestimmten Gesellschaft zu lösen sind. Sie sind oft nicht einfach an der Oberfläche des Alltagsgesprächs zu erkennen, sondern müssen in einer aufwendigen Methode der qualitativen Analyse rekonstruiert werden.

Übung 10: Von der Aussage zum Deutungsmuster

Wir ziehen ein beliebiges Bild mit einer Aussage aus dem Internet. Wir haben hier herangezogen, was eine beliebige Influencerin im Internet zum Thema Freundschaft gepostet hat. Die Aussage gleicht einem Kalenderblattspruch und kommt wie eine Volksweisheit daher: „Eine beste Freundin ist wie ein vierblättriges Kleeblatt. Schwer zu finden, aber das Beste, was man haben kann".

Bildquelle: Pixabay.com

Wenn wir zunächst einmal auf eine Bildanalyse verzichten: Wie kann man diesen Spruch nach Kalenderblattart der Influencerin im Sinne der Deutungsmusteranalyse deuten und wie kommen wir von der Aussage zum dahinterstehenden Deutungsmuster?

Hinweise zur Beantwortung 10: Von der Aussage zum Deutungsmuster

Wir können nicht wissen, was die Influencerin zu dieser Aussage bewegt hat. Aber natürlich ist der Spruch für die meisten von uns, die aus demselben Kulturkreis kommen, einfach zu verstehen. Es knüpft an Erfahrungen an, dass gute Freund*innen schwer zu finden sind, aber dass es gut ist, sie zu haben. Was immer die Influencerin zu dieser Aussage veranlasst haben mag, wir haben einen unmittelbaren Zugang zum Sinngehalt der Aussage. Das ist der Anknüpfungspunkt, den wir für die Deutungsmusteranalyse nutzen können. Dazu müssen wir den biografischen Kontext, die Person und die Situation zunächst nicht kennen. Wir spüren auch bereits, dass darin eine Art „Volksweisheit" zum Ausdruck kommt. Eine „Volksweisheit" bezieht sich auf empirische Erfahrungen, welche in einem bestimmten kulturellen Raum als „Allgemeingut" von Generation zu Generation weitergegeben werden. Damit sind wir schon fast bei der Deutungsmusteranalyse. Es sind keine Ideologien, die auf bestimmte partikulare Interessen zurückgeführt werden können, die hier interessieren, sondern kollektive Wissensformen, welche in Aussagen, Meinungen, Argumentationen zum Ausdruck kommen.

Wenn man noch einen Moment bei der Aussage verweilt, kann man z. B. auch erkennen, dass ein gesellschaftlicher (Aber-)Glaube zum Ausdruck kommt, der darin besteht, dass das Finden eines vierblättrigen Kleeblattes Glück bringt. Dieses Stereotyp der Verbindung von Seltenheit und Glück wird in der Aussage aktualisiert, um in diesem Fall eine Beziehungsform der „gleichgeschlechtlichen Freundschaft" in einer idealisierten Weise darzustellen. Damit wird auf das objektive Handlungsproblem der Herstellung von Sozialität reagiert. In der kognitiven Ordnung ist dessen Lösung offensichtlich zum einen einer Rangordnung unterworfen (beste Freundin, zweitbeste, drittbeste, Freundin, weniger gute Freundin etc.), zum anderen dem Knappheitsprinzip, das zugleich den Wert bestimmt (*„Schwer zu finden, aber das Beste, was man haben kann"*). Die Deutungsregel dahinter lautet: Die Herstellung von erstrangiger Sozialität („beste Freundin") geht mit langwierigen Suchprozessen knapper Güter einher, welche Glück bringen, wenn man sie gefunden hat. Man „findet", wie bei der Kleidung, was passt. Man stellt sie nicht selbst her. Enthalten ist in der kurzen Textpassage z. B. nicht, dass man gemeinsam daran arbeiten kann, eine tolle Freundschaft herzustellen. Man sieht damit eine kollektive Deutungsregel aktualisiert, welche auch für viele Intimpartnerschaften gilt: Wir suchen und finden „unser Glück" durch die Partnerwahl und nicht durch langjährige „Beziehungsarbeit". Und dies ist — kurz angedeutet – nur die kognitive Ordnung des Wissensvorrats, welcher in der Aussage aktualisiert wird. Hinzu kommt die normative Ordnung, also die Bewertung, dass es gut und richtig ist, dies so zu tun, auf diese Art Sozialität herzustellen. Dahinter verbirgt sich die Norm der Gemeinschaftsbildung, welche neben Familie, Sex und Liebe soziale Unterstützungs- und Vertrauensverhältnisse generiert, die gerade für das Heranwachsen wichtig sind. Dass man Freund*innen hat, ist dabei die Norm, nicht wie man sie gewinnt.

Wie immer improvisieren wir hier und Sie können dies alles auch ganz anders sehen und interpretieren: Wichtig für uns hier ist nur, ein erstes Verständnis dafür zu schaffen, in welche Richtung eine solche Interpretation läuft, wenn man die kollektiven Deutungsmuster herausarbeiten möchte, welche als kulturelles Repertoire hinter einer Aussage stehen.

Deutungsmuster sind kollektive Deutungsgewohnheiten, die oft unreflektiert von uns artikuliert werden und deren Wissensbasis in einem Verfahren erst rekonstruiert werden muss.

Deutungsmuster sind nicht mit „Ideologien" im Sinne der Klassentheorie zu verwechseln, die interessenbasiert artikuliert werden. Sie sind nicht an Partikularinteressen orientiert, sondern in kollektiver Weise „wissensbasiert". Sie sind auch keine Handlungsorientierungen im Sinne der Theorie rationaler Wahl, die eine gezielte Handlungsselektion, eine Entscheidung des Individuums entlang von Kosten-Nutzen-Kalkülen instruieren, sondern kollektive Wissensbestände, die kollektiv reproduziert werden (vgl. Esser 1990). **Sie setzen daher keine Reflektion und keine Entscheidung aufseiten der Individuen voraus, sondern können auch gänzlich unreflektiert aktualisiert werden.**

3. **Deutungsmuster sind emergente soziale Phänomene**, d. h. sie lassen sich nicht von individuellen Absichten herleiten, sondern von kollektiven Habitualisierungsprozessen. Sie werden nicht gezielt geschaffen, sondern habitualisiert, externalisiert, objektiviert und internalisiert.

4. **Sie werden gesellschaftlich etabliert, reproduziert und verändert.** Erst wenn viele in einer Gesellschaft oder einer Kultur sich an anderen Habitualisierungen orientieren und diese intersubjektiv objektiviert werden, verändern sich die kollektiven Deutungsangebote. Sie sind damit auch nicht für gesellschaftliche Eliten strategisch herstellbar.

5. **Angesprochen sind damit also kollektive Interpretationsangebote, Stereotype, Wahrnehmungsschemata und Handlungsskripts.** Sie haben eine kognitive Dimension, wie Dinge gesehen werden, eine nor-

mative Dimension, wie daraufhin gehandelt werden soll, aber auch eine expressive Dimension, wie man Dingen Ausdruck verleiht.

8.2.1 Die Rekonstruktion von Deutungsmustern

Die Rekonstruktion führt also von Meinungsbekundungen zu kollektiven Deutungsmustern und von dort weiter zu den generativen Regeln, welche die Deutungsmuster hervorbringen, und ihrem Bezug auf objektive Handlungsprobleme.

Wie gehen wir vor, wenn wir Deutungsmuster rekonstruieren wollen?
Wenn wir also hören oder lesen, was gesagt wurde, fragen wir weiter, auf welchem kollektiven Wissen das Gesagte beruht und welche gesellschaftlichen Regeln dahinterstehen

Abbildung 6: Die Rekonstruktionsperspektive der Deutungsmusteranalyse

In der Analyse gehen wir also von den Erzählungen, Beschreibungen und Argumentationen im Interview aus, arbeiten die kollektiven Deutungsmuster dahinter heraus und rekonstruieren von diesen ausgehend die generativen, dieses Wissen hervorbringenden Deutungs- und Handlungsregeln. Sie werden dann als Bestandteil eines kollektiven Wissensvorrates, eines kulturellen Repertoires angesehen, d. h. eines zusammenhängenden Sets an Denk- und Handlungsgewohnheiten, welches in einem konkreten gesellschaftlichen Raum, in einer konkreten Kultur Geltung erlangt hat.

Und die Erklärungsrichtung verläuft exakt umgekehrt. Wir erklären die in den Interviews geäußerten Meinungen, Einstellungen und Aussagen durch den Rückbezug auf kollektive Wissensbestände und die gesellschaftlichen Regeln, nach denen diese produziert werden. Sie werden als Bestandteil

8.2 Deutungsmuster

eines kollektiven Wissensvorrates angesehen, mit dem in einem konkreten gesellschaftlichen Raum, in einer historisch konkreten Kultur auf sich kollektiv stellende Handlungsprobleme reagiert wird.

Analyserichtung:

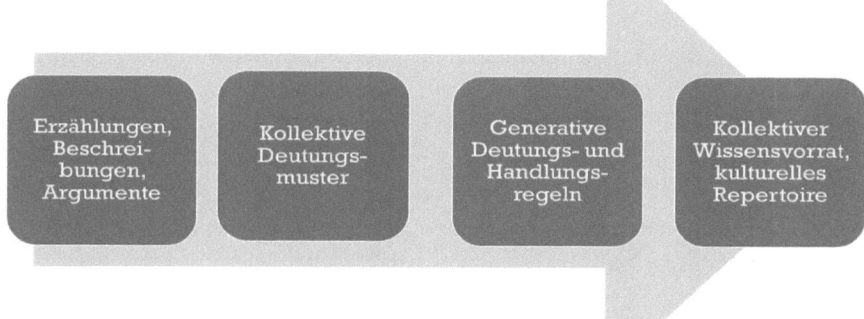

Erklärungsrichtung:

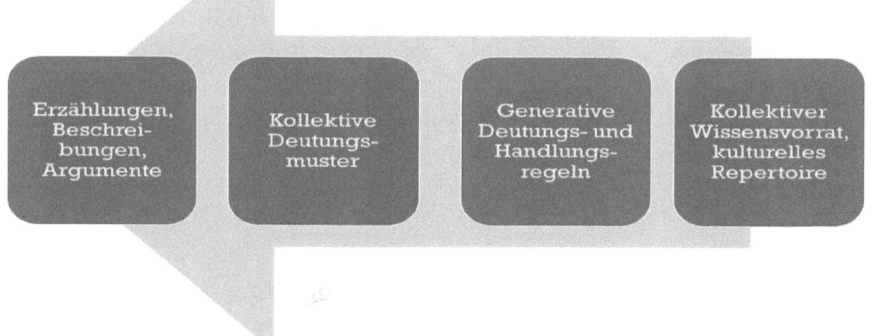

Abbildung 7: Analyse- und Erklärungsrichtung einer Deutungsmusteranalyse

Ziehen wir ein Beispiel heran, um dieses Vorgehen weiter zu verdeutlichen. In einer Deutungsmusteranalyse können wir z. B. bezugnehmend auf eine

Studie von Patrick Sachweh (2010, 2011) fragen, wie soziale Ungleichheit im Alltag in verschiedenen Gesellschaftsschichten gesehen und verstanden wird. Die Frage richtet sich somit darauf, welche Deutungsmuster zur Herkunft und Rechtfertigung sozialer Ungleichheit aktualisiert werden. Die Datengrundlage bildeten bei Sachweh 20 leitfadengestützte Interviews mit Angehörigen privilegierter und benachteiligter sozialstruktureller Lagen. Dabei ließen sich von Sachweh zwei dominante Deutungsmuster rekonstruieren. Zum einen das Deutungsmuster der „Unvermeidbarkeit sozialer Ungleichheit", also dass Ungleichheit nicht als ein von Menschen gemachtes soziales Konstrukt, sondern als eine unausweichliche Notwendigkeit gesellschaftlicher Ordnung angesehen wird. Zum anderen das Deutungsmuster der „Herkunftsbedingtheit sozialer Ungleichheit", welches Ungleichheit als etwas gesellschaftlich Gemachtes kritisch in den Vordergrund rückt. Durch die Koexistenz beider Deutungsmuster im Alltagsbewusstsein der Befragten und im kollektiven Wissensvorrat, so Sachweh, werde jedoch das ungleichheitskritische Potenzial des einen Deutungsmusters (der „Herkunftsbedingtheit sozialer Ungleichheit") durch das andere (der unausweichlichen Notwendigkeit) unterlaufen (vgl. Sachweh 2011: 561).

Eine kleine Übung soll uns hier wieder helfen, besser zu verstehen, worauf die Deutungsmusteranalyse zielt.

Übung 11: Wie erziehe ich mein Kind? Die Ratgeberliteratur

Stellen wir uns vor, wir wären Eltern und unser Sohn, ein 13-jähriger Teenager, möchte, dass wir ihn in ein weiter entferntes Einkaufszentrum fahren, wo er sich mit anderen Teenagern treffen kann. Aber sein Zimmer ist unaufgeräumt und bei seinen Schulsachen herrscht Chaos vor. Er fragt und bittet nicht, sondern sagt einfach nur mit lauter Stimme: „Hey Leute, könnt ihr mich jetzt endlich zum Einkaufszentrum fahren".

Wir lesen dazu in einem Erziehungsratgeber aus den USA, dass ein ineffektiver Weg, damit umzugehen, sein könnte: „Wie kannst du es wagen, so mit mir zu reden! Ich werde dich mit einer solchen Einstellung nicht zum Einkaufszentrum fahren. Und obendrein ist dein Zimmer immer noch ein Chaos. Da du es heute nicht so gereinigt hast, wie du es solltest, musst du eine Woche lang auf deinen Computer verzichten." Im Gegensatz dazu könnten die Eltern aber auch sagen: „Ich möchte, dass du in das Einkaufszentrum gehen kannst. Folgendes hilft dir nicht: Ich habe gehört, wie du zu mir mit lauter Stimme gesagt hast, ich soll dich zum Einkaufszentrum fahren, und ich sehe, dass dein Zimmer immer noch sehr unordentlich ist. Überall auf dem Boden liegen noch Kleider, Schuhe und Bücher herum. Hier ist also, was du stattdessen tun kannst: Du kannst dein Zimmer aufräumen, deine Kleidung weglegen und die Bücher wieder ins Regal stellen. Dann kannst du zurückkommen und mich mit leiser Stimme höflich fragen, ob ich dich bitte zum Einkaufszentrum fahren werde. So kannst du bekommen, was du willst" (vgl. EmpoweringParents.com 2020: Sara Bean).

Bitte versuchen Sie herauszuarbeiten, wie Kinder und Eltern in diesem Erziehungsratgeber wahrgenommen werden und welche Deutungs- und Handlungsregeln daraus für die Eltern resultieren.

Hinweise zur Beantwortung 11: Wie erziehe ich mein Kind? Die Ratgeberliteratur

Ohne dass wir diesen Text jetzt bereits einer Deutungsmusteranalyse unterziehen wollen, sehen wir im Hintergrund doch implizite und teilweise explizite kollektive Deutungs- und Handlungsregeln am Werk, die uns hier sagen, wie wir erziehen sollen.

So fällt zunächst auf, dass die Empfehlung des Erziehungsratgebers die Entscheidung, wie mit der Situation umzugehen ist, bei dem Teenager belässt. Er wird also beraten. Dabei wird unterstellt, dass er in der Lage ist, vernünftige Entscheidungen zu treffen. Diese Unterstellung von „Mündigkeit" ist der implizit bleibende Anspruch, der an ihn gerichtet wird. Indem er wie ein Erwachsener beraten wird, wird nahegelegt, dass er sich auch wie ein Erwachsener verhält. Zugleich ist es keine Anweisung, die ein asymmetrisches Verhältnis schafft, sondern erscheint als ein Rat zwischen Gleichgestellten. Die Rolle der Erziehenden erscheint als die von Trainer*innen oder Coach*innen, auch wenn die Vermittlungsabsicht hinter der Kommunikation für den Teenager leicht zu durchschauen sein wird. Die Erziehungsvorstellung dahinter ist, dass der Teenager durch sanften Rat besser zu erreichen ist als durch die Androhung von Strafen. In der ersten, als ineffektiv dargestellten Kommunikation liegt die Entscheidung bei dem*der Erziehenden und die Sanktionsandrohung ist manifest: Auf diese Weise kommt der Teenager nicht ins Einkaufszentrum und darf auch keine

Computerspiele machen, wenn er nicht aufräumt. Wir sehen also, dass belohnen und bestrafen als kulturelles Repertoire abgelehnt sowie beraten und coachen nahegelegt wird.

Es wird also ersichtlich, dass in Bezug auf das objektive Handlungsproblem „wie erziehe ich mein Kind", das sich in allen Gesellschaften stellt, hier ein kollektiver Wissensbestand aktualisiert wird, dem bestimmte Deutungs- und Handlungsregeln zugrunde liegen. Zu den Deutungsregeln gehört u. a., dass Kinder als „kleine Erwachsene" beansprucht werden können, welche in der Lage sind, mündige Entscheidungen zu treffen. Dazu zählt z. B. die Vorstellung, dass Kinder ähnlich wie erwachsene Menschen selbst entscheiden können, was gut für sie ist. Ebenso erkenntlich ist die kollektive Deutung, dass eine sanfte und partnerschaftliche Erziehung, die auf gegenseitigem Verständnis und Rat beruht, zum Heranwachsen „starker Persönlichkeiten" führen wird sowie dass eine Erziehung zur Mündigkeit auf Basis gleichgestellter Partnerschaft besser funktioniert als auf der Basis von asymmetrischer Macht unter Einsatz von Strafen. Diese kollektiven Deutungsregeln werden dann begleitet von kollektiven Handlungsregeln, wie die Erziehung auf dieser Basis konkret vollzogen werden soll. So soll nicht bestraft oder mit Sanktionen gedroht, sondern erklärt und kommentiert werden. Wir sollen uns als Erziehende in die Rolle von Trainer*innen und Coach*innen begeben und den Kindern mit Rat zur Seite stehen. Wir sollen bitten, raten und fragen, nicht befehlen, drohen oder gar körperlich strafen. Die Handlungsregeln sind sehr klar: Eltern beraten und lassen die Entscheidungshoheit bei den Teenagern. Sie legen nur die Bedingungen für diese Entscheidung fest. Sie sollen dabei nicht mit negativen Sanktionen, wie z. B. manifesten Strafandrohungen arbeiten.

Dabei ist hier nicht wichtig, ob diese Deutungs- und Handlungsregeln ihren Zweck erfüllen und den Teenager tatsächlich dazu bringen, die Bedingungen zu erfüllen, welche er von sich aus gar nicht erfüllen möchte. Wichtig ist hier zunächst nur: Der Vorschlag folgt einem anderen Paradigma, nimmt Bezug ein anderes kulturelles Repertoire. Damit kommen veränderte kollektive Wissensbestände und veränderte kollektive Deutungs- und Handlungsregeln zum Ausdruck. Diese kann und soll eine Deutungsmusteranalyse herausarbeiten und rekonstruieren.

Auf die Untersuchung solcher mehr oder weniger hintergründiger, mehr oder weniger expliziter Regeln im kollektiven Wissensbestand zielt die Deutungsmusteranalyse ab.

Wenn wir Kinder bekommen, müssen wir bei deren Geburt das Rad von Erziehung und Sozialisation nicht neu erfinden, sondern sehen bereits überall Gewohnheiten am Werk, oft in Form von Erziehungsratschlägen externalisiert und objektiviert. Mittels derer lernen wir, wie das Kind anzusehen ist und was mit ihm zu tun ist. Dieser lebensweltliche Wissensvorrat muss im Alltag nicht explizit sein, sondern kann auch gänzlich implizit bleiben. Er kann, aber muss von uns nicht reflektiert werden. Manche Deutungs- und Handlungsregeln haben wir vielleicht in unserer eigenen Sozialisation bereits verinnerlicht, z. B. dass man Kinder nicht schlagen soll, dass man sie auf dem Weg zur Selbstbestimmung unterstützen soll oder dass sie viel emotionale Zuwendung brauchen. Aber Achtung: Die Geltung solcher Deutungs- und Handlungsregeln ist nicht von vorneherein gleichzusetzen mit der Handlungspraxis in verschiedenen Situationen und Kontexten, sondern deren Geltung bemisst sich vielmehr daran, wie stark der kollektive Wissensvorrat die alltägliche Erziehungspraxis tatsächlich prägt.

Doch bevor wir uns nun diesem Verfahren der Rekonstruktion genauer widmen und dieses an Anwendungsbeispielen demonstrieren, wollen wir kurz auf die Wurzeln dieses Analyseverfahrens eingehen sowie auf den Ansatz bzw. die Person, bei welchem die Deutungsmusteranalyse ihren Anfang nahm.

8.3 Ulrich Oevermann und die Entwicklung des Deutungsmusteransatzes

Die Deutungsmusteranalyse ist eine qualitative Methode, die ihren Ursprung in Deutschland hat. Sie hat keine exakte Entsprechung im internationalen Diskurs und ist international immer noch wenig bekannt. Dies mag auch damit zusammenhängen, dass der methodologische Zugang nicht einfach erscheint und die Methode aufwändig in der Durchführung ist.

Wo liegen die „klassischen" Wurzeln des Deutungsmusteransatzes?

Die grundlegende Herangehensweise der Deutungsmusteranalyse kommt aus der Wissenssoziologie. Sie ist auf den kollektiven Wissensvorrat bezogen. Deutungsmuster sind keine individuellen Formen, wie "mindsets" oder Ähnliches, sondern kollektive Regeln, wie Dinge zu sehen und zu machen sind.

Die Idee der „kollektiven Denkweise" hat ihre Wurzeln auch in den Klassikern der soziologischen Literatur, die sich auf die Bedeutung von „gesellschaftlichem oder kulturellem Wissen" oder „sozialen Fakten" (Durkheim) konzentrierten. Durkheim nannte es „kollektive Repräsentationen" (1898, 1967) und meint damit kollektive kognitive Strukturen in einer bestimmten Gesellschaft, die sich nach den kollektiven Regeln dieser Gesellschaft ändern sollen. In einem anderen Rahmen der soziologischen Theorie wurde diese kollektiven Repräsentationen bei Pareto als „Derivationen" (Ableitungen) angesprochen, die scheinbar vernünftige Erklärungsrahmen liefern, um die dahinterstehenden „irrationalen Ursachen" zu verbergen (vgl. Pareto 1962). Max Weber betonte die Rolle von Ideen in der Geschichte und wies darauf hin, wie sie den gesellschaftlichen Wandel im Rahmen von Institutionen und Interessen vorantreiben können (vgl. Weber 1904/1988). Zu guter Letzt entwickelte Karl Mannheim in seiner Wissenssoziologie die Perspektive, dass jede Form von Wissen von der sozialen Position in einer Gesellschaft und den sozialen Schichten abhängt, zu denen wir gehören (vgl. Mannheim 1980).

Dieser breitere Bezugsrahmen zur klassischen soziologischen Literatur, hier insbesondere auch zur Wissenssoziologie von Alfred Schütz (1971/82, 1979/94) und Berger und Luckmann (1969) liefert die zentralen Ideen hinter der Methode. Für Schütz, der die natürliche Lebenswelt als Grundkategorie für die Identifizierung des Wissensbestands hinter den Handlungsorientierungen verwendete, ist die „Lebenswelt" der für selbstverständlich gehaltene „gesunde Menschenverstand" der sozialen Welt (vgl. Schütz 1971/82; siehe auch Kapitel 2.7).

Es handelt sich also nach Berger und Luckmann um habitualisierte Handlungen, die „ihren Bedeutungscharakter für das Individuum behalten, obwohl die damit verbundenen Bedeutungen als Routinen in seinen allgemeinen Wissensbestand eingebettet werden, von ihm als selbstverständlich vorausgesetzt werden und für seine Projekte in der Zukunft zur Verfügung stehen. Die Habitualisierung bringt den wichtigen psychologischen Gewinn mit sich, dass die Wahlmöglichkeiten eingeengt werden. Während es theoretisch hundert Möglichkeiten geben mag, ein Kanu aus Streichhölzern zu bauen, reduziert die Habitualisierung diese auf eine. Dies befreit das Individuum von der Last ‚all dieser Entscheidungen' und stellt eine psychologische Erleichterung dar, die ihre Grundlage in der ungerichteten Instinktstruktur des Menschen hat" (Berger & Luckmann 1966: 59 f.). Durch Habitualisierung wird der Wissensbestand einer bestimmten Gesellschaft erzeugt und reproduziert, der Routinen und Regeln der Interpretation (Muster, Schemata) und des Handelns (Skripte) bereitstellt. Diese Lebenswelt ist somit auch „Wirkwelt", eine Welt, die durch unser Handeln beeinflusst werden soll (Schütz 1979/94). Sie konstituiert sich durch kollektiv anerkannte Ideen, Praktiken und Skripte, die von Akteuren handelnd angeeignet, „enacted" werden können, wenn es um die Notwendigkeit des Handelns geht. Durch dieses „enactment" werden die kulturell erebten Ideen, Praktiken und Skripte, i. e. die Deutungsmuster reproduziert oder verändert, sobald eine signifikante Anzahl von Akteuren innerhalb einer bestimmten Kultur die verwendeten Wissensbestände transformiert.

Wo liegen die Anfänge des Deutungsmusteransatzes in der zeitgenössischen Soziologie?

Das von Oevermann (1973) in die Soziologie eingeführte Konzept der kollektiven Deutungsmuster stammt aus den früheren Werken von Emerich K. Francis (1965) und Reiner M. Lepsius (1967/68). Damals wurde der Begriff im Sinne von „konzeptueller Ordnung" verwendet (vgl. Oevermann 1973, 2001: 35 f.). Das Konzept wurde dann von Ulrich Oevermann (1973, 2001) in Deutschland zur Methode weiterentwickelt. Ein unveröffentlichter Text von Oevermann genügte, um eine größere Diskussion über das Konzept wiederzubeleben. Dieser Text wurde 1973 im Rahmen eines Forschungsprojekts zum Thema „Elternhaus und Schule" verfasst.

Nach Oevermann (2001: 36) fehlte damals ein Ausweg aus den Fallen der materialistischen Geschichtsschreibung – welche nur zu ideologischen Auseinandersetzungen führte – sowie der quantitativen Umfrageforschung, die kaum über den Rahmen von Einstellungen und Meinungen hinausgeht. Das methodische Ziel bestand unter anderem darin, die Standardisierung innerhalb des quantitativen Paradigmas zu durchbrechen und „komplexe Motivationen" als Struktur eines kollektiven Unbewussten einblenden zu können (Oevermann 2001: 36). Oevermann (2001: 38) hat die Grundidee einer „konzeptionellen Wende" sehr deutlich gemacht. Für alle grundlegenden existenziellen Probleme einer Gesellschaft, die immer wieder auftauchen, finden sich mögliche Lösungen in den kollektiven Deutungsmustern, an die sich alle ausreichend sozialisierten Akteure in Zeiten von Krise und Unsicherheit wenden können. Diese Deutungsmuster sind Routinen; sie funktionieren und entwickeln sich wie implizite Theorien – ohne dass ihre Gültigkeit während der Anwendung berücksichtigt werden muss. Aufgrund ihrer Fähigkeit zur Problemlösung haben sie den Test der Zeit bestanden und nehmen folglich ein Eigenleben an.

Bildquelle: wiki.studium digitale.uni-frankfurt.de

Ulrich Oevermann ist 1940 geboren, hat u. a. in Freiburg, Heidelberg und Frankfurt Soziologie, Philosophie, Psychologie und Geschichte studiert. Er hat als Assistent für Jürgen Habermas gearbeitet sowie am Max-Planck-Institut für Bildungsforschung in Berlin und hat seit 1977 eine Professur an der Universität Frankfurt. 2008 wurde er emeritiert.

Für Oevermann (2001) sind diese kollektiven Interpretationsmuster vorwiegend kognitive Repräsentationen. Diese kognitiven Repräsentationen verkörpern Wissen (vgl. Oevermann 2001: 51 ff.), sind aber oft kein explizites Wissen.

Es ist daher nicht möglich, diese kollektiven Interpretationsmuster mit einem quantitativen Fragebogen zu erfassen. Wie jede Form von Wissen verkörpern die kognitiven Repräsentationen jedoch **die Erfahrung des Umgangs mit Problemen und Krisen, die weitergegeben werden, indem auf kollektive Wissensbestände zurückgegriffen wird** (vgl. Oevermann 2001: 51 ff.). Oevermann spricht lieber von implizitem Wissen, wenn die kognitiven Repräsentationen weder bewusst abrufbar noch reflektierbar sind, aber dennoch die „Strukturierung" in die Praxis umsetzen (vgl. Oevermann 2001: 56). Interpretationsmuster fallen laut Oevermann in diese Kategorie des impliziten Wissens.

Laut Oevermann haben die kollektiven Deutungsmuster Einfluss auf die alltägliche Wahrnehmung. Die Muster selbst bleiben „stillschweigendes Wissen". Es sind Strukturen, die eine logische Argumentationsarchitektur erfordern, um die jeweilige Praxis oder Vorgehensweise aufrechtzuerhalten

(Oevermann 2001: 36). Sie erfordern eine gewisse Konsistenz und Unterweisung für die Fehlerbehebung, weshalb sie in Kulturen, Umgebungen und Lebensstilen verankert sind und je nach diesen variieren. **Sie bilden ein kognitives Element der kollektiven Wissensbestände und überleben oder verändern sich somit nur kollektiv.** Als implizites Wissen generieren sie individuell unterschiedliche Problemlösungen, Meinungen und Einstellungen. Damit sie sich ändern, müssen viele Gesellschaftsmitglieder andere Deutungsmuster habitualisieren und intersubjektiv objektivieren.

Wie hat sich der Ansatz seit Oevermann weiterentwickelt?

In der Folge wurde die Methode der Deutungsmusteranalyse immer wieder neu aufgegriffen, das Verfahren modifiziert und vom Ursprung der Vorgehensweise Oevermanns gelöst. Es wurde von Ullrich (1999), Schetsche (2000, 2001), Sachweh (2010) und anderen modifiziert und in verschiedenen Varianten fortgeführt. Obwohl die Debatte hauptsächlich in der deutschen Soziologie stattgefunden hat (vgl. Oevermann 1973, 2001; Allert 1976; Arnold 1983; Dewe 1984; Lüders 1991; Meuser & Sackmann 1992; Lüders & Meuser 1997; Plaß & Schetsche 2001 und für aktuellere Bezüge Bögelein & Vetter 2019; Ullrich 2020 usw.), ist die Deutungsmusteranalyse sehr nahe an internationalen Debatten über Sozialkonstruktivismus (vgl. Zerubavel 1997, 2007; Kunda 1999), kulturelles Repertoire (siehe z. B. Holly 2011), Sensemaking (vgl. Weick 1993, 1995) und Diskursanalyse (siehe z. B. Keller 2011) angesiedelt, auch wenn diese Bezüge nicht immer klar herausgearbeitet werden.

In einem soziologischen Ansatz besteht das Ziel der Deutungsmusteranalyse darin, die alltäglichen Wissensbestände und ihre Veränderungen zu identifizieren, zu rekonstruieren und abzubilden. Die soziologische Deutungsmusteranalyse befasst sich mit „objektiven Problemen" in einer bestimmten Gesellschaft, Kultur oder Wirtschaft und den kulturellen Repertoires, die zur Bewältigung dieser „objektiven Probleme" zur Verfügung stehen (vgl. Oevermann 1973, 2001). Die Deutungsmusteranalyse kann auch in der Politikwissenschaft zur Analyse der Argumentationslinien in einem politischen Diskurs (vgl. Francis 1965; Lepsius 1967/68, 1986, 1990, 1993; Stachura 2005), in der Medienwissenschaft zur Inhaltsanalyse von Mediendiskursen z. B. über sexuellen Missbrauch oder satanische Rituale (vgl. Schetsche 1992, 1997; Schmied-Knittel 2008) oder in der Kriminologie zur kriminalistischen Untersuchung von Zeugenaussagen oder Täterperspektiven (vgl. Höffling et al. 2002, Bögelein 2016, 2019) angewendet werden.

Daher gibt es die Deutungsmusteranalyse heute in ganz verschiedenen Anwendungsformen: als Untersuchung von Diskursformen oder expliziten Argumentationsweisen in den Politikwissenschaften, als Analyse hintergründiger Argumentationsmuster in der an der Universität Mannheim entwickelten Variante von Ullrich (1999) und Sachweh (2010) oder eben als Analyse des impliziten Alltagswissens, als welche sie in Frankfurt von Ulrich Oevermann entwickelt wurde. Wie üblich in der qualitativen Sozialforschung kennt das Feld auch in diesem Verfahren keine Kanonisierung oder Standardisierung, sondern die verschiedenen Varianten stehen als mehr oder weniger bunte Blumenwiese oft unverbunden nebeneinander.

Information 17: Die Deutungsmusteranalyse von Ullrich

Wie bei Oevermann konzentriert sich die Deutungsmusteranalyse von Ullrich auf die Rekonstruktion von „sozialem Sinn" und nicht auf subjektive Begründungen. Der Fokus liegt auf der Konstitution der kollektiven Wissensbestände und Handlungsorientierungen (vgl. Ullrich 1999: 430). Im Rahmen der Handlungstheorie wird angenommen, dass sich diese Handlungsorientierungen durch eine Kombination von kognitiven, normativen, evaluativen und expressiven Dimensionen konstituieren (vgl. Ullrich 1999: 430). Diese Dimensionen des Deutungsmusters gilt es zu analysieren und aufzuzeigen, wie sie in die Rahmung einer Situation transformiert und letztlich in Handlungsorientierungen übersetzt werden. Anders als Oevermann betont Ullrich den manifesten oder gar stereotypen Charakter der Deutungsmuster. Er geht davon aus, dass das Deutungsmuster auch eine reflektierte explizite Form der Argumentation und Rechtfertigung sein kann, wie z. B. ein wissenschaftlicher Wissenshintergrund, der die Argumentation prägt. In Anlehnung an Pareto nennt Ullrich die individuelle Übernahme von Deutungsmustern Derivationen (Ableitungen) (vgl. Ullrich 1999: 430). Akteure nutzen diese Derivationen, um ihr Handeln in einer für andere nachvollziehbaren Weise zu erklären und zu rechtfertigen. Akteure beziehen sich also auf legitime Formen des Wissens, d. h. auf kollektive Denkweisen, die in einer bestimmten Gesellschaft, Kultur oder Wirtschaft geteilt werden. Allerdings können nur die Ableitungen direkt erfasst und

8.3 Ulrich Oevermann und die Entwicklung des Deutungsmusteransatzes

erhoben werden, nicht aber der dahinter liegende Wissensbestand an kollektiven Deutungsmustern (vgl. Ullrich 1999: 431). Folglich handelt es sich bei der Deutungsmusteranalyse um eine Analyse individueller Ableitungen, die mit einer Methode klassifiziert und typisiert werden müssen, welche hilft, die zugrundeliegende kognitive, normative und evaluative Logik in der Argumentation zu rekonstruieren, auf der die individuellen Ableitungen beruhen.

Für diesen Ausgangspunkt der qualitativen Forschung empfiehlt Ullrich Methoden des Samplings, Interviewmethoden und Methoden der Analyse der Interviews. Im Gegensatz zu Oevermann führen seine Empfehlungen nicht zur Rekonstruktion von Einzelfällen mit einem starken hermeneutischen Interpretationsaufwand des „objektiven Sinns" der Sprache, sondern fokussieren auf die Rekonstruktion von sozial geteiltem Sinn durch einen Quervergleich von Sequenzen vieler Interviewpartner*innen zu einem bestimmten Handlungsproblem. Diese Sequenzen werden mithilfe von Kategorisierungs-, Klassifizierungs- und typologischen Methoden analysiert.

Aus diesen Gründen kann die Rekonstruktion von kognitiven und normativen Regeln ein Beitrag zu einer Institutionenanalyse sein, die sich auf kognitive und normative Institutionen konzentriert. Dies geschieht aber nicht in der Form, dass man sich auf eine Theorie bezieht, die uns in einer deduktiven Methode darüber belehrt, was hinter diesen Ableitungen steckt. Vielmehr geschieht dies durch eine Analyse der Selbstdarstellung der Akteure in einer induktiven Methode, indem die Wissensbestände auf der Basis des verfügbaren Interviewmaterials rekonstruiert werden. Daran können wir mit unserer Anwendung der Deutungsmusteranalyse anknüpfen. Da Oevermanns hermeneutische Methode vor allem von Sprachkenntnissen sowie idiosynkratischen Interpretationen einzelner Fallstudien abhängt, erscheint sie für internationale Vergleiche mit einer größeren Anzahl von Interviews nicht geeignet. Das Gegenteil trifft auf die Deutungsmusteranalyse von Ullrich zu. Sie kann als eine „Light-Version" der Deutungsmusteranalyse von Oevermann bezeichnet werden, weil ihre methodischen Voraussetzungen nicht so komplex und ihr hermeneutischer Aufwand nicht so groß ist wie bei der Deutungsmusteranalyse von Oevermann. Der Fokus der hier dargestellten Analysen liegt daher auf der Anwendung und Modifikation des Deutungsmusteransatzes von Ullrich, auch wenn wir den Bezug zum diskursiven Interview, den Ullrich stark macht, hier nicht mitführen.

Wie wenden wir im Folgenden die Deutungsmusteranalyse an?

Da es sich bei den sozialen Deutungsmustern um Formen des kollektiven Hintergrundwissens in einer bestimmten Gesellschaft handelt, müssen sie mit qualitativen Analyseinstrumenten rekonstruiert werden.

Wie Ullrich (1999: 433 f.) gehen wir davon aus, dass die Deutungsmusteranalyse nicht zwingend als Einzelfallanalyse durchgeführt werden muss, sondern auch im Quervergleich von Sequenzen erfolgen kann. Insbesondere wenn man viele Interviews geführt hat, ist die Durchführung einer Vergleichsanalyse von zuvor codierten Interviewsequenzen ein Verfahren, welches auf die Herausarbeitung von Deutungsmustern in Bezug auf zuvor ausgewählte Einzelaspekte zielt und hier – immer unter Rückbezug auf das gesamte Interview – unserer Erfahrung nach gute Ergebnisse bringt. Die Deutungsmusteranalyse, wie wir sie verwenden, arbeitet nicht mit Fällen, sondern mit Dimensionen, was einen Quervergleich von Interviews mithilfe von codierten Sequenzen ermöglicht. Unsere Interpretation wurde mithilfe der Inhaltsanalyse-Software MAXQDA durchgeführt, welche die Codierung von Sequenzen unterstützt.

Wir unterscheiden dabei Analyse- von Erhebungsverfahren und vertreten nicht die Ansicht, dass beide eng verbunden sein müssen. So empfiehlt Ullrich (1999, 2020) z. B. bezüglich der Erhebungsart die Durchführung eines diskursiven Interviews (vgl. Ullrich 1999: 434). Dies ist ein geführtes, halbstrukturiertes Interview mit Fragen, die darauf abzielen, Aussagen, Argumente und Begründungen zu evozieren. Diese Fragen können sogar konfrontativ und provokativ sein, um Argumente zu erzeugen. Im Gegensatz dazu sind wir jedoch nicht der Meinung, dass man für die Deutungsmusteranalyse eine bestimmte qualitative Erhebungsmethode braucht. Solange wir keine standardisierten Befragungen verwenden, kann man verschiedene Arten von Interviewmethoden anwenden, die Narrationen, Beschreibungen, Erklärungen, Begründungen und Argumentationen zu den Themen generieren, die uns interessieren. Im Prinzip können alle Texte und Bilder, die in einer bestimmten Gesellschaft, Kultur oder Wirtschaft generiert werden, Objekte der Deutungsmusteranalyse sein. Es gibt u. E. keine weiteren Einschränkungen bezüglich des Materials oder der qualitativen Erhebungsverfahren.

Wir zielen mit der Deutungsmusteranalyse auf eine Institutionenanalyse, die auf die Wissenssoziologie gestützt beansprucht, die kognitiven und normativen Regeln in einer bestimmten Kultur zu rekonstruieren und zu analysieren, wie diese Regeln in Handlungsorientierungen zur Lösung kulturell bedeutsamer Probleme umgesetzt werden. In der Soziologie ist die Analyse kollektiver Denkweisen Teil einer institutionellen Analyse von Gesellschaften, die sich insbesondere mit kognitiven und normativen Institutionen befasst. Unter Institutionen verstehen wir zunächst einmal nur kollektive Regeln mit Geltung. Für Scott bilden kognitive Elemente den Rahmen, durch welchen die Realität wahrgenommen wird (vgl. Scott 1995). Kognitive Institutionen bieten eine selbstverständlich gewordene Perspektive an, stellen „natürliche" Gewohnheiten und anerkannte Regeln für das Verständnis der Welt dar (vgl. Scott 1995: 40). Normative Institutionen führen kollektiv anerkannte Regeln darüber ein, was als „richtig" und „falsch" wahrgenommen wird und welche „Verpflichtungen" das Handeln leiten sollen (vgl. Scott 1995: 37). Kollektive Denkweisen sind daher wichtige Elemente kognitiver und normativer Institutionen und bieten das kulturelle Repertoire, wie Probleme wahrgenommen und gelöst werden können. Jede institutionelle Analyse stützt sich daher auf Annahmen über die zugrundeliegenden Wissensbestände und die kollektiv anerkannten Regeln in einer bestimmten Kultur. Diese Wissensbestände und zugrundeliegenden kognitiven und normativen Regeln werden jedoch selten systematisch analysiert oder abgebildet. Häufiger werden sie aus einem allgemeinen Verständnis der Kultur oder formalen Institutionen abgeleitet, ohne sie empirisch herauszuarbeiten. Zu dieser empirischen Herausarbeitung jedoch kann die Deutungsmusteranalyse einen Beitrag leisten.

Sie wird im internationalen Kontext sowohl von heterogen zusammengesetzten Interpretationsgruppen als auch von Muttersprachlern durchgeführt. Die Reliabilität von Codierung und Interpretation wird mehrfach überprüft, indem unterschiedliche Interpretationsgemeinschaften die gleiche Textgrundlage analysieren. Im Ergebnis erwies sich die Deutungsmusteranalyse bei unseren Studien als international anwendbar, praktikabel und effizient.

Wie gehen wir dabei konkret vor?

Toolbox 25: Acht Schritte im Verfahren der Deutungsmusteranalyse

1. Wir wählen vielversprechende Interviewpassagen (Sequenzen) entsprechend unseren Forschungsinteressen aus (Auswahl Schlüsselpassagen).
2. Wir formulieren die Passagen in unseren eigenen Worten neu (Paraphrasierung).
3. Wir bilden (abstrakte) Kategorien für die grundlegenden Aussagen bzw. Argumente (Kategorienbildung).
4. Wir arbeiten den logischen Zusammenhang der Aussagen heraus (kognitive Dimension) und welche Normen und Werte, welche Vorstellungen von „richtig" und „falsch" zur Geltung kommen (normative Dimension).
5. Wir vergleichen die Ergebnisse dieser Passage mit anderen Passagen im Interview sowie mit anderen Interviews derselben Gruppe von Befragten.
6. Wir arbeiten heraus, welche Deutungs- und Handlungsregeln in diesem Kontext und für diese Gruppe am häufigsten verwendet werden.
7. Wir beziehen diese Ergebnisse auf die Probleme und die Handlungskontexte, in denen sich die Befragten befinden.
8. Wir erklären mittels theoretischer Annahmen und Hypothesen, warum diese Deutungs- und Handlungsregeln in diesem Feld den dominanten kollektiven Wissensbestand bilden.

Um diese Schritte ein bisschen einzuüben und in der Durchführung zu illustrieren, ziehen wir anstelle der Ratgeberliteratur nun ein Elterninterview zum gleichen Thema heran.

Übung 12: Wie erziehe ich mein Kind? Ein Elterninterview

„Ich finde, wie Kinder heute behandelt werden, geht auf keine Kuhhaut. Als ob sie kleine Erwachsene wären. Dabei sind sie doch mit jeder Entscheidung überfordert. Man setzt sie psychischem Stress aus, dabei brauchen sie einfach nur klare Regeln. Auch zu Tode quatschen macht keinen Sinn. Manchmal möchte ein Kind seine Grenzen austesten und braucht bei einem Regelverstoß einfach nur eine klare Strafe. Das soll keine körperliche sein, aber wer sagt, dass Strafen heute obsolet zu sein haben, hat einfach keine Ahnung vom realen Leben der Kindererziehung" (Vater von vier Kindern, ein Mädchen, drei Jungen, Alter: 43 Jahre, Interview im Jahr 2019).

1. Wenden Sie bitte die ersten vier Schritte in unserer vereinfachten Deutungsmusteranalyse auf dieses Elternzitat an. Für die restlichen Schritte brauchen Sie mehr Interviewmaterial. Sie entfallen daher in dieser Übung. Wählen Sie sog. Schlüsselpassagen aus. Sie sind frei in der Auswahl. Wählen Sie die Passagen aus (ca. 5 bis 15 Zeilen), die Ihres Erachtens Ihrem Erkenntnisinteresse am meisten dienlich sind. (Dieser Schritt ist in dieser Übung bereits vorgegeben.)
2. Reformulieren Sie die Schlüsselpassagen in Ihren eigenen Worten. Achten Sie darauf, dass der reformulierte Text einfach und klar ist. Was überflüssig und nicht notwendig ist, um den Text gut zu verstehen, kann wegfallen.
3. Gehen Sie nun einen Schritt zurück und bilden Sie abstrakte Kategorien, die hinter den Aussagen liegen.
4. Arbeiten Sie zum einen den logischen Zusammenhang der Argumente (kognitive Ordnung) heraus und zum anderen die Art, in der Bewertungen vorgenommen werden (normative Ordnung).

Hinweise zur Beantwortung 12: Wie erziehe ich mein Kind? Ein Elterninterview

1. **Auswahl der Schlüsselpassage:** Die Schlüsselpassage wurde von uns ausgewählt, weil sie sich mit dem Erziehungsparadigma des Vaters beschäftigt hat. Zugleich hat sie eine klare Argumentstruktur. Aber in der Auswahl der Schlüsselpassagen herrscht ein großer Freiheitsgrad vor, weil in Schritt 5 ohnehin der Abgleich mit dem gesamten sowie anderen Interviews erfolgt.
2. **Paraphrasierung:** Auch in der Paraphrasierung sind wir relativ frei. Wir reformulieren das, was uns als wichtig erscheint. Da wir uns mit mehreren Personen in einer Interpretationsgemeinschaft bewegen, korrigieren sich Elemente subjektiver Willkür im Regelfall vergleichsweise schnell. Wir könnten zu folgendem Ergebnis gelangen:

Kinder werden heute nicht angemessen behandelt, wenn man sie wie kleine Erwachsene behandelt. Sie sind mit Entscheidungen überfordert und haben dadurch psychischen Stress. Sie brauchen klare Regeln und keine langen Reden. Wenn sie manchmal ihre Grenzen austesten, brauchen sie klare Strafen, aber keine körperlichen. Wer sagt, dass Strafen obsolet sind, kennt sich mit der Realität der Kindererziehung nicht aus.

3. **Bildung abstrakter Kategorien:** Dieser Schritt fällt oft bereits vergleichsweise schwer. Denn hier ist eine erste Abstraktion gefordert. Wenn Ihnen das zu schwerfällt, beginnen Sie mit „In-vivo-Kategorien", also textnahen Kategorien und gehen Sie dann einen Schritt weiter ins axiale Codieren und dann ins selektive Codieren (siehe weiter oben Toolbox 3: Codierverfahren im Kontext der Grounded Theory). Dadurch gewinnt man Schritt für Schritt an Abstraktionsniveau. Welches Abstraktionsniveau wir dabei genau ansteuern, ist eine Entscheidung der Interpretationsgemeinschaft. Sie kann dann mit Entscheidungen von anderen Interpretationsgemeinschaften abgeglichen werden. Wir schlagen hier folgende Kategorien vor:

   Unangemessenes Erziehungsideal: Kinder als kleine Erwachsene; Folge: Überforderung, Stress von Kindern.

   Angemessene Erziehungsrealität: klare Regeln und Strafen.

4. **Die kognitive und normative Ordnung:** Wenn wir die Kategorien formuliert haben, können wir darangehen, die Aussagelogik des Zitats genauer zu bestimmen und herauszuarbeiten, wie Dinge gesehen und dargestellt werden (kognitive Ordnung). Dazu können wir u. a. die kausale Ordnung der Kategorien herausarbeiten, also wie beim axialen Codieren den Zusammenhang herausarbeiten. Das ist für uns in der Regel ein gewohntes Verfahren, welches wir auch bei wissenschaftlichen Texten anwenden. Danach können wir herausarbeiten, was als gut oder schlecht bewertet wird (evaluative Dimension) und welche Handlungsweisen oder Handlungsregeln nahegelegt werden (wie wir handeln sollen). Dabei interessieren wird uns insbesondere für die Normen und Werte, die dabei ins Spiel kommen (normative Ordnung).

   Normen werden dabei von uns als konkrete Sollvorstellungen verstanden, die häufig mit Sanktionsformen (positiver oder negativer Art) versehen sind. Werte sind für uns hier hingegen abstrakte und diffuse Wunschvorstellungen, wie z. B. die Welt, die Gesellschaft, die Familie am besten sein sollten. Während Normen gesetzt werden können, z. B. durch Gesetze oder durch Regeln der Zusammenarbeit etc., können Werte nur postuliert werden. Man muss sie in Normen, in Satzungen oder Gebote transformieren, um alltägliches Handeln mit konkreten Handlungserwartung zu versehen und sanktionieren zu können. Die Frage ist also, welche Werte und Normen werden im Zitat dargestellt und ggf. mit Verhaltenserwartungen versehen.

Kognitive Ordnung: Gelingende Kindererziehung gründet in der realen Praxis der Erziehung auf Entscheidungen der Eltern, klare Regelsetzungen und teilweise auch Lernen durch Strafen (traditionelles Erziehungsparadigma). In der kognitiven Ordnung sind die Unmündigkeit der Kinder und die Mündigkeit der Eltern implizit vorausgesetzt. Daraus folgt, dass Bevormundung und Anreize zur Befolgung extern gesetzter Regeln konstitutiv für die Erziehung sind. Die Vorstellung, Kinder als kleine Erwachsene zu behandeln (modernes Erziehungsparadigma), ist in der Realität nicht zu praktizieren und führt zu Überforderung und Stress bei den Kindern.

Normative Ordnung: Das traditionelle Erziehungsparadigma wird als gut bewertet, das moderne als schlecht (evaluative Dimension). Die paternalistische Norm des Besserwissens und der Fürsorge für das unmündige Kind wird aktualisiert und Sanktionen für Regelabweichungen bereitgehalten. Der Wert ist auch hier die Erziehung zur Mündigkeit und der Schutz des Kindes vor Überforderung und Stress, doch der Weg dahin ist paternalistisch normiert. Die Missachtung gegenüber der liberaleren Vorstellung zeigt die starke Verinnerlichung dieser Norm an.

8.4 Deutungsmuster des Rechtspopulismus: Ein Anwendungsbeispiel

In Ermangelung eigener narrativer Interviews mit jungen AfD-Mitgliedern haben wir ein Interview aus einer Tageszeitung einer Stadt in Deutschland herangezogen. Wir haben ein Interview mit einer Person vorliegen, welche zum Zeitpunkt des Interviews im mittleren Alter war, verheiratet ist und mehrere Kinder hat. Wir haben die Hintergründe der Person maskiert sowie die Formulierung der Aussagen teilweise modifiziert, um keine Zurechnung zu ermöglichen.

Welchen Hintergrund hat die Person, die das Interview gegeben hat?

Die Person[22] hat u. a. an einer Universität studiert, hat ihren Abschluss gemacht und arbeitet als Unternehmensberater in der Region. Als früheres Mitglied einer anderen Partei ist er zum Zeitpunkt des Interviews erst frisch in die AfD eingetreten.

Für unsere Analyse ist aber dieser persönliche Hintergrund nicht zentral, sondern nur als Kontext für die Auswertung der Interviewpassagen wichtig.

In welchem Medium wird das Interview gegeben?

Bei dem Interview handelt es sich um eine mediale Stellungnahme, die sich auf einen Wechsel von der anderen Partei zur AfD bezieht. *Mit welcher Textsorte haben wir es zu tun?*

Damit hat man es mit einem Argumentationstext zu tun, welcher zum einen der Rechtfertigung dient und zum anderen der Werbung für die neue Partei. Das Ziel ist es u. a., die früheren Wähler*innen für die neue Partei zu gewinnen, um so die Chancen zu erhöhen, ein politisches Mandat zu erlangen. Grundlegend müssen wir im Hinterkopf behalten, dass wir es bei dem Interview mit einem akzidentellen Dokument zu tun haben, das für andere Zwecke generiert wurde. Insofern handelt es sich also um eine mediale Darstellungsform, die wir ausgewählt haben und die es als solche zu analysieren gilt.

Mit welchem gesellschaftlichen Bezugsproblem haben wir es zu tun?

Darin enthalten sind Argumentations- und Darstellungstexte des AfD-Mitgliedes, die wir nun vor dem Hintergrund der **„Generierung von Gefolgschaft"** gesellschaftlich einordnen wollen. Unser Erkenntnisinteresse hat sich damit von der Fragestellung, welche Wege für junge Leute in den Rechtspopulismus führen, verlagert auf die generelle Frage, **wie Mitglieder**

---

22 Grundlegende Daten der Person werden maskiert oder werden zu allgemein wiedergegeben.

8.4 Deutungsmuster des Rechtspopulismus: Ein Anwendungsbeispiel

von als rechtspopulistisch eingestuften Parteien, wie hier der AfD, Gefolgschaft zu generieren versuchen.

Damit haben wir es mit einer Kommunikation im politischen System zu tun. Dieses hat nach Luhmann die Funktion, kollektiv bindende Entscheidung herzustellen (vgl. Luhmann 2000: 86). Das **objektive Handlungsproblem**, das sich in jeder Gesellschaft stellt, ist dabei, politisches und regierendes Handeln mit Gefolgschaft zu versehen, d. h. mit Max Weber gesprochen, freiwillige Anerkennung zu generieren. Dies sind wichtige Elemente von Herrschaft und Autorität[23] (vgl. Weber 1922/85: 542), da ansonsten nur bloße Machthaberei die Folge wäre. Bloße Macht- und Erzwingungsverhältnisse sind ebenso aufwendig wie unzuverlässig (vgl. Pohlmann 2016: 131 f.). Sie wären wenig effizient und wenig dauerhaft zugleich, weshalb auch Diktator*innen beständig daran arbeiten, Gefolgschaft zu generieren. Dieses objektive Handlungsproblem der **Generierung von Gefolgschaft** gilt es z. B. in Piratengruppen, in Diktaturen, für Studierendenvertreter*innen sowie in Demokratien gleichermaßen zu lösen. Vor diesem Hintergrund ist das Interview zu sehen, aus dem wir im Folgenden einige ausgewählte Passagen dem Sinn nach wiedergeben.

1. Auswahl von Schlüsselpassagen

Aufgrund unseres Erkenntnisinteresses, das an der Generierung von Gefolgschaft ausgerichtet ist, haben wir eine Passage ausgewählt, die in Bezug darauf besonders vielversprechend erschien, weil sie Elemente einer „Programmatik" direkt erkennen lässt. Aber auch andere Zitate wären denkbar gewesen, um zu beginnen.

„*Wenn man konservativ ist, dann bedeutet das ja nicht, dass man alles Neue nicht haben möchte, sondern dass man das Gute schützen möchte. Insbesondere sind auf Familie, aber auch Ehe bezogene Werte wichtig, auch für den Staat. Wir möchten die Familien unterstützen, z. B. auch durch ein entsprechendes Steuersystem. Die ‚Ehe für alle', damit können wir nichts anfangen*".

---

23 Autorität bezieht sich bei Max Weber auf die Art, wie eine Herrschaft vollzogen wird. Als Herrschaft qua Autorität beruht sie – idealtypisch verstanden – auf einer von den Interessen absehenden „schlechthinigen Gehorsamspflicht" (Weber 1922/85: 542).

2. Paraphrasierung

Hinweis: In der Paraphrasierung sind wir relativ frei. Wir reformulieren das, was uns als wichtig erscheint. Da wir uns mit mehreren in einer Interpretationsgemeinschaft bewegen, korrigieren sich Elemente subjektiver Willkür im Regelfall vergleichsweise schnell. Wir könnten zu folgendem Ergebnis gelangen:

Wenn man konservativ ist, möchte man das Gute bewahren, ohne das Neue abzulehnen. Ehe und Familie sind wichtig für den Staat. Wir wollen Familien durch das Steuersystem stärken und lehnen daher die „Ehe für alle" ab.

Hinweis: Man sieht, dass die Paraphrasierung bereits Informationsverluste in Kauf nimmt und damit ein erster Schritt der Interpretation ist. Im Hintergrund steht hier bereits eine phänomenologische Reduktion, die bestimmte für das Phänomen überflüssige Informationen weglässt.

3. Bildung abstrakter Kategorien

Hinweis: Dieser Schritt fällt oft bereits vergleichsweise schwer. Denn hier ist eine erste Abstraktion gefordert. Wenn Ihnen das zu schwerfällt, beginnen Sie mit „In-vivo-Kategorien", also textnahen Kategorien und gehen Sie dann einen Schritt weiter ins axiale Codieren und dann ins selektive Codieren (siehe weiter oben Toolbox 3: Codierverfahren im Kontext der Grounded Theory). Dadurch gewinnt man Schritt für Schritt an Abstraktionsniveau. Welches Abstraktionsniveau wir dabei genau ansteuern, ist eine Entscheidung der Interpretationsgemeinschaft. Sie kann dann mit Entscheidungen von anderen Interpretationsgemeinschaften abgeglichen werden. Wir schlagen hier folgende Kategorien vor:

Konservativ = Gutes bewahren, Befürwortung und Skepsis gegenüber Neuerungen, Förderung von Ehe und Familie, staatstragend, fiskalisch (Steuer), politische Gegnerschaft: Ehe für alle.

Hinweis: Diese Kategorienbildung beginnt mit einem Interview und wird im Durchgang durch dieses Interview und danach andere Interviews immer präziser, klarer und abstrakter. Auf MAXQDA können dann die entsprechenden Codes vergeben und laufend weiter ausgearbeitet werden.

4. Die kognitive und normative Ordnung

Hinweis: Wenn wir die Kategorien formuliert haben, können wir darangehen, die Aussagelogik des Zitats genauer zu bestimmen und herauszuarbeiten, wie Dinge gesehen und dargestellt werden (kognitive Ordnung). Dazu können wir u. a. die kausale Ordnung der Kategorien herausarbeiten, also wie beim axialen Codieren den Zusammenhang herausarbeiten. Das ist für uns in der Regel ein gewohntes Verfahren, das wir auch bei wissenschaftlichen Texten anwenden. Danach können wir herausarbeiten, was als gut oder schlecht bewertet wird (evaluative Dimension) und welche Handlungsweisen oder Handlungsregeln nahegelegt werden (wie wir handeln sollen). Dabei interessieren wird uns insbesondere für die Normen und Werte, die dabei ins Spiel kommen (normative Ordnung).

Normen werden dabei von uns zunächst einfach und provisorisch als konkrete Sollvorstellungen verstanden, die häufig mit Sanktionsformen (positiver oder negativer Art) versehen sind. Werte sind für uns hier hingegen abstrakte und diffuse Wunschvorstellungen, wie z. B. die Welt, die Gesellschaft, die Familie am besten sein sollten. Während Normen gesetzt werden können, z. B. durch Gesetze oder durch Regeln der Zusammenarbeit etc., können Werte nur postuliert werden. Man muss sie in Normen, in Satzungen oder Gebote transformieren, um alltägliches Handeln mit konkreten Handlungserwartung zu versehen und sanktionieren zu können. Die Frage ist also, welche Werte und Normen werden im Zitat dargestellt und ggf. mit Verhaltenserwartungen versehen.

Kognitive Ordnung: Im Umgang mit dem objektiven Handlungsproblem, wie ich politische Gefolgschaft für meine Partei und meine politischen Positionen gewinne, wird hier zunächst auf einen scheinbar unpolitischen Deutungshorizont von Konservieren als Bewahren zurückgegriffen. Explizite Bezüge zum politischen Konservatismus sind ausgeblendet. Viele breit ansprechen und wenige abschrecken ist die Devise. Man erreicht mehr Menschen, potenzielle Wähler*innen, indem man Anspielungen ins Spiel bringt und keine konkreten politischen Positionen, welche abschrecken können. In dieser Allgemeinheit erscheint „konservativ sein" als anschlussfähig für die meisten Leser*innen. Wer wollte nicht Gutes bewahren? Es wird also eine Darstellungsform gewählt, welche an das Alltagswissen der Bevölkerung anknüpft und die Frage des Konservatismus entpolitisiert.

Auch dass man „Neuerungen" nicht komplett ablehnt, beugt einem Gegenargument im Alltagswissen vor: dass man als „Konservativer" nicht mehr offen genug ist. Gutes bewahren und mit Offenheit Neuem begegnen, setzt hingegen die Denkfigur des „guten Mittelweges" in Kraft, die für viele in der politischen „Mitte" anschlussfähig ist.

Mit diesen Darstellungsformen (also: mit Anspielungen die Mitte gewinnen und den guten Mittelweg darstellen) ist jedoch auf der Suche nach politischer Gefolgschaft nur der Ausgangspunkt gesetzt. Er könnte für jede „Volkspartei" gelten. Entscheidend ist dann aber die Akzentuierung der antiegalitären Komponente[24]. Der Ausgangspunkt wird nicht in eine „Toleranz" gegenüber Vielen oder Vielem überführt. Dass man Neues nicht komplett ablehnt, heißt ja im Umkehrschluss, dass man es überwiegend ablehnt. Und zwar immer dann, wenn es das Gute zerstört.

In dieser Denkfigur aus dem kollektiven Wissensvorrat kommt implizit bereits der Schutz gegenüber der Bedrohung der Gemeinschaft ins Spiel. Denn der Allgemeinplatz lässt in der Folge nicht offen, wie die Rollen von Gut und Böse verteilt sind. Gut sind Werte, wie sie in Ehe und Familie gelebt werden. Schlecht ist die Ehe für alle – in der Negation sind das also die Werte, wie sie z. B. von gleichgeschlechtlichen Paaren gelebt werden. Damit ist die „Bedrohung" klar gefasst, durch ein Element der Ablehnung der kulturellen Offenheit klar bestimmt.

Das „traditionale Element" des kollektiven Wissensbestands, das implizit oder latent durch die „Heiligkeit von Ehe und Familie" aktiviert wird, wird durch das „Staatstragende" der Stellungnahme ergänzt. Ehe und Familie sind gut für den Staat. Und das Staatstragende bleibt nicht abstrakt, sondern wird in der Steuergesetzgebung konkret. Staatstragend, pragmatisch und konkret ist das kognitive Element, das hier aktiviert wird. Damit haben wir, noch ganz provisorisch, die kognitive Ordnung des Interviewzitates erfasst.

Wie bin ich, wie sind wir von der AfD? Wir bewahren das Gute und wenden uns gegen das Böse. Das Gute ist u. a. die Tradition von Ehe und Familie, welche im Kampf gegen die kulturelle Öffnung (das Böse) staatstragend und pragmatisch geschützt wird.

Als Botschaft an die potenzielle Gefolgschaft wird damit eine Darstellung gewählt, welche den traditionellen Wertebestand in den Vordergrund rückt, also traditionale Gründe für die Gefolgschaft anführt. Mit der Argumentationsform der Bedrohung der traditionalen Gemeinschaft, die als

---

24 Sie richtet sich gegen eine Gleichheit, bei der grundsätzlich alle Staatsbürger*innen den gleichen Zugang zu den zentralen Ressourcen haben (z. B. die Ehe und ihre steuerrechtliche Bevorzugung).

"gut" dargestellt wird, und dem antiegalitären Element gegenüber gleichgeschlechtlichen Partnerschaften lässt sich hier ein klares Politikmuster erkennen. Dazu gehört auch das Staatstragende, die dem Staat "dienende" Institution von Ehe und Familie.

Normative Ordnung: Bereits im ersten Zugang lässt sich die evaluative Dimension der Aussage einfach einordnen. Dies kennzeichnet diese politische Stellungnahme. Was als gut oder schlecht erachtet wird, ist klar definiert. Ehe, Familie und Staat sind gut, die "egalitäre" Ehe für alle als Element einer kulturellen Öffnung und Neuerung ist schlecht. Warum? Weil sie eine Tradition nicht bewahrt, sondern zerstört. Was sollen wir also tun? Traditionen bewahren. Welche Traditionen? Die Traditionen unserer Gemeinschaft, in der wir Werte leben, welche dem Staat dienlich sind. Sie gilt es zu schützen. Die allgemeine Norm von "Wir sollen das Schützenswerte bewahren" wird hier spezifisch aktualisiert, im Wertekanon des Politikmusters: die "heilige Institution von Ehe und Familie" sowie deren "Staatsdienlichkeit". Damit wird auch die zweite Norm klar erkennbar. Wir als Staatsbürger*innen sollen dem Staat dienlich sein, indem wir staatsdienliche Werte leben und die Partei, die wir wählen können, unterstützt dies mit werte- und staatsdienlicher konkreter Politik: der Beibehaltung der steuerlichen Bevorzugung von Ehe und Familie. Dieser "Dienst am Staat" durch in Ehe und Familie traditional gelebte Werte muss bei Abweichung von der Verpflichtung durch negative Sanktionen wie der steuerlichen Ungleichstellung geahndet werden.

Was sollen wir tun? Wir sollen das Gute der Gemeinschaft bewahren, in dem wir die heilige Institution von Ehe und Familie schützen und damit dem Staat dienlich sind. Wer diese "Verpflichtung" nicht wahrnimmt, den müssen wir u. a. durch steuerliche Benachteiligung sanktionieren.

Als Botschaft an die potenzielle Gefolgschaft wird der normative Bezug zum historischen Erbe der christlich-abendländischen Gemeinschaft in Deutschland klar im Dreiklang von Ehe, Familie und Staat akzentuiert. Wer sich in dieser "Staatsbürgerpflicht" sieht, scheint bei der AfD gut aufgehoben zu sein.

5. Der Vergleich mit anderen Interviewpassagen und Interviews

Hinweis. Im Anschluss an diese Arbeit an einer Schlüsselpassage werden nun im Quervergleich andere Passagen im gleichen Interview und andere Interviews herangezogen. Dabei wird nach Aussagen gesucht, welche die Deutungshypo-

thesen in Bezug auf die kognitive und normative Ordnung widerlegen, differenzieren oder bestätigen können. Dies wird im fallkontrastierenden Verfahren auf der Ebene der kognitiven und normativen Ordnungen so lange im Verfahren des „theoretical sampling" durchgeführt, bis eine theoretische Sättigung erreicht ist. Damit ist ein wichtiger Schritt der qualitativen Generalisierung vollzogen. Wir beziehen uns hier aus Darstellungsgründen nur auf Interviewpassagen aus dem gleichen Interview sowie auf Passagen aus anderen Interviews mit derselben Person.

Dabei taucht in dem vorliegenden Interview der Bezug zu Familie und Ehe im weiteren Interviewverlauf nicht mehr auf. Wir finden jedoch weitere Bezüge zur Einordnung als „konservative" Partei. Der Dreiklang bürgerlich-konservativ-patriotisch als Markenzeichen der Partei bestätigt Elemente der kognitiven und normativen Ordnung. Bürgerlich ist in diesem Kontext ein Begriff, der sich auf das Volk, auf die Gemeinschaft bezieht, deren Werte die Partei vorgibt, zu vertreten. Implizit bleibt die Unterscheidung von „bürgerlich" und „extrem". Dass sie nicht explizit wird, kann zwei Gründe haben: Zum einen soll die Gefolgschaft aus dem politisch extremen Teil der Gesellschaft nicht negiert oder abgeschreckt werden. Zum anderen wird vorrangig die Gefolgschaft aus der breiten bürgerlichen Mitte adressiert.

„*Wir sind eine Partei, die ist sowohl bürgerlich als auch konservativ und patriotisch. Wenn Sie die Wahlprogramme anderer bürgerlicher Parteien mit unserem vergleichen, dann wird Ihnen auffallen: Sie unterscheiden sich gar nicht so sehr*".

Daher auch der Bezug zu bürgerlichen Parteien. Mit „patriotisch" taucht wiederum das staatstragende Element auf, nun verstärkt und zugeschnitten auf die Nationalstaatlichkeit („patriotisch"), welche vertreten wird. Auch mit diesem Bezug auf die „Vaterlandsliebe" gehen wieder Assoziationen einher. Zum Beispiel wird sich mittels Anspielungen in verschiedenen Aussagenzusammenhängen gegen die Flüchtlingspolitik gewandt: „*Zwar ist die Situation heute nicht mehr so dramatisch wie 2015, aber das kann jederzeit wieder passieren*". Zugleich ist patriotisch in Deutschland ein Signalwort, welches durch die Vergangenheit nationalliberaler und nationalsozialistischer Bewegungen, Vereinigungen und Parteien in Deutschland einen bestimmten Assoziationshorizont heraufbeschwört. Auch mit diesem „Markenzeichen" der Partei wird wieder implizit deutlich gemacht, dass Gefolgschaft auch weit rechts von der Mitte gesucht wird. Damit erfährt die in Schritt 4 herausgearbeitete kognitive und normative Ordnung eine

8.4 Deutungsmuster des Rechtspopulismus: Ein Anwendungsbeispiel

Ergänzung und einen weiteren, nun noch klareren Zuschnitt. Auch hier wird politische Gefolgschaft zu gewinnen versucht, indem allgemeine Anspielungen verbunden werden mit einem Bezug auf den staatstragenden konservierenden Schutz der Gemeinschaft vor Bedrohungen – diesmal nicht vor der Ehe für alle, sondern vor der Bedrohung durch Geflüchtete. Auch die Volksbeteiligung entspricht diesem Deutungsmuster, am besten für die Gefolgschaft darzustellen, dass und wie man sich staatstragend für die Gemeinschaft einsetzt. „*Wir verteidigen und schützen die Demokratie in Deutschland. Daher ist es für uns klar, dass wir mehr plebiszitäre Elemente wollen, also eine direkte Demokratie nach dem Vorbild der Schweiz*".

Vor diesem Hintergrund ist auch die Akzentuierung eines liberalen Wertes der Meinungsfreiheit zu verstehen. Sie könnte auch als Widerlegung oder Widerspruch im Deutungsmuster verstanden werden. „Diese Akzentuierung erscheint aber nicht nur als eine wohlfeile Rechtfertigung im Gespräch, sondern passt u. E. auch zum Deutungsmuster, Gefolgschaft zu gewinnen, indem man zeigt, was man für die bedrohte Gemeinschaft tun kann: ihre Meinung plebiszitär zur Geltung zu bringen.

Wenn man sich die anderen Interviews, Vorträge und Wahlspots im selben Jahr der Bundestagskandidatur ansieht, sieht man schnell, wie sich bestimmte Schlagworte und Bezugnahmen immer wieder wiederholen. Es zeigt sich, dass die Schlagworte Teil einer Wahlkampfstrategie sind, um potenzielle Wähler*innen zu gewinnen. Sie folgen darin aber auch den im Interview herausgearbeiteten Deutungs- und Handlungsroutinen zur Gewinnung von politischer Gefolgschaft, bestätigen also die rekonstruierte kognitive und normative Ordnung der Schlüsselpassage.

6. Die Deutungs- und Handlungsregeln

Hinweis: Danach werden die Deutungsmuster in diesem Feld nochmals als Elemente des kollektiven Wissensvorrats unter Bezug auf das objektive Handlungsproblem zusammengefasst und generalisiert. Wir resümieren, inwiefern sich die Elemente des Politikmusters unseres Falles bei anderen Fällen wiederfinden lassen und welche Differenzierungen sich ergeben. Häufig lassen sich dabei – und das ist eine empirische Beobachtung – nur wenige Deutungsmuster bzw. Deutungs- und Handlungsregeln identifizieren.

Bezogen auf das objektive Handlungsproblem der Generierung politischer Gefolgschaft sind die Deutungsregeln nun vergleichsweise klar geworden:

Die Deutungsregeln

1. Wir können Gefolgschaft gewinnen, wenn wir mittels allgemeiner Anspielungen und der Vorstellung eines guten Mittelwegs eine breite Resonanz generieren, also mit Vorstellungen arbeiten, welche für viele Menschen anschlussfähig sind.
2. Extreme Positionen ziehen nur wenige an, zu Lasten der Vielen, die davon abgestoßen werden.
3. Die **Bedrohung** – durch Offenheit und Egalität vor dem Hintergrund einer anti-egalitären, diskriminierenden Perspektive – und folgerichtig **die Aufgabe des Schutzes der Gemeinschaft** – mit Bezug auf Traditionen wie Ehe, Familie, Nation und Staat – sind geeignete Mittel, um Gefolgschaft in der konservativen Mitte zu generieren.
4. Wenn dazu **der Weg** aufgezeigt wird, wie und von wem dieser Schutz erreicht werden kann – staatstragend, patriotisch, plebiszitär – kann es gelingen, Gefolgschaft in der konservativen Mitte zu generieren.

Daran knüpfen dann auch die allgemeinen Handlungsregeln an, welche aus den Deutungsregeln resultieren:

Die Handlungsregeln

1. Bleibe möglichst allgemein und im Ungefähren. Vermeide Extreme.
2. Stelle etwas in den Vordergrund, was viele vermeiden möchten, i. e. eine Bedrohung. Diese kann diskriminierend und „scharf" dargelegt werden.
3. Zeige auf, was potenzielle Wähler*innen und Gefolgsleute erwarten können, wenn sie dir folgen, i. e. der Schutz der Gemeinschaft und wie wir alle dies zusammen erreichen können.

Hinweis: Diese Deutungs- und Handlungsregeln sind nicht als strategisch-kalkuliert zu verstehen, sondern sind in ihrem Bezug auf einen kollektiven Wissensvorrat rekonstruiert worden. Dieser stellt bestimmte Deutungs- und Handlungsroutinen zur Verfügung, wenn man möglichst viele Leute erreichen möchte. Sie sind generativ, d. h., sie produzieren viele Aussagen von ganz verschiedenen Personen in ganz verschiedenen Kontexten, welche sich diese Deutungs- und Handlungsroutinen oft unreflektiert aneignen, also das in ihrer Kultur verfügbare kulturelle Repertoire reproduzieren. Das kann im politischen Kontext natürlich auch strategisch überformt sein, Teil einer Wahlkampfstrategie, aber uns kommt es hier auf die habituelle Repräsentation von

8.4 Deutungsmuster des Rechtspopulismus: Ein Anwendungsbeispiel

Deutungs- und Handlungsroutinen an, die wir herausgearbeitet haben. Ob eine Person sich dieser Deutungsregeln bewusst ist oder die Handlungsregeln gezielt und strategisch anwendet, wissen wir nicht und das spielt hier auch keine Rolle. Denn die Personen und ihre politischen Programmatiken sind vor dem Hintergrund des kollektiven Wissensvorrats austauschbar. Dieser steht im Vordergrund und nicht die Ableitungen und Derivationen in der politischen Praxis. Aber natürlich haben wir hier noch keine theoretische Sättigung erreicht und nur einen Typus von Deutungs- und Handlungsroutinen herausgearbeitet, wo sich sicherlich noch andere finden lassen.

7. Der Kontext

Hinweis: Der Kontext wird erst spät herangezogen. Hier wird der regionale und historische Kontext spezifiziert, in dem das Interview gegeben wurde, der konkrete organisationale und mediale Zusammenhang sowie die wissenschaftliche Einordnung dieses Zusammenhangs. Diese Bezugnahme soll uns im nächsten Schritt auch ermöglichen, zu erklären, wie es zu diesen Befunden kommen kann.

Die Gewinnung von Gefolgschaft findet im Kontext einer Stadt in Westdeutschland statt. Wir sehen vor diesem Hintergrund, dass sich die AfD und ihr Kandidat in einem städtischen Kontext bewegen, in welchem die AfD in den verschiedenen Wahlen nur durchschnittliche Stimmanteile von Wählerstimmen realisieren kann.

Der regionale Kontext ist damit zum einen durch eine bereits erkennbar aufstrebende rechtspopulistische Partei bestimmt, welche sich zum anderen in einem regionalen Kontext bewegt, in dem der politische Anklang bei der potenziellen Wählerschaft nicht so vielversprechend erscheint wie z. B. in verschiedenen ostdeutschen Kreisen und Bezirken des Landes. Der Kandidat mit seiner Familie, mit mehreren Kindern, seinem Beruf und seiner akademischen Bildung erscheint daher als besonders geeignet, um im bürgerlich-konservativem Wählerumfeld Wählerstimmen und Gefolgschaft für die vergleichsweise neue rechtspopulistische Partei zu gewinnen. Zugleich wird deutlich, dass dies in diesem Umfeld schwerlich gelingen kann, wenn der Kandidat rechtsextreme Akzente setzt. Der regionale Kontext legt damit eine bestimmte Wahlkampfstrategie nahe, was es bei der Interpretation zu berücksichtigen gilt. Es ändert jedoch nichts daran, dass auch dabei auf einen kollektiven Wissensvorrat rekurriert wird, der Deutungs- und Handlungsroutinen beinhaltet, wie politische Gefolgschaft bzw. potenzielle Wählerschaft gewonnen werden kann.

Auch hier muss nun wieder der Bezug zur wissenschaftlichen Analyse des Rechtspopulismus hergestellt werden. Auch an dieser Stelle werden wieder Faktenwissen und wissenschaftliches Wissen einbezogen. So werden für uns nun leicht erkennbar zwei typische Elemente eines rechtspopulistischen Diskurses im Interview aufgenommen: der Bezug zum Volk und eine Identitätspolitik, in der eine bedrohte Gemeinschaft konstruiert wird. Dies geschieht wiederum mit Bezug auf einen Politiker, der dem Prozess der Wiederherstellung der Gemeinschaft eine Richtung geben kann (siehe 7.5 Das teilstandardisierte Expert*inneninterview als Erhebungsform im Methodenmix: Beispiel einer explorativen Untersuchung von Rechtspopulismus bei jungen Erwachsenen).

Hinweis: Wir haben hier also bezogen auf das Interviews konkret dargelegt, wie sich der parteipolitische Kontext der AfD im Zeitraum des Interviews und in der Region einschätzen lässt, um erkennbar werden zu lassen, welche historisch-konkreten Probleme in der Generierung von Gefolgschaft sich erkennen lassen. Auch eine wissenschaftliche Einordnung des Rechtspopulismus wurde hier nochmals herangezogen, um darzulegen, inwiefern das Interview in diesem Kontext einzuordnen ist. Welche anderen Faktoren des Kontextes herangezogen werden müssen, obliegt der Entscheidung der Interpretationsgemeinschaft. Es kann alles herangezogen werden, das als wichtig erachtet wird, um zu verstehen und zu erklären, wie es zur Aktualisierung genau dieser Deutungsmuster kommt.

8. Die Erklärung

*Hinweis: Nehmen wir an, das identifizierte Deutungsmuster in der Generierung von Gefolgschaft durch ein antiegalitäres, diskriminierendes „Wir bewahren unsere Traditionen" und „schützen unsere Gemeinschaft vor Bedrohungen" bestätigt sich auch in Interviews mit anderen rechtspopulistischen Politikern als dominanter Deutungstyp, so stellt sich die Frage, wie sich dieser Befund erklären lässt. Dazu müssen wir das eigene, theoriegenerierende Verfahren der Grounded Theory ergänzen und es muss mit anderen theoretischen Erklärungen abgeglichen werden, um feldspezifische und übergreifende soziologische Erklärungsformen und -faktoren diskutieren zu können. Zugleich müssen wir, wenn wir dies nicht bereits im Zuge der Kontextuierung getan haben, im Stand der Forschung nach Studien suchen, die zu ähnlichen Ergebnissen kommen und deren Hypothesen zur Kenntnis nehmen. Insbesondere wäre hier der Aspekt der Rezeptions- und Anerkennungsformen auf der Seite der potenziellen Mitglieder und Wähler*innen zu ergänzen.*

Wir können und wollen hier natürlich keine umfassende Erklärung anbieten, sondern nur ein paar Hinweise darauf geben, wo wir die Erklärung ansetzen würden, warum es zu dieser Art der Generierung von Gefolgschaft kommt.

1. Wenn wir in allgemeiner Weise Bezug nehmen auf die Theorie Max Webers, sehen wir, dass es mehrere Wege gibt, Gefolgschaft und Legitimitätsglaube zu generieren (vgl. Weber 2001 I/17: 160; siehe auch Breuer 2020: 118–119). Weber unterscheidet hier charismatische Formen, welche über die Einzigartigkeit und zuerkannte Überlegenheit von Führungspersonen läuft, von traditionalen Formen, in denen die „Heiligkeit" einer überlieferten Ordnung zur Generierung von freiwilliger Gefolgschaft genutzt wird. Darüber hinaus gibt es rationale Geltungsgründe, die für die Generierung von Gefolgschaft genutzt werden. Zu diesen zählen zweckrationale Gründe, die an die Interessen der Gefolgschaft anknüpfen, und wertrationale Gründe, welche an die Verwirklichung von Ideen und Werten ansetzen (Weber 1988: 252; siehe auch Sigmund 2020: 87–89). Auch wenn klar ist, dass bei diesem Deutungsmuster der Generierung von Gefolgschaft auf der Klaviatur aller Geltungsgründe gespielt wird, ist der dominante Weg in unserem Fall die Bezugnahme auf die „Heiligkeit der Tradition". Damit wird auf das konservative Erbe der Gemeinschaft nicht nur rational, sondern auch wertbezogen und vorrational angesprochen. Mit der „Heiligkeit" wird an den Glauben an das Gute und Große, an die Transzendenz der Nation angespielt und an dessen „unbedingte" Geltung. Indem das antizipierte „dumpfe Empfinden" von Unzufriedenheit und „vergangener Größe" bei der potenziellen Gefolgschaft übersetzt wird in den Glauben an die Größe der Nation, ihre Wiederherstellung und ihren Schutz, entsteht die wertbezogene, vorrationale und irrationale Anziehungskraft, auf dem dieses Deutungsmuster basiert. Seine Aktualisierung wird nicht nur durch instrumentelle Gründe des Erfolgsversprechens, sondern auch durch irrationale Glaubensgründe und Wertbezüge bei Politiker*innen und ihrer potenziellen Anhängerschaft bestimmt. Das gibt dem kollektiven Deutungsmuster seine Attraktivität.

2. In der Aktualisierung eines solchen Deutungsmusters wird auch eine Reaktion erkennbar, eine Reaktion auf die Öffnung und Pluralisierung von Gesellschaft – verstanden in diesem Deutungsmuster als schützenswerte Gemeinschaft. Dies ist in der sozialwissenschaftlichen Literatur

viel diskutiert und hinterfragt worden, vor allem aber mit Bezug auf die Wählerschaft, ihren Status und ihre Sozialstruktur (vgl. dazu nur Lengfeld 2017; Lux 2018; Koppetsch 2018; Klein et al. 2018; Steiner & Landwehr 2018 u. v. a.). Weniger aber wurde Bezug genommen auf die kollektiven Deutungsmuster, auf welche die rechtspopulistische Politik rekurriert, um Gefolgschaft zu gewinnen (vgl. aber zur Rhetorik und zur Arbeit in den Parlamenten Uhlmann 2020; Hensel 2020; Heinze 2020 u. v. a.). Gerade hier kommt aber das „Reaktionäre" zur Geltung, welches einen Fluchtpunkt vor der vermeintlichen Bedrohung generiert: im Schutz vor Offenheit und Egalität durch einen starken Staat und ein starkes Volk, das diesen Staat aus den Händen der „verkommenen Eliten" zurückerobert. Vor dem Abstrakten moderner Gesellschaften mit ihrer unübersichtlichen Institutionenordnung eröffnet das Konkrete einer starken Hand, welche leitet und führt, wieder eine vorrationale Resonanz[25]. Das Deutungsmuster rekurriert auf eine Vereinfachung, welche in Bedrohung und Schutz emotionalen Rückhalt bietet und sich auch deswegen als Deutungsroutine in der Aktualisierung von Gefolgschaft anbietet.

3. Auch die anti-egalitäre und anti-pluralistische diskriminierende Bezugnahme zur etablierten Elite und zu den hinzukommenden Außenseitern im Kontext der wahrgenommenen Bedrohung der Gemeinschaft ist eine wichtige Komponente des kollektiven Deutungsmusters (siehe dazu Becker & Fetzer 2017; Brunner & Kuhn 2018; Klein & Springer 2020). Sie lässt sich in allgemeiner Form auf Gruppeneffekte zurückführen. So wie im Beispiel von Elias' Studie (1993) zu Etablierten und Außenseitern, werden Letztere durch die Alteingesessenen diskriminiert. Die alteingesessenen Familien entwickelten einen Kanon an Werten, Normen und Regeln, der es ihnen ermöglichte, Außenseiter zu identifizieren und zu stigmatisieren. Und daran anknüpfend erscheint auch in diesem Deutungsmuster der Schutz der Gemeinschaft als mit der Stigmatisierung der Außenseiter verknüpft (vgl. Koppetsch 2017; Preußer 2020).

Diese Hinweise sollen uns helfen, zu verstehen und zu erklären, warum dieses kollektive Deutungsmuster der Gewinnung von Gefolgschaft durch die rechtspopulistische Politik zur Anwendung kommt und bezogen auf

---

25 Mit der Vorstellung von Residuen und Derivationen – eines Komplexes von Argumenten und Handlungen, im dem arationales Handeln sich als rationales versteht und/oder präsentiert – weist Pareto zugleich auf die vorrationalen Geltungsgründe der Rationalität hin (siehe oben).

die Resonanz als vielversprechend erscheint. Diese Hinweise sind hier aber nicht abschließend gemeint und noch weit entfernt von der Entwicklung einer konsistenten theoretischen Erklärung der Übernahme dieser kollektiven Deutungsroutinen. Aber sie zeigen erste Wege auf, auf denen wir weitersuchen und forschen können.

8.5 Schlussbemerkung

Der Weg vom Interview bis zu seiner Auswertung ist auch in der qualitativen Sozialforschung ein weiter. Die Deutungsmusteranalyse ist dabei nur eine Methode der Auswertung unter vielen anderen. Sie ist aber genuin soziologisch, insbesondere wissenssoziologisch, angelegt, indem sie darauf zielt, kollektive Wissensbestände zu rekonstruieren. Nicht individuelle Meinungen und Einstellungen stehen im Vordergrund, sondern das kulturelle Repertoire, mit dem wir „objektiven" Handlungsproblemen begegnen, welche sich in vielen Gesellschaften in ähnlicher Weise stellen. Nicht jede Deutung, nicht jedes Deutungsmuster ist gefragt, sondern kollektive Deutungs- und Handlungsroutinen, die im gesellschaftlichen Alltag als Bearbeitungsformen von Handlungsproblemen nahegelegt werden. Sie werden individuell angeeignet, reproduziert und modifiziert, aber lassen sich zurückführen auf das kollektive Wissen, wie Dinge zu sehen und zu tun sind. Ihre Rekonstruktion ist aufwendig, aber kann als Teil einer Institutionen- und Kulturanalyse verstanden werden, welche den alltäglichen Wissensbestand nachzuzeichnen hilft.

Fragen zur Vertiefung 7

1. Inwiefern entfalten Deutungsmuster in alltäglichen Situationen Handlungsrelevanz? Wie können wir herausfinden, wie handlungsrelevant Deutungsmuster sind?
2. Müssen Deutungsmuster immer implizit oder latent vorhanden sein, oder gibt es auch explizite Deutungsmuster?
3. Wie unterscheiden sich Deutungsmuster von Stereotypen?
4. Können Deutungsmuster auch instrumentell und strategisch sein, oder schließt sich dies aus?

Übung für Zuhause 8: Die Deutungsmusteranalyse

Bitte sehen Sie sich das Interview an (vgl. Bayern 2019: Im Interview: „Stefan" – Der Ausstieg aus der rechtsextremen Szene – Bayern).

1. Der Fragebogen: Bitte ordnen Sie die Fragen und die Art der Interviews ein. Da es kein wissenschaftliches Interview ist, können verschiedene Frageformen unsystematisch kombiniert vorkommen. Wie lassen sich solche Interviews in der qualitativen Sozialforschung klassifizieren?
2. Die Auswertung: Legen Sie bitte unabhängig von der Fragestellung des Reporters Ihre Fragestellung und Ihr Erkenntnisinteresse fest. Formulieren Sie dieses aus. Welche Unterfragen ergeben sich? Dann transkribieren Sie bitte die Passagen, von denen Sie denken, dass diese für Ihre Fragestellung wichtig sind. Legen Sie zuvor das Transkriptionssystem fest.

Für die Durchführung einer vereinfachten Deutungsmusteranalyse (nach Pohlmann et al. 2014) empfehlen wir das einfache Transkriptionssystem nach Dresing & Pehl (2018). Wenden Sie dann die ersten vier Schritte in der vereinfachten Deutungsmusteranalyse nach Pohlmann et al. (2014) an. Für die restlichen Schritte brauchen Sie mehr Interviewmaterial; sie entfallen daher in dieser Übung.

1. Wählen Sie sog. Schlüsselpassagen aus. Sie sind frei in der Auswahl. Wählen Sie die Passagen aus (ca. 5 bis 15 Zeilen), die Ihres Erachtens Ihrem Erkenntnisinteresse am meisten dienlich sind.
2. Reformulieren Sie die Schlüsselpassagen in Ihren eigenen Worten. Achten Sie darauf, dass der reformulierte Text einfach und klar ist. Was überflüssig ist, um den Text gut zu verstehen, kann wegfallen.
3. Gehen Sie nun einen Schritt zurück und bilden Sie abstrakte Kategorien, die hinter den Aussagen liegen.
4. Arbeiten Sie zum einen den logischen Zusammenhang der Argumente (kognitive Ordnung) heraus und zum anderen die Art, in der Bewertungen vorgenommen werden (normative Ordnung).

Quellen:

Allert, Tilman (1976): „Legitimation und gesellschaftliche Deutungsmuster", in: Rolf Ebbighausen (Hrsg.): *Bürgerlicher Staat und politische Legitimation*, Frankfurt am Main: Suhrkamp, S. 217–246.

Arnold, Rolf (1983): „Deutungsmuster", in: *Zeitschrift für Pädagogik* 29, S. 893–912.

Bayern (2019): Im Interview: „Stefan" – Der Ausstieg aus der rechtsextremen Szene – Bayern (letzter Aufruf 28.06.2020).

Becker, Sascha O. & Thiemo Fetzer (2016): "Does Migration Cause Extreme Voting?" In: *Center for Competitive-Advantage in the Global Economy and The Economic & Social Research Council, University of Warwick, Working Paper Series*, S. 1–54.

Berger, Peter L. & Thomas Luckmann (1966): *Die gesellschaftliche Konstruktion der Wirklichkeit: Eine Theorie der Wissenssoziologie*, Frankfurt am Main: Fischer.

Bögelein, Nicole (2016): *Deutungsmuster von Strafe: Eine strafsoziologische Untersuchung am Beispiel der Geldstrafe*, Wiesbaden: Springer VS.

Bögelein, Nicole (2018): "'Money Rules': Exploring Offenders' Perceptions of the Fine as Punishment," in: *The British Journal of Criminology* 58 (4), S. 805–823.

Bögelein, Nicole & Nicole Vetter (Hrsg., 2019): *Der Deutungsmusteransatz: Einführung-Erkenntnisse-Perspektiven*, Weinheim: Beltz Juventa.

Bohnsack, Ralf (2007): *Rekonstruktive Sozialforschung: Einführung in qualitative Methoden*, Opladen: Leske + Budrich.

Bohnsack, Ralf (2013): „Typenbildung, Generalisierung und komparative Analyse: Grundprinzipien der dokumentarischen Methode", in: Ralf Bohnsack, Iris Nentwig-Gesemann & Arnd-Michael Nohl (Hrsg.): *Die dokumentarische Methode und ihre Forschungspraxis*, Wiesbaden: VS Verlag für Sozialwissenschaften, S. 241–270.

Breuer, Stefan (2020): „Legitimität", in: Hans-Peter Müller & Steffen Sigmund (Hrsg.): *Max Weber-Handbuch: Leben – Werk – Wirkung*, Berlin: J.B. Metzler Verlag, S. 118–119.

Brunner, Beatrice & Andreas Kuhn (2018): "Immigration, Cultural Distance and Natives' Attitudes Towards Immigrants: Evidence from Swiss Voting Results," in: *Kyklos* 71 (1), S. 28–58.

Decker, Frank (2017): *Rechtspopulismus und Rechtsextremismus als Herausforderungen der Demokratie in der Bundesrepublik* (GWP – Gesellschaft. Wirtschaft. Politik 66 (3)), Opladen: Verlag Barbara Budrich.

Decker, Frank, Bernd Henningsen & Kjetil Jakobsen (Hrsg., 2015): *Rechtspopulismus und Rechtsextremismus in Europa: die Herausforderung der Zivilgesellschaft durch alte Ideologien und neue Medien* (International Studies on Populism 2), Baden-Baden: Nomos.

Dewe, Bernd (1984): „Kultursoziologische Bildungsforschung", in: *Zeitschrift für Sozialisationsforschung und Erziehungssoziologie* 4, S. 307–329.

Dresing, Thorsten & Thorsten Pehl (2018): *Praxisbuch Interview, Transkription & Analyse: Anleitungen und Regelsysteme für qualitativ Forschende*, Marburg: Eigenverlag.

Durkheim, Emile (1898): "La prohibition de l'incest," in: *L'Année Sociologique* 1, S. 1–70.

Durkheim, Emile (1967): *Soziologie und Philosophie*, Frankfurt am Main: Suhrkamp.

Elias, Norbert & John L. Scotson (1993): *Etablierte und Außenseiter*, Frankfurt am Main: Suhrkamp.

EmpoweringParents.com (2020): Sara Bean (letzter Aufruf 28.06.2020).

Esser, Hartmut (1990): „,Habits', ,Frames' und ,Rational Choice': Die Reichweite von Theorien der rationalen Wahl (am Beispiel der Erklärung des Befragtenverhaltens)", in: *Zeitschrift für Soziologie* 19 (4), S. 231–247 (letzter Aufruf am 28.06.2020).

Fischer-Rosenthal, Wolfram & Gabriele Rosenthal (1997): „Narrationsanalyse biographischer Selbstpräsentation", in: Ronald Hitzler & Anne Honer (Hrsg.): *Sozialwissenschaftliche Hermeneutik*, Wiesbaden: VS Verlag für Sozialwissenschaften, S. 133–164.

Fischer, Wolfgang & Martin Kohli (1987): „Biographieforschung", in: *Methoden der Biographie- und Lebenslaufforschung*, Wiesbaden: VS Verlag für Sozialwissenschaften, S. 25–49.

Fleiß, Jürgen (2010): „Paul Lazarsfelds typologische Methode und die Grounded Theory: Generierung und Qualität von Typologien", in: *Österreichische Zeitschrift für Soziologie* 35 (3), S. 3–18 (letzter Aufruf am 28.06.2020).

Francis, Emerich K. (1965): *Ethnos und Demos: soziologische Beiträge zur Volkstheorie*, Berlin: Duncker Humblot.

Frey, Bruno & Claudia Frey-Marti (2010): „Glück – Die Sicht der Ökonomie", in: *Wirtschaftsdienst* 90 (7), S. 458–463 (letzter Aufruf 28.06.2020).

Froschauer, Ulrike & Manfred Lueger (2020): *Das qualitative Interview: Zur Praxis interpretativer Analyse sozialer Systeme*, Wien: WUV-Universitätsverlag.

Geertz, Clifford (1997): *Dichte Beschreibung: Beiträge zum Verstehen kultureller Systeme*, Frankfurt am Main: Suhrkamp.

Grumke, Thomas (2012) „Rechtsextremismus und Rechtspopulismus als Herausforderungen für die Demokratie", in: Tobias Mörschel & Christian Krell (Hrsg.): *Demokratie in Deutschland*, Wiesbaden: VS Verlag für Sozialwissenschaften, S. 363–387 (letzter Aufruf 06.06.2021).

Handelsblatt (2013): „Wie lässt sich Glück messen? Glück ist ein höchst individuelles und persönliches Gefühl, für Wissenschaftler nur dann handhabbar, wenn es sich in Zahlen messen lässt. Welchen Einfluss Wirtschaftsleistung und Pro-Kopf-Einkommen haben", in: *Handelsblatt*, am 01.11.2013 (letzter Aufruf 28.06.2020).

Häusler, Alexander (2008) „Rechtspopulismus als Stilmittel zur Modernisierung der extremen Rechten", in: Alexander Häusler (Hrsg.) *Rechtspopulismus als „Bürgerbewegung"*, Wiesbaden: VS Verlag für Sozialwissenschaften, S. 37–51 (letzter Aufruf 06.06.2021).

Heinze, Anna-Sophie (2021): „Zum schwierigen Umgang mit der AfD in den Parlamenten: Arbeitsweise, Reaktionen, Effekte", in: *Zeitschrift für Politikwissenschaft* 31, S. 133–150.

Hensel, Alexander (2020): „Kritik, Kontrolle, Alternative? Die AfD als parlamentarische Opposition in den Landtagen von Baden-Württemberg, Rheinland-Pfalz und Sachsen-Anhalt", in: Stephan Bröchler Manuela Glaab & Helmar Schöne (Hrsg.): *Kritik, Kontrolle, Alternative: Was leistet die parlamentarische Opposition?* Wiesbaden: Springer VS, S. 275–300.

Höffling, Christian, Christine Plaß & Michael Schetsche (2002): „Deutungsmusteranalyse in der kriminologischen Forschung", in: *Forum Qualitative Sozialforschung* 3 (1/13) (letzter Aufruf 28.06.2020).

Holly, Werner (2011): „Bildüberschreibungen: Wie Sprechtexte Nachrichtenfilme lesbar machen (und umgekehrt)", in: Hajo Diekmannshenke, Michael Klemm & Hartmut Stöckl (Hrsg.): *Bildlinguistik: Theorien – Methoden – Fallbeispiele*, Berlin: Erich Schmidt Verlag, S. 231–254.

Keller, Reiner (2011): *Wissenssoziologische Diskursanalyse: Grundlegung eines Forschungsprogramms*, Wiesbaden: VS Verlag für Sozialwissenschaften.

Klein, Markus & Frederik Springer (2020): „Hysterie und Hysterese: Die Asylmigration und der Erfolg der Alternative für Deutschland (AfD)", in: *KZfSS – Kölner Zeitschrift für Soziologie und Sozialpsychologie* 72 (3), S. 455–470.

Klein, Markus, Fabian Heckert & Yannic Peper (2018): „Rechtspopulismus oder rechter Verdruss?" In: *KZfSS – Kölner Zeitschrift für Soziologie und Sozialpsychologie* 70 (3), S. 391–417.

Kohli, Martin (1981): „Wie es zur ‚biographischen Methode' kam und was daraus geworden ist: Ein Kapitel aus der Geschichte der Sozialforschung", in: *Zeitschrift für Soziologie* 10 (3), S. 273–293.

Koppetsch, Cornelia (2017): „Rechtspopulismus, Etablierte und Außenseiter: Emotionale Dynamiken sozialer Deklassierung", in: Dirk Jörke & Oliver Nachtwey (Hrsg.): *Das Volk gegen die (liberale) Demokratie* (Leviathan 32) S. 208–232.

Koppetsch, Cornelia (2018): „Rechtspopulismus als Klassenkampf? Soziale Deklassierung und politische Mobilisierung", in: *WSI-Mitteilungen* 71 (5), S. 382–391.

Kuckartz, Udo (2010): *Einführung in die computergestützte Analyse qualitativer Daten*, Wiesbaden: VS Verlag für Sozialwissenschaften.

Kuckartz, Udo (2020): „Typenbildung", in: Günter Mey & Katja Mruck (Hrsg.): *Handbuch qualitative Forschung in der Psychologie, Band 2: Designs und Verfahren*, Wiesbaden: Springer, S. 795–812.

Kunda, Ziva (1999): *Social cognition: Making Sense of People*, Cambridge: A Bradford Book/The MIT Press.

Lengfeld, Holger (2017): „„Die ‚Alternative für Deutschland': Eine Partei für Modernisierungsverlierer?" In: *KZfSS – Kölner Zeitschrift für Soziologie und Sozialpsychologie* 69 (2), S. 209–232.

Lepsius, Rainer M. (1967/68): „Die unbestimmte Identität der Bundesrepublik", in: *Hochland* 60 (2), S. 562–569.

Lepsius, Rainer M. (1986): „‚Ethnos' und ‚Demos': Zur Anwendung zweier Kategorien von Emerich Francis auf das nationale Selbstverständnis der Bundesrepublik und auf die Europäische Einigung", in: *KZfSS – Kölner Zeitschrift für Soziologie und Sozialpsychologie* 38 (4), S. 751–759.

Lepsius, Rainer M. (1990): *Interessen, Ideen und Institutionen*, Opladen: Westdeutscher Verlag.

Lepsius, Rainer M. (1993): „Das Modell der charismatischen Herrschaft und seine Anwendbarkeit auf den ‚Führerstaat' Adolf Hitlers", in: Rainer M. Lepsius (Hrsg.): *Demokratie in Deutschland: Soziologisch-historische Konstellationsanalysen*, Göttingen: Vandenhoeck und Ruprecht, S. 95–118.

Lüders, Christian (1991): „Deutungsmusteranalyse: Annäherungen an ein risikoreiches Konzept", in: Detlef Garz & Klaus Kraimer (Hrsg.): *Qualitativ-empirische Sozialforschung: Konzepte, Methoden, Analysen*, Opladen: Westdeutscher Verlag, S. 377–408 (letzter Aufruf 28.06.2020).

Lüders, Christian & Michael Meuser (1997): „Deutungsmuster", in: Ronald Hitzler & Anne Honer (Hrsg.): *Sozialwissenschaftliche Hermeneutik: Eine Einführung*, Wiesbaden: VS Verlag für Sozialwissenschaften, S. 57–79.

Luhmann, Niklas (2000): *Politik der Gesellschaft*, hrsg. von André Kieserling, Frankfurt am Main: Suhrkamp.

Lux, Thomas (2018): „Die AfD und die unteren Statuslagen: Eine Forschungsnotiz zu Holger Lengfelds Studie Die ‚Alternative für Deutschland': eine Partei für Modernisierungsverlierer?" In: *KZfSS – Kölner Zeitschrift für Soziologie und Sozialpsychologie* 70 (2), S. 255–273.

Mannheim, Karl (1980): *Strukturen des Denkens*, Frankfurt am Main: Suhrkamp.

Mayring, Philipp (2020): „Qualitative Forschungsdesigns", in: Günter Mey & Katja Mruck (Hrsg.): *Handbuch Qualitative Forschung in der Psychologie, Band 2: Designs und Verfahren*, Wiesbaden: Springer, S. 3–17 (letzter Aufruf am 28.06.2020).

Meuser, Michael & Reinhold Sackmann (Hrsg., 1992): *Analyse sozialer Deutungsmuster: Beiträge zur empirischen Wissenssoziologie*, Pfaffenweiler: Centaurus-Verlagsgesellschaft.

Milbradt, Björn, Floris Biskamp, Yvonne Albrecht & Lukas Kiepe (2017): *Ruck nach rechts? Rechtspopulismus, Rechtsextremismus und die Frage nach Gegenstrategien*, Opladen: Verlag Barbara Budrich.

Oevermann, Ulrich (1973): *Sprache und soziale Herkunft: Ein Beitrag zur Analyse schichtenspezifischer Sozialisationsprozesse und ihrer Bedeutung für den Schulerfolg*, Frankfurt am Main: Suhrkamp.

Oevermann, Ulrich (2001): „Die Struktur sozialer Deutungsmuster – Versuch einer Aktualisierung", in: *Sozialer Sinn* 2 (1), S. 35–81.

Oevermann, Ulrich (2008): „Krise und Routine" als analytisches Paradigma in den Sozialwissenschaften, eine Abschiedsvorlesung am Institut für hermeneutische Sozial- und Kulturforschung E. V. am 28.04.2008 (letzter Aufruf 28.06.2020).

Ortner, Christina (2018): „Die Verbindung qualitativer und quantitativer Daten in der Datenauswertung am Beispiel einer triangulativen Studie", in: Andreas M. Scheu (Hrsg.): *Auswertung qualitativer Daten: Strategien, Verfahren und Methoden der Interpretation nicht-standardisierter Daten in der Kommunikationswissenschaft*, Wiesbaden: Springer VS, S. 293–307.

Pareto, Vilfredo (1962): *System der allgemeinen Soziologie*, Stuttgart: Enke.

Plaß, Christine & Michael Schetsche (2001): „Grundzüge einer wissenssoziologischen Theorie sozialer Deutungsmuster", in: *Sozialer Sinn* 3, S. 511–536.

Pohlmann, Markus (2016): *Soziologie der Organisation: Eine Einführung*, Konstanz: UVK.

Pohlmann, Markus, Stefan Bär & Elizângela Valarini (2014): „The Analysis of Collective Mindsets: Introducing a New Method of Institutional Analysis in Comparative Research", in: *Revista de Sociologica e Politica* 22 (52), S. 7–25 (letzter Aufruf: 28.06.2020).

Preuß, Madlen (2020): *Elias' Etablierte und Außenseiter: Eine quantitativ-empirische Modellierung am Beispiel der deutschen Migrationsgesellschaft*, Bielefeld: transcript.

Proester, Karin (2010): „Fließende Grenzen zwischen Rechtsextremismus und Rechtspopulismus in Europa?" In: *Aus Politik und Zeitgeschichte* 44 (letzte Aufruf 02.06.2021).

Quent, Matthias (2019): *Deutschland rechts außen, wie die Rechten nach der Macht greifen und wie wir sie stoppen können*, München: Piper.

Sachweh, Patrick (2010): *Deutungsmuster sozialer Ungleichheit: Wahrnehmung und Legitimation gesellschaftlicher Privilegierung und Benachteiligung*, Frankfurt am Main: Campus.

Sachweh, Patrick (2011): „Unvermeidbare Ungleichheiten? Alltagsweltliche Ungleichheitsdeutungen zwischen sozialer Konstruktion und gesellschaftlicher Notwendigkeit", in: *Berliner Journal für Soziologie* 21 (4), S. 561–586 (letzter Aufruf 28.06.2020).

Schetsche, Michael (1992): „Sexuelle Selbstgefährdung des Kindes durch Onanie: Ein Modell zur Binnenstruktur von Deutungsmustern", in: Michael Meuser & Reinhold Sackmann (Hrsg.): *Analyse sozialer Deutungsmuster: Beiträge zur empirischen Wissenssoziologie*, Pfaffenweiler: Centaurus-Verlagsgesellschaft, S. 49–70.

Schetsche, Michael (1997): „Sexuelle Botschaften via Internet: Ausgewählte Ergebnisse einer explorativen Studie", in: Lorenz Gräf & Markus Krajewski (Hrsg.): *Soziologie des Internet: Handeln im elektronischen Web-Werk*, Frankfurt am Main: Campus, S. 235–256.

Schetsche, Michael (2000): *Wissenssoziologie sozialer Probleme: Begründung einer relativistischen Problemtheorie*, Wiesbaden: VS Verlag für Sozialwissenschaften.

Schetsche, Michael & Christine Plaß (2001): „Grundzüge einer wissenssoziologischen Theorie sozialer Deutungsmuster", in: *Sozialer Sinn* 2 (3), S. 511–536 (letzter Aufruf 28.06.2020).

Scheufele, Bertram & Carla Schieb (2018): „Welchen Mehrwert haben qualitative Typologien jenseits einer bloßen Klassifizierung? Zu Handlungsempfehlungen und theoriebildenden Kombinationen von Typologien", in: Andreas M. Scheu (Hrsg.): *Auswertung qualitativer Daten: Strategien, Verfahren und Methoden der Interpretation nicht-standardisierter Daten in der Kommunikationswissenschaft*, Wiesbaden: Springer VS, S. 41–56 (letzter Aufruf am 28.06.2020).

Schmied-Knittel, Ina (2008): *Satanismus und ritueller Missbrauch: Eine wissenssoziologische Diskursanalyse* (Grenzüberschreitungen 7), Würzburg: Ergon.

Schütz, Alfred (1971/82): *Gesammelte Aufsätze*, Band 1–3, Den Haag: Nijhoff.

Schütz, Alfred (1979/94): *Strukturen der Lebenswelt*, Band 1–2, Frankfurt am Main: Suhrkamp.

Scott, Richard W. (1995): *Institutions and organizations*, Thousand Oaks: SAGE.

Sigmund, Steffen (2020): „Ideen und Interessen", in: Hans-Peter Müller & Steffen Sigmund (Hrsg.): *Max Weber-Handbuch: Leben – Werk – Wirkung*, Berlin: J.B. Metzler Verlag, S. 87–89.

Stachura, Mateusz (2005): *Die Deutung des Politischen: Ein handlungstheoretisches Konzept der politischen Kultur und seine Anwendung*, Frankfurt am Main: Campus.

Steiner, Nils D. & Claudia Landwehr (2018): „Populistische Demokratiekonzeptionen und die Wahl der AfD: Evidenz aus einer Panelstudie", in: *Politische Vierteljahresschrift* 59 (3), S. 463–491.

Uhlmann, Gyburg (2020): „Emotionen in der Rhetorik der Neuen Rechten", in: *Politikum* 6 (1). S. 32–39.

Ullrich, Carsten G. (1999): „Deutungsmusteranalyse und diskursives Interview", in: *Zeitschrift für Soziologie* 28 (6), S. 429–447 (letzter Aufruf am 28.06.2020).

Ullrich, Carsten G. (2020): *Das Diskursive Interview*, Wiesbaden: VS Verlag für Sozialwissenschaften.

Vogl, Susanne (2017): „Quantifizierung: Datentransformation von qualitativen Daten in quantitative Daten in Mixed-Methods-Studien", in: *KZfSS – Kölner Zeitschrift für Soziologie und Sozialpsychologie* 69, S. 287–312 (letzter Aufruf am 28.06.2020).

Weber, Max (1988 [1920]): *Gesammelte Aufsätze zur Religionssoziologie I*, Tübingen: Paul Siebeck.

Weber, Max (2001): *Gesamtausgabe I: Schriften und Reden*, Band 17, Tübingen: Paul Siebeck.

Weick, Karl E. (1993): "The Collapse of Sensemaking in Organizations: The Mann Gulch Disaster," in: *Administrative Science Quarterly* 38 (4), S. 628–652 (letzter Aufruf am 28.06.2020).

Weick, Karl E. (1995): *Sensemaking in Organizations*, Thousand Oaks: SAGE.

Zerubavel, Eviatar (1997): *Social Mindscapes: An Invitation to Cognitive Sociology*, Cambridge: Harvard University Press.

Zerubavel, Eviatar (2007): "Generally Speaking: The Logic and Mechanics of Social Pattern Analysis," in: *Sociological Forum* 22 (2), S. 131–145 (letzter Aufruf am 28.06.2020).

Weiterführende Literatur:

Bohnsack, Ralf (2003): „Praxeologische Wissenssoziologie", in: Ralf Bohnsack, Alexander Geimer & Michael Meuser (Hrsg.): *Hauptbegriffe qualitativer Sozialforschung*, Opladen: Leske + Budrich, S. 137–138.

Bohnsack, Ralf (2007): *Rekonstruktive Sozialforschung: Einführung in qualitative Methoden*, Opladen: Budrich.

Franzmann, Andreas (2007): „Deutungsmuster-Analyse", in: Rainer Schützeichel (Hrsg.): *Handbuch Wissenssoziologie und Wissensforschung*, Konstanz: UVK, S. 191–198 (letzter Aufruf am 28.06.2020).

Keller, Reiner (2014): „Wissenssoziologische Diskursforschung und Deutungsmusteranalyse", in: Cornelia Behnke, Diana Lengersdorf & Sylka Scholz (Hrsg.): *Wissen – Methode – Geschlecht: Erfassen des fraglos Gegebenen*, Wiesbaden: Springer VS, S. 143–159 (letzter Aufruf am 28.06.2020).

Kerchner, Brigitte & Silke Schneider (Hrsg., 2006): *Foucault: Diskursanalyse der Politik: Eine Einführung*, Wiesbaden: VS Verlag für Sozialwissenschaften.

Madeker, Ellen (2008): „Deutungsmusteranalyse", in: Ellen Madeker: *Türkei und europäische Identität: Eine wissenssoziologische Analyse der Debatte um den EU-Beitritt*, Wiesbaden: VS Verlag für Sozialwissenschaften, S. 115–155 (letzter Aufruf am 28.06.2020).

Müller, Matthias (2011): *Sozialpolitische Innovationen: Zum Konflikt von Strukturen und Deutungsmustern*, Wiesbaden: VS Verlag für Sozialwissenschaften.

Oevermann, Ulrich (1973): Zur Analyse der Struktur von sozialen Deutungsmustern, Fragment, unveröff. Manuskript, Frankfurt am Main (letzter Aufruf am 28.06.2020).

Oevermann, Ulrich (2001): „Die Struktur sozialer Deutungsmuster – Versuch einer Aktualisierung", in: *Sozialer Sinn* 1, S. 5–81 (letzter Aufruf am 28.06.2020).

Pieper, Marianne (2006): „Diskursanalysen – Kritische Analytik der Gegenwart und wissenspolitische Deutungsmusteranalyse: Ein Kommentar zu den Beiträgen von Susanne Krasmann und Julia Lepperhoff", in: Brigitte Kerchner & Silke Schneider (Hrsg.): *Foucault: Diskursanalyse der Politik: Eine Einführung*, Wiesbaden: VS Verlag für Sozialwissenschaften, S. 269–286.

Schützeichel, Rainer (Hrsg., 2007): Handbuch Wissenssoziologie und Wissensforschung, Konstanz: UVK.

von Alemann, Anette (Hrsg., 2014): *Geschlechterungleichheit in Führungspositionen der deutschen Wirtschaft: Ergebnisse einer Deutungsmusteranalyse* (Gender: Zeitschrift für Geschlecht, Kultur und Gesellschaft 6 (3)), Opladen/Leverkusen: Barbara Budrich.

Register

akzidentelle Dokumente 146–149, 165
Analyseverfahren 18, 168, 217, 265
Antworttendenzen 54, 211, 236, 250ff., 256
Antwortvorgaben 212, 222, 241ff., 245, 252
Anwesenheitseffekten 251
Auswahlverfahren 56, 73, 145, 167f.

Bedeutungsfeldanalyse 172
Befragungen 146, 208–212, 222, 227, 243, 250ff., 262, 286
Beobachter 24, 95, 116f., 119, 130, 134f., 267
Beobachtereffekten 54
Beobachtung 18, 27, 31, 61, 76, 78, 113–120, 124–128, 130–136, 138f., 141ff., 145, 299
Beobachtungsfehler 124
Beobachtungskategorien 118
Berger 23f., 38f., 42, 45, 213, 239, 256, 261, 280, 307
Berger & Luckmann 24, 38, 281
Beschreibung 53, 61, 132, 160, 191, 308
Biografie 226, 240
Blumer 67, 95, 121f., 139, 141
Bourdieu 129, 131f., 136, 139, 142, 166f., 172f., 175, 177, 195, 197, 199

Chicago School 67, 75
Codebogen 172
Codebuch 172
Codieren 68–71, 290, 294f.
Critik der reinen Vernunft 28, 42

Das teilstandardisierte Expert*inneninterview 234f.
Design 77f., 152, 236
Deutung 26, 41, 160, 216, 243, 278, 305, 313
Deutungshypothesen 73, 161, 298
Deutungsmuster 53, 57, 141, 147, 153, 157, 161, 215, 269ff., 273f., 276, 280ff., 284, 291, 299, 302–305, 307, 310ff., 314
Deutungsmusteranalyse 18, 20, 265, 268–271, 274–280, 283–287, 289, 305f., 309f., 313f.
Deutungsregeln 278, 299ff.
Dilthey 163f., 193, 200

eingebettetes Design 77, 99
Ergebnisse 14, 17, 19, 34, 44, 46, 54ff., 73, 75, 93, 95, 98f., 107, 116, 136, 149, 169, 174f., 182, 189f., 197f., 237, 240f., 246, 249ff., 257, 286, 288, 312, 314
Erhebung 57, 61, 74, 77f., 146, 150, 225, 234, 241, 251
Erhebungsverfahren 17f., 78, 85, 113, 207, 286
Erkenntnis 23f., 27, 29ff., 35, 38, 40, 46, 95, 254
Erkenntnistheorie 23f., 28f., 31, 40, 44, 58
ero-epische Gespräche 62, 76
Ethnographie 120, 140, 142f.
Ethnomethodologie 89ff., 95, 108, 111, 142
Ethnozentrismus 127, 206
Experiment 37, 43, 56, 85ff., 89, 92ff.,

97ff., 101–112, 138
Experimente 17, 19, 35–38, 85–89, 97, 99, 101f., 104–107, 109, 112
Explikation 178, 180
exploratives Design 76
externe Validität 56

Fehlinterpretationen 127
Feldexperimente 89
Forschungsdesign 237
Frequenzanalyse 168, 170f., 174f., 196, 198

Garfinkel 90f., 109f.
Generalisierbarkeit 54, 56
Generalisierung 107, 161, 181f., 196, 198, 298, 307
Girtler 61–64, 69f., 76, 80ff., 84, 119, 127, 140
Glaser 57, 66f., 74f., 81ff.
Glaser & Strauss 57, 66f.
Goffman 19, 95ff., 109f.
Grounded Theory 19, 57, 66f., 69, 73ff., 79–84, 136, 141, 149, 166, 168, 177, 212, 234, 240, 262, 290, 294, 302, 308
Gütekriterien 54, 56f., 83f.

Habitualisierung 280
Habitus 129f., 136f., 140, 198
Handlungsregeln 53, 270, 274, 277ff., 288, 290, 295, 299f.
Handlungsskripts 273
Hawthorne-Effekt 54, 82, 254, 259
Hermeneutik 84, 109, 140, 162ff., 200–204, 257, 308, 310
hermeneutische Analyse 161, 190
heuristische Form 85
Homophilie 166, 168, 175f., 178, 189f., 194–197
Husserl 58, 61, 64, 80, 83
Hypothese 73, 86, 176, 189
Hypothesen 57, 74, 79, 104, 117, 149, 176, 212, 226, 239, 245, 288, 302
Hypothesenentwicklung 156, 158, 191, 212
Hypothesengenerierung 99
Hypothesenprüfung 157, 160, 192

immanente Nachfragen 230, 242
Inhaltsanalyse 18, 20, 82, 114, 140, 145–152, 155, 158, 160, 164–168, 171f., 175, 177, 179–182, 188, 190, 197–200, 202–207, 270, 283, 286
Interpretation 18, 24, 27, 40, 63, 66, 72, 80, 127, 135, 149, 156ff., 160, 162, 164, 168, 198, 201, 214, 251f., 266ff., 273, 281, 286f., 294, 301, 311f.
Interpretationen 23f., 54, 63, 133, 164, 198, 269, 285
Interpretationsgemeinschaft 65, 116, 158, 289f., 294, 302
Interpretationsgemeinschaften 17, 53, 56, 287, 290, 294
Interview 13, 18, 20, 31, 43, 46, 52, 55, 57, 62, 66, 81, 92, 112, 155, 157f., 160f., 190, 200, 204, 207–210, 212, 217f., 220–225, 227ff., 231–235, 240ff., 250ff., 255, 259f., 262f., 268, 274, 286, 288f., 291–294, 297ff., 301f., 305–308, 313
Interviewereffekte 211, 250
Interviewerschulung 218f.
Interviewertraining 211
Interviewfragen 20, 208
In-vivo 68ff., 290, 294

Kant 28f., 31, 42

Kategorien 67, 69–72, 136, 149, 161, 166, 170, 172, 177f., 181f., 197, 208, 288ff., 294f., 306, 310
Katharsiseffekt 255
Kausalfaktoren 54f.
Kognitionspsychologie 23, 29
kognitive Dimension 273, 288
kognitive Ordnung 272, 289f., 295f., 306
kollektive Deutungsgewohnheiten 273
kollektive Interpretationsangebote 273
kollektive Wissensbestände 273f., 278, 282, 305
Kommunikation 33, 51, 84, 114, 118, 121, 134, 153ff., 193f., 202, 204, 214, 266, 277, 293
Konstruktivismus 19, 23, 27, 31f., 34f., 38, 42–47, 49
Kontaktanzeigen 165–171, 174f., 177, 179, 182, 189f., 192, 194, 196f., 203, 205f., 270
korrelatives Design 152
Krise 19, 86, 93, 105, 107, 252ff., 282, 311
Krisenexperiment 88f., 91f.
Kultur 53, 60, 63, 95, 118f., 123, 143, 180, 196, 214ff., 271, 273ff., 281, 283f., 286f., 300, 313f.

lanzierende Frage 230
Likert-Skala 247, 253
Luckmann 38f., 42, 44f., 213, 256, 261, 280, 307

MAXQDA 286, 294
Mead 121ff., 141, 143
Methoden 14–17, 23, 38, 45, 49, 56, 63, 76, 78, 81, 83, 91, 99, 102, 107, 119f., 140, 143, 151, 166, 196, 202, 205, 231, 235ff., 239, 253, 255, 258f., 261ff., 285, 307–313
Methodenkombination 76, 83, 99, 117, 150ff., 166, 198, 212, 240, 242, 250
Methodenmix 75, 97, 99, 102, 117, 119, 136, 150, 165f., 177, 235
Methodologie 46, 66ff., 72ff., 81, 83, 139, 143, 201, 263
Milgram 37, 42f., 92f., 102, 110
Milieu 13, 51, 63, 129, 191, 269
Mixed Methods 21, 80f., 205f.
Muster 39, 96, 191, 202, 214, 238, 253, 270, 281f.

natürliche Einstellung 24, 40, 59
Neurophysiologie 23, 31
Normative Ordnung 291, 297

objektives Handlungsproblem 270
Objektivität 44, 54, 164
Oevermann 270, 279, 281–285, 311, 314

Paraphrasierung 179, 267, 288f., 294
Phänomenologie 19, 43, 49, 57ff., 61, 63, 79, 83
Piaget 29f., 43f.
Praxis 20, 84, 95, 118, 120, 137, 139f., 143, 147, 152, 165, 200, 202ff., 206, 224, 254, 256, 262, 282, 291, 301, 308
Protokollieren 118, 132, 135

Qualitative Befragungen 212
qualitative Beobachtung 115f.
qualitative Repräsentanz 56, 104
qualitative Sozialforschung 16ff., 23, 40, 49f., 53f., 56–59, 61, 75f., 82, 101, 123, 143, 218
quantitative Beobachtungen 117

Rahmenanalyse 96, 108, 110ff.
randomisierte kontrollierte Studie 86
RCT 86
Realität 24f., 28, 31f., 35, 42f., 45f., 56, 65, 126, 287, 290f.
Reduktion 19, 58ff., 83, 156, 181f., 294
Reflexion 19, 53, 74, 84, 142, 206
Reliabilität 54, 56, 101, 236, 287

Sampling 110, 240, 257, 259
Schlüsselpassage 289, 297, 299
Schütz 38f., 44, 58, 91, 157, 213f., 261, 280f., 312
Sequenzanalyse 155f., 158, 160f., 190, 197, 199f.
Sequenzbestimmung 156, 158, 190
Skalen 14, 52, 76, 172, 210, 212, 225, 235f., 241, 245ff.
Sozialkonstruktivismus 35, 38, 44, 283
Sozialpsychologie 21, 23, 35f., 81, 93, 110, 141, 202, 204ff., 309f., 313
Soziologie 21, 23, 35, 38, 40, 43, 80–84, 94f., 110f., 120, 139, 141ff., 202–206, 213, 222, 261, 281ff., 287, 308–313
Standardisierte Beobachtungen 117
Standardisierung 231f., 281, 284
Stereotype 51f., 273
Strauss 49, 66f., 74f., 81–84, 95
Survey 76, 112, 235, 256ff., 268

teilnehmende Beobachtung 18, 51, 61, 76, 116, 118, 120, 132, 142
Tendenz zur Mitte 251
theoretische Grundlagen 21, 81
Theorieentwicklung 50, 56, 66, 75, 87, 99, 136
Triangulation 81, 117, 165, 205f., 231, 235f.
Triangulationsdesign 77, 152, 165
Typik 66, 72ff.
Typisierungen 38, 97

Überinterpretationen 125, 127

Valenzanalysen 172
Validität 54, 56, 81f., 101, 127, 236
von Förster 31f., 44, 46

Wahrnehmungspsychologie 23, 25
Wahrnehmungsschemata 273
Wirklichkeit 19, 23f., 26–34, 38, 40, 42–47, 126, 135, 139, 213, 256, 259, 261, 268, 307
Wirklichkeiten 23ff., 29, 35, 37f.
Wirklichkeitswahrnehmung 23, 30, 34f., 38ff.
wissenschaftliche Vorannahmen 61
Wissenssoziologie 43, 110, 201f., 213f., 256, 269, 280, 287, 307, 311–314

Abbildungsverzeichnis

Abbildung 1:	Optische Täuschung I – Die schwebende Mülltonne. Bildquelle: tz.de	25
Abbildung 2:	Optische Täuschung II – Müller-Lyer-Illusion. Bildquelle: Perspectiva Nociones	26
Abbildung 3:	Optische Täuschung III. Bildquelle: pixy.org	26
Abbildung 4:	Optische Täuschung IV – Müller-Lyer-Illusion. Bildquelle: Wikimedia Commons	26
Abbildung 5:	Manifeste und latente Zustimmung zu den Aussagen der Dimension „Ausländerfeindlichkeit" (in %). Quelle: Decker & Brähler 2018	249
Abbildung 6:	Die Rekonstruktionsperspektive der Deutungsmusteranalyse	274
Abbildung 7:	Analyse- und Erklärungsrichtung einer Deutungsmusteranalyse	275

Tabellenverzeichnis

Tabelle 1:	Theoretische Ansätze und Kompetenzerwerb in den einzelnen Kapiteln	19
Tabelle 2:	Einige Unterschiede zwischen qualitativer und standardisierter Beobachtung. Orientiert an Lamnek 2010: 506f.	116
Tabelle 3:	Formen der Beobachtung nach Lamnek. Orientiert an Lamnek 2010: 513	132
Tabelle 4:	Inhaltsanalyse Qualitativ-Quantitativ. Orientiert an Lamnek 2010: 445	148
Tabelle 5:	Inhaltliche Kategorisierungen einer auf den sozialen Status nach Bourdieu bezogenen Analyse	173
Tabelle 6:	Ergebnisse der explorativen Frequenzanalyse	173
Tabelle 7:	Rahmenbedingungen für die Inhaltsanalyse nach Mayring	178
Tabelle 8:	Durchführung der Analyse nach Mayring	187
Tabelle 9:	Ergebnisübersicht der zusammenfassenden Inhaltsanalyse. Orientiert an Kuckartz 2015: 112f.	188
Tabelle 10:	Qualitative und standardisierte Befragungen. Orientiert an Lamnek 2010: 303	209
Tabelle 11:	Die verschiedenen Textsorten im qualitativen Interview. Orientiert an Kallmeyer & Schütze 1977 und Fischer-Rosenthal & Rosenthal 1997; siehe auch Wollny & Marx	223
Tabelle 12:	Beispielfragen für bestimmte Textsorten	224
Tabelle 13:	Drei Typen des qualitativen Interviews	225
Tabelle 14:	Der Fragebogen zu rechtsextremen Einstellungen – Zustimmung auf Item-Ebene (in %, N=2.416). Quelle: Decker & Brähler 2018	248